陇上学人文存

LONG·SHANG XUEREN WENCUN

陇上学人文存

霍旭东　卷

霍旭东　著　　丁宏武　编选

甘肃人民出版社

图书在版编目（ＣＩＰ）数据

陇上学人文存. 霍旭东卷 ／ 范鹏，王福生总主编 ；
霍旭东著 ；丁宏武编选. -- 兰州 ：甘肃人民出版社，
2017.11
　　ISBN 978-7-226-05231-0

　　Ⅰ．①陇… Ⅱ．①范… ②王… ③霍… ④丁… Ⅲ.
①社会科学－文集②中国文学－古典文学研究－文集③古
文献学－中国－文集 Ⅳ．①C53②I206.2-53
③G256.1-53

中国版本图书馆CIP数据核字(2017)第297611号

出　版　人：王永生
责任编辑：王建华
封面设计：王林强

陇上学人文存·霍旭东卷

范鹏　王福生　总主编

霍旭东　著　丁宏武　编选

甘肃人民出版社出版发行

（730030　兰州市读者大道 568 号）

兰州新华印刷厂印刷

开本 890 毫米 × 1240 毫米　1/32　印张 12　插页 7　字数 302 千
2017 年 12 月第 1 版　　2017 年 12 月第 1 次印刷
印数：1~1000

ISBN 978-7-226-05231-0　定价：60.00 元

（图书若有破损、缺页可随时与印厂联系）

《陇上学人文存》第一辑

编辑委员会

名誉主任：陆　浩　　刘伟平
主　　任：励小捷　　咸　辉
副 主 任：张建昌　　张瑞民　　范　鹏
委　　员：张余胜　　吉西平　　魏胜文　　高志凌
　　　　　张　炯　　安文华　　马廷旭

学术指导委员会

王希隆　　王肃元　　王洲塔　　王晓兴　　王嘉毅
傅德印　　伏俊琏　　李朝东　　陈晓龙　　张先堂
郝树声　　贾东海　　高新才　　董汉河　　程金城

总 主 编：范　鹏
副总主编：魏胜文　　马廷旭

《陇上学人文存》第六辑

编辑委员会

总　序

陇者甘肃，历史悠久，文化醇厚。陇上学人，或生于斯长于斯的本地学者，或外来而其学术成就多产于甘肃者。学人是学术活动的主体，就《陇上学人文存》（以下简称《文存》）的选编范围而言，我们这里所说的学术主要指人文社会科学研究。《文存》精选中华人民共和国成立以来，甘肃人文社会科学领域成就卓著的专家学者的代表性著作，每人辑为一卷，或标时代之识，或为学问之精，或开风气之先，或补学科之白，均编者以为足以存当代而传后世之作。《文存》力求以此丛集荟萃的方式，全面立体地展示新中国为甘肃学术文化发展提供的良好环境和陇上学人不负新时代期望而为我国人文社会科学事业做出的新贡献，也力求呈现陇上学人所接续的先秦以来颇具地域特色的学根文脉。

陇原乃中华文明发祥地之一，人文学脉悠远隆盛，纯朴百姓崇文达理，文化氛围日渐浓厚，学术土壤积久而沃，在科学文化特别是人文学术领域的探索可远溯至伏羲时代，大地湾文化遗存、举世无双的甘肃彩陶、陇东早期周文化对农耕文明的贡献、秦先祖扫六合以统一中国，奠定了甘肃在中国文化史上始源性和奠基性的重要地位；汉唐盛世，甘肃作为中西交通的要道，内承中华主体文化熏陶，外接经中亚而来的异域文明，风云际会，相摩相荡，得天独厚而人才辈出，学术思想繁荣发达，为中华文明做出了重要贡献。

近代以来，甘肃相对于逐渐开放的东南沿海而言成为偏远之地，反而少受战乱影响，学术得以继续繁荣。抗日战争期间作为大后方，接纳了不少内地著名学府和学者，使陇上学术空前活跃。新中国成立之后，人文社会科学领域的专家学者更是为国家民族的新生而欢欣鼓舞，全力投入到祖国新的学术事业之中，取得了一大批重要的研究成果，涌现出众多知名专家，在历史、文献、文学、民族、考古、美学、宗教等领域的研究均居全国前列，影响广泛而深远。新中国成立之后，人文社会科学几次对当代学术具有重大影响的争鸣，不仅都有甘肃学者的声音，而且在美学三大学派（客观派、主观派、关系派）、史学"五朵金花"（史学在新中国成立之后重点研究的历史分期、土地制度史、农民战争史等五个方面的重点问题）等领域，陇上学人成为十分引人注目的代表性人物。改革开放以来，甘肃学者更是如鱼得水，继承并发扬了关陇学人既注重学理求索又崇尚经世致用的优良传统，形成了甘肃学者新的风范。宋代西北学者张载有言："为天地立心，为生民立命，为往圣继绝学，为万世开太平"，此乃中华学人贯通古今、一脉相承的文化使命，其本质正是发源于陇原的《易》之生生不已的刚健精神，《文存》乃此一精神在现代陇上得到了大力弘扬与传承的最佳证明。

《文存》启动于中华人民共和国成立六十周年之际，在选择入编对象时，我们首先注重了两个代表性：一是代表性的学者，二是代表性的成果，欲以此构成一部个案式的甘肃当代学术史，亦以此传先贤学术命脉，为后进立治学标杆。此议为我甘肃省社会科学院首倡，随之得到政界主要领导、学界精英与社会各界广泛认同与政府大力支持，此宏愿因此而得以付诸实施。

为保证选编的权威性，编委会专门成立了由十几位省内人文社会科学领域著名学者组成的专家指导委员会，并通过召开专题会议研讨、发放推荐表格和学术机构、个人举荐等多种方式确定入选者。为使读者对作者的学术成就、治学特色和重要贡献有比较准确和全面的了解，在出版社选配业务精良的责任编辑的同时，编委会为每一卷配备了一位学术编辑，负责选编并撰写前言。由于我院已经完成《甘肃省志·社会科学志》（古代至1990年卷，1990至

2000年卷）的编辑出版工作，为《文存》的选编提供了坚实的基础和基本依据，加之同行专家对这一时期甘肃人文社会科学发展的研究，使《文存》能够比较充分地反映同期内甘肃人文社会科学的基本状况。

我们的愿望是坚持十年，《文存》年出十卷，到2019年中华人民共和国成立七十周年之际达至百卷规模。若经努力此百卷终能完整问世，则从1949至2009年六十年间陇上学人以"人一之、我十之，人十之、我百之"的甘肃精神献身学术、追求真理的轨迹和脉络或可大体清晰。如此长卷宏图实为新中国六十年间甘肃人文社会科学全部成果的一个缩影，亦为此期间甘肃人文社会科学学术业绩的一次全面检阅，堪作后辈学者学习先贤的范本，是陇上学人献给祖国母亲的一份厚礼。此一理想若能实现，百卷巨著蔚为大观，《文存》和它所承载的学术精神必可存于当代，传之后世，陇上学人和学术亦可因此而无愧于我们所处的伟大时代，并有所报于生养我们的淳厚故土。

因我们眼界和学术水平的局限，选编过程中必定会出现未曾意料的问题，我们衷心期望读者能够及时教正，以使《文存》的后续选编工作日臻完善。

是为序。

2009 年 12 月 26 日

目 录

编选前言

2016年1月,《陇上学人文存·霍旭东卷》的编选正式启动。经过一年多的努力,编选工作基本完成,现就霍先生的学术经历、学术成就以及本次编选情况谈谈个人的认识和体会。

一

霍旭东,男,汉族,1933年6月生,江苏丰县人。1952年考入山东大学中文系,后留校攻读中国文学史专业研究生,师从我国著名文史专家高亨教授学习先秦两汉文学。1958年研究生毕业后,响应祖国号召,自愿报名支援大西北经济文化建设,由国家高等教育部分配甘肃工作,先后在甘肃师范专科学校、甘肃教育学院、西北师范学院任教,讲授《中国古代文学》与《文选及习作》等课程,历任中国古代文学教研室副主任、主任等职务,依次晋升为助教、讲师和副教授。"文革"初期受到冲击,后又任甘肃省中小学教材编写组副组长、甘肃师范大学泾川疏散点革命领导小组组长,并为平凉地区培训中小学教师。1981年初,为了贯彻执行中共中央关于古籍整理工作的指示,由母校山东大学师友推荐,协助殷孟伦教授筹建《柳宗元集》校注组,组织安排编写人员,收集编排文献资料,起草和修订编写体例和工作计划。1985年夏,正式调入山东大学,后任该校古籍整理研究所副所长,兼任山东省古籍整理规划领导小组办公室副主任、山东省古典文学学会理事,1991年晋升为教授。其间,被聘为山东大学中国古代文学和中国古典文献学两专业硕士生导师、《山东大学学报》(哲社版)编委、《柳宗元集校注》副主编。1992年初,霍先生再次回到西北师范大学,任古籍整理研究所教授、硕士生导师。1995年退休后,仍致力于中国古代文学及中国古典文献学的研究工作。

自1958年参加工作以来,霍先生把自己毕生的精力奉献给了祖国的高等教育事业。他从教四五十年,先后讲授过《文选及习作》《大学语文》《先秦两汉文学》《魏晋南北朝文学》《隋唐五代文学》《先秦两汉要籍导读》《先秦诸子》《先秦两汉史传文学》《诗经与楚辞》《汉魏六朝辞赋》《柳宗元研究》《中国古典文献学》《中国古代文化常识》《古籍整理实践》《文史工具书要籍导读及使用》等十几门课程,招收和培养了七届硕士研究生,其中很多研究生后来成为山东大学、西北师大等高校的教授和博士生导师。退休后,受本校及其他学校的邀请,霍先生继续为研究生、本科生、专科生以及函授生、自考生等不同层次的学生授课,直至2011年重病住院,他才告别了自己坚守了半个世纪的神圣讲坛。五十多年来,霍先生在高等院校传道授业,辛勤耕耘,桃李遍天下。他讲授的课程,受到历届学生的普遍欢迎,霍先生也因此先后多次被甘肃师范专科学校、甘肃师范大学和山东大学等学校评为优秀教师或先进个人。

在教学科研工作之余,霍先生还先后担任过中国唐代文学学会、中国历史文献研究会会员,中国柳宗元研究会理事、顾问,甘肃省监察厅特邀监察员,甘肃省人民政府文史研究馆馆员,甘肃《四库全书》研究会常务理事,甘肃古籍保护专家委员会委员等学术性职务,在众多学术领域发挥专业特长,服务地方文化建设。

在半个多世纪的学术生涯中,霍先生一直从事中国古代文学和中国古典文献学的教学与研究工作,在中国古代文学和古籍整理研究等领域,取得了较高的学术成就。他博览勤耕,修书立说,迄今为止,各种撰述已逾三百余万言。先后撰写、主编、参编和校注了《战国策选译》《历代辞赋鉴赏辞典》《历代辞赋评注》(宋金元卷)《先秦汉魏六朝诗鉴赏辞典》《权德舆诗文集》《古诗海》《柳宗元大辞典》《二十六史精粹今译》等各类专著十余部,在《山东大学学报》《古籍研究》《古籍整理研究学刊》等刊物发表各类学术论文八十余篇、诗文鉴赏六十余篇。由他主编并参与撰写的《历代辞赋鉴赏辞典》(安徽文艺出版社1992年8月初版,商务印书馆国际有限公司2011年8月修订重印)曾是20世纪90年代最系统、最完备的一部辞赋选注本,被评为华东六省一市优秀文艺图书一等奖、第七届全国"金钥匙"图书优胜奖、甘肃省高校社科优秀成果二等奖。霍先生长期在条件艰苦、资源有限的甘肃默默耕耘,为甘肃的教育事业奉献了自己的青春年华。他的相关情况,《高校古籍整理研究学者名录》《陇上社科人物》等都有介绍。《社科纵横》1994年第6期刊发了李润强撰写的《霍旭东教授与中国古代文学研究》一文,专门介绍了霍先生的学术经历及学术成就,不仅使先生的事迹广为传播,而且也使先生得到了社会各界的普遍认同和赞誉。

二

作为20世纪50年代山东大学的优秀毕业生,霍先生师出名门,学业基础深厚,其学术成就也是多方面的。本次选编的三十篇论文,比较全面地体现了霍先生的治学思路和研究方法。其中有关于春秋战国社会变革及史料研究的论文共五篇,关于柳宗元诗文系年及学术研究的论文共六篇,关于古籍整理学学科建设及研究方法的论文共三篇,关于陇右典籍及敦煌藏经洞的论文共两篇,关于两宋赋及金元赋的文献述评共两篇,关于文艺创作中的"灵感"及文艺鉴赏中的能动作用的论文共两篇,关于诗、赋、文、小说的鉴赏文章共六篇,关于高亨、殷孟伦、李蒸的回忆述评及山东大学堂的筹建历史等论文共4篇。这些论文并非一时一地之作，比较全面地反映了霍先生的学术历程及学术成就，为我们深入了解和学习霍先生的学术思想和治学方法提供了坚实的基础。在编选过程中，我们根据所选论文的内容，将所有论文大致划分为五大类：一是关于先秦史传散文的研究；二是关于柳宗元及其诗文的研究；三是关于中国古典文献学的相关论述；四是关于文学创作及文学鉴赏的相关论述；五是关于治学方法及学术传承的回忆述评。

就本次选编的论文来看，霍先生学术兴趣广泛，在中国古代文学、中国古典文献学、陇右地方文学文献以及文学理论等学术领域都有所建树。但总体来看，其长期关注的重点在柳宗元、《战国策》和古籍整理等方面。

霍先生关于柳宗元的研究，始自 20 世纪 80 年代，当时山东大学殷孟伦教授负责《柳宗元集》汇校集注集评的整理工作，霍先生协助此事，负责人员安排、资料收集、编写体例、制订计划等工作。殷先生去世后，霍先生曾担任此项整理工作的副主编，负责具体工作。此后因调离山东大学以及疾病困扰等原因，此项工作遂致搁浅。后经先生协调，该课题经高校古委会批准立项，由西北师范大学尹占华教授负责完成，最终成果《柳宗元集校注》于 2013 年 10 月由中华书局出版，收入"中国古典文学基本丛书"。该书出版后产生较大的学术影响，霍先生昔日的宏愿终于成为现实。尽管如此，在霍先生负责《柳宗元集校注》的工作期间，对柳宗元的诗文用力甚勤，成果也相当丰硕，重要著述就有《柳文系年订正》《柳文系年补正》《柳文系年拾零》《柳宗元柳州诗文谱》等。关于柳宗元的生平、仕历和写作，《旧唐书》《新唐书》皆有"传"文记载和论述，但均语焉不详。在柳氏诗文的历代注释中，虽间有言及，但也是片鳞只爪。宋人文安礼曾作《柳先生年谱》，考查世系，叙录生平，编系诗文，大有开创之功。惜其过于简括，诗文系年也漏误甚多。二十世纪五十年代，施子愉先生在前人相关研究的基础上，广泛辑录，详加考核，撰著《柳宗元年谱》一书（湖北人民出版社1958年版），是当时较好的一部柳氏年谱，经常被相关学者参考、引用。但其中的诗文系年，仍有不少疏略和讹误。因为参加《柳宗元集》的校注工作，霍先生在文安礼、施子愉的基础上，在柳宗元诗文系年方面做了大量的补充订正工作，先后撰写六十余条学术札记，分别发表于《古籍研究》（1986年第2期、1987年第1期）、《山东大学学报》（1988年第3期）及《广西民族学院学报》（1990年第4期）等刊物。霍先生从作品的实际出发，用大量原始文献材料对许多或莫衷一是，或前人考察漏误，或无法系年的诗文作品进行了精审的考辨和论述，纠正了前人研究的舛误，大大推动了柳宗元诗文研究的深度和广度，得到了同行专家的好评。其中的很多考订，因为精严详审，可成定谳。本次选录的二十五条，题名《柳宗元诗文系年订补》，对《贞符并序》《驳复仇议》《唐故特进赠开府仪同三司扬州大都督南府君睢阳庙碑并序》《唐故给事中皇太子侍读陆文通先生墓表》等作品的作时详加考证，补充纠正了文安礼《柳先生年谱》、施子愉《柳宗元年谱》的漏误，具有重要的参考价值。

据史书记载，柳宗元于元和十年（815年）至元和十四年（819年）任柳州刺史，期间诗文创作丰硕，《柳宗元柳州诗文谱》一文，在施子愉《柳宗元年谱》的基础上，以柳宗元诗文所反映的史实为线索，先列当年所发生的重大事件，次及柳氏及其亲友行踪，后缀以当年所写诗文，系统梳理了柳宗元任柳州刺史期间的主要行迹及作品作时，为深入研究柳宗元在这一时期的特殊心态及文学成就奠定了基础。

《送元十八山人南游序》是柳宗元写的一篇赠序文，虽然是一篇仅仅三百多字的短文，但是关于此文作时以及被送的"元十八山人"
到底是谁等问题，长期以来众说纷纭，莫衷一是。在《〈送元十八山人
南游序〉考辨》一文中，霍先生以宋人韩醇的一段提示性的"题解"为
线索，对此文的文本内容及作时展开详细考辨。论文首先考查了韩醇
所说、韩愈所批评的《送元生序》是否就是《送元十八山人南游序》；然
后考查了韩愈在《赠元十八协律》一诗中所提及的"赠子篇"，是否就
是这篇《送元十八山人南游序》；最后又进一步考查了白居易《游大林
寺序》中提到的"元集虚"是否即他诗中提到的"元十八"，这位"元十
八"是否就是柳宗元送行的那位"元十八山人"，是否就是韩愈贬潮州
旅途中遇见的那位"元十八协律"等一系列问题。文章经过详细考辨，
认为柳宗元送的"元十八山人"，并不是韩愈遇见的"元十八协律"；白
居易送的那位"元十八"，才是韩愈遇见的，而白居易所说的"元集
虚"，并不是"元十八"。由于古人常以郡望、行第相称，后人没有从时
间、史实上深入考查，所以把他们几个人弄混了，以致在相关问题上
众说纷纭，难有定论。霍先生的考辨，廓清了千年迷雾，还原了历史真
相，功莫大焉。

　　《道州文宣王庙碑》一文的写作年代，同样也是一个一千多年来
没有解决的疑难问题。从宋人的校勘、注释，到今人的研究、系年，一
直是仁者见仁、智者见智，莫衷一是。中华书局1979年出版的新校点
本《柳宗元集》关于此文的校勘，也出现了明显的失误。二十世纪八十
年代以来，尹协理、雷运福以及霍先生本人都先后撰文探讨过这一问
题，然而最终解决这一难题的，还是霍先生的《再谈〈道州文宣王庙
碑〉的写作年代》一文（原刊于《零陵学院学报》2003年第6期）。文章
在详细考辨《道州文宣王庙碑》及《道州毁鼻亭神记》两文的文本内容
的基础上，结合唐人于春秋上丁吉日祭孔的礼俗制度，钩稽吕温、刘
禹锡以及柳宗元本人的诗文中与薛伯高任道州刺史相关的历史信

息，推断"薛伯高为道州刺史的时间，最早不过元和六年，最晚不过元和末年"，在此基础上，认为"薛伯高元和七年刺道州，明年即元和八年二月丁亥(二月初三)祭旧庙，元和九年八月丁未(闰八月初三)祭新庙，于柳'碑'记述、于唐时释奠祭孔例用仲春、仲秋上丁吉日都相符合。可见，《道州文宣王庙碑》作于元和九年，而《道州毁鼻亭神记》则作于元和七年是没有大问题的"。文章对导致这一学术疑案的原因也作了深入探讨，认为柳宗元《道州毁鼻亭神记》《道州文宣王庙碑》的原文有误，再加上宋人韩醇注释的误导以及后人错误的校勘，致使这一问题长期以来一直难以彻底解决，成为柳宗元研究史上的千年疑案。"功夫不负有心人。"霍先生的有心与执着，使这一学术疑案最终得到了圆满的解决。

除了精严详审的文史考辨外，霍先生关于柳宗元的研究，还涉及宏观的思想倾向方面的研究，《柳宗元与儒学》一文，针对"文革"期间柳宗元被认定为"有唐三百多年间最大的法家思想家"的论调，结合柳宗元的家世背景、理想抱负以及诗文作品，对柳宗元的思想体系尤其是其与儒学的关系重新反思和考量，认为"柳宗元既是儒家儒学的尊崇者、信奉者，又是儒家儒学的革新者、改造者"，"柳宗元是一位儒家学派的思想家和文学家，说柳宗元是什么'法家思想家'云云，简直就是无视柳宗元自己文章客观存在的闭目臆说！"这些观点，显然是在全面考察和冷静反思之后得出的结论，当然也是更接近历史真实的结论。

作为唐宋八大家之一，柳宗元的文章备受历代学人推崇，韩愈即称赞柳氏之文"雄深雅健似司马子长"。《谈〈段太尉逸事状〉的写作》一文，对柳宗元的名作《段太尉逸事状》的写作过程、史家笔法、剪裁叙事以及严谨雄健的文章风格作了全面精当的分析论述，为如何深入解读和赏析柳文提供了范式。

按照原定的研究计划,霍先生曾着手撰写《柳宗元诗文系年考释》一书,以期对柳氏诗文作一次总结性的梳理和考辨,后因整理校点《权德舆文集》、参与编撰《柳宗元大词典》等工作,此书在初稿基本完成的情况下长期搁置,最终因为疾病困扰未能完成,遗憾至今。

三

霍先生关于《战国策》的研究,始自 20 世纪 70 年代。根据先生自己的回忆,早在 60 年代,高亨先生即要求霍先生抽出两三年时间集中研读《左传》《国语》《战国策》等先秦历史著作,以便为当时因政治运动影响而比较仓促的研究生阶段的学习补课。在 1973 年 8 月 21日的来信中,又一次敦促霍先生整理《左传》或《战国策》,并且要求先搞译注,再综合研究。但是因为当时的政治形势的影响,这一研究计划也搁浅近十年,直到八十年代后,霍先生才着手作《战国策》的选译、选注和研究。除撰写了《战国策选译》等专著外,还发表了《〈战国策〉的成书及对其史料的再整理》《宋元时期整理〈战国策〉的巨大成就——兼对鲍彪整理〈战国策〉再评价》《〈战国策〉和它的思想艺术》等一系列重要论文。自《战国策》成书以来,无论是对它的辑录、编撰、整理,还是对它的校注、考辨、研究,都经历了一个比较复杂的过程,几乎每个时代,都有对它的再整理。《〈战国策〉的成书及对其史料的再整理》一文,对两汉魏晋时期刘向、延笃、高诱、乐资、孔衍等人对《战国策》的整理、注释及改编情况进行了系统梳理和客观评价,认为尽管这一时期的整理研究尚属草创阶段,但为该书在后世的流传以及宋元明清时期的深层次的研究奠定了基础。《宋元时期整理〈战国策〉的巨大成就——兼对鲍彪整理〈战国策〉再评价》一文,对宋元时期曾巩、孙朴、姚宏、鲍彪等人整理校注《战国策》的情况及各自的成就贡献进行了详细的梳理和评述,尤其对颇受后人非议的南宋鲍彪重编新注本的贡献和成就给予了高度评价,认为"《战国策》经过鲍彪的再整理,使原来比较杂乱的历史资料变得有条理性,使原来国别体的杂史中兼有了编年体的新特点。特别是他把校勘、考辨、编年、注释、重编和评论熔为一炉,就使历史文献学研究与战国历史研究结合了起来。大量的新注,丰富了《战国策》的史料内容;考辨史实,编排史序,增强了《战国策》的系统性;参考群书、遍作新注,使原来的艰涩难通之处化为平易。因此,在《战国策》整理史上,鲍彪是一次新的开拓和突破,其贡献是卓著的"。以上两文互为照应,对汉魏六朝、宋元时期两个阶段《战国策》的整理情况进行系统评述,对鲍彪等人整理《战国策》的学术成就予以客观公允的评价,从而为读者深入了解《战国策》的成书情况、版本源流等问题奠定了基础。由于《战国策》的成书经历了一个比较复杂的过程,其中的史料重复错乱较多,所以长期以来,关于此书的史学价值和艺术成就,学界重视不够。有鉴于此,霍先生的《〈战国策〉和它的思想艺术》一文,结合战国时期特定的历史背景,对《战国策》的原始材料及作者的身份作了比较翔实的探讨,认为"与其说《战国策》是一部史书,毋宁说它是一部具有文学性质的历史故事集"。在此基础上,对《战国策》的思想价值和艺术成就作出了比较公允的评价,不仅合理解释了历代优秀作家学习、继承《战国策》写作技巧和文章风格的主要原因,而且肯定了《战国策》在中国文学史发展上的地位,从大文学观的角度对《战国策》提出了新的评价。值得注意的是,霍先生对《战国策》的研究,并非孤立的个案研究,其中贯穿着他对春秋战国时代社会变革的深层思考。本次选录的《由姜齐到田齐——谈齐国的社会变革》《〈春秋〉〈左传〉记事的迄止年代》两文,就是他在这方面潜心研究的优秀成果。文章运用历史唯物主义的理论和方法,以齐国的社会变革为例,深入论析了春秋战国时期,我国历史上由奴隶制向封建制的转变,并对《春秋》《左传》记事的迄止年代提出了自己的看法，这些都为客观深入地探讨《战国策》的成书背景及史学价值奠定了坚实的基础。

古籍整理学和古籍整理与研究的方法，也是霍先生极为重视的学术领域之一。我国自古以来就有重视古籍整理研究的优良传统。新中国成立以来，党和政府也非常重视古籍整理研究工作，1958年成立了国务院古籍整理规划小组，负责统筹安排古籍整理出版工作，并且组织史学界专家校点"二十四史"。"文革"结束后，中共中央不仅下达了《关于整理我国古籍的指示》，而且于1983年9月成立了全国高等院校古籍整理研究工作委员会，具体筹划、安排古籍整理研究工作。各省市也纷纷成立了相应的组织机构，各高等院校也相继调配科研力量，成立了一批古籍整理研究所(室)，短短几年的时间，古籍整理研究界已呈现出一片欣欣向荣的局面。但是，由于种种原因，关于古籍整理的学术价值以及学科建设等问题，当时仍然存在很多认识方面的误区，古籍整理研究事实上成了"好汉子不愿干，赖汉子干不了"的行业。霍先生的《中国古籍整理学学科建设刍议》《再谈中国古籍整理学科的建立和发展》等文章，就是针对以上现实问题的研究成果。霍先生认为，古籍整理学是中国古典文献学的分支学科，是文献学理论与方法的具体实践。"古籍整理学应该是一门内容丰富、体系完整、结构庞大、能够相对独立的学科"，应该根据实践现状和发展的需要，分别研究和建立古籍目录学、古籍版本学、古籍校读学、古籍注释学、古籍今译学、古籍编选学、古籍辑录学、古籍考辨学、古籍检索学、古籍印行学等分支学科。只有把古籍整理学的学科基础和它的分支学科研究建立起来，古籍整理学才能具有相对独立而完整丰富的学科体系。这两篇文章系统地探讨了古籍整理这门学科的性质、内容、范畴、体系和方法，具体提出了建设的设想和措施，并明确地指出了新时期建设和发展古籍整理学的必要性和迫切性，得到国内同行的称誉和赞同,产生了深远的影响。此后二十多年古籍整理学发展的实际情况表明,霍先生当时的建议和设想,具有一定的前瞻性和可行性,随着刘琳、吴洪泽著《古籍整理学》(四川大学出版社 2003 年 7 月第 1 版),许逸民著《古籍整理释例》(中华书局 2011 年 10 月第 1 版)等相关论著的问世,古籍整理学的理论体系和学科建设更趋科学完善,霍先生当年的设想也逐渐变成了现实。古籍整理学是一门实践性很强的学科,必须有具体的方法作支撑,才有可能发展完善。在《干支纪时与古籍整理研究》一文中,霍先生从古代的干支纪时入手,提出了利用干支纪时的原理、特点、方法和规律进行古籍整理的一种途径和方法,他结合自己参加《柳宗元集》校注的实践经验,具体说明了利用干支纪时的原理和方法进行古籍整理研究的有效可行,对于今天的古籍整理工作仍然具有非常重要的指导意义。

除了上述几个领域的研究成果外,霍先生在陇右地方文学文献、两宋金元赋的文献稽考等领域也有比较重要的学术成果问世。《丰富多彩的陇右典籍》《敦煌藏经洞的发现与被盗的前前后后》两文,与陇右地方文学文献有密切关联。前者扼要介绍了历史上一些重要的陇右典籍及其作者,主要包括王符《潜夫论》、皇甫谧《针灸甲乙经》、李益《李益诗集》、权德舆《权载之文集》、李翱《李文公文集》、李梦阳《空同集》、胡缵宗《鸟鼠山人集》、赵时春《赵浚谷集》、邢澍《守雅堂集》、张澍《姓氏五书》《凉州府志备考》及《养素堂诗文集》《二酉堂丛书》等,不仅展示了陇右文化的深厚积淀和丰富多彩,而且阐明了整理研究这些文化遗产的现实意义。后者详细梳理了敦煌藏经洞的发现和被盗的历史过程,从另一个方面展示了陇右文化的悠久历史和卓越成就。《两宋赋的发展与成就》《金元赋的发展与成就》两篇文章,通过对两宋、金元时期赋的发展衍变和重要赋家、赋作的文献梳理与全面评述,以不可辩驳的事实证明,这一时期的赋作从体式、内容到艺术表现，都有它独特的精神和风貌，充分展示了两宋金元赋在中国辞赋发展史上的价值和地位，也有力地证明了前人所谓"唐后无赋"的观点是错误的。这些论文不仅始终贯穿着中国古典文献学的理论与方法，而且也体现出霍先生深厚的文献功底和严谨的治学精神。

四

值得注意的是，青年时期的霍先生还爱好民间文艺和文艺写作，早在大学阶段，就先后用苏丰、梯青、艾灵、丁理等笔名，在《新山大》《大众日报》《青岛文艺》《文艺月报》《兴安岭》等报纸杂志发表通讯、杂文、诗歌、小说、文艺随笔、文艺评论等五十余篇，工作以后，虽然将主要精力转移到中国古代文学的教学与研究方面，但在工作之余仍然间或从事文艺写作。正因为这样，霍先生对文艺创作中的"灵感"以及文艺鉴赏中的能动作用，也有自己深入的思考和见解。《也谈灵感》与《"看"中的再创造——文艺鉴赏中的能动作用》，就是这方面研究的产物。文章结合中外历史上很多优秀作家的创作实际和自己的阅读鉴赏实际，科学理性地论证了"灵感"的产生与"看"中的再创造，这些论述，即使在数十年后的今天，仍然具有一定的参考价值和借鉴意义。

长期以来，霍先生坚守在教学第一线，注重教学与科研相促进。先生讲课条理清晰，重点突出，深入浅出，生动活泼，妙趣横生，深受学生欢迎。本次选录的《说〈邶风·匏有苦叶〉》《〈小雅·斯干〉的主旨与内容》《〈登徒子好色赋〉的结构与成就》《穿越时空，吊古伤今——读〈吊古战场文〉》《谈〈柳毅传〉的写作艺术》《引人入胜，发人深思——读〈胭脂〉》等六篇文章，就是霍先生结合自己的教学实际，写成的经典作品鉴赏之作。这些文章涉及诗、赋、小说等不同文体，学术性和通俗性的结合比较恰当合理,堪称先生自己倡导的"'看'中的再创造"的典范之作,今天仍有重要的参考价值。

学术的发展,离不开薪火相传。霍先生之所以能够在上述很多学科领域取得丰硕的成果,高亨、殷孟伦等先生的谆谆教导功不可没。《回忆高亨先生对我的指导》一文,满怀深情地回忆了 20 世纪 50 年代至 80 年代师从高亨先生问学的始末,详细介绍了高亨先生既继承清代朴学的优良传统,又接受新民主主义革命以来新理论、新方法的治学特色,高先生提出的"一经通、百经备"以及关于"博"与"约"的关系的见解,可谓其几十年治学经验的精到总结。《殷孟伦教授与古代汉语研究》一文,详细梳理和回顾了殷孟伦先生的求学及治学经历,对殷孟伦先生的治学方法,也作了介绍和总结。虽然时过境迁,学术的发展也日新月异,但两位先生严谨的治学态度和科学的治学方法,永远是后人学习继承的宝贵遗产。本次选录的《教育家李燕》和《谈山东大学堂的筹建和成立》两文,同样展示了特定历史时期学术传承的不易及意义。如果没有前贤的坚守和努力,就不会有今天的继续与辉煌,这无疑也是以上两篇文章的意义所在。

总体来看,在数十年的学术生涯中,霍先生不仅学术视野开阔,治学领域宽泛,而且也形成了自己的治学特色。首先,他注重从古典文献学入手研究中国古代文学,强调在准确、详尽而系统地占有材料的基础上,得出一定的观点和结论,反对空泛地议论和推论。如前人论赋,一般只止于汉魏六朝,明代复古派文学家、前七子之首李梦阳高唱"文必秦汉"(《明史·李梦阳传》),推崇楚辞和汉赋,并提出了"唐无赋"(《空同集》卷四十八《潜虬山人记》)的观点。到了清代,程廷祚又进一步提出了"唐以后无赋"(《青溪集》卷三《骚赋论·中》)的论调。于是,后来的一些文学评论家对唐宋以来的赋家、赋作往往采取轻视的态度。霍先生在详细考察两宋金元时期重要赋家、赋作的基础上,系统勾勒了这一时期赋的发展衍变,总结了其独特的精神和风貌,从而有力地证明了古人所谓"唐后无赋"的观点是不符合事实的空泛之说。其他如对柳宗元诗文的考辨系年、对《战国策》的成书情况及整理情况的考察等,都是在全面钩稽相关文献的基础上,重新反思和考量所研究的问题,得出比较客观公允的结论。正因为这样,他的很多论文,文献基础深厚,有理有据,观点有很强的说服力。其次,霍先生治学,善于打破文、史、哲的学科界限,体现出融会贯通的理念和特色,他对很多具体问题的研究,全面深入,圆通无碍。如对柳宗元诗文的系年考证,在综合考辨作品文本、史籍记载的基础上,结合古代干支纪时的原理以及唐代的礼俗风习等,层层深入,析理入微,解决了前人研究中存在的很多疏漏,大大推动了学术的发展。再次,霍先生的学术思想及治学方法,也带有鲜明的时代特征。受 20 世纪时代风尚及主流意识形态的影响,霍先生的不少论著有明显的阶级斗争或儒法斗争的痕迹与遗留,如《由姜齐到田齐——谈齐国的社会变革》《柳宗元与儒学》等论文,都带有明显的时代印记,当然这是 20 世纪很多学者普遍具有的共性,是时代风气影响的必然结果。

"桃李不言,下自成蹊"。自 1958 年支援大西北建设以来,霍先生把自己最美好的青春年华奉献给了大西北,其间虽一度调回母校山东大学,但在 1992 年又回到西北师范大学,在甘肃这块贫瘠的土地上默默耕耘,为甘肃的文化建设贡献了自己的毕生精力。先生渊博的学问,滋养了一代又一代陇上学子的成长;先生豁达的笑容,留存于一个又一个青年学子的心底。先生的精神,将和他的文章一起永存。

需要补充说明的是,本次整理编选霍旭东先生的论文,得到了赵逵夫先生的大力支持。赵先生在百忙之中多次指导编选,提出了很多宝贵的建议。霍先生也以耄耋高龄尽力配合我们收集文稿,筛选篇目,为编选工作的顺利进行提供了有力的支持。硕士研究生马彦峰、任明、卢亚斐、邢馨元、王娟、杨连德、王萍等同学也为文稿的校录付出了大量的时间和精力。在此谨向两位先生和各位同学致以诚挚的谢意。

丁宏武

2017 年 5 月

由姜齐到田齐

——谈齐国的社会变革

春秋战国时代，是我国历史上由奴隶制向封建制急剧变革的时代。在这个变革过程中，奴隶和奴隶主、新兴的地主阶级和没落的奴隶主贵族之间的阶级斗争，非常激烈、尖锐，又极其曲折、复杂，一直经历了四五百年的反复较量，才基本上完成了这种变革，使我国社会由奴隶制发展成为统一的中央集权的封建制国家。由于当时各诸侯国的经济、政治发展的不平衡和阶级斗争、路线斗争的曲折性、复杂性，致使各国在这个变革过程中，各自具有自己的特点，也产生了不同的后果。下面，就春秋时期齐国的社会变革，谈谈我们一些粗浅的认识和看法。

齐桓前的齐国

殷代末年，吕尚（姜子牙）帮助周文王、周武王伐殷成功，周武王尊之为"师尚父"，纳其女邑姜为后，并裂土封吕尚于营丘（今山东益都西北），以"屏藩周室"，这便是齐建国的开始（《史记·齐太公世家》）。

齐国地处今山东半岛的东端，原为东夷人的占领区域。东夷在甲骨卜辞中作夷方，一直是殷商东方的劲敌，多次出兵，都未征服。殷纣王虽然最后征服了东夷，但因兵力消耗过甚，自己为周部族乘机攻灭，即所谓"纣克东夷，而陨其身"（《左传》昭公十一年）。因此，吕尚受封时，东夷族莱人又趁"纣之乱而周初定"的机会，来与吕尚"争国"

（《史记·齐太公世家》），以致使齐统治者"比及五世，皆反葬于周"（《礼记·檀弓上》）。这说明，吕尚建国初期，经历了艰难的斗争，在相当长的时间内，政局都是很不稳定的。

吕尚虽系周武王的功臣，又是有婚姻关系的宗戚，但他受封的疆土，比起其他某些周部族同姓宗室受封的疆域来说，还是非常逊色的。不仅政治基础薄弱，自然条件也比较差。《史记·货殖列传》中说："故太公望封于营丘，地潟卤，人民寡。"《盐铁论·轻重》中也说它"地薄人少"。所谓"地潟卤"，就是指此处濒临东海，多为盐碱地，不宜种植五谷。因此，原居此处的东夷部族，在生产上就远远落后于中原地区。

西周已是奴隶社会后期，奴隶制已经走向衰亡，但吕尚能把中原先进的生产技术带到齐国地区，并采取了"因地制宜"的政策，充分发展了齐国自然条件有利于发展渔盐、商工的特点，因而较快地巩固和发展了自己的封国，奠定了齐国富强的基础。

吕尚就国后，在经济上，一方面"通商工之业，便鱼盐之利"（《史记·齐太公世家》），"极技巧"（《史记·货值列传》）、"劝以女工之业"（《汉书·地理志》），一方面"辟草莱而居焉"（《盐铁论·轻重》），逐步发展农业生产。在政治上，他"简其君臣礼，从其俗"（《史记·鲁周公世家》），没有过多过急地变革这个地区原有的社会组织、政治制度和臣民隶属关系，而是采取了逐步变革的办法。因此，"而人民多归齐"《史记·齐太公世家》），"人物辐辏"（《汉书·地理志》），得到了当地人民的支持和拥护，齐国也"财畜货殖"（《盐铁论·轻重》）地逐步变为强国了，"海岱之间"的一些东夷其他部族和国家，皆"敛袂而往朝焉"（《史记·货殖列传》）。

周成王时，殷侯武庚(纣子禄父，周武王灭殷后封为殷侯)联合东方的徐、奄、薄姑等国和周成王的三叔(管叔鲜、蔡叔度、霍叔处)叛周,周公旦亲自调兵东征,持续三年之久才平叛而"践奄",并将此地封予吕尚,进一步扩大了齐国的疆土。《史记·齐太公世家》上说:"及周成王少时,管蔡作乱,淮夷畔周,乃使召康公命太公曰:'东至海,西至河,南至穆陵,北至无棣,五侯九伯,实得征之。'"(亦见《左传》僖公四年)这个疆域,虽不是当时齐国实际占有的疆土,而只是吕尚征伐所达到的区域(见《史记·齐太公世家》司马贞《索隐》),但已充分说明,在齐太公时,齐国就是比较强大的诸侯国了。

吕尚以后,奴隶主贵族内部,荒淫腐化,争夺残杀。到了齐襄公时,统治阶级更加腐朽,内部斗争更加激烈。齐襄公本人,荒淫无耻,诛杀无当,言而无信,"筑台以为高位,田、狩、罩、弋,不听国政","九妃、六嫔,陈妾数百,食必粱肉,衣必文绣。戎士冻馁",使这个奴隶制国家内部四分五裂,国势也"不日引,不月长"(以上见《国语·齐语》)地越加衰弱、腐败下去。这反映出:春秋时期的齐国奴隶制已经没落了。

齐国奴隶主贵族阶级的腐朽,政治上的混乱,贵族之间的争夺、残杀,一方面反映了奴隶制社会中阶级矛盾和阶级斗争的激烈与尖锐,另一方面也更加促进了阶级矛盾和阶级斗争的激化与发展。早在齐襄公初立时,由于齐襄公的政令无常,齐大夫鲍叔牙就预言说:"君使民慢,乱将作矣。"(《左传》庄公八年)这已透露出即将发生的国人暴动或奴隶反抗。而齐君无知被杀,注《左传》的虽多以"雍廪"为人名,杜预还指出是齐大夫,但《春秋》作"齐人杀无知",《史记》作"雍林人杀无知"(《史记·齐太公世家》),因此,它似当指一场人民反抗奴隶主贵族的斗争。也就是说,这时奴隶们已纷纷起来反抗,以求摆脱奴隶主阶级的压迫、剥削和束缚。《诗·齐风》十一篇,《毛传》认为都是讽刺奴隶主贵族的,尤以讽刺齐襄公的居多。其中《甫田》一诗说:"无田(读作佃,耕垦的意思)甫田(即大田,亦即奴隶主的井田),维莠骄骄","无田甫田,维莠桀桀",这具体地表明,当时广大奴隶再不愿在奴隶主的大田上耕种,致使田园荒芜,野草生长得十分旺盛。腐朽的奴隶制的生产关系,严重地阻碍了生产的发展和社会的进步,奴隶制本身也已成为一触即破的孵卵壳,一场社会改革是不可避免的了。

管仲变法和齐桓称霸

春秋中期,在齐国阶级斗争激烈尖锐、政治腐败混乱、生产停滞不前的形势下,齐桓公小白(公元前685年至公元前643年在位)登上了政治舞台。齐桓公面对当时的社会现实,力图进行革新。他听从了管仲的好友鲍叔牙的推荐,重用管仲为相,使"隰朋治内,管仲治外以相参"(《韩非子·外储说左下》),并使用鲍叔牙、高傒等治理政治,进行了一系列的社会改革,开创了齐国的霸业。

这时期,"公田"野草旺盛,奴隶们纷纷怠农反抗,从侧面反映了带有封建性的"私田"已有所发展,新兴的封建地主阶级和自耕小农正逐步成长起来。这是管仲执政后,顺应历史发展的潮流,在经济上、政治上、军事上,帮助齐桓公进行一系列封建性改革的阶级基础。

在经济上,管仲比较重视生产,特别是农业生产。他把发展生产看作是"立政之本",认为要国家富强,必须搞好生产,发展经济。针对齐国"地潟卤""少五谷"的特点,他积极主张开垦荒地,兴修水利,增种五谷,"无夺民时",同时积极进行农业生产工具的改革。他向齐桓公建议:"恶金以铸锄、夷、斤、斸,试诸壤土。"(《国语·齐语》)就是用铁制造农具,用来削草平土、开垦荒地,并"使更大面积的农田耕作,开垦广阔的山林地区,成为可能"。这对农业生产的发展具有特殊重要的意义,使齐国找到了"在历史上起过革命作用的""最重要的一种原料"(《马克思恩格斯选集》,第四卷,159页)。齐国原来不甚发展的农业生产,从而得到了一定的发展。

在奴隶制的生产关系中,奴隶们"无田甫田",严重地窒息了生产力的继续发展。针对这种情况,管仲提出了"相地而衰(cuī 催)征"(《国语·齐语》)的赋税改革政策,按照土地的好坏、生产的多寡征收赋税。这样,不仅"则民不移"(《国语·齐语》),有利于提高农业劳动者的积极性,而且对束缚生产力发展的奴隶制,也是一个有力的冲击。它在实质上已经承认了土地的私有制,使无限度的劳役剥削,进一步发展为有一定限度的实物剥削,给耕作奴隶带来了一定的解放。所以,垦土开荒,"相地衰征",是对奴隶社会井田制的否定,是为了促进新的封建性的生产方式的发展。它比鲁国的"初税亩"早了九十年,应该是春秋时代最早的封建改革!

在西周奴隶社会中,工商业由国家经营,工商业奴隶都由国家控制,即所谓"工商食官"。到了春秋时期,身份自由、独立经营的封建小工商业者,在齐国已有一定程度的发展,管仲和鲍叔牙合伙贸易,就是属于这个阶层的人物。齐国原有渔盐、商工的基础,管仲执政期间,又进一步发展了渔盐、商工之利。他设盐官煮盐,铁官炼铁,造农具,铸钱币,"通齐国之渔盐于东莱",对其他诸侯国的行商,"关市几而不征","山泽"也"各致其时"(《国语·齐语》)。这些措施,大大发展了齐国封建性的工商业。

管仲的这些经济改革,是否定奴隶制、发展封建制的改革,它对齐国社会的发展,起了重大的作用。后来有人评论说:"世儒罪秦废井田,不知井田之废始于管仲作内政已渐坏矣,至秦乃尽坏耳。"元人《题管子诗》中也说:"画野分民乱井田,百王礼乐散寒烟。"正说明了管仲为以后的法家,创立了一条正确的路线。

在政治上,管仲也进行了大胆的改革。他反对"礼治",主张"法治",提出"圣君任法而不任智,任数而不任说"(《管子·任法》)的主张。他说:"严刑罚则民远邪,信庆赏则民轻难。"(《管子·牧民》)就是主张用"法"治理国家。在用人上,他提出"因能而受禄,录功而与官"

（《韩非子·外储说左下》）的主张，不管亲疏、贵贱、贤不肖，有功就赏，有罪就罚，以做到"德当其位""功当其录""能当其官"，而把"人君之左右，出则为势重而收利于民，入则比周而蔽恶于君"的阿谀权贵，看作害国的"社鼠"（《韩非子·外储说右上》）。他推荐弦商为大理（治狱官），隰朋为大行（治国内外礼仪），宁戚为大田（农官），城父为大司马（治军事），东郭牙为谏官。并协助齐桓公在齐国推行"举贤"制度，经常责令乡里的地方官吏推荐"聪慧质仁、发闻于乡里"及"拳勇股肱之力秀出于众者"出来，不然就是"蔽明""蔽贤"，要以法惩处；如果有坏人，也要向上报告，不然就是"下比"（包庇坏人），也要以法惩处。这样，就可以使"匹夫有善可得而举""匹夫有不善可得而诛"了（以上均见《国语·齐语》）。这些措施，给奴隶制的"礼治"和"亲亲""尊尊"的世袭制度以有力的否定和批判，为新兴地主阶级和下层人民登上政治舞台，开拓了道路。

与此同时，管仲对于政治组织和行政机构也进行了改革。他推行"参其国而伍其鄙"的制度，以"定民之居，成民之事"（《国语·齐语》）。所谓"国"，就是指的都城；所谓"鄙"，就是指的郊野。他把"国"划为二十一乡，其中工商之乡六，士乡十五（士乡有服兵役的义务）。而且使工、商、士、农各居一定的处所，"处士就闲燕，处工就官府，处商就市井，处农就田野"，各派一定的官吏管理教育，使他们安心，"不见异物而迁焉"；又使"士之子恒为士""工之子恒为工""商之子恒为商""农之子恒为农"，以建立一种新型的城乡社会秩序。他把郊野奴隶和自由民重新编排，使之"五家为轨""十轨为里""四里为连""十连为乡"，从而建立起了新的乡村组织（以上均见《国语·齐语》）。这种新的城乡社会组织和行政机构，不仅打破了西周奴隶制中政治上"王臣公、公臣大夫、大夫臣士"的宝塔式结构和经济上"公食贡、大夫食邑、士食田"（《国语·晋语》）的井田制度，而且为君主集权和直接统治建立了组织基础。也正因为管仲的这些政治革新和法治路线,是对奴隶制的一次勇敢的冲击,所以在社会制度改革上,态度比较保守的孔子虽然也说管仲"不知礼"(《论语·八佾》),但是,他又充分肯定了管仲改革的重大意义,他说:"管仲相桓公,霸诸侯,一匡天下,民到于今受其赐。微管仲,吾其被发左衽矣。"(《论语·宪问》)

在军事上,管仲实行了"正卒伍,修甲兵""作内政而寄军令"(《国语·齐语》)的政策和制度,把行政组织和军事组织统一起来,以寓兵于民。工商六乡不从戎,士农之乡十五,桓公、国子、高子各率五乡之军。这样,全国三军三万人,桓公、高子、国子各帅一军,就可以"方行天下,以诛无道,以屏周室,天下大国之君,莫之能御"了。像这样军民统一的好处很多,"祭祀同福,死丧同恤,祸灾共之。人与人相畴,家与家相畴,世同居,少同游。故夜战声相闻,足以不乖;昼战目相见,足以相识。其欢欣足以相死。居同乐,行同和,死同哀。是故守则同固,战则同强。"(以上均见《国语·齐语》)。不仅改革了西周奴隶制的军制,而且扩大了兵源,加强了军民关系,增强了军事力量,提高了军士的战斗力。

为了"修甲兵",提高军事作战力量,管仲特别提出了用"美金以铸剑戟",加强军事装备。同时,他还提出"轻过而移诸甲兵"的办法,让人民以兵器赎罪。死刑,"赎以犀甲一戟";"轻罪,赎以鞼盾一戟";"小罪,谪以金分";求讼者,还要交"束矢"(十二根矢)。因此,军队装备十分充实,"甲兵大足",大大加强了齐国的军事力量(以上均见《国语·齐语》)。齐桓公正是靠这支强大的军队而称霸的。

在外交上,管仲提出了"亲邻国"的政策。他审正自己的疆域,送还齐国侵取的邻国土地,不接受邻国的资财,而多奉车马衣裘以交游其他诸侯,并"择其淫乱者而先征之"。于是,很多诸侯国,争相亲齐。他们"罢马以币,缕綦以为奉""垂橐而入",结果"稇载而归",从而使齐桓公成为春秋第一霸主,齐国成为左右当时天下形势的大国(以上均见《国语·齐语》)。

齐桓公变法后,灭郯、伐鲁,与宋、陈、邾会于北杏以平宋乱。公元前679年(桓公七年)称霸后,多次与其他诸侯盟会,并进行了一系列的征伐:东南征莱、莒、徐夷、吴、越,"一战帅服三十一国";南征陈、蔡、荆楚,"荆州诸侯莫敢不来服";"北伐山戎,刺令支,斩孤竹","滨海诸侯莫敢不来服";"西征攘白狄之地,至于西河,方舟设泭,乘桴济河,至于石枕。悬车束马,逾太行,与辟耳之谿拘夏,西服流沙、西吴。南城于周反胙于绛,岳滨诸侯莫敢不来服"(《国语·齐语》)。使他在诸侯国中,享有很高的威望,"周天子"(周襄王)也赐予他"文武胙""彤弓矢"和"大路"。"九合诸侯,一匡天下"(《史记·齐太公世家》),齐桓公成为春秋时代的霸首了。

齐桓公所以能在较短时间内得到富强与发展,成为春秋争霸的得胜者,完全是由于他在经济上、政治上、军事上以及外交上贯彻执行了管仲的法家路线,顺应了历史的发展和要求,进行了变法和革新。正如韩非所说:"管仲毋易齐,郭偃毋更晋,则桓、文不霸矣"(《韩非子·南面》),"所以能成功名于天下者,必君臣俱有力焉"(《韩非子·难二》)。

齐桓公在争霸过程中,打出了"尊王攘夷"的旗帜和口号,这是由时代所决定的。当时,周王朝的奴隶制度,已经日趋腐败和崩溃,作为"天下共主"的周天子,也早已名存实亡。一百三四十个大小诸侯国,经年征伐、兼并,各自为政,四分五裂,奴隶和国人的反抗斗争,此起彼伏。虽然如此,名义上的周天子,尚有一定的虚伪的号召力,因而打出"尊王"的旗帜争霸,容易为陷入不断征伐、兼并的混乱之中的各国诸侯接受。实际上,"尊王"不过是齐桓公的政治手段,是他争霸过程中一面用来装点门面的旗帜,而其真正的目的,是在于争取自己的

"霸业"和霸主地位,不过在当时的政治形势下,齐桓公还不可能、也没那么大的力量统一春秋各国,而对"周天子"进一步取而代之罢了。齐桓公假借"周天子"的名义,团结华夏诸侯国,抵御一些落后部族的侵扰,对于保障社会经济文化的发展,对于民族进一步融合和发展,也是有积极作用的。当时,东南、东方的夷人,西北、北方的戎、狄等部族,生产比较落后,其统治阶级趁周室衰颓、各国纷争之际不断内侵,给各国威胁很大,因而齐桓公"攘夷"的口号,各诸侯国自然也乐于接受。

列宁指出:"在分析任何一个社会问题时,马克思主义理论的绝对要求,就是要把问题提到一定的历史范围之内"(《论民族自决权》)。齐桓公称霸,否定了"礼乐征伐自天子出"(《论语·季氏》)的政治局面,有助于促进奴隶制的没落和瓦解,是奴隶制"礼坏乐崩"的一个标志。这是一个进步的历史现象,它的历史地位是应该肯定的。

齐桓称霸之时,中原各国力量都比较薄弱,它们忙于应付内争、外患和兼并,一时无有核心力量。比较强大的晋国,这时正忙于内乱;远居西陲的秦国,刚刚开始发展,要称霸中原,尚需一定的时间做各方面的准备。只有崛起于南方的楚国,这时雄心勃勃,意欲北上中原称霸,成为中原各国的劲敌。齐桓公在称霸过程中,一直重视了阻止楚国的北进,常会诸侯以御楚。所以,客观的历史条件和斗争形势,也给齐桓公造成了有利的环境。

齐桓称霸,"非幸也,数也"(《荀子·仲尼》),是历史发展的必然结果。管仲为称霸,创立了巨大的功绩,"可谓功臣矣"(《荀子·臣道》)。后代很多法家政治思想家,都比较认真地总结了这段历史经验,给予了肯定的评价。而顽固复辟奴隶制的思想家孟轲,却恨恨地说:"仲尼之徒,无道桓文之事者",并歪曲事实地说什么"是以后世无传焉,臣未之闻也"(《孟子·梁惠王上》)。他大骂管仲"得君如彼其专也,行乎国政如彼其久也,功烈如彼其卑也"(《孟子·公孙丑》)。但这正从反面证明了管仲变法和齐桓称霸的进步作用。

应该指出,管仲变法,毕竟是贵族阶级内部初步实行的封建性改革,它不是也不可能是封建革命。它对于掌握政权的各级奴隶主贵族,没有进行坚决、彻底的打击。据《輪镈》铭文记载:齐桓公赏赐鲍叔牙"二百又九十又九邑",并且说"枼(世)万至于辝(予)孙子,勿或渝改",可见对于奴隶制下的"世卿世禄"制度也并未彻底否定。齐国的国鄙界限,没有完全消除,当然更不能真正解放奴隶而做到全民皆兵。从有关这次变革的史料中,很难看出人民群众积极参与的迹象,表明这次变革动员群众的深度和广度都是非常有限的。这时齐国新兴的封建阶级力量不够强大,斗争经验还很不足。因此,这种霸业不仅不能长期维持,而且必定会发生反复。

齐桓公晚年,骄傲自满,很多地方听不进管仲的建议,致使某些大国诸侯产生了背离的意向。公元前 645 年(桓公四十一年),管仲、隰朋相继死去,齐桓公又不听管仲的遗言,使用了易牙、开方等一批没落奴隶主势力的代表人物,以致他病死时(公元前 643 年),诸子争立,发生内乱,他的尸体在床上六十七日,"尸虫出于户"(《史记·齐太公世家》)而不能发丧。管仲推行的法家路线,也就因之而夭折了。

姜齐的没落和田氏代齐

齐桓公"好内,多内宠"(《史记·齐太公世家》)。他病时,诸公子皆树党争立;死后,便相互攻伐,于是齐国又陷入近四十年的内乱之中。齐景公时,崔杼为右相,庆封为左相,奴隶主贵族完全把持了齐国的政权。

齐国没落奴隶主贵族的代表齐景公,"好治宫室,聚狗马,奢侈,厚赋重刑"(《史记·齐太公世家》)。生活极端腐化,"马食府粟,狗餍刍豢,三保(室)之妾,俱足粱肉",自己饮酒,甚至"七日七夜不止"(《晏子春秋·内篇谏上》)。"使国人起大台之役,岁寒不已""筑路寝之台,三年未息""夺民时""屈民财""穷民力"(《晏子春秋·内篇谏下》),致使人民群众"殚财不足以奉敛,尽力不能周役民氓""饥寒冻馁,死骭相望"(《晏子春秋·内篇谏上》),"民参其力,二入于公""公聚朽蠹,三老冻馁"(《左传》昭公三年)。腐朽的奴隶制度和反动的奴隶主贵族,严重地阻碍了社会经济文化的发展,激起了人民的反抗和斗争。奴隶主贵族"弃其民"(《左传》昭公三年),采取酷刑、残杀的镇压手段,造成齐国"国之诸市,履贱踊贵"(同上)的惨局。在这种情况下,代表新兴地主阶级势力的田氏,便开始登上政治舞台,向没落奴隶主贵族进行有计划、有步骤的夺权斗争了。

田氏的祖先,原是春秋初期陈国的奴隶主贵族。齐桓公十四年(公元前672年),陈国发生内乱,公子完逃到齐国,齐桓公命为"工正",是为田氏在齐立足的开始。齐庄公时,田桓子有力得宠,使田氏"始大于齐"(《左传》庄公二十二年)。齐景公时,田僖子为大夫,趁齐国政治腐败之机,关心人民生活,争取人民的支持,发展自己的新兴势力。他采取大斗借、小斗收的办法,"行阴德于民"(《史记·田敬仲完世家》),结果人民"爱之如父母,而归之如流水"(《左传》昭公三年),田氏宗族也更加强大了。齐简公时,田成子(田常,亦作陈恒)继续争取人民,"是以主孤于上而臣成党于下"(《韩非子·奸劫弑臣》),利用人民力量,攻杀监(一作阚)止,并进一步"弑"了简公,另立简公弟骜为齐平公。这时,田成子做了齐平公的国相,掌握了齐国的政权,取得了夺权斗争的初步胜利(见《左传》襄公二十八年)。

田成子执政后,一方面"修功行赏,亲于百姓",一方面积极开展外交活动,"尽归鲁、卫侵地,西约晋、韩、魏、赵氏,南通吴、越之使",使齐国的政治得以相对稳定。其后,田氏一直擅专齐国国政。齐宣公时，田襄子(盘，常子)又进一步"使其兄弟宗人尽为齐都邑大夫"，为进一步全面夺权建立了组织基础。没落的姜齐统治者一代不如一代。齐康公"淫于酒，妇人，不听政"(以上见《史记·田敬仲完世家》)，田和(田太公，田襄子孙)迁之于海上，不如一个大夫。经过魏文侯的通说，"天子"周安王于公元前386年正式列田和为诸侯。七年后，齐康公死而绝祀。经过二百五六十年的斗争，没落的奴隶制的姜齐终于被新兴地主阶级的田齐代替了，齐国从此正式进入了封建社会。

田氏在代齐的过程中，经过了十代的努力，和齐国奴隶主贵族势力进行了长期的、复杂的、曲折的和激烈的斗争，说明"一种社会制度被另一种社会制度所代替，是一个复杂的长期的革命过程"(斯大林：《和英国作家赫·乔·威尔斯的谈话》)。

在齐国奴隶主贵族势力中，原有十余支大贵族，如国、高、栾、鲍、崔、庆、晏等。这些旧贵族，是齐国没落奴隶制的支柱，不搬掉这些绊脚石，新兴地主阶级要想夺权是不可能的。因此，代表新兴地主阶级的田氏，在夺取政权之前，和这些旧贵族不能不进行一系列流血和不流血的斗争。

齐庄公时(公元前553年—公元前548年)，崔、庆最盛。崔杼杀戎姬，杀公子牙，杀高厚，迎立齐庄公(光)，专国政。但因庄公私通其妻，他又对庄公进行了武装围攻，"崔子之徒以戈斫公而死之，而立其弟景公"(《韩非子·奸劫弑臣》)。这时的田氏，尚无力参与，田文子只好"有马十乘，弃而违之，至于他邦"(《论语·公冶长》)，实行逃避。齐景公既立，崔杼为相，庆氏很想把他取而代之。恰不久崔杼的诸子内讧，"崔杼往见庆封而告之。庆封谓崔杼曰：'且留，吾将兴甲以杀之。'因令卢满嫳兴甲以诛之，尽杀崔杼之妻子及枝属，烧其室屋，报崔杼曰：'吾已诛之矣！'崔杼归，无归，因而自绞。"(《吕氏春秋·慎行》)于是庆封当国。但庆封听信其子庆舍，而庆舍嗜酒腐化。一次庆封出猎，庆舍被齐庄公嬖人卢蒲癸、王何所攻。这时的田氏,便乘机积极参与,和栾、高、鲍等贵族一起起来助攻,致使庆氏全族出奔。当时,田桓子本来在莱地跟从庆封田猎,其父田文子假托其母有病而召,田桓子在回来路上,一渡水就"戕舟发梁",致使庆封不能救子而归于失败(见《左传》襄公二十八年)。

崔、庆被灭后,齐国的强宗贵族,只剩下栾、高、国、鲍几家。栾、高都是齐惠公之后,称为"二惠"。但栾施、高彊都"耆(嗜)酒、信内、多怨"(《左传》昭公十年),而田、鲍方睦,于是联合起来,打败栾、高,国人也起来相助,迫使栾施、高彊奔鲁。国、高都是齐国根深蒂固的大族,据说他们都是周王亲自任命的齐国重臣(见《左传》僖公十三年)。齐景公死后,国、高根据遗嘱,立公子荼为君,田僖子(田乞)伪事国、高,而暗中离间他们和大夫们的关系,在国人的帮助下,联合鲍氏,终于战败了国、高,逼得他们出亡(《左传》哀公六年)。

鲍氏系鲍叔牙之后,由于"鲍叔有成劳于齐邦",曾受过齐侯很重的赏赐,因此在齐国的政治活动中,始终占有重要的地位。齐悼公之立,鲍牧很不满意,意欲另找代替者,结果被齐悼公知道,派人把他杀死,从而田僖子为相专了齐政(见《左传》哀公八年)。

"敌人是不会自行消灭的"(毛主席《将革命进行到底》)。简公即位后,任用阚止为政,想要夺回大权,挽救齐国奴隶制的垂死命运。阚止打算尽逐田氏,田氏得知后,先发制人,杀阚止于郭关,并进一步杀齐简公于舒州,齐国大权完全入于田氏之手(见《左传》哀公十四年),敲响了奴隶制的丧钟。这一消息传到鲁国,孔子站在奴隶主贵族立场上,三日斋戒沐浴,三次请求鲁哀公出兵讨伐田桓(田成子)。此时的鲁哀公,泥菩萨过河,自身难保,推给三家(季孙氏、叔孙氏、孟孙氏),而三家与田桓"心心相印",当然是不会出兵的(《论语·宪问》《左传》哀公十四年)。这不仅充分说明孔老二思想的反动性,而且进一步证明新兴地主阶级登上政治舞台、夺取奴隶主贵族阶级的政权，已成为时代潮流，任何人也无法阻挡了。

田氏在齐国逐步强大、节节胜利以至完全夺取了姜齐的政权，其原因究竟何在呢？这主要是由于田氏一直贯彻执行了一条与奴隶主贵族相反的坚持革新、坚持进步的正确路线。在田氏与齐国奴隶主贵族所进行的反复的斗争中，国人多次都站在田氏一边。其所以如此，是由于田氏的统治、经济路线，以及由推行这条路线而逐步建立起来的封建性的经济关系和阶级关系，在当时是进步的，是受到人民欢迎的。如前所述，以齐景公为代表的没落奴隶主贵族势力所控制的地区，"道旁饿死者不可胜数"；而在田氏这边，则"父子相牵而趋田成氏者，不闻不生"（《韩非子·外储说右上》）。当时，虽有国相晏婴向齐景公不断诤谏，希望政治得以改革，阶级矛盾得以缓和，但因为没有一条革新的法治路线，所以无济于事。这时的人民归向田氏，表明田氏所代表的新的封建生产关系，对人民已具有巨大的吸引力。韩非说田氏对人民是"设慈爱，明宽厚"（《韩非子·外储说右下》），问题的实质就在于田氏采取的封建剥削方式，使生产者有了一定的人身自由，不像奴隶制下的奴隶随时有被杀害的危险。这就是"慈爱""宽厚"的阶级内涵。晏婴也看出来田氏是人心所向，他说："陈（田）氏虽无大德，而有施于民，豆区釜钟之数，其取之公也薄，其施之民也厚，公厚敛焉，陈氏厚施焉，民归之矣！"（《左传》昭公二十六年）

如何利用山木、渔盐之利？田氏和齐国公室的做法完全不同。齐景公的办法是："山林之木，衡鹿守之；泽之萑蒲，舟鲛守之；薮之薪蒸，虞候守之；海之盐、蜃，祈望守之。县鄙之人，入从其政；偪介之关，暴征其私；承嗣大夫，强易其贿。布常无艺，征敛无度，宫室日更，淫乐不违。内宠之妾，肆夺于市；外宠之臣，僭令于鄙。私欲养求，不给则应。民人苦病，夫妇皆诅。"（《左传》昭公二十年）这种残酷的、无孔不入的剥削,给人民带来了严重的灾难。而田氏,"山木如市,弗加于山;鱼、盐、蜃、蛤,弗加于海",当然满足了人民对山泽之产的需要。本来田桓子的封地在莒(《左传》昭公十年),约今山东胶县东面,靠近胶州湾,当时乃是海船出入之地(法显求法,于青州长广郡登岸,见《佛国记》,郡治即今胶县),田氏在市场上廉价出售海产品当然是不成问题的,但做到"山木如市,弗加于山"便有些困难,因此很渴望在齐再求得一个富有山林之产的地方。栾、高为陈、鲍所败之后,齐景公曾想以莒之旁邑赐赏给田桓子,田桓子意有别属,辞而不受。景公母穆孟姬为之请高唐(今山东禹县西南),正中田桓子的心怀,就欣然接受了。原来此处为齐国腹地,又为齐的宗邑所在,正是齐国西南部山林器用出产最盛的地方(《左传》襄公二十五年)。田桓子不仅从政治上多了一个封邑,多了一个夺权的根据地,而且在经济上使两封地得以相互交流和支持,便于发展自己的经济力量,建立自己新的经济关系。韩非说,"诸侯之博大,天子之害也;群臣之太富,君主之败也""人主不能用其富,则终于外也……晋之分也,齐之夺也,皆以群臣之太富也"(《韩非子·爱臣》)。田氏的政治路线和经济措施,为田氏夺权打下了雄厚的经济基础。正是因为有这种基础,才使田氏得以厚施于民而民归之。

恩格斯说:"任何政治斗争都是阶级斗争,而任何争取解放的阶级斗争,尽管它必然地具有政治的形式……归根到底都是围绕着经济解放进行的。"(《费尔巴哈和德国古典哲学的终结》)田氏所进行的阶级斗争,正是适应了人民"经济上的解放"要求,所以他才能在人民支持下取得政治斗争的胜利!

田氏伐齐,和约略同时的"三家分晋",是奴隶制向封建制过渡时期的必然产物,是我国历史由奴隶制向封建制转变的分水岭。田氏革新、发展以至代替姜齐的过程,说明了什么呢?

毛主席教导我们说："思想上政治上的路线正确与否是决定一切的。"齐桓公时期的齐国，所以强盛一时，完全是由于他任用管仲，执行了正确的政治路线和经济路线。管仲实行封建性的改革，在经济上、政治上、军事上以至外交上，进行了变革，使齐桓公称霸诸侯。田氏十几世，一直坚持了一条变革的路线，才使田氏逐步发展、强大，以至取得了齐国政权，使奴隶制的齐国转化为封建制的齐国。田氏夺权之后，新兴地主阶级生气勃勃地登上了历史舞台。由于正确路线的继续贯彻，齐威王、齐宣王任用法家人物孙膑、田忌等人，"战胜弱敌"，称雄一时。整个战国时期，齐国都是东方强国，一度与秦国并称为"东西帝"，和齐桓公后姜齐的奄奄无生气的状况截然不同。这不是正确路线强大生命力的具体表现吗？

"人民，只有人民，才是创造世界历史的动力。"（毛主席《论联合政府》）人民的阶级斗争，推动了管仲的变法，田氏代齐更一直得到人民的支持。没有人民群众的阶级斗争，就不会有管仲和田氏的改革。列宁说："阶级斗争，人民中的被剥削部分反对剥削部分的斗争，是政治变革的基础，并且最后决定一切政治变革的命运。"（《列宁全集》，第八卷，176页）齐国变革的过程，也充分说明了这个真理。

齐国社会变革的事实，还充分说明历史上新的正确的东西，"只能在斗争中曲折地发展"（毛主席《关于正确处理人民内部矛盾的问题》）。管仲的变革路线，在当时是正确的，但它受到干扰，特别是由于奴隶主贵族的破坏，就半途中断了。田氏虽然一直坚持一条革新的路线，但还是经过了曲曲折折的反复斗争过程，才取得彻底的胜利。历史事实证明，新生事物，代表着历史发展的趋势和时代前进的潮流，所以是不可战胜的，尽管它可能要经过无数的反复或失败，最后总归是要胜利的。相反，一切没落的东西，虽然有时表面强大，但它本质是腐朽的、虚弱的，所以最后必然是要灭亡的。

毛主席说："阶级斗争,一些阶级胜利了,一些阶级消灭了。这就是历史,这就是几千年的文明史。"(毛主席《丢掉幻想,准备斗争》)齐国社会变革的过程,就是一部形象、生动的阶级斗争史!

(原载于《甘肃师范大学学报》1975年第1期,与缪文远合作,此次整理稍有修订)

《春秋》《左传》记事的迄止年代

　　《春秋》是我国第一部断代编年史,相传是孔子依据春秋时期鲁国的历史史料(即所谓"鲁春秋")编写而成的。它以鲁国的十二国君(隐、桓、庄、闵、僖、文、宣、成、襄、昭、定、哀)的世系为序,起自鲁隐公元年(前722年),终止于鲁哀公十四年(前481年),提纲挈领地记述了春秋时期中一百四十二年间的历史史实。由于它语言简要而又字含褒贬,所以自从它问世之后,陆续出现了一批解释它、补充它的著作,据《汉书·艺文志》记载,有:《左氏传》三十卷,《公羊传》十一卷,《谷梁传》十一卷,《邹氏传》十一卷,《夹氏传》十一卷。可惜,后两者后来亡佚了,而前三者却完整地遗存了下来,人们称之为"春秋三传"。唐代,把它们列入"九经"中,宋代以后列入"十三经"之内,一直被奉为儒家的经典。

　　《左传》以《春秋》为纲,更加翔实、具体、生动地记述了春秋时期的历史史实。由于《公羊传》《谷梁传》只阐述《春秋》的"义法",不像《左传》那样更加充实、丰富地解释和补充了《春秋》,所以在"春秋三传"中,《左传》的地位更高,更受到人们的重视。它不但是一部伟大的历史著作,也是一部伟大的文学著作。

　　《春秋》和《左传》(又称《左氏春秋》或《春秋左氏传》)原来是各自成书而单行的。晋代的杜预作《春秋经传集解》时,按年代把《左传》"传"文相对应地列在《春秋》"经"文之后,于是两者就合成为一部书了。唐代的孔颖达作《春秋左传注疏》时,就是在杜预的基础上进行的，宋代列为《十三经注疏》之一。现在，《十三经注疏》已由中华书局影印出版，《春秋经传集解》也由上海人民出版社重新排印出来，并改名为《春秋左传集解》。

关于《春秋》《左传》记事的起自年代，是没有任何问题的，它们都是自鲁隐公元年（周平王四十九年，即前 722 年），而对它们记事的迄止年代，却有必要进一步加以说明了。

先说《春秋》。一般说，它的记事起于鲁隐公元年，止于鲁哀公十四年，《公羊传》《谷梁传》中的"经"文和"传"文就是这样。但当我们翻阅《春秋左传注疏》或《春秋经传集解》时就发现，《春秋》的"经"文部分终止于鲁哀公十六年（公元前 479 年）。《春秋》是不是孔子所作，目前尚无定论，而鲁哀公十六年"经"文的最后一句竟然记载着："夏四月己丑，孔子卒。"显然绝对不会出于孔子之手了。哀公十四年"经"文的第一句记载："春，西狩获麟。"杜预注说："仲尼伤周道之不兴，感嘉瑞之无应，故因《鲁春秋》而修中兴之教，绝笔于获麟之一句，所感而作，固所以为终也。"①"经"文第二句下又注说："自此以下至十六年，皆《鲁史记》之文，弟子欲存孔子卒，故并录以续孔子所修之'经'。"②唐陆德明的《经典释文》于"孔子卒"句下也说："孔子作《春秋》，终于获麟之一句，《公羊》《谷梁》'经'是也。弟子欲记圣师之卒，故采《鲁史记》以续夫子之'经'而终于此。"③由此可见，《春秋》哀公十四年至十六年"获麟"以下至"孔子卒"等"经"文，乃鲁史官或孔子弟子续写的文字，故可以称为"续经"。如只笼统地说《春秋》的记事迄止于鲁哀公

---

① [晋]杜预集解《春秋经传集解》卷 30《哀公下》，上海古籍出版社，1988 年，第 1796 页。

② 同上。

③ [唐]陆德明：《经典释文》卷 20。

十四年,就显然不那么全面了。

再说《左传》。传统的说法,《左传》的记事迄止于鲁哀公二十七年(前468年),比孔子的《春秋》多了十三年。其实,如上所述,只十一年"有'传'无'经'"。可是,今天流行的一些《中国通史》《中国文学史》之类的大、中学课本和诸如《历史要籍介绍》之类的学术读物,对《左传》记事迄止年代的介绍,却极为混乱不一。有的只说"止于鲁哀公二十七年,比《春秋》多十三年"①,而对《春秋》的"续经"的问题只字不提;有的只说"止于鲁悼公四年(前464年)"②,或"止于鲁悼公十四年(前454年)"③,而未加任何说明。新《辞源》说"记自鲁隐公元年至鲁悼公四年间二百六十年史实"④,仅单从时间上就误多了一年;新《辞海》说"起自鲁隐公元年(公元前722年),终于鲁悼公四年(公元前464年),比《春秋》多出十七年,其叙事更至鲁悼公十四年(公元前454年)为止"⑤,虽然比较详尽了,但仍然是不确切的;一部《中国历史要籍介绍》上说:"经文止于鲁哀公十四年,传文续经续到哀公廿七年,续《传》续到鲁悼公四年,较《春秋》经文多二十七年。"⑥这不仅时间的计算有误,而且简直令人含混不清了。因为从鲁隐公元年到鲁悼公四年只有二百五十九年;从鲁哀公十五年到鲁悼公四年只有十七年。至于上海人民出版社在《春秋左传集解》的"出版说明"里所说的"起自鲁隐公元年(公元前722年),终于鲁悼公十四年(公元前454年),

①王连弟:《中国古代散文赏析(上)》,海风出版社,2009年,第4页。
②《古代诗文选》,外语教学与研究出版社,1985年,第17页。
③辛安亭选编,吴福熙等注:《文言文读本》,甘肃人民出版社,1984年,第322页。
④《辞源》,商务印书馆,1979—1983年,第959页。
⑤《辞海》,上海辞书出版社,1979年,第155页。
⑥李宗邺:《中国历史要籍介绍》,上海古籍出版社,1982年,第46页。

比《春秋》增多二十七年"等等,同样也是因误衍误、习而不察的说法。

为什么造成这么多分歧的说法而且产生错误呢?还是让我们具体查看一下《十三经注疏》里的《春秋左传注疏》或杜预的《春秋经传集解》之后再回答。在哀公二十七年"传"文后,有"悼之四年,晋荀瑶帅师围郑"①的记载。这段记载的最后几句说:"知伯不悛,赵襄子由是甚知伯,遂丧之。知伯贪而愎,故韩、魏反而丧之。"②此记载中的"悼",即指鲁悼公,悼公四年,为公元前 464 年;"晋荀瑶",即晋国的知氏,又称知伯,原为晋国六卿之一,在范氏、中行氏被灭后,此时正与韩、魏、赵三家争斗。韩、赵、魏三家联合起来杀知伯而三分其地,是有名的历史事件。《史记·晋世家》把这个历史事件系于晋哀公(《赵世家》又作"晋懿公")四年,经历史学家们考查,认为《晋世家》的这段史实世系混乱、记述有误,不可为据。《竹书纪年》系此事件于晋出公二十二年,《史记·六国年表》系此事件于周贞定王十六年,史学家认为是正确的。晋出公二十二年,相当于周贞定王十六年,即公元前 453 年,应是鲁悼公十五年。今天出版的各种《历史纪年表》《历史大事表》等等,也都把此事件系于公元前 453 年。因此,说《左传》记事迄止于哀公二十七年的人,忽视了"悼之四年"的记载;说止于悼公四年的人,却忽视了三家杀知伯的历史时间;说止于鲁悼公十四年的人,可能因袭了《史记·晋世家》的失误。杜预的最后一条注释就说:"晋懿公之四年,鲁悼公之十四年,知伯帅韩、魏围赵襄子于晋阳。韩、魏反与赵氏谋,杀知伯于晋阳之下,在《春秋》后二十七年。"③如果说杜预之失在于察而不细,以致以误衍误,那么今人之失,就在于以误衍误,习而不

①［晋］杜预集解《春秋经传集解》卷 30《哀公下》,上海古籍出版社,1988 年,第 1861 页。

②同上,第 1862 页。

③同上,第 1863 页。

察了。所以,确切一些的说法应该是:《左传》的记事迄止鲁哀公二十七年,在最后的记述中涉及了鲁悼公四年和鲁悼公十五年的历史事实。显然,最后这段史实的记述,与以前的"传"文体例不同,应该是《左传》完成以后的人补记的。

总之,由于《春秋》和《左传》都有"续文",所以在它们记事迄止的年代问题上就产生了种种不同的说法或错误,今天我们在阅读或使用这两种记载时,应该加以澄清,以便有一个确切的认识。

1986 年 5 月 26 日

（原载于《古籍整理研究学刊》1986 年第 4 期）

《战国策》的成书及对其史料的再整理

从《战国策》成书到现在已经两千多年了。无论是对它的辑录、编撰、整理，还是对它的校注、考辨、研究，都经历了一个比较复杂的过程，几乎每个时代，都有对它的再整理。如果按照对它整理的特点和成就来说，大概可以从汉魏六朝、宋元、明清、近现代四个重要的阶段来论述。限于篇幅，本文仅就它的成书及早期对它的再整理谈些情况和意见，敬请同志们批评指正。

一

《战国策》的第一个整理者，是西汉末年的古籍整理大家刘向。《汉书·艺文志》上说：

> 汉兴，改秦之败，大收篇籍，广开献书之路。迄孝武世，书缺简脱，礼坏乐崩，圣上喟然而称曰：'朕甚闵焉。'于是建藏书之策，置写书之官，下及诸子传说，皆充秘府。至成帝时，以书颇散亡，使谒者陈农求遗书于天下。诏光禄大夫刘向校经传诸子诗赋，步兵校尉任宏校兵书，太史令尹咸校数术，侍医李柱国校方技。每一书已，向辄条其篇目，撮其指意，录而奏之。①

这就是刘向整理古籍的原因和背景，也是《战国策》成书的时代

---

① 《汉书》卷30《艺文志》，中华书局，1962年，第1701页。

条件。依据上述记载，似乎刘向整理古籍是在汉武帝之世。实际，刘向（前77—前6）主要生活在宣、元、成时期。《汉书·成帝纪》："（河平三年）秋八月乙卯晦，日有蚀之。光禄大夫刘向校中秘书，谒者陈农使求遗书于天下。"①成帝河平三年为公元前26年。

根据汉成帝的旨意，刘向整理《战国策》时，也是"条其篇目，撮其指意，录而奏之"的。今存《战国策叙录》，就是他整理之后的"奏文"。他说："所校中战国策书：中书余卷，错乱相糅莒，又有国别者八，篇少不足②。臣向因国别者略以时次之，分别不以序者以相补。除复重得三十三篇。本字多误脱为半字，以'赵'为'肖'，以'齐'为'立'，如此字者多。中书本号，或曰'国策'，或曰'国事'，或曰'短长'，或曰'事语'，或曰'长书'，或曰'修书'。臣向以为战国时游士辅所用之国为之策谋，宜为《战国策》。其事继春秋以后，讫楚汉之起，二百四十五年间之事，皆定以杀青，书可缮写。"③

这清楚地说明，刘向整理《战国策》时所见到的原始材料，是相当杂乱的，仅分类存放的材料名称就有六种之多，而且内容散乱重复，文字多有讹误脱落。其中，有以国别分开存放的，共有八国之多，但也是篇幅短缺，很不完整。刘向整理时，以这八国的材料为基础，大体按时代先后编排了下次序，再把那些杂乱的材料进行梳理，剔除了重复，校订了文字，分别编排和安插到有关的各国中去，总计为三十三篇。他根据这些史料的内容和特点，定其名为《战国策》。

今存南宋姚宏重校续注本《战国策》，虽是曾巩重新整理过的，但

---

①《汉书》卷10《成帝纪》，第310页。

②这段文字的断句多有不同，此处是根据自己的理解标点的。

③刘向集录《战国策》附录《刘向书录》，上海古籍出版社，1985年，第1195页。

大体保存了刘向原本的面貌。全书共有三十三卷,分为十二个国别。其中东周策一卷,西周策一卷,秦策五卷,齐策六卷,楚策四卷,赵策四卷,魏策四卷,韩策三卷,燕策三卷,宋、卫策一卷,中山策一卷。姚宏共分为四百八十六章①。但是,此本亦有重复之处,有些篇章与"国别"体例不合②,可能刘向整理时只是"大体"做了编排及"除重复"工作,也可能因为刘向本流传到两宋时已散佚严重,曾巩再整理时而致误,现在很难确切地进行考辨了。

二

刘向整理《战国策》时,在"中秘"所看到的原始材料是从哪里来的呢? 它的原作者是谁? 这是近代以来长期争论不休的一个问题。

最早怀疑《战国策》史书性质的是南宋以来的一些学者和图书著录家,郑樵《通志·艺文略》、晁公武《郡斋读书志》、陈骙《中兴馆阁书目》、马端临《文献通考》等等,都把《战国策》列入"子部·纵横家"。晁公武还说:"纪事不皆实录,难尽信,盖出学纵横者所著。"(《郡斋读书志》卷十一)到了清代乾隆年间,牟庭又提出了西汉蒯通著《战国策》之说。新中国成立前罗根泽先生多次撰文阐发牟意,金德建先生又提出了蒯通、主父偃多人始作的见解(皆见罗根泽《诸子考索》一书)。他们共同特点是否认《战国策》的史学价值,否认它是先秦史料。这是不符合历史实际的。

刘向在《战国策叙录》中,以较长的篇幅论述了西周、春秋和战国

---

①另有南宋鲍彪重编新注本,共分 10 卷 493 章。近代以来出版的该书及论述,分章多有不同,此处从略。

②笔者另撰《宋元时期整理〈战国策〉的巨大成就——兼对鲍彪整理〈战国策〉再评价》一文,此不赘述。

不同的时代特点和政治衍变,实际就是阐述《战国策》所以产生的时代背景和历史原因的。但材料的具体写作,还需从各国的史官设置来说明。从殷商以来,我国就有各种史官,负责各种史戡。战国各国史官对政治、军事、外交等方面的活动,对某些谋臣、策士、游说者的言论和行动,用各种形式记录下来,就当然是情理中的事了。刘向在"中秘"中所看到的原始材料,名称不一,国别不同,片断散乱,大概就是各国史官因事而记,随时而记,而又没有经过很好的整理,再加传抄、加工,最后通过各种渠道流入汉王朝"中秘"的结果。

游说诸侯,既需要广博的知识和能言善辩的口才,又需要善于揣摩形势,迎合时君所好、随机应变的机智。一些谋臣、策士、游说家就是凭着这些,取得了高官厚禄,显耀于社会,从而实现了自己阶级、集团的政治愿望和自己的政治主张,这当然会成为其他一些知识分子爱慕、向往、追求或模仿的对象了。据《史记》记载,这种显赫一时的"从衡短长之说"(《史记·六国年表》),不仅是谋臣、策士、游说家们猎取功名富贵的手段,而且就连儒法等类人物,也往往把它当作仕进的手段和阶梯。这种"尚游说"的风气,直到西汉初期还很盛行,像蒯通、主父偃、邹阳、韩信等人都是喜欢这一"学问"的。这些后代的纵横家,为了借鉴前人的经验,模仿他们的游说技巧,把战国时代谋士、策士、纵横家们的言行、逸事、传闻以及当时各国的有关材料加以各就所爱的传抄、再加工和再创造,以至作为自己学习和进修的教材、范本,也是很自然的事情了。可以推知,这种性质的材料,迭经传抄和加工,在官方和民间都会有所收藏,而且抄本甚多,绝不只会是一种或两种。西汉王朝建秘府、收图籍、广开献书之路,当然也会收存这方面材料的。《战国策》"纪事不皆实录",就是由于这些人的传抄、加工、伪托、模拟和再创造。司马迁撰写《史记》时,曾采取过《战国策》类型的原始材料,见于今本《战国策》的达九十三条之多(一说一百四十余条),后来的吕祖谦《大事记》、司马光《资治通鉴》、鲍彪《战国策注》、吴师道《战国策校注》、林春溥《战国纪年》、黄式三《周季编略》、顾观光《国策编年》、钟凤年《国策勘研》、于鬯《战国策年表》等等，或引用了《战国策》资料，或对其真伪加以考辨，或引史予以系年。今人缪文远《战国策考辨》更是在前人基础上逐章考辨、系年，确定真伪的。因此说它"皆非信史"是不确切的，应该说真伪相糅。至今，它仍是我国战国时代重要史料之一，应首先是一部史书。全书既无作者主名，又无统一的指导思想，并缺乏完整明确的体系和体例，所以说它是一部子书，是没有什么道理的。

1973 年年底，在长沙马王堆三号汉墓里，发现了一批帛书，其中定名为《战国纵横家书》的二十七章一万一千多字，就是和《战国策》同一性质的史料。二十七章中，有六章既见于《史记》，又见于《战国策》；两章只见于《史记》；两章只见于《战国策》；又两章部分见于《战国策》；其他都是《史记》和《战国策》未载的新史料。这说明：司马迁和刘向所看到的原始材料不同，他们也只看到了当时所存战国史料的一部分，有些史料已经遗失了。三号墓的墓主是西汉初期的轪侯之子。据考查，轪侯做过长沙王相，也是个纵横长短之术的爱好者，帛书所载，也只是经他传抄或加工的战国史料中的一部分，而且是司马迁、刘向所不曾过目的。

由此可见，说《战国策》为西汉人所作是没有历史根据的。它虽不完全是战国时代的实录，并加有后人的伪托、传抄或加工，但仍是战国时代重要的史料。它既不是一时一地之作，也非出于一人之手。它材料的原作者应该是战国时代各国的史官和从战国到秦汉间的一些纵横长短之术的爱好者。

三

汉武帝"罢黜百家,独尊儒术"之后,儒家思想逐渐取得了统治地位,对其他各家学说逐渐采取排斥的态度。对纵横家的"权谋",可谓排斥更甚。早在刘向整理《战国策》之前,就有人主张把这些"权谋"资料摈除于王室。《汉书·东平思王宇传》中记载,东平思王刘宇"上疏求诸子及太史公书"时,大将军王凤就说:"诸子书或反经术,非圣人;或明鬼神,信物怪;太史公书有战国纵横权谲之谋。汉兴之初,谋臣奇策,天官灾异,地形厄塞。皆不宜在诸侯王。"[1]这虽不是灭绝的态度,起码把它看作"邪恶之说",对巩固王朝的封建统治是有危害作用的。后来刘向整理典籍于秘阁时,一再抱着保存历史材料的态度,谨慎地从事工作,"每一书已,录而奏之",也就是这种政治气候的反映。

刘向的《战国策叙录》,不惜大费辞语,一再宣扬文武、周公、孔孟之道,并以此为标准,着重说明《战国策》都是"君德浅薄""兵革不休"情况下,"因势而为资,据时而为故""扶急持倾"的"权宜之谋",是不可以"临国教、化兵革"的。甚至整理的态度,也只是"亦可喜,皆可观"的模棱两可。因此,如果对《战国策》的进一步再整理,就需要有一定的胆识了。

东汉末年,出现了两部《战国策》的整理著作:一是延笃的《战国策论》,一是高诱的《战国策注》。

延笃,字叔坚,南阳犨(chōu 今河南鲁山县东南)人。据《后汉书·延笃传》记述,他少年从唐溪典学《左氏传》,后又受业于马融,博通经传百家之言,能著文章,甚有名于京师,看来也是一位博大精深的学者。汉桓帝时,征为博士,拜议郎,曾与边韶、朱穆等同著述于东观。后

---

[1]《汉书》卷 80《宣元六王传》,中华书局,1962 年,第 3324、3325 页。

迁左冯翊，徙京兆尹，忧恤黎民，为政宽仁，政声甚好。因遭党事禁锢，卒于永康元年（公元 167 年）。他的《战国策论》一卷，《隋书·经籍志》《旧唐书·经籍志》《新唐书·艺文志》以及郑樵《通志·艺文略》中都有著录，多归于史部杂史类。可是到了南宋绍兴年间（公元 1131—1162 年），姚宏、姚宽兄弟整理《战国策》时，竟说"叔坚之论，今他书时见一二"①"延笃论，今亡矣"②。可见，唐宋之际，他的《战国策论》已经亡佚了。

《战国策论》一卷，名为"论"，实际并不是一部论述性的著作。根据后人的援引来看，它是我国第一部为《战国策》作注释的著作。唐人司马贞在《史记》的《高祖本纪》《苏秦列传》《鲁仲连列传》《匈奴列传》等篇的"索隐"里，曾引用延笃注释《战国策》的注文释语；唐人李善在注《文选》时，也在任昉《为范始兴作求立太宰碑表》及阮籍《咏怀诗》十七首之十七等诗文中，也曾引用过。后来，姚宏续注和吴师道补正《战国策》时又转引了《史记索隐》中的"延笃云""延笃注《战国策》云"。因此，正如清人侯康在《补后汉书·艺文志》里说它虽名为"论"，"全非论体"③。所以，北朝颜之推《颜氏家训·书证篇》中称它为《战国策音义》就有些道理了。

此书只有一卷，看来不是对《战国策》全部"策文"的注释，从它所存佚文及卷数分析，它可能是一本"读书札记"，犹如孙诒让的《札迻》、王念孙《读书杂志》一类的著作。虽然它的内容比较简单，但筚路蓝缕，开创之功是应该肯定的。它丰富了《战国策》所蕴含的具体内

①刘向集录《战国策》附录《姚宏题》，上海古籍出版社，1985 年，第 1202 页。
②同上，《战国策》附录《姚宽书》，第 1205 页。
③［清］侯康：《补后汉书·艺文志》卷 3，中华书局，1985 年，第 54 页。

容,增强了《战国策》的可读性,对《战国策》的流传和其他史书的理解,是有推进意义的。由于此书后来亡佚,使得后人以为高诱是第一个注释《战国策》的人,这实在是一种误会。

高诱,涿郡涿县(今河北涿县)人,是东汉末年一位著名的学者。少年时,他曾师事过马融的高足卢植,建安十年(公元205年)曾任司空掾,后为东郡濮阳令,河东监等职。据其《淮南子序》所述,他除了注释过《淮南子》《战国策》之外,还注释过《孟子》《孝经》和《吕氏春秋》,可见是一位卓有成绩的古籍注释家。据齐思和《战国策注者事迹考》考查,他注《战国策》是在建安十七年之后。已是儒家思想受到冲击,曹操即将统一北方政权的时候了。

高诱《战国策注》《隋书·经籍志》著录为二十一卷。到了唐代,《旧唐书·经籍志》《新唐书·艺文志》皆著录为三十二卷。《宋史·艺文志》为三十三卷。其他,如郑樵的《通志》、高似孙的《史略》等却著录为二十一卷。著录为二十一卷者,可能是他的原书,单行;著录为三十二卷或三十三卷者,可能是唐宋间人把它和刘向原本合并在一起了。因为,《战国策》卷数,原为三十三篇,新旧《唐书》及其他书目也著录为三十二卷,或三十四卷、三十卷者,这是好事者在具体抄、刻时有所改变、有所分合的缘故。但高注是对《战国策》的全部注释,还是只完成了大部分卷篇注释的不足本,由于原书早佚,我们却不得其详了。

高诱《战国策注》流传到两宋时,和刘向本《战国策》一样,亡佚很多。北宋王尧臣撰奏《崇文总目》时,只著录为八卷,曾巩再整理《战国策》时,也只说"今存者十篇"[1],姚宏、姚宽兄弟所见,亦同。查今存的姚宏重校续注本《战国策》,存有高注的篇章,恰在二、三、四、六、七、

---

[1]刘向集录《战国策》附录《曾子固序》,上海古籍出版社,1985年,第1201页。

八、九、十、三十二、三十三等十卷中,与曾巩、两姚所述相吻合。但在卷二十三、二十五、三十中,还残存高诱部分注文,依次为八、四、一,共十三条。其中卷二十三中的八条注文中,有三条姚宏还明确注明"曾(巩)、刘(敞)无此注"①,显然他在校订《战国策》时,也是在极力收存高诱注文的。

高诱注文虽然业已残缺,但它却是现存《战国策》注释的最早一种。鲍彪说它"疏略无所稽据"②,赵与岲说它"残缺疏略,殊不足观"③,都是很不客观的。从今存注文来看,它释词解义,有根有据,简明扼要,直到今天很多"策文",我们还要靠它去理解,怎能说"殊不足观"呢? 它的"疏略",可能由于时代接近,用不着详备;至于"残缺",更不能责罪高诱本人了。因此,它对后世《战国策》的整理和研究,依然是影响很大的,至今仍是我们需要参考的早期材料。

由此可见,在儒家思想占统治地位的时代里,《战国策》虽然视为"邪说",讳见于士林,但由于它史料本身的价值所在,仍然引起了专家学者的重视。从它成书以后,在不到一百五十年的时间里,竟出现了两部专门注释它的著作,足见它在中华传统文化中,在中国学术思想发展中,是多么重要了。

四

西晋时期,出现了两部《战国策》的改编本,那就是乐资的《春秋后传》和孔衍的《春秋后语》。

---

① 高诱注,姚宏续注:《战国策》卷 23,商务印书馆,1958 年。
② 刘向集录《战国策》附录《鲍彪序》,上海古籍出版社,1985 年,第 1209 页。
③ 赵与岲:《宾退录》卷 5,中华书局,1985 年,第 59 页。

唐刘知几《史通·六家》"左传家"中说："逮孔子云没，经传不作，于时文籍，唯有《战国策》及《太史公书》而已。至晋著作郎鲁国乐资，乃追采二史，撰为《春秋后传》。其书始以周贞王，续前传鲁哀公后，至王赧入秦；又以秦文王之继周，终于二世之灭，合成三十卷。"①

由此看来，乐资的《春秋后传》是利用《战国策》及《史记》中的资料，重新改编的一部"战国史"。它上续《左传》，从周贞定王元年（前468 年）开始，直至秦二世之灭（前 207 年），其叙事和刘向整理《战国策》的所辖史时是大体一致的。此书问世后，《隋书·经籍志》《旧唐书·经籍志》和《新唐书·艺文志》虽然皆有著录，宋代类书也多有引用，但大概在宋元之间就已亡佚了。清代黄奭、王谟皆辑有"逸文"。前者见《汉学堂丛书·经解春秋》及《黄氏逸书考·汉学堂经解》；后者见《汉魏遗书钞·经解春秋》。由于乐资在《晋书》中无"传"，对他的生平、著述也别无他闻了。从刘知几的论述中，我们可以肯定他是第一位利用《战国策》，对其史料进行再整理的史学家。

孔衍，字舒元，鲁国人，孔子后裔，《晋书·儒林传》中有"传"。晋惠帝末年，曾避乱于江东，后补为中书郎。晋明帝时，因他忤逆王敦，出为广陵相。东晋元帝太兴三年（320 年）卒于官，其著述百余万字。

刘知几在《史通·六家》"国语家"中说："暨纵横互起，力战争雄，秦兼天下而著《战国策》。其篇有东西二周、秦、齐、燕、楚、三晋、宋、卫、中山，合十二国，分为三十三卷。夫谓之策者，盖录而不序，故即简以为名。或云：汉代刘向以战国游士为之策谋，因谓之《战国策》。至孔衍，又以《战国策》所书未为尽善，乃引太史公所记，参其异同，删彼二家，聚为一录，号为《春秋后语》。除二周及宋、卫、中山，其所留者七国

---

① 刘知几撰，浦起龙释：《史通通释》，上海古籍出版社，1978 年，第 11 页。

而已。始自秦孝公，终于楚汉之际，比于《春秋》，亦尽二百三十余年行事。始衍撰《春秋时国语》，复撰《春秋后语》，勒成二书，各为十卷。今行于世者，唯《后语》存焉。案其书序云：'虽左氏莫能加。'世人皆尤其不量力，不度德。寻衍之此义，自比于丘明者，当谓《国语》，非《春秋传》也。必方以类聚，岂多嗤乎？"①

很清楚，孔衍也是参证《战国策》和《史记》而重新编撰的。他不仅"以《战国策》所书未为尽善"，而且"除二周、宋、卫、中山，其所留者七国而已"。显然，突出了战国七雄，就突出了全书的重点。在编撰《春秋后语》前，他还编撰过《春秋国语》，使之两者相衔接，成为统一体例的"国别体杂史"，并自诩"虽左氏莫能加"，可见是经过精心挑选和编排的。

《春秋后语》十卷问世后，《隋书·经籍志》及《旧唐书·经籍志》皆未著录，而《新唐书·艺文志》、高似孙《史略》《宋史·艺文志》中却有记载，皆为十卷，李昉的《太平御览》曾引用它的史料六十多条。这可能是开始流传不广而北宋以后广为流传的缘故。可是南宋姚宏校注《战国策》时，却说"先秦古书，见于世者无几，而余居穷乡，无书可检阅，访《春秋后语》，数年方得之"②，并多处以校勘"策文"。姚宽还从中查出《战国策》"逸文"两则③。元代中期，吴师道"补正"鲍本《战国策》时曾说："盖晋孔衍所著者，今尤不可得，尚赖此（指姚宏续注）而见其一二。"④他虽然也引用了《春秋后语》数条，可能转引自姚宏或其他唐宋类书。这说明，宋元之间，《春秋后语》也逐渐亡佚了。元人《说郛》卷

---

①刘知几撰，浦起龙释：《史通通释》，上海古籍出版社，1978年，第15页。

②刘向集录《战国策》附录《姚宏题》，上海古籍出版社，1985年，第1203页。

③同上，《战国策》附录《姚宽书》，第1206页。

④同上，《战国策》附录《吴师道识》，第1214页。

五,有收录的遗文;清代王谟(见《汉魏遗书钞·经翼》第三册)、黄奭(见《汉学堂丛书·子史钩沉·史部杂史类》及《黄氏逸书考·子史钩沉》)、刘学乾(见《青照堂丛书次编·诸经纬遗》)、王仁俊(见《玉函山房辑佚书续编·史部总类》)等人,皆有辑佚,我们还可以从中看到《春秋后语》的大体轮廓。

应该指出的是,刘知几所述《春秋后语》的记事的时间,可能是有误的。从秦孝公元年(前361年),至楚汉之际才一百五十多年,或"二百"为"一百"之误,或"孝公"为"厉公"之误,因原书亡佚,我们无法考查了。

民国初年,罗振玉从巴黎图书馆得敦煌本《春秋后语》残卷数种,用以参考姚宏注引和《太平御览》收录,颇有不同。据推测,当时流行的大概有两种本子,一是孔衍的原书,内有孔衍的自注;一是唐宋间人的删节本,即所谓略出本。从今存残卷考查,此书十卷,卷一至卷三为秦语,卷四为齐语,卷五为赵语,卷六为韩语,卷七为魏语,卷八、卷九为楚语,卷十为燕语(罗振玉《雪堂校刊群书叙录》中的有关论述)。这种重编的体例,可能给后世,如南宋鲍彪的《战国策注》、明代穆文熙的《七雄策纂》之类的整理著作,有一定的启示意义。

《春秋后传》《春秋后语》的出现,说明了《战国策》对后世的影响。刘向把较为原始、较为完整的史料奉献到史坛上,正为后代进行战国史的研究,并从中汲取有益的历史经验教训,提供了珍贵的资料。乐资、孔衍正是从历史学和史料学的角度进行再整理的。

由上所述,我们可以看到,两汉魏晋时期,在《战国策》整理史上,可以说是史料的梳理、编选时期。这对整个《战国策》整理研究来说,尚属于草创阶段。但随着时代的发展和人们认识的提高,出现了宋元时期以校勘、注释为重点,明清时期以鉴赏、研究为重点的再整理,都是在这种"草创"的基础上进行和发展的。虽然延笃、高诱、乐资、孔衍的再整理著作大都亡佚了,但它对《战国策》的整理、研究和流传,其作用和影响还是很大的,因而值得我们加以研究和论述。

1989 年 2 月 14 日

（原载于《济宁师专学报》1989 年第 4 期）

宋元时期整理《战国策》的巨大成就
——兼对鲍彪整理《战国策》再评价

《战国策》是我国战国时代的一部重要的史料汇编,在史料学、文学史和思想史诸方面,都具有重要的历史价值,并产生了深远的影响。

历代学者对《战国策》的整理,可以按照其整理的方式和特点大致分为汉魏、宋元、明清及近现代四个时期。限于篇幅,本文仅就宋元时期的整理情况做些探讨。

一

西汉刘向整理成书的《战国策》,到了北宋,不仅流传不广,而且有大量的脱误、散佚,已相当不完备了。宋仁宗景祐元年(公元1034年),王尧臣等奉命校勘昭文馆、史馆、集贤院、崇文馆等皇家秘阁藏书时,所看到的《战国策》就是极不完整的本子。庆历元年(公元1041年)他呈奏《崇文总目》时,只著录为二十二卷。由于《崇文总目》也散佚严重,我们无法从中得知《战国策》的具体散失情况。幸亏元人马端临的《文献通考》卷二一二中引用了《崇文总目》的原文,说刘向的《战国策》"今篇卷亡缺,第二至十,三十一至三十三缺"。显然他所指的是三十三卷本,那么"二十二卷"的著录当为"二十一卷"之误了。曾巩重新整理《战国策》时也说:"刘向所定著《战国策》三十三篇,《崇文总目》称十一篇者阙。"①那么，依《文献通考》转述，遗存为二十一篇，曾巩所说的"十一篇者阙"亦应为"十二篇"之误了。但是，秘阁虽无完本，在当时士大夫家中还是有不少私藏的。据后来的整理者姚宏、姚宽所说，当时流传于士大夫之家的就有孙固本、孙觉本、钱藻本、集贤院本、刘敞手校书肆印卖本、东坡本、王觉本、苏颂本、钱塘颜氏本以及不知校勘者姓名的所谓旧本、古本、"一本"等等。这些抄本或刻本，大都不够完善，脱误甚多，有的甚至"舛误尤不可读"②。姚宏在整理时，有不少地方还明确地提供了某些抄本或刻本残阙或脱误的情况。如卷二十一卷末校语注明"集贤院(本)第二十一卷全不同，疑差互"③；卷二十六卷端注明"自此卷复有钱本"④；卷三十卷末校语注明"刘原父(敞)所传本至三十卷而止"⑤。可见，《战国策》流传到北宋，急需要重新整理了。

事实上，北宋的许多学者在《战国策》的整理上，先后付出了巨大劳动。如宋英宗治平四年(公元1067年)，王觉对刘向的《战国策》三十三篇曾感慨地说"世久不传"⑥，并以钱塘颜氏印本为底本，借馆阁诸公藏家数本加以校勘，"盖十正其六七"⑦。李文叔(格非)也曾择其

---

①[西汉]刘向集录《战国策》附录《曾子固序》，上海古籍出版社，1985年，第1199页。

②同上，《战国策》附录《姚宽书》，第1205页。

③[东汉]高诱注，[南宋]姚宏续注：《战国策》卷21，商务印书馆，1958年，第89页。

④同上，《战国策》卷26，影印文渊阁《四库全书》本。

⑤同上，《战国策》卷30，商务印书馆，1958年，第76页。

⑥同上，《战国策》序录《王觉题战国策》，第101页。

⑦同上。

"完篇"而加以"丹圈"过。但是，真正在《战国策》整理上起着承前启后的巨大作用的却是曾巩。《战国策》经过曾巩的再整理，才得以继续流传下来，以至成为我们今天看到的《战国策》各种版本的祖本。因此，他的功绩绝不应在刘向之下，对后世的影响也大大超过了刘向。

曾巩（1019—1083），是北宋著名的学者和文学家。据《宋史》本传记载，他于嘉祐二年（1057 年）进士及第，后调太平州司法参军，诏编史馆典籍，迁馆阁校勘、集贤校理。据清人何焯《义门读书记》考定，他进士及第时已三十八岁。那么上引王觉、李文叔所述，他校典籍于馆阁大概是在宋神宗熙宁年间（1067—1077）。据孙朴（元忠）《书阁本〈战国策〉后》所述，他整理《战国策》前后进行了三次，可谓"用力甚勤"。他面对馆存残阙、脱误、舛谬的情况，"访之士大夫家，始尽得其书，正其误谬，而疑其不可考者，然后《战国策》三十三篇复完"①。他所采用的本子，除了崇文院所藏、士大夫家所藏及自家私藏的以外，王觉、李文叔的手校本也可能参用过。今传姚宏校勘续注的《战国策》共三十三卷，记东周策一卷、西周策一卷、秦策五卷、齐策六卷、楚策四卷、赵策四卷、魏策四卷、韩策三卷、燕策三卷、宋卫策一卷、中山策一卷，共分四百八十六章，应该是曾巩整理本的原貌。

曾巩在整理刘向本《战国策》的同时，对东汉高诱的《战国策注》也进行了整理。高氏注本，《隋书·经籍志》著录为二十一卷。到了唐代，《旧唐书·经籍志》皆著录为三十二卷。著录为二十一卷者，可能是高诱的原书，似乎是与刘向整理的《战国策》相别而单行的。但此书是本来残缺不全，还是另将刘向本改为二十一卷，由于原书不传，我们至今不得知其原貌了。隋唐以后，由于刘向《战国策》皆著录为三十二

---

①刘向集录《战国策》附录《曾子固序》，上海古籍出版社，1985 年，第 1199 页。

卷，某些校勘整理者可能将高诱注文分别移入刘向《战国策》正文之下，因而两唐书也就著录为三十二卷了。王尧臣《崇文总目》著录为二十卷，并云"今缺第一、第五、第十一至二十，止存八卷"①，而曾巩却说："此书有高诱注者二十一篇，或曰三十二篇，《崇文总目》存者八篇，今存者十篇云。"② 可见他们所依据的刻本或抄本的卷数是不同的。后来姚氏兄弟姚宏说："《战国策》，隋《经籍志》三十四卷，刘向录；高诱注，止二十一卷。"③ 姚宽说："《战国策》，隋《经籍志》三十四卷，刘向录；高诱注，止二十卷。"④ 其中显然都有抄误。不过，对照今传姚宏校勘续注本《战国策》来看，曾巩的说法是可信的。今存的高诱注文，分别保留在卷二至卷四、卷六至卷十以及卷三十二、三十三中。除了上述十卷外，卷二十三里，存有高诱注文八条，其中三条姚宏明确指出"曾（巩）、刘（敞）无此注"⑤；卷二十五里，存在高诱注文四条⑥，其中《秦魏为与国》章"秦魏为与国"句下注云："相与同祸福之国

---

① [元]马端临撰《文献通考》卷212引，中华书局，1986年，第1742页。

② 刘向集录《战国策》附录《曾子固序》，上海古籍出版社，1985年，第1201页。

③ 同上，《战国策》附录《姚宏题》，第1202页。

④ 同上，《战国策》附录《姚宽书》，第1205页。

⑤ [东汉]高诱注，[南宋]姚宏续注《战国策》卷23，商务印书馆，1958年。魏策二《犀首见梁君》章两条，《苏代为田需说魏王》章两条，《魏惠王起境内众将太子申》章一条，以《田需死》章两条，《梁王魏婴觞诸侯于范台》章一条。其中，在《犀首见梁君》章"令毋敢入子之事"句注"入，犹与也"后、《苏代为田需说魏王》章"臣请问文之为魏"句注"为，助也"和"右韩而左魏"句注"右，近；左，远"之后，皆说："曾、刘无此注。"

⑥ [东汉]高诱注，[南宋]姚宏续注《战国策》卷25，商务印书馆，1958年，第23、24、25页。其中魏策四《魏王欲攻邯郸》章一条；《秦魏为与国》章两条，《魏王与龙阳君》章一条。

也。"①《史记·项羽本纪》司马贞《索隐》引用时就明确指出是"高诱注"②。另外,在卷三十里也有一条注文③。这些注文,毫无疑问,是高诱的注文。因此这也说明曾巩在整理《战国策》时把刘向整理的原书和高诱注释的原书合并在一起的。这对更好地保存高诱原注,是重大意义的。

不过,应该指出的是,曾巩虽然使"《战国策》三十三篇复完",似乎恢复了刘向整理本的原貌,实际从大量的材料证明,曾巩本并不完全是刘向本的原貌。它不仅字句仍有脱误倒衍的现象,而且在章句上也遗失不少。姚宏在《战国策校序》、姚宽在《战国策后序》、洪迈在《容斋四笔》、王应麟在《困学纪闻》中,都论述到了《战国策》的佚文问题。清人王仁俊辑有《战国策佚文》一卷,今人诸祖耿的《战国策逸文》辑录得更为全面丰富。根据台湾学者张正男《战国策初探》第十八章中统计,遗失的篇章几乎遍及各国策文,"总字数为七千八百七十一个,约占今本《战国策》正文的百分之六以上"④。这些遗文,即使抛开误抄、误刻等等原因,单从成章成句的文字来看,也不能说曾巩的整理恢复了刘向本的原貌。

虽如上述,曾巩在《战国策》整理史上的成就是巨大的。是他使散乱残阙的传本又加以完整起来,是他的重新整理和编定才使《战国策》很好地流传了下来。

①［东汉］高诱注,［南宋］姚宏续注:《战国策》卷25,第24页。

②《史记》卷7《项羽本纪》,中华书局,1959年,第302页。

③［东汉］高诱注,［南宋］姚宏续注:《战国策》卷30,商务印书馆,1958年,第72页。燕策二《昌国君乐毅》章"三城未下"句下注云"聊、即墨、莒"。

④张正男:《战国策初探》,台湾商务印书馆,1984年,第333、334页。

二

曾巩整理本出现以后，宋哲宗元祐元年（1086年）孙朴（元忠）又对其进行了整理。他取曾巩三次校定本和苏颂、钱藻等人所藏的不足本、刘敞手抄书肆印卖本以及集贤院本相互参证校勘。元祐八年（1093年）又进行了一次。两次共校订五百五十余字，并修写了黄本藏于秘阁（孙朴《书阁本〈战国策〉后》）。南宋绍兴四年（1134年），鲁人耿延禧（百顺）等人又据数本加以参校，刊刻了所谓"括苍本"，从而使《战国策》在社会上得以广泛地流传开来。

绍兴中期，同时出现了两种《战国策》的新校注本，那就是姚宏的校勘续注本和鲍彪的重编新注本，这在《战国策》整理史上更是应该详加论述的大事。

姚宏，宋剡县（今浙江嵊县）人。他于绍兴丙寅（即绍兴十六年，1146年）中秋完成了《战国策校注》（见其《战国策校序》）。据元人吴师道在曾巩的《序》后的"题识"所说，姚宏校注《战国策》大概前后进行了两次，因而当时曾出现了两种不同的本子："冠以目录、刘《序》而置曾《序》于卷末"者为原本，"冠以曾《序》而刘《序》次之"[1]者为重校本。他死后其弟姚宽（令威）亦曾校订此书。姚宽的《战国策后序》表达了与姚宏《战国策校序》大同小异的观点，并特别指出了载于其他典籍而与曾巩本事同文异的所谓"佚文"或"异文"，声言自己为《战国策》做了"补注"。其《序》文的时间自署为"上章执徐仲冬朔日"[2]，当为

---

① [南宋]鲍彪原注，[元]吴师道补正：《战国策校注》前言《吴师道识》，影印文渊阁《四库全书》本。

② 刘向集录《战国策》附录《姚宽书》，上海古籍出版社，1985年，第1206页。

绍兴三十年十一月一日。此时，姚宏已经遇害五年了。成书于宋宁宗嘉定十七年（1224年）的赵与时《宾退录》中就说过："《战国策》旧传高诱注，残缺疏略，殊不足观。姚令威宽补注，亦未周尽。"①《宝庆会稽续志》卷五《姚宽传》中，也有补注《战国策》三十一卷的记载。可惜，对他的《战国策补注》流传的情况不明，或者为了更好地完成其兄的遗业，把自己的"补注"统统加进姚宏本中去了，所以只有这篇《战国策后序》单独流传了下来。

姚宏在《战国策校序》中说"旧本有未经曾南丰校定者，舛误尤不可读。南丰所校，乃今所行。都下、建阳刻本，皆祖南丰，互有失得"②。但他在具体校注中，却是以孙朴（元忠）的所谓"秘阁黄本"为底本的，然后再用曾巩本、钱藻本、刘敞本等等加以参校。从他具体的校文注语来看，他还参用了东坡本、晁以道本、集贤院本以及所谓"旧本""古本""一本"等等，并同时参考了《史记》《春秋后语》《史记索隐》《高士传》《淮南子》等有关材料。他"荟萃诸本，校定离次"，遇有异文，皆于句下注明"×，×作×"，"总四百八十余条"，而"不题校人"者，皆为己所增益。在校正正文的同时，遇有高诱原注，悉依次而收入，自己增补的注语，皆以"续"字标明。"凡有诱注复加校正者，并于夹行之中又为夹行，与无注之卷不同"③。因此，姚宏的校勘注释，一般做到了体例谨严，校注审慎，语言质朴简明，考证精当有据。特别他的"续注"，虽然为数不多，但有高注的地方，有补充，有阐发；无高注的地方，也做了必要的增益。他旁及他书，辨证得失，谨重扼要，对学习和研究《战国

---

①赵与时：《宾退录》卷5，中华书局，1985年，第59页。

②刘向集录《战国策》附录《姚宏题》，上海古籍出版社，1985年，第1202页。

③《四库全书总目提要·〈战国策〉》条。

策》的人是有益的。

　　几乎与姚宏同时，鲍彪也在整理《战国策》。鲍彪，字文虎，缙云（今浙江省缙云县）人，建炎二年进士。他注《战国策》时，曾"四易稿而后缮写"①，完成于绍兴十七年（1147年），绍兴十九年又重校了一次（见其《战国策注序》），也是一部"用意甚勤"②的著作。

　　今观鲍彪的《战国策注》一书，虽名之曰"注"，实际是对《战国策》的重编。首先，他改变了曾巩本的编排体例和次序，重新按照国别改三十三卷为十卷，即西周策一卷、东周策一卷、秦策一卷、齐策一卷、楚策一卷、赵策一卷、魏策一卷、韩策一卷、燕策一卷、宋卫中山策一卷。其中，依《史记》"本纪""世家"所揭示的各国世系，逐章考查所述的历史史实年代。全书除中山策之外，分别隶属于十一国共五十五个王侯之下，以寓编年之意，从而使原来比较零乱、片断的材料，变成了一部较为完整的战国时代国别史。与此同时，他还根据各章所叙写的内容和情节，重新对曾巩本所分的篇章进行调整和分合，共为四百九十三章。比如《昭王既息民缮兵》章原在中山策之末，姚氏兄弟整理时就说，"武安君事在中山卷末，不知所谓"③。鲍彪则径改而隶属于秦策昭襄王之下，这是符合历史事实的。西周策原为曾巩本卷二，鲍彪认为"西周正统也，不得后于东周"④，因而改为卷首，并于西周著周王世次，于东周著周公世次。这对历史事实虽有一定的误解，但从战国时西周、东周受封时间的先后及当时人们的传统观念上说，这样编排，

---

①刘向集录《战国策》附录《鲍彪序》，上海古籍出版社，1985年，第1209页。

②同上，《战国策》附录《吴师道序》，第1210页。

③同上，《战国策》附录《姚宏题》，第1202页。

④同上，《战国策》附录《鲍彪序》，第1209页。

也是有它一定道理的。至于其他篇章的分合,除像曾巩本赵策三《建信君贵于赵》章,鲍彪从中分出《卫灵公近雍疽弥子瑕》、另一章而入宋卫中山策卫灵公之下等似为不妥外,也大多数是正确的。如曾巩本从卷三到卷七共五卷皆为秦策,姚宏共分六十四章,鲍彪重新分合调整,分别隶属于孝公一章、惠文王十四章、武王十六章、昭襄王三十一章、孝文王一章、始皇帝四章,合为一卷,共六十七章。曾巩本卷八到卷十三共六卷皆为齐策,姚宏分为五十七章,鲍彪重新分合调整,分别隶属于威王六章、宣王十四章、闵王二十七章、襄王六章、齐王建六章,合为一卷,共五十九章。经过这样的重新调整和编排,《战国策》就完全以新的面貌展现在读者面前了。其次,在校勘注释方面,也有其特色。他虽然参用了曾巩本及其他许多流传的抄本、刊本,但并未强调底本,也不作校勘说明,而是择善而从,不阙疑,不存古,意为衍误倒脱之处,一律径直改易,使原文基本上做到了文通字顺,比起曾巩本确实比较容易诵读了。注释上,他几乎全部抛开了高诱原注,全部重新加以训释,即使沿用高注,也多另撰词语解说,一般做到了参证群书、考辨史实,比高诱注充实详备了。以存有高诱注的姚宏本西周策为例,内存高注一百一十八条,姚宏"续注"只有两条,而鲍彪的新注却有一百七十五条之多。因此,经过鲍彪整理之后,《战国策》就增强了可读性。最后,特别应该指出的是,鲍彪除了重编、校注之外,还对某些篇章进行了评比,即所谓"论是非、辨得失、而考兴亡"①云云。虽然有些地方仍不免因袭儒家的说教和观点,有些偏颇或错误,但很多地方,颇有新鲜见解,具有参考价值,从而使整理增入了史评内容。

总之,《战国策》经过鲍彪的再整理,使原来比较杂乱的历史资料变得有条理性,使原来国别体的杂史中兼有了编年体的新特点。特别

---

① 刘向集录《战国策》附录《鲍彪序》,上海古籍出版社,1985 年,第 1209 页。

是他把校勘、考辨、编年、注释、重编和评论熔为一炉,就使历史文献学研究与战国历史研究结合了起来。大量的新注,丰富了《战国策》的史料内容;考辨史实,编排史序,增强了《战国策》的系统性;参考群书、遍作新注,使原来的艰涩难通之处化为平易。因此,在《战国策》整理史上,鲍彪是一次新的开拓和突破,其贡献是卓著的。

姚宏、鲍彪同时整理《战国策》,可能两人互不认识或互不通气,因而在他们的整理成果中我们看不出相互为用的影子。但通过比较,我们可以看出:姚宏是从版本校勘学的角度着眼的,他力求保持曾巩本的原貌,并极力荟萃异文,揭示原文的异同,其态度是审慎的。但他"续注"过于简略,特别遗失高注的篇章,一般也新释甚少,不利于一般读者的阅读和理解。所以,可以说姚宏是一位优秀的版本校勘学家,但还不是一位出色的训诂学家或古籍注释学家。鲍彪是从历史史料学或历史学的角度着眼的,他力图使《战国策》清晰可读,"有补于世"①,因而在注释、校勘、重编和评论上花费了心力,取得了突破性的成就。但他在校勘上缺乏严格的体例,多处臆改原文,使《战国策》在很大程度上失去了原貌,受到后代人的病讥。这不能不说是他的一大缺点。因此,鲍彪是一位优秀的史学家,古籍注释家,但却不是一位优秀的版本校勘学家。

从不同的角度上整理古籍,使之各有侧重、各有特点,以适应各种需要,这是允许的,也是应该的,关键是看在前人的基础上有无创造和发展。通过以上分析论述来看,姚宏、鲍彪各以自己的特点而取得了超越前人的成就,是应该并存并行的,都是值得称颂的。事实上,后代研究《战国策》的人,也都是取来并用,使之相互补充,相得益彰

---

①刘向集录《战国策》附录《鲍彪序》,上海古籍出版社,1985 年,第 1209 页。

的。后代流行的《战国策》版本系统，也都是姚本、鲍本的翻刻、衍化和发展。所以，应该说两人的贡献都是巨大的。

三

可能由于鲍本比姚本编排完整、注释详尽、可读性强，所以两书问世之后，姚本流传不广，而鲍本却大为流行。从南宋到清乾隆年间前后六百年的时间中，在《战国策》的流传上，大概是鲍本或鲍本系统占优势的时期。姚宏本出现以后，首先著录它的是南宋绍熙年间（1190—1194年）尤袤的《遂初堂书目》。其次，在吕祖谦的《大事记》、王应麟的《困学纪闻》和赵与时的《宾退录》中也引用过。但另外一些重要书目，诸如陈骙《中兴馆阁书目》、陈振孙《直斋书录解题》以及马端临《文献通考》等等，却都没有著录。元代中期，吴师道撰《战国策校注》时，就鲍本加以"补正"，在《序》中就明确说过，他读吕祖谦《大事记》时，从吕氏所引姚宏的注语中，才得知姚宏也是注释过《战国策》的。可见，姚宏的《战国策校注》在相当长的历史时期内，并没受到人们重视。相反，鲍彪的《战国策注》一经问世，就极为流行，受到了社会重视。其刊本、抄本之多，也是姚本不可比拟的。今天可以看到最早的刻本是宋光宗绍熙辛亥二年（公元1191年）鲍彪乡人王信刊行的会稽郡斋本。这个刊本后归常熟瞿氏铁琴铜剑楼，今存北京图书馆。据《天禄琳琅书目后编》记述，鲍彪新注还有一种小字刊本，共十二册，因记载阙如，今存佚不详。元代中期，吴师道撰《战国策校注》，虽然从各个方面贬责鲍彪本，但由于他仍然因袭了鲍彪的编次和体例，并予以"补正"，所以不仅没引起人们对姚本的重视，反而助长了鲍本的流传，直到明代天启末年，由于钱谦益的偶然发现，特别清代汉学复起、校勘考据之学大兴以后，姚本才在社会上受到重视，并得以广泛的流传开来。这说明，无论从整理角度上说还是从流传角度上说，鲍彪对

《战国策》的整理,是发挥过巨大作用的。

古籍整理研究,一般说来,"踵事者益密",后出者往往比开创者要更为详备、更臻完善。但如以后人之博见,指责前人之浅陋,受前人之启发,又否定前人之草创,却是不公平的。吴师道继承了姚宏校注的成果,补正发展了鲍彪新注的成就,在《战国策》整理上作出了贡献,但他对鲍彪的多方批评指责,虽不无是处,却言之过当。鲍彪自成经纬,开创了《战国策》整理研究的新体系。从它问世起,就有毁有誉,褒贬不一。南宋庐陵刘辰翁对它"盛有所称许",而王应麟则"斥鲍失数端",而吴师道的批评指责,更大开了后世扬姚抑鲍的学术风气。特别自清乾嘉之后,由于校勘考据之学大兴,一些版本、校勘、训诂、考据学家,皆以"存古""阙疑"为宗,更加斥责鲍彪,《四库全书总目提要》的作者,便因袭了这些观点而对鲍注进行了不客观、不公允的评述,有人甚至认为鲍注是"注家之最陋者"①,简直是一种错误的学术成见。

总观吴师道及他人对鲍彪的批评指责,不外乎指鲍彪对《战国策》的重新编排、系世的问题,史实的考辨、注释问题,校勘的体例、方法问题,历史事件和历史人物的认识品评问题,以及引证史籍的多寡、正误问题。不可否认,鲍彪校勘时,往往轻易删改原字;考辨史实时,有时失实臆测;注释词语时,亦有不少误引。这当然是应该"补正"的。但比其全书的巨大成就来说,实在是玉中之瑕而已。他"殚一生之力","四易其稿"②,"取班马二史及诸家书,比辑而为之注,条其篇目,

---

①[清]惠栋:《九曜斋笔记》卷3。
②刘向集录《战国策》附录《鲍氏战国策注十卷内府藏本提要》,上海古籍出版社,1985年,第1219页。

辨其伪谬,缺则补、衍则削、乖次者悉是正之,时出己意论说"①,为《战国策》的整理开辟了一条新路,并第一次全部重编和注释了"策"文,比起高诱、姚宏来说,应该说贡献更大一些。因此,它"虽间有小疵,多不害大体"②。特别他"识力所及,实足以解散症结"③。除了上述这些评价之外,笔者认为对鲍彪的贡献和成就还应该给予再评价。

首先,鲍彪在整理《战国策》时,不是把它仅仅看作一部客观的历史材料,而是把它作为一部反映战国时代历史事实和社会风貌的史书。因此,他极力地对它进行考辨、梳理、编次和系世。一个校勘学家或古籍注释学家如果没有史学的卓识高见和史料学家的观点方法,是难以进行这种总体把握和重新编排的。刘向开始整理此书时,"因国别者略以时次之,分别不以序者以相补"④,已经有了划分国别、编次时序的意图,但他做得很不够。鲍彪不仅做到了刘向没有做到的工作,而且使《战国策》兼有国别体、编年体相结合的特点,使后代战国史研究者有了更大的方便,并从中得到启示。吴师道等人,站在存古、阙疑,力图保存古本原貌的角度上否定鲍彪,这本身就不理解鲍彪从史学或史料学角度整理《战国策》的价值和意义。事实上,曾巩整理的《战国策》已非刘向原本之旧,而姚宏校注的《战国策》也并不完全是曾巩本的本来面貌。鲍彪从新的角度、新的体系上进行再整理,又有什么值得非议的呢? 单从编年上说,司马迁撰写《史记》时就引过《战国策》的原始材料系世编年,这可能给鲍彪以启发。略晚于鲍彪的吕祖谦撰写《大事记》和司马光撰写《资治通鉴》时,也不能说没受到他

①[清]瞿镛撰《铁琴铜剑楼藏书目录》卷9。
②赵与时:《宾退录》卷5,中华书局,1985年,第59页。
③吴曾祺:《战国策补注·例言》,商务印书馆。
④刘向集录《战国策》附录《刘向书录》,上海古籍出版社,1985年,第1195页。

的影响。明清以后，《战国策》编年，几乎成了专门学问，曾有不少人专门从事这方面的著述。虽然它们之间立论不同、瑕玉互见，但不能不说是在鲍彪基础上的缜密、详尽和发展。

其次，鲍彪整理《战国策》，不仅客观地、更完备地保存战国史料，而且还力图从中汲取有益的思想内容。这比刘向、曾巩、姚宏等人的思想认识更开明、更正确一些。刘向虽然第一个整理了《战国策》，但却认为它是"兵革不休、诈伪并起"的反映，是"道德大废、上下失序"的"权宜"之谋，是不可以"临国教、化兵革"①的。曾巩再次整理，就公开声明是把它当作反面教材看待的，整理它的目的也是把这些招致亡国灭身的"邪恶之说"通过"放"的方式而"绝之"②。姚氏兄弟整理此书时，只从校勘学的角度加以校注，而对其思想内容则不加评论。吴师道"补正"时，一方面反对鲍彪"翊宣教化"的观点，另一方面仍在宣扬它是"悖义害正"的"异端杂说"③，赞同并采取了与曾巩同样的态度。鲍彪与他们不同，从史料学的角度说，他认为"史氏之法，具记一时事辞，善恶必书，初无所抉择"，"岂以是为不正，一举而弃之哉？"④从思想内容上说，他认为"此书若张孟谈、鲁仲连发策之慷慨，谅毅、触龙纳说之从容，养叔之息射，保功莫大焉；越人之投石，谋贤莫尚焉；王斗之爱谷，忧国莫重焉。诸如此类不一，皆有合先王正道，孔孟之所不能违也，若之何置之？"⑤很清楚，他既是一位史料学家，又是一位历史学家，虽然仍摆脱不了儒家的观点，但在对《战国策》的认识

①刘向集录《战国策》附录《刘向书录》，上海古籍出版社，1985 年，第 1195页。

②同上，《战国策》附录《曾子固序》，第 1200 页。

③同上，《战国策》附录《吴师道序》，第 1211 页。

④同上，《战国策》附录《鲍彪序》，第 1208 页。

⑤同上。

上,确实比刘向、曾巩等人要公允得多,因而他对思想总体的把握,他对历史史实的观察分析,都是上述诸人所不可企及的。

再次,鲍彪整理《战国策》,不是纯客观的、超时代的整理,而是灌注着自己的政治理想和爱国主义感情的,并使之为现实服务。鲍彪生活在民族矛盾极为尖锐的时代,面对南宋王朝对敌屈膝投降的现实,心中有无限感慨和义愤,因而在不少篇章的评论中,都寄寓着自己的思想和感情。例如《西周策·楚兵在山南》章中,记述楚兵侵周、进军山南,有人建议周君以太子为将,迎接楚将吴得,离间其君臣关系,鲍彪评论说:"此谋虽不出于正,而免国于难可也。"①又如《燕策·燕太子丹质于秦亡归》章中写荆轲刺秦王的故事,鲍彪却认为"太子丹不忍一朝之愤,轻亡其国,其谋悖矣。夫以一夫行劫刺于大国,出于仓卒不意,或幸以中,而欲从容质责,使悉反侵地,取契以归,此岂持匕首之所可恃?鞠武初谋似矣,太子不用,不能力争,妾妇之明也。……"②这些,既是精辟的史评,又是对现实的感慨,无论从历史事实的具体环境中去分析,还是从历史事件本身上来研究,他的见解都是可取的。这比笼统地斥为"邪异之说""异端之辞",或仅以孔孟之道对比驳论,都高明得多了。

最后,吴师道等人指责鲍彪"浅陋致误""强为附会""误妄甚多"等等,虽然不无是处,但在鲍注中,处处可以看到发明、创造之处。其校勘注释的精确,也多处超过了姚宏。我们不能以他部分的不足和"谬误",来否定他整理成果的体系和特色。鲍彪重新改编、全部校注《战国策》时,唯一可资参考的材料是残存的高诱注文,其他全凭自己

---

①鲍彪原注,吴师道补正:《战国策校注》卷 1,影印文渊阁《四库全书》本。
②同上,《战国策校注》卷 9。

"考《史记》诸书为之注"①,筚路蓝缕之功,是应该肯定和赞扬的。鲍彪"误谬"之处,固应"补正",而其精到之处,却不可移。如在《秦策》《齐策》中,有将"楚"写作"荆"的地方,他就指出:"始皇讳其父名,故称曰荆,知此书始皇时人作。"②《秦策·张仪说秦王》章中有"诏令天下"一语,鲍彪注曰:"时未称诏,此《秦史》之言耳!"③《楚策》中有"通侯"一词,鲍彪也指出:"彻侯,汉讳武帝作'通',此亦刘向所易也。"④这些注释,都带有考辨性质。他这样把名物、典章制度的研究运用到具体的古籍整理中,正是他的精辟和独到之处。至于吴师道在"序"中具体指责和在校注中具体补正的地方,我们也要根据具体情况具体分析,用以明辨是非,绝不能惟吴为是。如齐宣王伐蓝,见于《孟子》与《战国策》,鲍彪改"宣"为"闵",吴师道"正"之,当然是正确的。高诱以姚贾为陈贾,并谓"在《孟子》之篇"⑤。鲍彪指出"贾乃与李斯同时,安得见于《孟子》之书?"⑥吴师道又讥笑鲍氏"误妄",并偏袒高诱,考释出另一个姚贾,就不一定正确。《秦策·张仪说秦王》章,与《韩非子初见篇》文同,鲍彪以"所说皆仪死后事"⑦,故删去"张仪"二字,与姚本赵策二《秦攻赵苏子谓秦王》连章,隶于秦昭襄王之下,吴师道"补"曰:"误,当作韩非。"⑧从所说内容来看,也不能说他"考之不精"。可见,仅从鲍

---

①刘向集录《战国策》附录《鲍彪序》,上海古籍出版社,1985年,第1209页。
②鲍彪原注,吴师道补正:《战国策校注》卷3,影印文渊阁《四库全书》本。
③同上。
④同上,《战国策校注》卷5。
⑤[东汉]高诱注,[南宋]姚宏续注:《战国策》卷7,商务印书馆,1958年,第65页。
⑥鲍彪原注,吴师道补正:《战国策校注》卷3,影印文渊阁《四库全书》本。
⑦同上。
⑧同上。

彪某些注释、考辨不确就否定他的成就，就连吴师道本人也要受后人同样的批评指责。

综上所述，我们可以看出，宋元时期是《战国策》整理史上的一个极为重要的时期。整理者力图恢复它的原貌，进行了全面的考辨和注释，为以后的《战国策》的整理和使用打下了坚实的基础。由于整理的目的不同，体例各异，因而几部整理成果，都能以各自不同的特点继承了前人，发展了前人，为以后的《战国策》流传，作出了自己的贡献，为以后的《战国策》流传建立了三种不同的版本体系。其中，鲍彪的整理，更是别具一格，富有独创性。明清以后，以至今天的整理研究，都是在他们的基础上进行的。

1989 年 2 月 16 日

（原载于《烟台大学学报》（哲学社会科学版）1989 年第 2 期，后收入赵逵夫、郭国昌主编《西北师范大学文史学者论文选萃·中国语言文学卷》，甘肃人民出版社，2012 年；又收入《文史英华》，甘肃人民出版社，2013 年）

《战国策》和它的思想艺术

　　《战国策》简称《国策》，是我国战国时代的一部史料汇编，相传是当时各国史官或策士们辑录的。历代的图书著录家大都把它列入史部的杂史类，也有把它列入子部的纵横家类的。它究竟是一部什么性质的书？综观全书的内容，我们就会看到：它所记载的主要是战国时代谋臣、策士们在游说各国时所提出的有关政治、军事、外交等方面的主张和策略，以及他们游说活动的情况和过程。全书充满了雄健的论述或辩难，构成了一个个阴谋、权变的故事。但如果从史实角度来考察，我们就不难发现，这些言行、故事大多是虚构或夸张的，既缺乏确切的时间记载，又多与史实不符，难以成为"信史"。据史学家们考证，全书四百九十多章中，较可靠的仅九十多章（而这部分多被司马迁采入《史记》中）。因此，我们认为，与其说《战国策》是一部史书，毋宁说它是一部具有文学性质的历史故事集。

　　《战国策》的成书，经历了一个比较复杂的过程。它最初是由西汉著名学者刘向（公元前77？—前6年）根据历史资料加以整理而编订成书的。据刘向《战国策书录》记述，当他奉汉成帝之命整理皇家藏书时，发现了一批散乱的战国资料，共有七种，书名分别叫作《国策》《国事》《短长》《事语》《长书》《修书》等，还有另外八篇是按国别分编的。这批资料内容重复错乱，编排杂乱无序、字句多误脱衍夺，也没有作者姓名。刘向把这批极为混乱的卷帙加以辑录、整理，用国别本作底本，把另外六种书的材料分别编入各国名下，尽可能照顾时间顺序,剔除了重复的内容,重新编定了一部书,并因其内容都是"战国时游士辅所用之国为之策谋"①的,所以定书名为《战国策》。这部由刘向编订的书,后被称为"古本《战国策》",共三十三篇。东汉的高诱为之作了注。当时,刘书、高注是各自单行的本子。

到了宋代,上述两种本子已散失许多。北宋曾巩(1019—1083年)奉命编校史馆书籍时,"古本"已缺佚十一篇。曾巩进行了一番寻访、搜求,才补足了刘向本三十三篇的规模,而高注仍遗失大半。但曾本是否是刘本原貌,已经很难说了。南宋姚宏按照曾本篇次,根据诸家校本,重新校注并刊行了此书。与姚宏同时的鲍彪,却按国别和各国世系,对曾本的篇次作了调整,并重新加了注释。元代的吴师道又为鲍本作了校刊和补正。从此,《战国策》便基本按姚、鲍两个系统流传下来。

明清以来,研究《战国策》的学者甚多,各种校刊、注释、评析等不断涌现。1978年上海古籍出版社以姚本为底本,综合了历代重要的本子出版了《战国策》汇校汇注本;1985年江苏古籍出版社发行了诸祖耿的《战国策集注汇考》,不仅详尽地汇集了前人的研究成果,而且有作者本人的研究、考释。这些,都给今天的读者和研究者带来极大的方便,有助于把《战国策》的研究推向新的高度。

需要指出,今天流行的《战国策》与古本《战国策》有所不同,其区别首先在于时间界限不一样。刘向称他的本子记事时间是:"继《春秋》以后,讫楚、汉之起,二百四十五年间之事。"②但今本《战国策》记

---

①刘向集录《战国策》附录《刘向书录》,上海古籍出版社,1985年,第1195页。

②同上。

事,最早的是发生在公元前458年知氏灭范氏、中行氏的故事,最晚的是秦始皇统一中国后高渐离以筑击秦始皇之事,当在公元前221年之后。其次,古今本的内容也有出入,刘向本是"除复重"①的,而今本中有些故事重复,有的文字雷同,有的内容前后抵牾,还有些内容略同于同时代的其他著作(如《韩非子》等)。根据其他著作的引文,又可证实古本中的某些故事已不见于今本(例如古本有蒯通的说辞,今本无)。古今本的差异,自然与此书流传年代的久远有关。这个问题,我们从1973年长沙马王堆三号西汉墓的考古发现中可以得到某些启发。该墓出土的帛书中,有二十七章(共一万一千多字)是与《战国策》同类性质的文章(现已定名为《战国纵横家书》)。其中有六章与《战国策》《史记》完全相同;有两章见于《史记》而不见于《战国策》;有两章见于《战国策》而不见于《史记》;还有两章仅部分内容见于《战国策》。由此推断,帛书中的另外十六七章应该是司马迁、刘向均未见过的资料,而司马迁写《史记》、刘向编辑《战国策》所依据的材料也不完全一致。或者是刘向编辑的《战国策》后来佚散的部分曾巩也未能搜集完整。

那么,《战国策》最初的作者是谁?由于最早的编辑者刘向本人也未曾见过作者姓名,于是这就成了千古之谜,后代的研究者只能作一些探讨性的推测,而迄无定论。一般认为作者是战国时代的史官或策士;近代有的学者认为是西汉初的蒯通。为了弄清这个问题,我们不妨从该书产生的时代背景上来考察一下。

战国时代是奴隶制崩溃、封建制形成的大变革时期,这时应运而生的"士"的阶层(即当时的知识分子)也随之活跃起来。士人们适应

①刘向集录《战国策》附录《刘向书录》,上海古籍出版社,1985年,第1195页。

时代的需要，各自代表着不同的阶级或集团的利益，抱着不同的政见和谋略，纷纷登上政治舞台。而他们登上政治舞台的途径，就在于得到诸侯或贵族的赏识、重用。为此，士人们就风尘仆仆，四处奔走，游说列国，兜售自己的才能和政治主张，以求得仕进。而各国君主在当时兼并战争激烈、诸侯之间钩心斗角、"邦无定交"的情况下，也特别需要有政治才能和外交手腕的人才为自己出谋划策。所以他们大力网罗人才，礼贤下士，出其高官厚爵，招揽策士谋臣。那些具有智谋和才辩的士人，正是诸侯们所需要的人才，二者的结合便形成了密不可分的依存关系。在这种特定的历史背景下，士人的地位大大提高，他们的活动也越来越显示出其重要性，因此，他们的有关言行、策谋就被各国的史官记录下来，成为战国时代零散的史料。又由于当时的养士之风和游说之风的盛行，从客观上造成了学术和思想上的百家争鸣、诸子蜂起的活跃局面，于是那种专门研究游说方法和外交谋略的"纵横长短"之学便成为士人们争相研究的"显学"，士人们通过对它的研究来揣摩天下形势、投合时君之所好，丰富自己的游说技巧，从而猎取功名富贵。既然这门"显学"有着这样的吸引力和广泛的学习者，就必定会产生有关的书面"教材"，这些材料最初可能来自传闻和零散的史料，经过一些策士的加工和再创造，就成了士人们用来学习经验、模仿技巧的范本了。这些范本经过传抄，在官方和民间都有所收藏，而且也绝不止有一两种抄本。在漫长的流传过程中，它们不断地佚失、错简和抄误，以致逐渐地散乱不堪、片断无序了。

据《史记》记载，产生于战国时代的纵横长短之术，不仅是当时策士、纵横家们猎取功名富贵的手段，就连儒家、法家之类的人物，也把它当作仕进的阶梯。"尚游说"的风气一直到西汉初期还很盛行，像蒯通、主父偃、邹阳、韩信等人，都是喜欢纵横长短之术的。马王堆三号墓的墓主是轪侯之子，轪侯是西汉初年的长沙王相，也是这方面的爱好者。秦汉间纵横长短之术的爱好者,参与有关材料的收集、整理或编写,是完全可能的,墓藏帛书,应该是这类流传抄本的一种。西汉建秘府、收图籍、广开献书之路,灭秦时萧何得秦律令图书,肯定都会有这方面的材料。因此,《战国策》的原始资料不是一时一地一人的作品,司马迁、刘向以及其他前后的学者看到的也只能是其中的一部分,所以出现种种不同就不难理解了。

今本《战国策》共三十三卷,分为十二个国别,其中东周策一卷,西周策一卷,秦策五卷,齐策六卷,楚策四卷,赵策四卷,魏策四卷,韩策三卷,燕策三卷,宋、卫策一卷,中山策一卷。姚本分为四百八十六章,鲍本分为四百九十四章,上海古籍出版社汇校汇注本分为四百九十七章。由于《战国策》绝大多数篇章缺乏明确的时间记载,后代学者为它做了不少编年、辨伪和考释性的工作,如清人林春溥的《战国纪年》、黄式三的《周季编略》、顾观光的《国策编年》、于鬯的《战国策年表》以及今人缪文远的《战国策考辨》等等,都对学习研究《战国策》的人有很大的帮助和启发。

《战国策》虽然不是一部"信史",但仍然具有重要的史学价值。除了其中忠于史实、可直接作为史料的篇章外,其余篇章也都从不同角度反映了战国时代的历史特点和社会风貌。当时,阶级矛盾和政治斗争十分尖锐、复杂,特别是战国后期,诸侯间时而罢兵修好,时而背盟攻伐,尔虞我诈,争霸不休;那些策士、纵横家从中推波助澜,翻云覆雨;连年的战祸迫使百姓背井离乡,葬身沟壑,生灵涂炭。这些情况,在《战国策》中都得到生动具体的表现,给读者留下深刻而鲜明的印象。因此,可以说《战国策》是一部形象化的战国史。

《战国策》不但反映了当时的社会现实,而且它的许多篇章还深刻地揭露和鞭笞了统治阶级的残暴、腐朽和罪恶,对广大人民的灾难和痛苦,表现了一定的同情和愤慨。当时的统治者们既互相争夺、残杀，又互相勾结、利用，反复无常，毫无信义可言。他们有的骄横跋扈、贪婪狠毒，有的圆滑伪善，阴险毒辣。他们为了自身的利益，不惜将广大人民群众投入水深火热之中，并惯向人民转嫁战争负担，横征暴敛，残酷压榨，而他们自己却过着荒淫无耻、穷奢极欲的生活，宫闱之内丑闻百出，统治集团内部充满倾轧和争斗；他们对外欺负弱小国家，却又惧怕强敌，一旦受到强秦的威慑，便赶忙打出投降主义旗帜，出卖盟友，割地求和；对内政治腐败，昏聩无能，宠信奸佞，迫害忠良，嫉贤妒能，不一而足。诸如阴险毒辣的后妃郑袖（楚策四）、阴险卑劣的阴谋家李园（楚策四）、昏庸残暴导致身死国灭的宋康王（宋卫策）、拒谏饰非、滥施刑罚的齐闵王（齐策六）以及淫乱无耻的宣太后（秦策三）等等，都在《战国策》中得到揭露和描绘，能够引起读者的强烈憎恶。

《战国策》的绝大部分篇章是记载战国时的谋臣、策士、纵横家的言行和事迹的，着重表现了这些人士的才智和作用。这正是《战国策》不同于其他著作的独特之处。战国时代的人士，其出身和来源是复杂的，有的出身于新兴地主阶级，有的出身于平民阶级，也有的来源于没落的奴隶主贵族。他们以游说列国君主作为仕进之路，其中被统治者接纳的，便成为统治阶级的附庸，至于那些不被重用的士人，不少贫困潦倒、与下层百姓为伍。登上了政治舞台的士人，往往凭他们的才干成为叱咤风云、扭转局势、举足轻重的人物，他们有的为虎作伥，助纣为虐，但也有的的确为所在国的人民和国家做了好事和贡献。因此对士人不能一概而论。虽然他们大多数人的从政动机是个人主义、功利主义的，以致表现为朝秦暮楚、唯利是图、投机取巧、寡廉鲜耻，缺乏坚定的政治信念和正义感，但其中也的确有不少人既具有奇才异智和精辟的政治见解，又具有廉洁正直、傲视功名富贵、不畏强暴、勇于斗争和牺牲的高尚品质，成为被人民称颂的义士、高士、勇士或忠臣。虽然入仕的士人们都在复杂的斗争漩涡和社会危机中驰骋，互相倾轧、党同伐异、相互辩难、纵横捭阖，甚至施展种种阴谋诡计，但由于具体情况不同，而产生着不同的作用和效果。《战国策》中对于这些纷纭复杂的社会现象，作了生动的记载和描述，使我们能通过这些来认识这个特殊的时代及具体地分析、评价这些历史人物，无疑是有其积极意义的。

应该看到，尽管士人在战国时代有其特殊的作用，但社会的发展，国家的富强，最根本的道路还是依靠人民的力量去发展生产、繁荣经济；依靠良好的政治来巩固政权、富国强兵。至于外交上的策略，个人的智谋，其作用是有一定限度的。所以谋臣策士、纵横家一类人在某种特定的情势下能发挥很大的作用，但与真正的政治家、军事家相比，他们往往只是昙花一现的人物。《战国策》中不加区别地渲染夸大这类人物的作用，过分地美化和赞扬他们，表现了《战国策》的思想局限性。

《战国策》中还有一些篇章表现了倾慕正义、赞扬革新、倡导民主、歌颂反抗斗争的思想，是值得重视的。诸如冯谖、赵威后的民本思想；鲁仲连、王斗、颜斶的傲视王侯；荆轲、唐雎的反抗强暴；孟尝君、燕昭王的礼贤下士；范雎、赵武灵王的积极革新；汗明、郭隗、莫敖子华关于人才问题的见解；邹忌的民主意识；触龙的为国家建功立业的思想；鲁仲连的排难解纷、功成身退的行为等等，都是具有进步意义的，至今仍对我们有着激励作用和借鉴价值的。

但是《战国策》的思想内容却受到历代封建文人的贬斥，地位一直不高。它的第一位整理者刘向，就认为它是"兵革不休、诈伪并起"

的表现,是"不可以临国教"①的。第二位整理者曾巩,公开声明是把它作为反面教材看待的,认为此书充满了招致亡身灭国的"邪恶之说",是"为世之大祸"②的,只是他主张不用"禁"而用"放"的办法来消毒罢了。更有甚者,清初学者陆陇其专门写了《战国策去毒》一书,选出四十篇文章,用孟子的观点——批判它。显然,这些封建文人都是带着浓厚的儒家偏见而抹杀了《战国策》的思想价值。事实上,《战国策》产生于百家争鸣、思想活跃的年代里,所以没有太多地受到儒家思想和封建伦理道德的影响,正是它的优点。正由于这个原因,它才不肯"为尊者讳",才能大胆揭露统治阶级的丑恶,才能较真实、全面地反映社会现实。正因为它与儒学格格不入,所以秦始皇禁书坑儒时,并不把它作为打击对象,而汉代儒学为一尊以后,它才越来越严重地受到儒家的排斥。今天,我们应还历史以本来面目,用历史唯物主义的观点对《战国策》的思想价值予以公允的分析、评价,才能更好地继承这份优秀的文化遗产。

尽管封建文人对《战国策》的思想内容持否定态度,但对它的写作技巧、艺术成就却是一致称赞的,甚至把它作为文章的典范来鉴赏和学习。他们称赞它"繁辞瑰辨,灿然盈目"③,"辩丽横肆,亦文辞之最",说它"虽非义理之所存,亦文辞之最,学者所不宜废也"④。鲍彪在《战国策注序》中写道:"其文辩博,有焕而明,有婉而微,有约而

---

①刘向集录《战国策》附录《刘向书录》,上海古籍出版社,1985年,第1196、1198页。

②同上,《战国策》附录《曾子固序》,第1200页。

③[明]方孝孺著,徐光大校点:《逊志斋集》卷4,宁波出版社,1996年,第115页。

④[东汉]高诱注,[南宋]姚宏续注:《战国策》序录《王觉题战国策》,商务印书馆,1958年,第101页。

深。"①《文心雕龙》评价说:"战代任武而文士不绝。诸子以道术取资,屈宋以楚辞发采,乐毅报书辩以义,范雎上书密而至,苏秦历说壮而中,李斯自奏丽而动。若在文世,则杨班俦矣。"②其他如韩愈、刘知几、欧阳修、苏轼、章学诚、刘熙载等人,都对《战国策》的艺术成就给予很高评价。

我们认为,《战国策》的艺术成就,首先在于它创造或体现了战国时代特有的散文风格,这种风格,当然是那些思想活跃、政治经验丰富的士人阶层创造的,是他们在游说活动中适应巧设异谋、互相辩难的特殊需要而创造出来的,这种风格正是他们精神风貌的反映。这种风格是通过语言的运用表现出来的,其特点是:铺张扬厉,辩丽恣肆,刚健雄浑,气势磅礴。它的叙述,多能做到简洁明快,流利酣畅;它的论述或辩驳更是旁征博引,条分缕析,特别丰富多彩。其行文,或曲折迂回、波澜横生;或危言耸听,故作警策;或婉转含蓄,层层入扣;或持论宏深,辞锋毕露;或单刀直入,准确犀利;或巧比妙喻,言理切中。读《战国策》的文章绝无平铺直叙之感,而是感到它时如暴风骤雨,时如江水滔滔,时如泰山压顶,时如短兵相交,时如晴空浮云,时如快马轻刀,其风格的绚丽和丰富多变,实在是美不胜收的。至于它词汇上的丰富性、叙述上的条理性、说理上的鼓动性、辩论上的逻辑性、情节上的曲折性、结构上的完整性以及修辞上的巧妙性,都是它前代和同时代的其他作品所不可企及的。从《战国策》的这些写作特点中,我们可以看到,散文的写作发展到战国时代,已经完全走向文学化并已经相当成熟了。

---

①刘向集录《战国策》附录《鲍彪序》,上海古籍出版社,1985 年,第 1208 页。
②刘勰著:《文心雕龙》,中华书局,1985 年,第 63 页。

其次,《战国策》的出现,也标志了各种散文文体的创造、发展和日趋成熟。其中,既有生动具体的记叙文,又有层次清楚的论说文,也有针锋相对的驳论文。其他如辞意恳切的书信文、精巧的寓言和故事等等,真可谓文体大备,蔚然多姿了。清人章学诚在《文史通义·诗教上》中说:"至战国而文章之变尽,至战国而著述之事专,至战国而后世之文体备。故论文于战国,而升降盛衰之故可知也。"充分肯定了《战国策》在我国散文写作发展史上的重要地位。

再次,运用各种艺术手法,创造出众多不同的、栩栩如生的人物形象,也是《战国策》的重大艺术成就之一。似乎《战国策》的作者们已经认识并掌握了创造人物形象的手段和方法,如把人物放在特定的环境中、放在矛盾冲突的风口浪尖上去展示人物的心理、性格、品德和气质;通过人物的语言、特别是富有个性化的独白、对话、辩论等去揭示人物的内心世界和性格特点;通过编织曲折复杂的故事情节,通过人物之间言行的鲜明对比,通过侧面、细节、环境、氛围等方面的描述、渲染等手法,来塑造人物形象,从而一个个活生生的人物造型就展现在读者的眼前了。其中有君王、后妃、将相、谋臣、策士、阴谋家等等。而这些众多的人物,毫无公式化、脸谱化的弊病,而是每个人物都有着独特的形象。同是君王,就有昏聩无能的楚怀王、沽名钓誉的燕王哙、虚心纳谏的齐宣王、复国求贤的燕昭王、锐意革新的赵武灵王等;同是将相,又有深谋远虑的范雎、委婉讽谏的邹忌、知己知彼的白起、忠直蒙冤的乐毅以及性格各异的"战国四公子";同是谋臣,而虞卿、触龙、庄辛、莫敖子华等人具有不同的才干和性格特点;同是士人,既有见利忘义朝秦暮楚的无耻之徒,也有唐雎、荆轲、冯谖、颜斶、聂政、鲁仲连等奇人高士;特别是鲁仲连的形象,被后人誉为"千古一士"。这些形象各异的人物,在《战国策》中是不胜枚举的,好似一幅灿烂的画卷,把当时社会的各式各样的人物,统统地描绘进去了。

　　最后，谋臣策士们为了增加自己游说的说服力和鼓动性，有意搜集和创造了一些生动有趣的寓言故事，运用于说辞之中，诸如"狐假虎威""画蛇添足""鹬蚌相争""南辕北辙"等等，至今还活跃在人民的口头上，成为富有警策性或寓意深厚的成语。《战国策》为我们保存下来的这些寓言故事，丰富了我国的语言宝库，对我国文学的发展也是有所贡献的。

　　正因为《战国策》具有上述思想价值和艺术成就，因此它在中国文学发展史上，产生了极其深远的影响。尽管它曾遭到历代人们的一些非议，但历代人们却有意无意地学习、模仿它的写作方法和技巧。贾谊、晁错、司马迁、唐宋八大家、司马光以及明清以复古鸣世的文章学家们，无不受其影响，他们的作品都不同程度地继承和发展了《战国策》的散文风格，汉代的辞赋也表现了对《战国策》明显的继承性。《战国策》中的故事情节和人物形象，为后世的小说、戏剧提供了丰富的素材，它的表现手法和创造人物形象的方法为后代的文学创作提供了有益的启示，为许多文学人士所借鉴。因此，那些忽视、否定《战国策》在中国文学史上的地位的言论，是不公允、不客观的。今天的研究者们应该正确地对待和发掘这份宝贵的文化遗产，使其中的精华部分发扬光大，为繁荣社会主义的新文学服务。

1987 年 2 月 16 日

　　（原载于《临沂师专学报》（社会科学版）1987 年第 4 期，原题为《〈战国策〉简论》，与任重合作，编选时改为现题。后作为巴蜀书社1990 年版的古代文史名著选译丛书《战国策选译》的前言，2011 年凤凰出版社修订再版）

柳宗元诗文系年订补

柳宗元(773—819),是我国中唐时期著名的思想家和文学家。他短短的一生,给我们留下了各种形式的散文作品四百五十多篇,各种体裁的诗歌一百五十多篇。如果能把这些诗文较为准确地编年系时,对于我们"知人论世"和更好地探讨柳宗元的生活道路、思想发展、文学创作衍变以及他在思想史上、文学史上的巨大成就,都是具有积极意义的。

柳氏的生平、仕历和写作,《旧唐书》《新唐书》皆有"传"文记载和论述,但语焉不详。柳氏诗文的历代注释中,虽间有言及,但亦是片鳞只爪,亟待梳理。宋人文安礼作《柳先生年谱》(百家本),考查世系,叙录生平,编系诗文,大有开创之功。惜其过于简括,诗文系年亦是挂一漏十,不能满足治柳者之需要。今人施子愉先生在前人的基础上,广为辑录,多所考核,著《柳宗元年谱》一书(1958年湖北人民出版社),是现存较好的一部柳氏年谱,常为人参考、引用。然而诗文系年之处,亦有不少疏略和讹误。笔者近年参加校注《柳宗元集》的工作,时而研读施《谱》,于柳文系年方面间有所得,曾开列六十余条,先后发表于《古籍研究》(1986年第2期、1987年第1期)、《山东大学学报》(哲学社会科学版,1988年第3期)及《广西民族学院学报》(哲学社会科学版,1990年第4期)等刊物。现选录二十五条,以订补文《谱》和施《谱》。订补中所列篇名、卷次、原文,皆依中华书局1979年新校本《柳宗元集》。当否,笔者不敢自是,尚祈方家斧正。

一、《贞符并序》

《序》文云："臣为尚书郎时,尝著《贞符》……会贬逐中辍,不克备究。"又云："臣所贬州流人吴武陵为臣言……臣不胜奋激,即具为书。"(《柳宗元集》卷一)贞元二十一年(是年八月后改为永贞元年,公元805年)永贞革新时,柳宗元任礼部员外郎,属尚书省,故通称尚书郎。是知他于永贞元年即着手撰写《贞符》。但永贞革新为时甚短即遭夭折,柳氏亦因受贬而来永州,《贞符》写作亦因此而中辍。序中言因受吴武陵之激励而重加写完定稿,据《与杨京兆凭书》(卷三十)云:"去年吴武陵来……日与之言,因为之出数十篇书。"又云:"永州多火灾,五年之间,四为天火所迫。"又云:"独恨不幸获托姻好,而早凋落,寡居十余年。"柳氏于永贞元年遭贬,至元和四年已至五年;夫人杨氏于贞元十五年八月病卒,至元和四年亦过十年,故知吴武陵来永州,当在元和三年。吴武陵何时离开永州,《新唐书·吴武陵传》说"及(柳宗元)为柳州刺史,武陵北还",恐不一定可靠,但从柳氏《小石潭记》(卷二十九)、《与李睦州论服气书》(卷三十二)等文来看,元和四年、五年之间他仍在永州是没有问题的。在此期间,柳宗元写出了《非〈国语〉》,并与吴武陵、吕温等进行讨论,而《非〈国语〉》又多《贞符》旨意。据柳氏《与吕道州温论〈非国语〉书》(卷三十一)的写作时间分析,《非〈国语〉》大概写成于元和三年末至元和四年之初,《贞符》的写作应早于它,故系此文于元和三年(808年)后半年为宜,施《谱》系于贞元廿一年,不确。

二、《驳复仇议》

此文为驳陈子昂《复仇议状》而作(《柳宗元集》卷四)。武后时,徐爽为县吏赵师韫所杀,其子徐元庆手刃父仇,束身归罪,陈子昂建议

"诛而后旌",并编之于令,永为国典。柳宗元反对这种相互矛盾的做法,主张"穷理以定赏罚,本情以正褒贬"(《柳宗元集》卷四《驳复仇议》),使礼、刑统于一。《新唐书》卷一九五《孝友传》中,载此文于陈《状》之后、宪宗时诸"孝友"之前,并冠以"后礼部员外郎柳宗元驳曰"云云。此文最后亦云:"请下臣议,附于令,有断斯狱者,不宜以前议从事。"故此文当为永贞元年(805 年)柳宗元任礼部员外郎所作,施《谱》以作时不可考而未系年。

有谓此文作于元和六年九月。据《旧唐书·宪宗纪》载,此年九月戊戌(六日),富平县人梁悦为父报仇投狱请罪,特敕免死,决杖一百,流配循州。韩愈为此上《复仇状》。柳氏此文,无一言论及梁悦事,无一语驳及韩文,且身谪永州,名列囚籍,宪宗敕令,难得与议;文末之语,更无囚谪惶恐之意,不当为是时所作。

三、《唐故特进赠开府仪同三司扬州大都督南府君睢阳庙碑并序》

本文为柳宗元应南承嗣的请托为南霁云所写的碑文(《柳宗元集》卷五)。南承嗣为南霁云之子,以父荫,七岁为婺州别驾,赐绯鱼袋,历刺施、涪二州。据新、旧唐书《宪宗纪》及《资治通鉴·唐纪》记载,元和元年(806 年)正月,剑南西川节度副使刘辟反,唐宪宗命高崇文、严砺等讨伐之。南承嗣时为涪州刺史,"扞蜀道勍寇,昼不释刀,夜不释甲","期死待敌"。后因"刀笔之吏",诬以"无备"而贬谪永州(《柳宗元集》卷二十三《送南涪州量移澧州序》)。柳集卷二十三《送南涪州量移澧州序》、卷三十九《为南承嗣请从军状》《为南承嗣上中书门下乞两河效用状》等文,皆多申其事。《送南涪州量移澧州序》云:"受谴兹郡,凡二岁。"又云:"朝廷建大本,贞万邦,庆泽之濡,洗濯生植……优诏既至,而君适魋于文",后所云云,当指《旧唐书·宪宗纪》所载元和四年十月立邓王宁为皇太子、大赦天下一事(《资治通鉴》《新唐书》作是年闰三月,其实因故未行册礼,延至十月举行),南承嗣量移为澧州长史,亦当在此以后。由此可见,南氏由涪州谪永州当为元和二年事。两人同为谪吏,始而相识,故请托为"碑"系于元和三年(808 年)为宜。文《谱》系于是年,疑是;施《谱》系于元和四年,并列于《送南涪州量移澧州序》之后,疑误。

四、《唐故给事中皇太子侍读陆文通先生墓表》

文通先生,即陆质,是当时著名的春秋学家。文中云:"永贞年,侍东宫,言其所学……是岁,嗣天子践阼而理,尊优师儒,先生以疾闻,临问加礼。某月日,终于京师。"(《柳宗元集》卷九)是知陆质病逝于贞元二十一年(即永贞元年,805 年)。《旧唐书·顺宗纪》记载,陆质于贞元二十一年四月戊申(初九日)为太子侍读;永贞元年九月辛巳(十五日)病卒。但陆质死前两日(十三日),柳宗元等皆已遭贬,柳氏于是年冬抵永州司马任所,故陆质死时,似无暇亦无心绪为文悼之。时吕温使吐蕃刚回不久,未遭贬斥,故作《祭陆给事文》(《吕和叔集》卷九)以祭悼。柳氏《答元饶州论春秋书》(卷三十一)云:"不幸先生疾弥甚,宗元又出邵州,乃大乖谬,不克卒业。"又云:"宗元始至是州,作《陆先生墓表》,今以奉献,与宣英读之。"宣英,即韩晔,因永贞革新事与柳宗元同时贬为饶州司马。故此文当为柳宗元到永州不久后所作,可系于元和元年(806 年)。施《谱》未确系年;文《谱》系于元和元年,是。但文末所云"后若干祀"数语,似为立石时所续,或后人所加,非柳氏原"墓表"所有,不当以此确定系年。

五、《故连州员外司马凌君权厝志》《哭连州凌员外司马》

凌君,凌准,因永贞革新而被贬的"八司马"之一。永贞元年九月己卯(十三日)贬为和州刺史,是年十一月己卯(十四日)再贬为连州

（今广东省连县）司马。《志》文引凌氏曰："余生于辰，今而寓乎戊。辰、戊冲也，吾命与脉叶，其死矣乎！吾罪大，惧不克归柩于故乡。是州之南，有大冈不食，吾甚乐焉，子其以是葬吾。"《志》又云："及是，咸如其言云。"（《柳宗元集》卷十）元和三年（808 年），岁在戊子。柳氏《答元饶州论春秋书》（卷三十一）"复于亡友凌生处"句下韩注云："凌准卒于元和三年"；本"志"首句"年月日"下，韩注亦如是。但《柳宗元集》音辩本、五百家注本、世彩堂本、《文苑英华》《全唐文》等"戊"皆作"戌"，惟百家注本原作"戊"，中华书局点校本《柳宗元集》亦改为"戌"。清人陈景云《柳集点勘》及后世研究者皆据"戌"字作解，以为元和元年岁在丙戌，凌准当死于是年。

以上校释皆不确。戊辰相冲，是古人迷信的说法，有关古代择吉、命书之类多有记载。戊辰为德宗贞元四年（788 年），《志》文所引凌氏言，当为一再遭贬后病中呓语。《志》中所云死后"不克归柩于故乡"，葬于州南大冈或为事实。本《志》又说"先是（死以前）六月告于州刺史博陵崔君曰：'……将不腊而死，审矣'"。此博陵崔君，乃指崔简，柳氏长姊夫也。据《旧唐书·宪宗纪》载，永贞元年九月己卯（十三日）刘禹锡被贬为连州刺史。未之任，于十一月己卯（十四日）赴任道中再贬为朗州司马。据雍正时《广东通志》卷十二《职官表》载，元和二年连州刺史为邵同，仅年余而离去。郁贤皓《唐刺史考》中元和元年亦不见有崔姓任刺史者。柳氏《故永州刺史流配驩州崔君权厝志》（卷九）载："博陵崔君……出刺连、永两州，未至永，而连之人诉君，御史按章具狱，坐流驩州。……元和七年正月二十六日卒。"《册府元龟》卷五二二载："卢则为监察御史，出按连州刺史崔简，得实。及还，其下吏受观察使李众赂绫六百匹。"连州隶属湖南观察使，据吕温《湖南都团练副使厅壁记》（《吕和叔文集》卷十）所述，李众恰于元和三年冬以御史中丞而"绥衡湘"；据《唐会要》所记，直至元和六年被贬为恩王傅。崔简为连州刺史,推演柳氏《权厝志》所述,亦当在元和三年至六年之间。依上述史实,凌准死于元和三年冬季腊前之说近是。

《志》又云:"执友河东柳宗元,哀君有道而不明白于天下,离愍逢尤夭其生,且又同过,故哭以为志,其辞哀焉。"故《志》文、"哭"诗皆应作于元和三年(808年)末。文《谱》、施《谱》皆系于元和元年(806年),失考。

六、《虞鹤鸣诔并序》

虞鹤鸣,名九皋。《序》云:"泊于汉阳,世德以昌。"(《柳宗元集》卷十一)孙注云:"汉阳,沔州郡名。九皋父当,终沔州刺史。"柳氏《先君石表阴先友记》(卷十二)亦云:"虞当,会稽人。为郭尚父从事,终沔州刺史。"《序》文此句,乃为颂扬虞氏家族自到沔州之后更加昌盛之辞。《序》又云:"惟昔夏口,羁贯相亲,通家修好,讲道为邻。"夏口,即鄂州,与沔州一江之隔。是时,李兼(即柳宗元妻杨氏之外祖父)正为鄂岳沔团都练守捉使,建中三年改为鄂岳沔三州防御使,后又改为鄂岳观察防御使,柳氏父柳镇为鄂岳都团练判官。故柳、虞两家得以修好。柳氏因随父在任所,亦得与虞鹤鸣相友善。《谷梁子》云:"子生羁贯成童,不就师,父之罪也。"男童曰贯,女童曰羁,"羁贯相亲"云云,当指他们八九岁时相识相善。据赵憬《鄂州新厅记》(《全唐文》卷四五五)所述,李兼于大历十四年(779年)十月为鄂州刺史、鄂岳观察使;据《旧唐书·德宗纪》载,贞元元年(785年)四月癸酉(九日)即转为洪州刺史、江西都团练观察使。沔州原隶鄂岳观察处置等使,据《新唐书·地理志》载,建中二年(781年)州废,建中四年复置,柳父为鄂岳都团练判官、虞父为沔州刺史,当在建中二年以前,是年柳宗元九岁。《序》又云:"交欢二纪,莫间斯言。愉乎其和,确尔其坚。更为砥砺,咸去韦弦。今则遽已,吾其缺然。"十二年为一纪,虞鹤鸣去世,当在贞元二十年(804年)前后,故此文系于是年为宜。施《谱》未确定系年而仅定为长安时期所作,欠考。

七、《起废答》

文中云:"鬶老进曰:'今先生来吾州亦十年。'"(《柳宗元集》卷十五)柳宗元于贞元廿一年(即永贞元年,805年)贬永州,至元和九年(814年)则已十年。文中云:"柳先生既会州刺史,即治事。"又云:"会今刺史以御史中丞来莅吾邦。"柳氏《湘源二妃庙碑》(卷五)云:"元和九年八月廿日,湘源二妃庙灾……告于州刺史御史中丞清河崔公能。"《段太尉逸事状》(卷八)云:"元和九年月日……会州刺史崔公来,言信行直,备得太尉遗事,复校无疑。"《与史官韩愈致段秀实太尉逸事书》(卷三十一)云:"窃自冠好游边上,问故老卒吏,得段太尉事最详。今趋走州刺史崔公,时赐言事,又具得太尉实迹,参校备具。"《处士段弘古墓志并序》(《外集补遗》,是文作于元和九年八九月间)又云:"公(指崔能)时降治永州。"以上,皆说明崔能于元和九年(814年)已刺永州。据新、旧《唐书》有关史料记载,元和八年四月,黔中经略使(一作观察使)崔能讨张伯靖,靖为辰、溆蛮首,未能平,故疑以是故"降治永州"。文中所言,与其他记载相互参证,史实俱符,故知此文作于元和九年(814年)。文《谱》系于元和九年,是;施《谱》未确系年,失考。

八、《祀朝日说》《褅说》

两文皆云:"柳子为御史,主祀事。"(《柳宗元集》卷十六)古代天子春分祭日曰"朝日",岁十二月合聚万物而索飨之曰"褅祭"。柳氏《监察使壁记》(卷二十六)云:"凡大祠若干,中祠若干,咸以御史监视,祠官有不如仪者以闻。……旧以监察御史之长居是职。贞元十九年十二月御史多缺，予班在三人之下，进而领焉。明年，刘禹锡始复旧制。"柳氏《让监察御史状》(卷三十九)云：柳氏于"贞元十九年闰十月日""除监察御史"，则其《褅说》应作于贞元十九年(803 年)末，而《朝日说》应作于贞元二十年(804 年)春无疑。施《谱》皆系于贞元十九年，误。

九、《说车赠杨诲之》《与杨诲之书》

《书》云："吾固欲其方其中，圆其外，今为足下作《说车》，可详观之。车之说，其有益乎行于世也。"又云："今日有北人来，示将籍田敕，是举数十年之坠典，必有大恩泽。"(《柳宗元集》卷三十三)韩注云："按《宪宗纪》：元和五年十月，诏以来年正月十六日东郊籍田。"查新、旧唐书《宪宗纪》皆无此项记载，惟《唐大诏令集》卷七十四载有《元和五年罢籍田敕》，乃元和五年十一月十九日敕：其来年正月十八日籍田礼宜暂停。柳氏《与杨诲之第二书》(卷三十三)云："张操来，致足下四月十八日书，始得复去年十一月书，言《说车》之道及亲戚相知之道。"当指此两文而言。又云："忧悯废锢，悼籍田之罢，意思恳恳，诚爱我厚者。"当指罢籍田一事。故所谓得杨诲之四月十八日书，当为元和六年四月十八日所写；所谓始得复去年十一月书云云，当指《与杨诲之书》。由此可知，《与杨诲之书》应写于元和五年十一月，而《说车赠杨诲之》应与《书》写于同期而略前。文《谱》系《说车赠杨诲之》《与杨诲之书》于元和五年(810 年)，系《与杨诲之第二书》于元和六年，是。"世绿堂本"题下注亦分别系"书"与"第二书"于元和五年和六年，施《谱》独将《说车赠杨诲之》系于元和四年(809 年)，误。

十、《童区寄传》

此文为柳氏之名篇，而历代于此未确系年。文内云："(区之事)桂部从事杜周士为余言之。"又云:"(此事),墟吏白州,州白大府,大府召视,儿幼愿耳。刺史颜证奇之,留为小吏,不肯;与衣裳,吏护还之乡。"(《柳宗元集》卷十七)据《旧唐书·德宗纪》载,贞元二十年十二月庚午(九日),以桂管防御史颜证为桂州刺史、桂管观察使。据柳氏《上桂州李中丞荐卢遵启》(卷三十五)、《送内弟卢遵游桂州序》(卷二十四)所述,元和四年前后,桂州刺史为李某;又据柳氏《同吴武陵送前桂州杜留后序》(卷二十二)考查,杜周士是于元和三年离开桂州、经过永州而去的,则其向柳述说区寄之事亦当于是时,故此文应系于元和三年(808 年)。历代注释家及施《谱》皆定为柳州作,失考。

十一、《吊苌弘文》

苌弘,周灵王之贤臣,为刘公之属大夫。周灵王十年(前 562 年),刘文公与弘欲城成周,使告于晋。时晋魏献子莅政,悦弘而与之,合诸侯于狄泉。范氏、中行氏发难,苌弘与之,晋以为讨,周人杀苌弘,既死,其血化为碧石。柳氏吊苌弘,极言其为图谋复周室而死的忠烈和可贵,借以寄寓自己因革新而遭贬谪的忧愤之情(《柳宗元集》卷十九)。《史记·封禅书》宋人裴骃《集解》引《皇览》曰:"苌弘冢在河南洛阳东北山上。"故以此文为柳氏永贞元年九月赴贬所路经东都洛阳时所作,与写《吊屈原文》(同卷)相类。

十二、《寿州安丰县孝门铭并序》

文云:"寿州刺史臣承恩言:九月丁亥安丰县令臣某上所部编户氓李兴……"(《柳宗元集》卷二十)承恩,当指寿州刺史杨承恩。《册府元龟》卷七一九载:"王宗为寿州都团练副使,贞元十五年寿州刺史杨承恩老耄多病,其政事委于男澄及判官卿侃、孔目官林宸等。至是疾甚,侃等乃与将校等谋以澄为刺史。宗知之,遂囚系澄、侃等,驿骑以闻,故授宗权知寿州刺史事。"《资治通鉴·唐纪》德宗贞元十五年十二月纪,称王宗为"知州事";《新唐书·德宗纪》贞元十五年十二月直称王宗为寿州刺史。据《匋斋藏石记》卷二八所载《赵郡李氏小字侯七志》所述,贞元十三年寿州刺史为李规。由此可见,杨承恩为寿州刺史时间仅为贞元十四年、十五年,本文系于贞元十五年(799 年)为宜。施《谱》以"不可考"而未作系年,失考;章士钊《柳文指要》以为本文宣扬神异、鼓吹愚孝,非柳氏思想而疑为伪作,实际"文"中所述"(李兴)孝诚幽达,神为见异,庐上产紫芝白芝二本,各长一寸,庐中醴泉涌出,奇形异状,应验图记。此皆陛下孝理神化,阴中其心,而克致斯事"(《柳宗元集》卷二十)云云,乃杨承恩上奏德宗之言,杨氏不过复其说、附会其意而已。故疑为伪作,无佐据。

十三、《读韩愈所著〈毛颖传〉后题》

文中云:"自吾居夷,不与中州人通书。有来南者,时言韩愈为《毛颖传》,不能举其辞,而独大笑以为怪,而吾久不克见。杨子诲之来,始持其书,索而读之。"(《柳宗元集》卷二十一)柳氏《与杨诲之书》云:"足下所持韩生《毛颖传》来,仆甚奇其书,恐世人非之,今作数百言,知前圣不必罪俳也。"所谓"今作数百言",当指此文。《与杨诲之书》又云:"今日有北人来,示将籍田敕。"如韩注云,当指元和五年(810 年)十月诏以来年正月十六日东郊籍田事,则此"书"当作于是年,此文亦当作于是年。文《谱》系于元和五年,是;施《谱》系于元和四年,误。

十四、《裴瑾〈崇丰二陵集礼〉后序》

裴瑾,柳氏之二姊夫。据《旧唐书·宪宗纪》载,崇陵为唐德宗陵,永贞元年十月己酉(十四日)葬;丰陵为唐顺宗陵,元和元年七月壬寅(十一日)葬。文内云:"司空杜公由太常相天下,连为礼仪使,择其僚以备损益,于是河东裴堮以太常丞、陇西辛祕以博士用焉。"(《柳宗元集》卷二十一)杜公,即杜黄裳,据柳氏《先君石表阴先友记》(卷二十一)载,为柳宗元之先友。据《旧唐书·杜黄裳传》及《旧唐书·宪宗纪》记载,贞元末,杜黄裳为太常卿;贞元二十一年七月甲午(二十七日),以太常卿为门下侍郎,同中书门下平章事;元和元年正月乙酉(二十日)为礼仪使;元和二年正月乙巳(十七日),检校司空、同平章事、兼河中尹、河中晋绛等州节度使;是年八月,封邠国公;元和三年九月戊戌(十九日),卒于河中。故从柳氏文中的称谓和所提供的时间来看,裴堮为杜黄裳太常丞、集二陵礼,当为元和元年之事。本文亦云:"裴氏乃悉取其所刊定、及奏复于上,辨列于下,联百执事之仪,以为《崇丰二陵集礼》,藏之于太常书阁,君子以为爱礼而近古焉者。"是知,裴堮撰定《崇丰二陵集礼》,亦不得迟于元和二年初。文内又云:"今相国郇公……以孝友勤劳,扬于家邦,游其门若闻《韶》《濩》,入其庙如至邹、鲁,恩溢于九族,礼仪乎他门。则封叔之习礼也,其出于孝悌欤?成书也,其本于忠敬欤?由于家而达于邦国,其取荣于史氏也果矣。"封叔为裴堮之字;郇公,即郇国公裴均。裴均与裴堮为从兄弟,均之父裴倩、堮之父裴儆,皆为裴积之子,故谓裴氏集二陵礼,乃家学攸传,"由于家而达于邦国"之荣事!《新唐书·宰相世系表》及新、旧《唐书》中的裴行俭、裴积及裴均等"传"文,皆有有关记述,世系亦井然有序。《新唐书·裴均传》云:"元和三年,(均)入为尚书右仆射、判度支。……俄检校左仆射、同中书门下平章事,为山南东道节度使,累封郇国公。"《旧唐书·宪宗纪》载其检校左仆射、平章事,为襄州刺史、山南东道节度使的时间为元和三年九月庚寅(十一日),其卒为元和五年五月丙午(七日)。故从柳氏文中称谓考查,此文应写于元和三年(808年)九月十一日至十九日之间。章士钊《柳文指要》定于元和四年以后作,误。施《谱》无确系年而定为永州时期所作,失考。

十五、《同吴武陵送前桂州杜留后诗序》

杜留后,杜周士。《序》云:"今往也,有以其道闻于天子,天子唯士之求为急,杜君欲辞争臣侍从之位,其可得乎?"又云:"赞南方之理,理是以大;总留府之政,政是以光。"(《柳宗元集》卷二十二)似杜周士任留后时被征召而去。据《旧唐书·德宗纪》载:贞元二十年十二月庚午(二十九日),以桂管防御使颜证为桂州刺史、桂管观察使。据柳氏《上桂州李中丞荐卢遵启》(卷三十五)及《送内弟卢遵游桂州序》(卷二十四)所述,元和四、五年桂州刺史已为李某,似颜证早已不在位,时杜周士尝为留后乎?本文韩注亦云杜周士为桂管观察留后。吕温《湖南都团练副使厅记》(《吕和叔文集》卷十)载:"元和三年冬,天子命御史中丞陇西李公(众)以永嘉之循政(李众曾为温州刺史)、京兆之懿则,廷赐大斾,俾绥衡湘。……于是,监察御史河南穆君寂、河内司马君纾、范阳卢君璠、太常协律郎河东范君存庆、前咸阳尉吴郡顾君师闵、前太子正字陇西李君础、前太常寺奉礼郎京兆杜君周士……群材响附,各以类至。"吕《记》作于元和五年七月五日,则杜周士离桂州、经永州去湖南,当在元和四年(809年)。据柳氏《与杨京凭书》(卷三十)所述,吴武陵于元和三年始来永州,故得同柳氏送桂留后也。施《谱》未确系年而定为永州时期作,失考。

十六、《送严公贶下第归兴元觐省诗序》

严公贶,严震之第四子。兴元,唐府名,为山南西道治所,时山南西道节度观察处置等使一般兼任兴元尹。文云:"恭惟相国冯翊公有大勋力,盈于旂常,极人臣之尊,分天子之忧,殿邦坤隅,炳是文武。若子者,生而有黼缋粱肉之美,不知耕农之勤劳,物役之艰难。趋其庭有魏绛之金石焉,候其门有亚夫之荣戟焉,中人处之,不能无傲,而子之伯仲皆脱略贵美,服勤儒素,退讬于布衣韦带之任,如少习然。故继登上科,以及于子,是可举严氏之教,诵乎他门,使有矜式也。"(《柳宗元集》卷二十三)冯翊公,即严震。据《旧唐书·德宗纪》载,从建中三年十一月己卯(初一日)起,即为梁州刺史,山南西道节度使。兴元元年,以梁州为兴元府,即兼兴元尹。据权德舆《唐故山南西道节度营田观察处置等使检校尚书右仆射同平章事兴元尹冯翊郡王赠太保墓志》(见《权载之集》)所述,兴元元年,加户部尚书,封冯翊郡王。又据《旧唐书·德宗纪》载,贞元十二年正月乙丑(按,是月甲午朔,无乙丑;乙丑应为二月三日),加检校右仆射,同中书门下平章事。贞元十五年六月癸巳(二十日),卒。从本文称谓及所誉词语考察,严公觇下第,当为贞元十二年以后之事。文题既云"归兴元觐省"当为贞元十五年前。贞元十四年(798年),柳宗元第博学鸿词科,为集贤殿书院正字,从本文语气看,此文应系于是年为宜。施《谱》未确系年而仅定为长安时期所作,欠考。

十七、《送元秀才下第东归序》《答贡士元公瑾论仕进书》

元秀才,旧注皆云即贡士元公瑾也。《书》云:"足下之文,左冯翊崔公先唱之矣。"(《柳宗元集》卷三十四)左冯翊,郡名,本秦内史地,汉高祖二年以为河上郡,汉武帝太初元年更名为左冯翊,三国时魏去"左"字、但为冯翊郡,晋、隋因之,唐高祖武德元年改为同州,玄宗天宝元年复旧名,肃宗乾元元年又改为同州。柳氏此处,用旧名。《旧唐书·德宗纪》载:贞元十四年九月乙卯(九日),以同州刺史崔宗为陕州大都督府长史、陕虢观察水路转运使。左冯翊崔公,当指此人。本文既如此称谓,此《书》当写于贞元十四年九月之前。《书》又云:"始仆之志学也,甚自尊大,颇慕古之大有为者。汩没至今,自视缺然,知其不盈素望久矣。上之不能交诚明,达德行,延孔子光烛于后来;次之未能励材能,兴功力,致大康于民,垂不灭之声。乃怅怅于下列,呫呫于末位。"所谓"下列""末位",当指第博学鸿词科后授集贤殿书院正字一事。集贤殿书院隶中书省;正字,从九品上,当然即所谓"下列"和"末位"。据柳氏《与杨诲之第二书》(卷三十三)所云"(年)二十四求博学鸿词科,二年乃得仕。"其二十六岁时,正是贞元十四年。是年九月二十六日曾写《与太学诸生喜诣阙留阳城司业书》(卷三十四),亦已自署"集贤殿正字"。清人徐松《登科记考》系柳宗元第博学鸿词科于贞元十二年,误。由上所述,此《书》应作于贞元十四年(798 年)。施《谱》未确系年而仅定于长安时期所作,欠考。

《序》(《柳宗元集》卷二十三)意多同于《书》,而对其下第则更多安慰和鼓励,当为同期前后之作。施《谱》未确系年而仅定为长安时期所作,亦欠考。

十八、《陪永州崔使君游宴南池序》

崔使君,永州刺史崔敏。柳氏《唐故朝散大夫永州刺史崔公墓志》(卷九)云:"维元和五年九月十五日壬子,永州刺史崔公薨于位。"《祭崔君敏文》(卷四十)又云:"至于是邦……出令三岁,人无怨雠,进律未行,归神何速?"看来,崔敏刺永州,大概是元和二年末或元和三年初。文云:"崔公既来,其政宽以肆,其风和以廉,既乐其人,又乐其身。"(《柳宗元集》卷二十四)《墓志》及《祭文》中,对其政绩,亦一再赞誉,似非崔敏初刺永州后的一般颂扬之辞。文中云:"于暮之春,征贤合姻,登舟于兹水之津。"这次游宴南池,是在春末之时。文又云:"况公之理行宜去受厚锡,而席之贤者率皆左官蒙泽,方将脱鳞介、生羽翮,夫岂趑趄湘中,为憔悴客耶?"查《旧唐书·宪宗纪》:元和三年正月癸巳(十一日),群臣上尊号曰睿圣文武皇帝,大赦天下。但游宴南池时已是暮春,"左官蒙泽",当已量移,不应说是"方将"。故此文从赞颂到史实,都不应是元和三年崔敏初刺永州不久之语气。据《新唐书·宪宗纪》载:元和四年闰三月丁卯(二十一日),邓王宁立为皇太子。按照常规,贞邦建储,是要大赦天下的。此文所谓"左官蒙泽""方将脱鳞介"云云,当指此事。其实,据《旧唐书》卷一七五《宪宗二十子》记载,"其年有司将行册礼,以孟夏、孟秋再卜日,临事皆以雨罢。至十月,方行册礼"。故《旧唐书·宪宗纪》记入元和四年十月。柳氏等远居永州,闻立太子事而预知将赦天下,故曰"方将"云云。《旧唐书·宪宗纪》载,元和元年八月诏令:柳宗元等"八司马""纵逢恩赦,不在量移之限"。故文中云:"余既委废于世,恒得与是山水为伍,而悼兹会不可再也,故为文志之。"忧伤之情,溢于言表。据上所述,将此文系于元和四年(809年)为宜,施《谱》系于元和三年,似可商榷。

十九、《娄二十四秀才花下对酒唱和诗序》

娄二十四,即娄图南,柳氏诗文中屡见。柳氏《送娄图南秀才游淮南将入道序》(卷二十五)云:"仆自尚书郎谪来零陵,觌娄君,犹为白衣,居无室宇,出无僮御。……因为余留三年……"《序饮》(卷二十四)一文,记述友人们聚会于钴鉧潭西小丘上宴饮,有娄生,时为元和四年十月,则其来永州约在元和二年初,而其离永州入江淮最迟亦得在元和四年末。柳氏《酬娄秀才将之淮南见赠之什》(卷四十二)诗中云:"困志情惟旧,相知乐更新。浪游轻费日,醉舞讵伤春。风月欢宁间,星霜分益亲。已将名是患,还用道为邻。"前四句似指本《序》(《柳宗元集》卷二十四)所题这次花下对酒唱和;后四句即指元和四年末之别。本《序》又云:"余既困辱,不得预睹世之光明,而幽乎楚越之间,故合文士以申其致,将俟夫木铎以间于金石。大凡编辞于斯者,皆太平之不遇人也。"当为别前之作,故系于元和四年(808年)为宜。施《谱》仅定于永州时期所作,似欠考。

二十、《送廖有方序》《答贡士廖有方论文书》

章士钊《柳文指要·体要之部》云："此〈书〉为廖有方求作诗序而还答,并非论文,题应将'论文'二字,改作'求序诗'。"细审《书》意,章氏之言颇是。《书》中云："得秀才书,知欲仆为序。然吾为文,非苟然易也。于秀才,则吾不敢爱。吾在京都时,好以文宠后辈,后辈由吾文知名者,亦为不少焉。自遭斥逐禁锢,益为轻薄小儿哗嚣,群朋增饰无状,当途人率谓仆垢汙重厚,举将去而远之。今不自料而序秀才,秀才无乃未得向时之益,而受后事之累,吾是以惧。……当为秀才言之……既无以累秀才,亦不增仆之诟骂也,计无宜于此。"(《柳宗元集》卷三十四)观《书》意,审《序》(《柳宗元集》卷二十五)文,本《序》即《书》所言之"序",两文当为同时作。

《书》称廖有方为贡士,《序》称为诗人、廖生,当为其未第进士之前所作。唐制,称一般应试者为秀才,称经过乡贡考试合格而由州县送往京师参加会试者为贡士。据《云溪友议》记载,廖有方于元和乙未岁(十年,815 年)下第游蜀,次年中书舍人李逢吉知贡举,及第,改名游卿,故此两文似皆系于元和九年(814 年)为宜。施《谱》皆定于永州时期所作,欠考;章士钊认为"子厚赠序,在有方登第之后",亦欠妥。

二十一、《送方及师序》

文云:"薛道州,刘连州,文儒之择也,馆焉而备其敬,歌焉而致其辞。"(《柳宗元集》卷二十五)薛道州,即薛伯高。据柳氏《道州毁鼻亭神记》(卷二十八)所述,河东薛伯高由刑部郎中刺道州是在元和九年;据柳氏《道州文宣王庙碑》(卷五)所述,元和十一年,薛伯高仍在道州,并新修了文宣王庙。刘连州,即刘禹锡,元和十年三月与柳宗元同时再贬,刘为连州刺史。刘禹锡《送僧方及南谒柳员外》(《刘禹锡集》卷二十九)云："予为连州，居无何，而方及至，出祓中詩一篇以貺予，其词甚富。留一岁，观其行，结矩如教，益多之。一旦以行日来告……"则方及离连州而去柳州拜谒柳宗元，当在元和十一年下半年，故此文应为是年（816年）作。施《谱》未确定系年而仅定为柳州时期所作，失考。

二十二、《送元暠师序》《送元暠师诗》

文云："中山刘禹锡，明信人也。……元暠师居武陵，有年数矣，与刘游久且暱。持其诗与引而来，余视之，申申其言，勤勤其思，其为知而言也信矣。"（《柳宗元集》卷二十五）刘禹锡《送僧元暠南游并序》（《刘禹锡集》卷二十九）云："予策名二十年……"贞元九年（793年），刘禹锡与柳宗元同榜进士及第，至元和七年（812年）即已二十年。卞孝萱《刘禹锡年谱》系刘文于元和七年，是；柳文亦应作于是年。时柳氏在永州，刘禹锡在朗州（今湖南常德），两地南北相望，故刘文曰"南游"。施《谱》未确定系年而仅定为永州时期所写，失考。

二十三、《永州法华寺新作西亭记》《构法华寺西亭》

文云："余时谪为州司马，官外乎常员，而心得无事，乃取官之禄秩，以为其亭。"（《柳宗元集》卷二八）柳氏《法华寺西亭夜饮赋诗序》（卷二十四）亦云："余既谪永州，以法华浮图之西临陂池丘陵，大江连山，其高可以上，其远可以望，遂伐木为亭，以临风雨，观物初，而游乎颢气之始。"与本文所述西亭之形势语意近似。该《序》又云："间岁，元克己由柱下史亦谪焉而来。无几何，以文从余者多萃焉。"可见，法华寺西亭之建造当在法华寺西亭夜饮赋诗之前一二年间。元克己来永州时间虽不可确考，但柳氏之其他"以文相从"的好友如李幼清、吴武陵、娄图南、南承嗣以及僧人浩初等人之"萃集"，则多为元和二三年间。李幼清(即柳文多次叙及的李睦州,有谓即同游钻锯潭西小丘之李深源),据柳氏《同吴武陵赠李睦州诗序》(卷二十三)所述考查,其移谪永州,当在元和三年之初;吴武陵,据柳氏《与杨京兆凭书》(卷三十)所述考查,其来永州,亦在元和三年;娄图南,据柳氏《送娄图南秀才游淮南将入道序》(卷二十三)所述考查,其来永州似应在元和二年之初;南承嗣,据柳氏《送南涪州量移澧州序》(卷二十三)所述考查,其谪抵永州亦当在元和二年;僧人浩初,据柳氏《送僧浩初序》(卷二十五)及《龙安海禅师碑》(卷六)所述考查,其来永州亦当是元和三年。由以上考查,据《法华寺西亭夜饮赋诗序》所云"间岁"推测,柳氏构法华寺西亭当为元和元年下半年或元和二年初之事, 故以上诗文亦当系于元和二年(807年)为宜。文《谱》、施《谱》皆系于元和四年,失考。

二十四、《永州龙兴寺修净土院记》

文云:"今刺史冯公作大门以表其位,余遂周延四阿,环以廊庑,绘二大士之像,缯盖幢幡,以成就之。"(《柳宗元集》卷二十八)可见,当时作者也是一起参加修缮的。总观柳文,柳氏谪永州前后十年,其刺史多易,惟冯姓刺史仅此文所言一人。据清人王昶《金石萃编》卷一〇五所载"华严岩题名"中,有"永州刺史冯叙,永州员外司马柳宗元、进士柳宗直"等,并记为"元和元年三月八日直(柳宗直)题"。是知,柳氏所言"冯公",即为冯叙。柳氏初谪永州,刺史为韦某,见柳氏《代韦中丞贺元和大赦表》(卷三十七),据华严岩题名所载,这位韦某当于大赦后不久而离去。冯叙在永州也为时不久,接任他的是崔敏,可是崔敏在永州不到三年也去世了。柳氏说他"出令三岁,人无怨雠。进律未行,归神何速。"(卷四十《祭崔君敏文》),卷九《唐故朝散大夫永州刺史崔公墓志》说他元和五年九月十五日壬子薨于位,享年六十有八。那么他是元和三年(808年)到永州继任冯叙为永州刺史的。由此可见此文应系于元和二年至元和三年之间(807—808年)为是。施《谱》系于元和六年(811年),失考。

二十五、《上权德舆补阙温卷决进退启》

此文为柳宗元登进士第前上权德舆"温卷"的附信(《柳宗元集》卷三十六)。《旧唐书·权德舆传》载:"贞元初,复为江西观察使李兼判官,再迁监察御史。府罢,杜佑、裴胄皆奏请,二表同日至京。德宗雅闻其名,征为太常博士,转左补阙。……十年,迁起居舍人。"韩愈《唐故相权公墓碑》云:"贞元八年,以前江西府监察御史征拜博士,朝士以得人相庆。改左补阙。"(《韩昌黎文集》卷七)是知权德舆于贞元八年至十年为左补阙。柳氏《与杨诲之第二书》(卷三十三)云:"吾年十七求进士,四年乃得举。"柳氏十七岁,乃贞元五年。以后,年年应进士举,直到贞元九年(793年)才进士及第。柳氏《先侍御史府君神道表》(卷十二)中说:"贞元九年,宗元得进士第。"《送苑论登第后归觐诗序》(卷二十二)中亦云:"(贞元)八年冬,余与马邑苑言扬联贡于京师……是岁,小司徒顾公(顾少连)守春宫之缺,而权择士之柄。明年春,同趋权衡之下,并就重轻之试。……二月丙子(二十七日),有司题甲乙之科,揭于南宫,余与兄又联登焉。"权德舆是时正在左补阙任上,故知柳宗元上"温卷",当为贞元八年(792年)冬"贡于京师"时之事。本文题下旧注云"(柳)时年十八",误;文《谱》、施《谱》皆系此文于贞元六年(790年),失考。

柳宗元柳州诗文谱

柳宗元为柳州刺史五年,善施惠政,诗文亦丰。兹据施子愉《柳宗元年谱》(湖北人民出版社 1958 年)所录,参证史料,略予补充和订正,成《柳宗元柳州诗文谱》一文,谨供治柳者参考。

谱文所列,以柳宗元诗文所反映的史实为线索,先列当年所发生的重大事件,次及柳氏及其亲友行踪,后缀以当年所写诗文。诗文的系年与排列,大部据以史实或旁证,少部据文意而推断。臆测之处,在所难免。本文关于诗文系年依据,限于篇幅,恕以略而不赘。误阙之处,敬祈方家教正。

元和十年(815 年),乙未,四十三岁。

正月,淮西吴元济纵兵侵掠河南。己亥(二十七日)制削元济官爵,命宣武等十六道进军讨之(《资治通鉴》)。

淄青节度使李师道、承德节度使王承宗数上表请赦吴元济,上不从(同上)。

六月癸卯(初三日)晨,李师道、王承宗遣刺客暗杀宰相武元衡于靖安坊,伤中丞裴度于通化坊(《旧唐书·宪宗纪》《资治通鉴》)。

乙丑(二十五日),以裴度为宰相,主持讨伐吴元济(同上)。

三月乙酉(十四日),以虔州司马韩泰为漳州刺史,以永州司马柳宗元为柳州刺史,饶州司马韩晔为汀州刺史,朗州司马刘禹锡为播州刺史,台州司马陈谏为封州刺史(《旧唐书·宪宗纪》《资治通鉴》)。

柳州,属岭南道桂管经略使,辖马平、龙城、象、洛封、洛容五县,治马平(今广西柳州市),下州。刺史,正四品下。

时,刘禹锡授播州刺史,宗元以播州(今贵州遵义市)地远、母老,愿以柳州易之,会裴度亦为此事而请,遂改刺连州(今广东连县)(《旧唐书·柳宗元传》《新唐书·柳宗元传》《旧唐书·刘禹锡传》《新唐书·刘禹锡传》《资治通鉴考异》、韩愈《柳子厚墓志铭》)。

是月,宗元自长安赴柳州任,与刘禹锡同行。经商州、长沙、衡阳,临湘水而与禹锡分手,再上湘江,五月再至界围岩,经桂州、下漓水、上柳江,六月二十七日到任(详后列诗文)。

七月,从父弟宗直来柳州,道患疟疾;十六日,从宗元于雷塘祈雨,十七日病卒,二十四日殡,年三十(详后列诗文)。

八月,重修柳州文宣王庙,十月竣工(卷五《柳州文宣王新修庙碑》)。

秋,登柳州城楼,怀念韩泰、韩晔、陈谏、刘禹锡(卷四二《登柳州城楼寄漳汀封连四州》)。

冬,贾鹏山人来,有诗文赠酬(详后列诗文)。

年底,桂管观察使崔泳请朝觐,代撰表状(卷三十九《为桂州崔中丞上中书门下乞朝觐状》)。

是年,宗元革民俗、施教化,州人顺赖(韩愈《柳子厚墓志铭》)。

是年七月,白居易就盗杀武元衡、裴度事上疏言:“急捕盗以耻国耻”,宰相韦贯之等以“官官非谏职,不当先谏官言事”及他故,由太子左赞善大夫贬为江州司马(《旧唐书·白居易传》)。

是年诗文:

《商山临路有孤松往来砍以为明好事者怜之编竹成援遂其生植而赋诗》(卷四二)

《长沙驿前南楼感旧》(卷四二)

《衡阳与梦得分路赠别》(卷四二)

《重别梦得》(卷四二)

《三赠刘员外》(卷四二)

《再上湘江》(卷四二)

《再至界围岩遂宿岩下》(卷四二)

《桂州北望秦驿手开竹径至钓矶留等徐容州》(卷四二)

《岭南江行》(卷四二)

《登柳州城楼寄漳汀封连四州》(卷四二)

《古东门行》(卷四二)

《酬徐二中丞普宁郡内池馆即事见寄》(卷四二)

《寄韦珩》(卷四二)

《酬贾鹏山人郡内新栽松寓兴见赠二首》(卷四二)

《雨中赠仙人山贾山人》(卷四二)

《答刘连州邦字》(卷四二)

《殷贤戏批书后寄刘连州亦示孟仑二童》(卷四二)

《重赠刘梦得》(卷四二)

《叠前》(卷四二)

《叠后》(卷四二)

《谢除柳州刺史表》(卷三八)

《柳州举柳汉自代状》(卷三九)

《柳州上中书门下举柳汉自代状》(卷三九)

《雷塘祷雨文》(卷四十一)

《志从父弟宗直殡》(卷十二)

《祭弟宗直义》(卷四十一)

《柳州文宣王新修庙碑》(卷五)

《送贾山人南游序》(卷二五)

《为崔中丞请朝觐表》(卷三八)

《为桂州崔中丞上中书门下乞觐状》(卷三九)

《岭南经略副使马君墓志》(卷十)

《柳州司马孟公墓志》(卷十)

元和十一年(816年),丙申,四十四岁。

正月癸未(十七日),制削王承宗官爵,命河东、幽州、义武、横海、魏博、昭义六道进讨(《资治通鉴》)。隋唐节度使高霞寓进讨王承宗,屡败。中外震愕,群臣多请罢兵。唐宪宗独用裴度之言,拒谏。七月丁丑(十三日),贬高霞寓为归州刺史(《旧唐书·宪宗纪》)。

八月壬寅(初九日),宰相韦贯之以淮西、河北两处用兵,劳于供饷,请缓讨王承宗而专讨吴元济,贬为吏部侍郎。九月丙子(十四日),再贬为湖南观察使(《旧唐书·宪宗纪》)。

十一月,黄洞蛮起事(《资治通鉴》)。

十二月甲寅(二十三日),以闲厩宫苑使李愬检校左散骑常侍、兼邓州刺史、充隋唐节度使(《旧唐书·宪宗纪》)。

是年,宗元于柳州刺史任上,多施善政(韩愈《柳子厚墓志铭》)。

三月初,于州治城北凿井,极利于民(卷二十《井铭并序》)。

三月末,从弟宗一离柳州而往江陵一带,有诗赠别(卷四二《别舍弟宗一》)。

四月庚戌(十五日),户部侍郎、判度支杨於陵因供军有阙,贬为郴州刺史(《旧唐书·宪宗纪》),宗元有诗酬赠。

八月,道州刺史薛伯高重修文宣王庙,宗元作碑(卷五《道州文宣王庙碑》)。

是年秋,韩泰书报灵澈上人亡,宗元有诗悼之(详后列诗文)。

十月十三日,诏追谥曹溪第六祖慧能为大鉴禅师,宗元作碑(卷六《曹溪第六祖大鉴禅师碑》)。

是年,宗元与僧人浩初、方及游(详后列诗文)。

是年,长子周六生(据韩愈《柳子厚墓志铭》逆推)。

是年十月,宗元寄《治霍乱盐汤方》于刘禹锡。明年正月、二月又寄《治疔疮方》《治脚气方》(见《政和证类本草》)。

是年正月丙戌(二十日),韩愈以考中郎、知制诰迁为中书舍人;五月癸未,降为太子右庶子(朱熹校注《昌黎先生集传》注引洪兴祖《年谱》)。

是年诗文:

《别舍弟宗一》(卷四二)

《奉和周二十二丈酬郴州侍郎衡州夜泊得韶州书并附当州生黄茶一封率然成篇代意之作》(卷四二)

《柳州寄丈人周韶州》(卷四二)

《杨尚书寄郴笔知是小生本样令更商榷使尽其功辄献长句》(卷四二)

《奉和杨尚书郴州追和故李中书夏日登北楼之作依本诗韵次韵》(卷四二)

《韩漳州书报澈上人亡因寄二绝》(卷四二)

《闻澈上人亡寄杨侍郎》(卷四二)

《酬浩初上人见贻绝句欲登仙人山因以酬之》(卷四二)

《与浩初上人同看山寄京华亲故》(卷四二)

《井铭并序》(卷二〇)

《祭井文》(卷四一)

《道州文宣王庙碑》(卷五)

《曹溪第六祖大鉴禅师碑》(卷六)

按:文中"元和十年十月十三日"疑为"元和十一年十月十三日"之误。

《送方及师序》(卷二五)

《送李渭赴京师序》(卷二十三)

《上宰相启》(外集补遗)

元和十二年(817 年),丁酉,四十五岁。

正月,以讨吴元济不力,癸未(二十一日)贬义武军节度使浑镐为循州刺史;甲申(二十二日)贬唐邓节度使袁滋为抚州刺史(《旧唐书·宪宗纪》)。

二月,李愬谋袭蔡州。丁酉(初七日)擒吴元济捉生虞侯丁士良;戊申(十八日)擒吴元济将领陈光洽(《资治通鉴》)。

三月壬戌(初二日),吴元济将领吴秀琳、李忠义降李愬。乙丑(二十九日)擒柳子野。闰五月癸巳(初四日),李愬擒吴元济将领李佑(《旧唐书·宪宗纪》《资治通鉴》)。

四月,以六镇讨王承宗无功,庚子(十一日)诏罢河北行营,专讨淮蔡(《旧唐书·宪宗纪》)。

六月,吴元济见其部下数叛,兵势日蹙,壬戌(初四日)上表谢罪,愿束身归朝。诏许以不死,但制于左右,不果行(《旧唐书·宪宗纪》)。

七月甲辰(十七日),岭南节度使崔泳卒。庚戌(二十三日)以国子祭酒孔戣为广州刺史、岭南节度使(《旧唐书·宪宗纪》)。

诸军讨伐淮蔡,四年不克,宰相李逢吉等以师老财竭、屡议罢兵。裴度力排众议,请亲自督师。七月丙辰(二十九日)制以为守门下侍郎、同平章事、使持节蔡州诸军事、蔡州刺史,兼彰义军节度使、申光蔡观察处置等使、淮西宣慰处置使;以刑部侍郎马总兼御史大夫、淮西行营诸军宣慰副使;以太子右庶子韩愈兼御史中丞、彰义军行军司马。八月庚申(初三日),裴度率师赴淮西行营,进驻郾城(《旧唐书·宪宗纪》)。

十月己卯(二十三日),李愬率师入蔡州,擒吴元济,申、光二州降,淮西平。十一月丙戌(初一日),宪宗御兴安门受俘,斩吴元济,赏诸将破贼之功:以李愬检校尚书左仆射、襄州刺史,兼山南东道节度使、襄邓隋唐复郢均房等州观察处置等使,赐爵凉国公;以裴度守本官,赐爵上柱国、晋国公;以韩愈为刑部侍郎。其余从征将领,赏赐皆有等差(《旧唐书·宪宗纪》《资治通鉴》)。

是年,柳宗元在柳州刺史任,因俗施政,兴利除弊,庶政多有兴革(《柳子厚墓志铭》)。作龙城石刻,今存残石(叶弈苞《金石录补》卷十九、王昶《金石萃编》卷一〇七)。

六月二十八日,甥女崔媛病亡(卷一三《朗州员外司户薛君妻崔氏墓志》),作祭文(卷四一《祭崔氏外甥女文》)。

七月,次姊夫裴墐病卒(卷九《万年令裴府君墓碣》),作祭文(卷四〇《祭万年裴令文》)。

九月,于柳州南城门外筑东亭(卷二九《柳州东亭记》)。

十月甲申(二十八日),卫次公为淮南节度使,献叠石琴荐(外集下《与卫淮南石琴荐启》)。

柳州旧有大云寺。燃于火,百年无复。宗元刺柳州始,即筹复造,至本月复就(卷二八《柳州复大云寺记》)。

是年,岳父杨凭卒(卷四〇《祭杨凭詹事文》)。

是年,筝师郭无名至柳病卒,为作墓志(外集上《筝郭师墓志》)。

是年诗文:

《李西川荐琴石》(卷四二)

《祭外甥崔骈文》(卷四一)

《祭崔氏外甥女文》(卷四一)

《祭万年裴令文》(卷四〇)

《柳州东亭记》(卷二九)

《与卫淮南石琴荐启》(外集下)

《柳州复大云寺记》(卷二八)

《祭杨凭詹事文》(卷四〇)

《筝郭师墓志》(外集上)

《祭独孤丈母文》(卷四一)

《代李愬襄州谢上表》(卷三十八)

按:旧注多以"襄州与岭表辽绝"而又"表文平凡",疑非柳氏所作,谨录以备考。

元和十三年(818年),戊戌,四十六岁。

正月乙酉(初一日),大赦天下(《旧唐书·宪宗纪》)。

三月,以御史大夫李夷简为门下侍郎、同平章事;七月,又检校左仆射、同平章事,兼扬州大都督府长史、淮南节度使(《旧唐书·宪宗纪》)。

七月乙酉(初三日),诏削淄青节度使李师道在身官爵,仍令宣武、魏博、义成、武宁、横海五镇分路进讨(《旧唐书·宪宗纪》)。

是年,宗元在柳州刺史任,依然因俗施教,革弊兴利。治柳三年,政绩卓著(韩愈《柳州罗池庙碑》)。

宗元治柳,颇喜广植花卉果木,用以自娱,亦遗利于州人(详后列诗文)。因水土不宜,致使体弱多病,与部将魏忠、谢宁饮,预言明年将死(韩愈《柳州罗池庙碑》)。

甥婿薛巽遇赦自朗州北迁,甥女崔媛枢得以移洛,作墓志(卷一三《朗州员外司户薛君妻崔氏墓志》)。

是年初,献《平淮夷雅》两篇。

桂管观察使裴行立作訾家洲亭,宗元曾应邀参加游宴,并受命作"亭记"(卷二七《桂州裴中丞作訾家洲亭记》)。

是年十二月二十日,白居易除忠州刺史(白居易《忠州刺史谢上表》)。

是年诗文:

《平淮夷雅》两篇并序(卷一)

《柳州寄京中亲故》(卷四二)

《种柳戏题》(卷四二)

《种木槲花》(卷四二)

《柳州城西北隅种柑树》(卷四二)

《摘樱桃花赠元居士时在望仙亭南楼与朱道士同处》(卷四二)

《献平淮夷雅表》(卷一)

《上裴晋公献唐雅诗启》(卷三六)

《上襄阳李愬仆射献唐雅诗启》(卷三六)

《朗州员外司户薛君妻崔氏墓志》(卷一三)

《唐故万年令裴府君墓碣》(卷九)

《故襄阳丞赵君墓志》(卷一一)

《桂州裴中丞作訾家洲亭记》(卷二七)

《上裴行立中丞撰訾家洲亭记启》(卷三六)

《上门下李夷简相公陈情书》(卷三四)

《与邕州李中丞论陆卓启》(卷三五)

元和十四年(819 年),己亥,四十七岁。

正月丁亥(初八日),迎凤翔法门寺佛骨至京师,留禁中三日,乃送诣寺,王公士庶奔走舍施如不及。刑部侍郎韩愈上疏极陈其弊,癸巳(十四日)贬为潮州刺史。十月丙寅(二十一日)移为袁州刺史(《旧唐书·宪宗纪》)。

二月九日,淄青都知兵马使刘悟斩李师道并男二人首请降,师道所管十二州平(《旧唐书·宪宗纪》)。乙丑(十七日),以户部侍郎杨於陵为淄青宣抚使,并使之分李师道地。於陵按图籍,视土地远迩,计士马众寡,校仓库虚实,分为三道,使之均适:以郓、曹、濮为一道;淄、青、齐、登、莱为一道;兖、海、沂、密为一道(《资治通鉴》)。

七月辛巳(初五日,《通鉴》作"己丑",为十三日),群臣上尊号曰"元和圣文神武法天应道皇帝",大赦天下(《旧唐书·宪宗纪》)。

十月，黄洞蛮起事，安南军乱，桂管观察使裴行立、容管经略使阳旻欲徼幸立功，争请讨之，终无功（《资治通鉴》）。

是年，宗元在柳州刺史任，多病。病重时曾致书韩愈、刘禹锡，托以编集、抚孤之事（韩愈《祭柳子厚文》、刘禹锡《祭柳员外文》）。

杜温夫自荆来柳，致书宗元，欲请谒求教，宗元复书（卷三四《复杜温夫书》）。

十一月八日，宗元病卒（韩愈《柳子厚墓志铭》）。

按：《旧唐书·柳宗元传》作"十月五日"。

是年诗文：

《柳州贺破东平表》（卷三八）

《贺诛淄青逆贼李师道状》（卷三九）

《贺平淄青后肆赦状》（卷三九）

《贺分淄青为三道节度状》（卷三九）

《为裴中丞贺破东平表》（外集下）

《代裴中丞贺克东平赦表》（卷三八）

《为裴中丞上裴相贺破东平状》（卷三九）

《代裴中丞贺分淄青为三道节度表》（卷三八）

《贺册尊号表》（卷三七）

《贺皇太子笺》（外集下）

《为裴中丞奏邕管黄家贼事宜状》（卷三九）

《为裴中丞上裴相乞讨黄贼状》（卷三九）

《为裴中丞谢讨黄少卿贼表》（卷三八）

《为裴中丞举人自代伐黄贼表》（卷三八）

《为裴中丞伐黄贼转牒》（卷三九）

《祭纛文》（卷四一）

《祃牙文》（卷四一）

《送灉序》(卷二四)

《岭南盐铁院李侍御墓志》(卷十)

《故试大理评事裴君墓志》(卷十一)

《故秘书郎姜君墓志》(卷十一)

《故处士裴君墓志》(卷十一)

《韦夫人墓记》(卷十三)

《邕州刺史李公墓志铭并序》(卷十)

《复杜温夫书》(卷三四)

《贺裴桂州启》(外集下)

《答郑员外启》(外集下)

《答诸州贺启》(外集下)

下列诗文,确切年月不可考,而可定为柳州任中所作:

《登柳州峨山》(卷四二)

《柳州峒氓》(卷四二)

《柳州二月榕叶落尽偶题》(卷四二)

《铜鼓使赴都寄亲友》(卷四二)

《酬曹侍御过象县见寄》(卷四二)

《南省转牒欲具江国图令尽风俗故事》(卷四二)

《敌戒》(卷一九)

《柳州山水近治可游者记》(卷二九)

《谢赐端午绫帛衣服表》(卷三八)

《柳州上本府状》(卷三九)

《上户部状》(卷三九)

1993 年 8 月 5 日

(原载于《国际柳宗元研究撷英》,广西人民出版社,1994 年)

《送元十八山人南游序》考辨

《送元十八山人南游序》是柳宗元写的一篇赠序文,收入中华书局 1979 年出版的新校排印本《柳宗元集》卷二十五中。这虽然是一篇仅仅三百多字的短文,却牵扯到了其他许多有关作家作品的系年问题。其中,核心的问题:这篇赠序写于何时?被送的元十八山人到底是谁?对这些问题,近千年来可谓众说纷纭,莫衷一是,以致今天的一些有关论著的论述,依然十分混乱。因此,有必要对它进行一番考辨。

在这篇序文的题目下,宋人韩醇有这样一段提示性的"题解":"《昌黎集》有《赠元十八协律》诗,云:'吾友柳子厚,其人艺且贤。吾未识子时,已览赠子篇。'公尝有《送浩初序》,云:'退之寓书罪余,见《送元生序》,不斥浮图。'皆谓此序也。元十八,未详其名,唯白乐天《游大林寺序》有河南元集虚者,疑即此人也。"这话的意思是说:韩愈(退之)看过的"赠子篇"和批评过的《送元生序》,都是指的这篇《送元十八山人南游序》;而元十八有可能就是白居易《游大林寺序》中提到的那位河南元集虚。这个提示,有的虽是韩醇的一种推测,但却给我们进一步考查《送元十八山人南游序》的写作,提供了有益的线索。

韩醇的提示对不对?这里面的问题很复杂,需要我们绕几个很大的弯子才能阐述清楚、得出正确的结论。以下,我们以韩醇的提示为线索,逐项地加以考辨。

（一）

首先，我们考查一下韩醇所说、韩愈所批评的《送元生序》是否就是这篇《送元十八山人南游序》。

柳宗元在《送僧浩初序》（亦见《柳宗元集》卷二十五，韩醇提示时引用"僧"字）里说：

> 儒者韩退之与余善，尝病余嗜浮图言，訾余与浮图游。
>
> 近陇西李生础自东都来，退之又寓书罪余，且曰："见《送元生序》，不斥浮图。"……

这是说，韩愈一直批评柳宗元喜爱佛教的言论，与佛教徒交游。这次李础从东都（洛阳）来，又托李础带信给柳宗元，批评柳宗元在《送元生序》中仍然"不斥浮图"。可惜韩愈的这封信，《昌黎集》中不存，可能已经遗失。因此，我们只能从《送元十八山人南游序》及《送僧浩初序》这两篇序文中的思想内容及相互的关系上加以考查和推论了。

柳宗元崇信佛教是事实。他自己说过："吾自幼好佛，求其道积三十年。世之言者罕能通其说，于零陵，吾独有得焉。"（《柳宗元集》卷二十五《送巽上人赴中丞叔父召序》，以下所引，只注明卷数、篇名）又说："余知释氏之道且久。"（卷二十八《永州龙兴寺西轩记》）但同时柳宗元也非常崇信儒学，他说，"好求尧、舜、孔子之志，唯恐不得""遵行尧、舜、孔子之道，唯恐不慊"（卷二十五《送娄图南秀才游淮南将入道序》），并表示"唯以中正信义为志，以兴尧、舜、孔子之道，利安元元为务"（卷三十《寄许京兆孟容书》）。崇奉儒学的思想，在他一生中一直是他在极为复杂、尖锐的政治斗争激流中积极勇进、奋战不息的动力。可是，他不独尊儒学，认为佛教教义中也有有用的东西。早在贞元末年，他就提出"真乘法印，与儒典并用"的观点，主张"统合儒释"（卷二十五《送文畅上人登五台遂游河朔序》）。在《送元十八山人南游序》里，又进一步提出了老、庄、杨、墨、申、商、刑、名、纵横之说，虽"迭相訾毁、抵捂而不合者""然皆有以佐世"的思想。他认为，司马迁就提出过老子与孔子"道不同不相为谋"的观点，那么对于特别"舛逆"的释氏，使一般学者们"怪骇"，也就是很自然的事了。河南元生，"为学恢博而贯统""悉取向之所以异者，通而同之，搜泽融液，与道大适，咸伸其所长，而黜其奇衺，要之与孔子同道，皆有以会其趣，而其器足以守之，其气足以行之"（卷二五《送元十八山人南游序》），所以柳宗元在这篇序文里赞扬了他。这对一直坚守儒学传统、坚决排斥异端的韩愈来说，当然是不能接受的，因而批评柳宗元"嗜浮图言，与浮图游"也是很自然的事了。柳宗元当然也不会接受，他所写的《送僧浩初序》一文，就嗜浮图言，与佛徒游是借送浩初的机会，进一步阐述他所以"嗜浮图言"、好"与浮图游"的道理，指出韩愈的批评是"忿其外而遗其中，是知石而不知韫玉也"。他要"因北人寓退之"（卷二五《送僧浩初序》），算是对韩愈来信的回答和反批评。

由以上的分析来看，从内容上来说，韩愈批评的《送元生序》，就是这篇《送元十八山人南游序》，是有道理的。

那么，《送元十八山人南游序》写于何时呢？这仍要从考查《送僧浩初序》的写作时间考辨起。

《送僧浩初序》中说"近陇西李生础自东都来，退之又寓书罪余……"李础什么时间从东都来，是考查《送僧浩初序》写作时间的关键。

查《韩昌黎集》卷四有送李础的诗《送湖南李正字归》、卷二十一有送李础回湖南的文《送湖南李正字序》。"序"文中说：

> 贞元中，愈从太傅陇西公平汴州。李生之尊府以侍御史
> 管汴之盐铁……李生则尚与其弟学读书，习文辞，以举进士

为业。愈于太傅府年最少，故得交李生父子间。公薨军乱，军司马从事皆死，侍御亦被谗为民日南。其后五年，愈又贬阳山令，今愈以都官郎守东都省，侍御自衡州刺史为亲王长史，亦留此掌其府事。李生自湖南从事请告来觐。于时，太傅府之士惟愈与河南司录周君（君巢）独存，其外，则李氏父子，相与为四人。离十三年，幸而集处，得燕而举一觞相属，此天也，非人力也。

在这里，韩愈以极其激动的心情，清楚地叙述了他与李础父子相识、交友和分离、重聚的原因和过程。这时的李础，正为湖南观察使李众的从事〔见《四部丛刊》本《吕和叔（吕温）文集》卷十《湖南都团练副使厅记》，"记"称李础为"前太子正字陇西李君础"〕，特请假来东都看望父亲李仁钧的。韩愈说："今愈以都官员外郎守东都省"，据洪兴祖《韩子年谱》记载，当是元和四年（809 年）事。元和四年六月十日，韩愈由国子监博士改授为都官员外郎，守东都（洛阳）省，明年即改授为河南令（见朱熹校《韩昌黎先生集传》引）。那么，韩愈送李础回湖南一事就在这年，应该是毫无问题的了。

韩愈在《送湖南李正字归》一诗中说："长沙入楚深，洞庭值秋晚。人随鸿雁少，江共蒹葭远。"看来，韩愈送李础回湖南的时间是在元和四年的秋天。

韩愈的《送湖南李正字序》和《送湖南李正字归》，朱熹都系于元和四年作，是正确的。钱仲联先生将《送湖南李正字归》一诗系于元和五年（见《韩昌黎诗系年集释》一书），就属于失考了。

柳宗元既然说"近陇西李生础自东都来"，那么，说《送僧浩初序》是作于李础来此不久，也应该是没有什么问题的。因此，《送僧浩初序》题下宋人王俦的《补注》认为此序作于柳州是错误的，孙昌武同志认为作于元和五年（见人民文学出版社 1982 年 8 月版《柳宗元传论》

二三五页小注〔四〕）也是不正确的。既然韩愈批评柳宗元的《送元生序》是在李础回湖南时通过"寓书"的方式表示的，那么，《送元生序》，亦即《送元十八山人南游序》，也应该是元和四年以前写的，至迟也要写于元和四年前半年。

不过，应该指出的是，韩愈在《送湖南李正字序》中所说与李础"离十三年，幸而集处"云云，都是不确切的。"十三"二字，不是韩愈的误记，就是流传中的抄误。因为他序文中提供的历史事实，新、旧《唐书》《资治通鉴》上都有记载：贞元十二年（796 年），宣武军节度支度营田、汴、宋、亳、颍等州观察使、汴州刺史李万荣病危，其子李迺乘机作乱。是年七月六日（乙未），李万荣死，以东都留守、兵部尚书董晋（"陇西公"）检校左仆射、同中书门下平章事、汴州刺史、宣武军节度使、宋、亳、颍观察使，以平李迺的汴州之乱。董晋表韩愈为观察推官。贞元十五年二月三日（丁丑），董晋死，军内大乱，杀死行军司马、知留后事陆长源、判官孟叔度等，李础的父亲李仁钧也因被谗而流放爱州。韩愈去徐州，依宣宁节度使张建封，自此与李氏父子分手。从贞元十五年（799 年），至元和四年（809 年），按古人传统的纪年方法计算，两头才十一年。年数记错，是古人常有的事，但后代很多研究者，如韩、柳文集的注释者们，都把韩愈送李础的诗、文系于元和六年，显然是上了"十三年"的当了。

通过以上的分析和考查，我们认为，韩愈批评的《送元生序》，从思想内容上看，就是今存的《送元十八山人南游序》，它应该是作于元和四年以前或元和四年上半年。

有的研究者认为，韩愈批评的《送元生序》，不是《送元十八山人南游序》，而是《送元暠师序》（见卷二十五）。孙昌武同志说："（柳宗元）到了永州，有一个法号元暠的和尚经刘禹锡的介绍专程来拜访他，离去的时候，他又写了《送元暠师序》……当时在洛阳任都官员外郎守东都省的韩愈见到这篇文章，又专门著文批驳，并托在湖南做官到东都省父的李础带给柳宗元。柳宗元针对韩愈的意见，又写了《送僧浩初序》再一次为自己的观点辩护，重复'统合释儒'的主张……"（《柳宗元传论》二八六页）。

从柳宗元的序文来看，元暠是一位"孝僧"。他虽是一位"释者"，因为"其先人之葬未返其土"，所以衣粗、食菲、病心、墨貌，"行求仁者，以冀终其心"，不像一般佛教徒那样"去孝以为达，遗情以贵虚"。柳宗元认为，"斯盖释之知道者欤？""其不违且与儒合也"（卷二五《送元暠师序》）。从思想内容上说，这也表现了柳宗元"不斥浮图"、而"统合释儒"的主张，但从写作时间上考查，却不可能是"当时在洛阳任都官员外郎守东都省的韩愈见到的"那篇文章。序文中说："元暠师居武陵（朗州），有年数矣。与刘（禹锡）游久且暱，持其诗与引而来"。今存刘禹锡《送元暠南游（《全唐诗》作"东游"，误；"送"下有"僧"字）诗并引》（卷二十五柳序前附），当是元暠来时所持的诗和引。"引"一开头就说："予策名二十年。"（卷二五《送元暠南游诗》）贞元九年（793年），刘禹锡与柳宗元同榜登进士第，后二十年，当为元和七年（812年）。这时，刘禹锡在朗州（今湖南常德）、柳宗元在永州（今湖南零陵），所以刘禹锡送元暠去柳宗元处曰"南游"。卞孝萱同志的《刘禹锡年谱》（中华书局1963年11月版）亦系此"诗"和"引"于元和七年。可是这时的韩愈，已在长安做国子博士，怎么可能是"在洛阳任都官员外郎守东都省"呢？由此可见，说韩愈批评过的《送元生序》是指《送元暠师序》，也是与史实不符的。

（二）

其次，我们再考查一下韩愈在《赠元十八协律》一诗中所提及的"赠子篇"，是否就是这篇《送元十八山人南游序》。

据《旧唐书》卷十五《宪宗纪》及洪兴祖《韩子年谱》记载,元和十四年(819年),唐宪宗大肆进行崇佛活动。据说凤翔法门寺护国真身塔里藏有一节指骨,称是释迦牟尼的"佛骨",每三十年展览一次,就能使国家人寿年丰。这年正月,唐宪宗派宦官迎入长安宫内,供奉三天,然后再到寺院展览,结果轰动了长安,震惊了全国。一向维护儒学正统、坚决排斥释道异端的韩愈,为此向唐宪宗上奏《论佛骨表》,极言迎奉佛骨之弊,甚至说出了一些历代信佛皇帝多是"祚短寿促"等等极为激烈的话来,大大地"忠犯人主之怒"(苏轼《潮州韩文公庙碑》中语),多亏裴度、崔群等人的极力营救,才免于死刑,于正月十四日(癸巳),由刑部侍郎贬为潮州(今广东潮安)刺史。他在赴任的旅途中遇到元十八协律,先后写了《赠别元十八协律六首》《初南食贻元十八协律》(皆见《韩昌黎集》卷六)。"六首"之三说:

吾友柳子厚,其人艺其贤。吾未识子时,已览赠子篇。寤寐想风采,于今已三年。不意流窜路,旬日同食眠。所闻昔已多,所得今过前。如何又须别,使我抱悁悁?

韩愈在《潮州刺史谢上表》(《韩昌黎集》卷三十九)中说,他是三月二十五日到达潮州任所的。和元十八相遇,既是在"流窜路"上,而且"旬日同食眠",看来应该是在三月初前后的时间内。以前,他们之间并不相识,但是由于韩愈早已读过柳宗元的"赠子篇",所以对元十八"所闻昔已多""寤寐想风采"了。这时相见,不仅一见如故,而且"所得今过前"。那么,韩愈所说的柳宗元的那篇"赠子篇",是否就是《送元十八山人南游序》?韩愈遇见的这位元十八协律是否就是柳宗元送的那位元十八山人呢?

如前所述,韩醇提示中即如此认识。宋人樊汝霖也说:"子厚集有《送元十八山人南游序》,其后在南方《送僧浩初序》又云:'退之寓书罪予,且曰见《送元生序》'云云,则知子厚此篇,果尝为公所览,至此始识此人也。"(转引自钱仲联《韩昌黎诗系年集释》一一二八页)但是，如前所述，《送元十八山人南游序》应作于元和四年以前，或至迟不过元和四年的前半年，那么如从元和四年算起，到元和十四年春，最少也超过十年了，韩愈怎么会说"瘵寐想风采，于今已三年"呢？即使是怀疑"三年"有误，那么从《送元十八山人南游序》中所说的地理方位上考查，也应该是柳宗元在永州之作。柳宗元于元和十年(815年)正月被召回长安，三月十三日(乙酉)改贬为柳州刺史，六月二十七日到达任所，因此即使他元和九年末写了这篇《送元十八山人南游序》，到韩愈见到元十八协律时，也大大地超过"三年"了。《送元十八山人南游序》的最后一段，柳宗元明确地叙述到了元十八山人与他交友的情况和元十八山人南游的具体路线：

> 及至是邦，以余道穷多忧，而尝好斯文，留三旬有六日，陈其大方，勤以为谕，余始得其为人。今又将去余而南，历营道，观九疑，下漓水，穿南越，以临大海，则吾未知其还也。……

营道，即今湖南道州县，当时为道州之领县，在永州之南。九疑山在道州的东南，再西行，可下漓水，过桂州，然后才能穷南越、临大海等等。这只能是立足于永州而说的南行路线。如果在柳州，怎么也不会绕这么个弯子，更不会说"去余而南"了。

有些研究者，或许看出来这一地理位置上的矛盾，硬把《送元十八山人南游序》的写作时间定在元和九年。岑仲勉先生说：

> 元十八集虚，不详原籍，总由北方南迁，柳宗元《送元十八山人南游序》称曰"河南元生"，白居易《游大林寺序》曰"河南元集虚"，皆指其郡望也。初卜居庐山，约元和九年南游赴桂，有所干谒。柳序云："及至是邦……今又将去余而南历营道，观九疑，下漓水。"作序时柳氏尚在永州任内，否则

柳以十年春追赴都,三月徙柳州,后此皆不能与序之记事相合。韩愈《赠别元十八协律》云,"吾未识子时,已览赠子篇,于今已三年",盖就韩本人而言,非谓柳氏送序至元和十三始为三年也。(见中华书局 1962 年 4 月版《唐人行第录》第五页)

王拾遗先生在考查这一问题时,也因袭了岑仲勉先生的这一说法(见宁夏人民出版社 1981 年 6 月版《白居易生活系年》第 125 页)。

这一说法,从《送元十八山人南游序》所提供的地理方位上来说,当然是正确的。但认为所谓"于今已三年"不是指柳宗元从写出"赠子篇"后至韩愈见到元十八协律,而是指韩愈从看到"赠子篇"后至遇到元十八协律的时间云云,却是与历史事实不符的。因为如前所述,韩愈早在元和四年就已读过《送元生序》了,怎么能与元生"约元和九年南游赴桂"相联系在一起呢?

也有的研究者,似乎看到了韩醇等说法在时间上的矛盾,因而用改字或"疑误"的办法加以解决。有的说,"三年当改作十年";有的说,"三为多数之称,见汪中《释三九》,不必改字"。清人陈景云说,"退之在东都送李生还湖南,乃元和四年事,则见柳送元序,必更在其前。见序与贬潮,相去已逾十载,不当止云想风采三年。疑三年二字,传录有误。柳序作于永州,方送元生为湖、岭之游,其栖止庐山,盖南游回棹后事也。"(以上所引,皆见钱仲联《韩昌黎诗系年集释》一一二八页)且不言元生元和四年间,南游后是否"回棹""栖止庐山",即使按照上述说法,将"三年"改为"十年",或相信"传录有误",在韩愈对待浮图的态度上,也是不合情理的。

早在东都时,韩愈看到柳宗元在《送元生序》中"不斥浮图"就"寓书罪"之,这次被贬潮州,又是因为激烈斥佛,怎么忽然见了元十八本人,就来了一百八十度的大转弯,居然说起"痡瘵想风采,于今已三年"了呢?以前他"訾"柳宗元"与浮图游",怎么这时居然与浮图"旬日同食眠"了呢?他遇到元十八协律以后的那种喜悦满怀、眷恋不舍的心情,怎么也同他十年前、甚至几个月前的捍卫儒道、反对浮图的坚定态度挂不起钩来的!

由以上分析可见,无论从历史事实上说,写作时间上说,还是从思想情理上说,韩愈"览"过的"赠子篇",都不应是指柳宗元的这篇《送元十八山人南游序》。

(三)

最后,我们需要进一步考查白居易《游大林寺序》中提到的元集虚是否就是他诗中提到的元十八?这位元十八是否就是柳宗元送行的那位元十八山人?是否就是韩愈贬潮州旅途中遇见的那位元十八协律?

在白居易的《白氏长庆集》(1955 年 8 月文学古籍刊行社版)中,有关元十八的诗篇共有四首,即《题元十八溪亭》(卷七),《题元十八溪居》(卷十六,原误为"元八",据学者们考订,应为"元十八")、《夜雨赠元十八》(卷十六)和《元十八从事南海,欲出庐山,临别旧居,有〈恋泉声〉之什,因以投和,兼伸别情》(卷十七)。有关河南元集虚的文章共有两篇,即《草堂记》和《游大林寺序》(皆见卷四十三)。历代的研究者都认为元十八就是河南元集虚,实际从诗文本身来看,这是大家的一种臆测,找不出什么有力的根据。河南元集虚是白居易在江州司马任时的友人之 ,元和十二年(817 年)四月八、九日与白居易的其他好友共十七人一同登庐山香炉峰,游大林寺,当日归即参加了白居易"草堂"的落成典礼。在《草堂记》和《游大林寺序》中,白居易皆直称其郡望姓名曰"河南元集虚",而在上述四首诗篇中,皆题为"元十八"云云,看来在没有取得可靠的证据以前,说他们是一个人,恐怕是人云亦云、因讹致讹的缘故所造成的吧?

《题元十八溪亭》中说:

> 怪君不喜仕,又不游州里。今日到幽居,了然知所以。宿君石溪亭,潺湲声满耳。饮君螺杯酒,醉卧不能起。见君五老峰,益悔居城市。爱君三男儿,始叹身无子。余方炉峰下,结室为居士。山北与山东,往来从此始。

看来,这是一位隐居不仕的"山人"。五老峰在庐山东南。据《草堂记》文及《四十五》诗(卷十六)记载,白居易也于元和十二年(817年)春天,在庐山北麓香炉峰下建造草堂,即所谓"余方炉峰下,结室为居士。山北与山东,往来从此始"。可见,这首诗作于元和十二年春是没有什么问题的。朱金城同志的《白居易年谱》(上海古籍出版社1982年6月版)第83页、王拾遗同志的《白居易生活系年》(宁夏人民出版社1981年6月版)第116页上,也都是这样系年的。

从诗篇的抒写上看,白居易和元十八的友情是很深的。他们过从甚密,常在一处畅叙或欢游。

> 溪风漠漠树重重,水槛山窗次第逢。晚叶尚开红踯躅,秋房初结白芙蓉。声来枕上千年鹤,影落杯中五老峰。更愧殷勤留客意,鱼鲜饭细酒香浓。(《题元〔十〕八溪居》)

> 卑湿沙头宅,连阴雨夜天。共听檐滴溜,心事两悠然。把酒循环饮,移床曲尺眠。莫言非故旧,相识已三年。(《雨夜赠元十八》)

朱金城同志系上首诗于元和十一年(816年)是对的。据诗意,这次白居易访元十八,在这年秋天。下首诗,朱金城同志系于元和十二年。白居易说"莫言非故旧,相识已三年",那么他们的相识,应该是在元和十年(815年)。据《旧唐书》卷一六六《白居易传》记载,元和十年六月三日，宰相武元衡清晨上朝时，途中被贼暗害，当时身为太子左赞善大夫的白居易，曾向唐宪宗上疏急请捕贼，因言辞激烈，触怒了当政者。最后竟以"宫官非谏职，不当先谏官而言事"为借口，并网罗了其他的罪名，把他贬为江州司马。他大概是秋冬之际到达任所的。到江州不久，就可能结识了元十八。从他写给元十八的几首诗来看，其诗意倒是很符合他政治上遭受打击，因而意欲退隐的思想情绪的。从元和十年末，到元和十二年中，按古人传统的计算方法、恰恰"于今已三年"了。

从大量有关资料记载来看，元十八也是在元和十二年离开庐山、从事南海的。《元十八从事南海，欲出庐山，临别旧居，有〈恋泉声〉之什，因以投和，兼伸别情》一诗，就是白居易为他送别的。朱金城、王拾遗二同志都把它系于元和十三年（818 年），通过以下的分析来看，恐怕是推后一年了。诗篇说：

> 贤侯辟士礼从容，莫恋泉声问所从。雨露初承黄纸诏，
> 烟霞欲别紫霄峰。伤弓未息新惊鸟，得水难留久卧龙。我正
> 退藏君变化，一杯可易得相逢。

诗说得很清楚，元十八这次出庐山、从事南海，是应"贤侯"的征召而去的。这位"贤侯""雨露初承黄纸诏，烟霞欲别紫霄峰"，一受到朝廷的委命，就"招贤纳士"地征辟元十八了。"伤弓"云云，是白居易悲悼自己；"得水"云云，是白居易祝贺元十八。既惊喜又愁伤，那眷恋不舍的复杂心情，在诗中表现得十分清楚。

那么，这位"贤侯"是谁呢？韩愈的《赠元十八协律》给我们提供了信息。此诗的第二首说：

> 英英桂林伯，实惟文武特。远劳从事贤，来吊逐臣色。南
> 裔多山海，道里屡纡直。风波无程期，所忧动不测。子行诚艰
> 难，我去未穷极。临别且何言，有泪不可拭。

此诗的第四首又说:

> 势要情所重,排斥则埃尘。骨肉未免然,又况四海人。嶷嶷桂林伯,矫矫义勇身。生平所未识,待我逾交亲。遗我数幅书,继以药物珍。药物防瘴疠,书劝养形神。不知四罪地,岂有再起辰。穷途致感激,肝胆还轮囷。

从这两首诗来看,这位元十八协律,这时已做了桂林伯的从事。桂林伯派他来,专门向贬谪中的韩愈表示慰问。让他带给韩愈远去南方可以"防瘴疠"的好药;又让他们捎来劝慰韩愈"养形神"的书信。可是韩愈并不认识他,因而在政治上遭受打击而被贬斥的旅途中,就特别感激这位桂林伯了。

为什么桂林伯对这位素不相识的"逐臣"那么关心呢? 这组诗的第五首又给我们透露了信息:

> 寄书龙城守,君骥何时秣。峡山逢飓风,雷电助撞捽。乘潮簸扶胥,近岸指一发。……余罪不足惜,子生未宜忽。胡为不忍别,感谢情至骨。

给元十八协律赠别写诗,最后忽然感激起当时在柳州为刺史的柳宗元("龙城守")来,并寓意祝他在桂林伯的帮助下,大有朝廷召回之望。这就给我们暗示出,这位桂林伯所以关怀他,是由于柳宗元的缘故。

柳宗元《桂州訾家洲亭记》(卷二十七)中记载,裴行立于元和十二年为桂管观察使,桂管驻桂州(广西桂林)。《旧唐书》卷十五《宪宗纪》中记载,元和十五年(820年)二月甲午(二十日),裴行立为安南都护、本管经略使。可见,裴行立这三年是在桂州任职的。这时的柳州,正属桂管所辖。柳宗元和裴行立私人之间的友情也是很深的。柳宗元死后,归葬万年,都是裴行立出资办理的(见韩愈《柳子厚墓志铭》)。如此,柳宗元向裴行立介绍自己的好友韩愈,也就是很自然的事了。韩愈贬潮南行，裴行立派元十八协律在途中慰问，当然也应该是柳宗元从中牵上了线。这也就是韩愈在诗中一再对并不相识的"桂林伯"颂扬、感激，并在诗中两次对柳宗元表示感念、祝愿的真正原因。

裴行立身为一方之长，白居易称之为"贤侯"，韩愈称之为"桂林伯"，是言有所指的。

韩愈所说"吾未识子时，已览赠子篇"云云，据此推想，元十八协律受召为裴行立的从事后，一定拜访过柳宗元，柳宗元也完全可能有诗或文相赠，可惜后来遗失了。这个佚诗或佚文，才是韩愈真正"览"过的"赠子篇"。元十八于元和十二年应召为裴行立的从事，到韩愈途中相见，恰恰又是三个年头，从当时韩愈的心情来说，夸张其事地说"癙寐想风采，于今已三年"，也就是非常自然的事。如果说"赠子篇"是那篇《送元十八山人南游序》，不仅时间上对不上号，如前已述，在情理上也是说不通的。

认为"赠子篇"就是《送元十八山人南游序》的研究者们，为了弥补时间上的矛盾，曾提出"栖止庐山"是元十八山人"南游回棹"以后的事(陈景云)，或者说"约元和九年南游赴桂"(岑仲勉)，这和白居易送元十八、裴行立辟元十八等在时间上都是衔接不起来的，也缺乏有力的史料根据，因此是一种臆测的设想，是靠不住的。

宋人沈钦韩说，"柳州集《钴鉧潭西小丘记》：'元克己同游。'白乐天《草堂记》：'与河南元集虚落之。'盖名集虚，字克己也。"(转引自《韩昌黎诗系年集释》第 1124 页)《钴鉧潭西小丘记》(卷二十九)是柳宗元作于元和四年(809 年)十月，如说《送元十八山人南游序》的元十八山人是指的元克己，则与韩愈所见到《送元生序》的时间不符；如指的是白居易送的元十八，也和他如何去庐山等事实联系不上。即使元克己就是元集虚，如前所述，也和韩愈遇见的元十八协律没有什么关系。可见,这仍是一种臆测。

由以上分析,可见柳宗元送的元十八山人,并不是韩愈遇见的元十八协律;白居易送的那位元十八,才是韩愈遇见的,而白居易所说的元集虚,并不是元十八。由于以郡望、行第相称,后人没有从时间、史实上考查,所以把他们几个人弄混了。在唐人诗文集中,这是常有的事情。

(四)

总析上述,可得出以下几点结论。

一、韩愈批评柳宗元的《送元生序》,依内容,应该是今存的《送元十八山人南游序》,是柳宗元贬谪永州之后的作品,其时间则最迟不得迟于元和四年的上半年。柳宗元送的那位"河南元生",无论从写作时间,还是从历史事实上说,都不应该是韩愈在贬潮途中遇到的那位元十八协律,因而说韩愈看过的"赠子篇"就是指的这篇《送元十八山人南游序》,是缺乏根据的。

二、把白居易在江州相识的友人元十八和"河南元集虚",认定是一个人,是缺乏根据的。白所送的元十八出庐山、从事南海,是元和十二年应裴行立的征召而去的,他就是韩愈贬潮途中遇见的那位元十八协律。由于柳宗元和裴行立的特殊关系和柳宗元在士人中的声望,这位元十八于元和十二年一定从桂林到柳州就近拜望过柳宗元,柳宗元当会有诗或文相赠,可惜后来遗失了。这个遗诗或遗文,才真正是韩愈所说的"赠子篇"!

三、因此,柳宗元的《送元十八山人南游序》,原来可能题为《送河南元生南游序》或《送元生南游序》。由于这位河南元生和白居易在江州交游的河南元集虚、元十八,不仅有郡望、姓氏的联系,而且都是一些隐世不仕的人;元十八是隐庐山而居的,和柳宗元送的那位"河南元生"思想作风十分相似;再加韩愈从中"牵了个线",所以把河南元生、河南元集虚、元十八、甚至元克己都混在一起了,《送元生南游序》一文,被后人误改为《送元十八山人南游序》,也似乎成了顺理成章的事。

四、可见,考辨柳宗元的一篇赠序文,其意义还不仅仅在于搞清它的写作时间和人物本事,更重要的是它牵涉到刘禹锡、白居易、韩愈等同时著名作家的一系列的有关诗文的写作系年和人物本事问题。

1987 年 5 月 20 日

（原载于《古籍研究》1988 年第 1 期）

再谈《道州文宣王庙碑》的写作年代

　　2002 年 8 月 19 日至 8 月 22 日在湖南省永州市召开的柳宗元国际学术讨论会上，永州市扶贫开发办公室雷运福先生提交了一篇题为《柳宗元〈道州毁鼻亭神记〉及〈道州文宣王庙碑〉史考》的学术论文，引起了我极大的兴趣。它批评了 1979 年中华书局出版的新校点本《柳宗元集》在此两文校勘上的抵牾，也提出了关于柳宗元此两文写作时间的认定意见，应该说这是一篇有相当文献功底和考证功力的学术论文。但是，他的批评是正确的，而考定却仍然是错误的。它既不符合柳宗元本人的叙述，也不符合唐人祭孔的实际，实有再加考查的必要。

　　其实，雷运福先生所提出的问题，是一个一千多年来都没有解决的问题。从宋人的校勘、注释，到今人的研究、系年，一直是仁者见仁、智者见智，莫衷一是。《柳宗元集》的校勘者不仅没有解决这一问题，反而在两文的同一个问题上出现了矛盾的校勘失误，更会造成后来研究者的混乱和失误，当然应该受到批评。早在 1988 年 7 月 1 日国务院古籍整理出版规划小组编印的内部刊物《古籍整理出版情况简报》第 194 期上，曾发表了尹协理先生的《〈柳宗元集〉校勘抵牾一例》一文，既批评了《柳宗元集》校勘的失误，也提出了自己的校勘意见。后来，笔者本人不同意尹说，也写了一篇《也谈〈道州文宣王庙碑〉的校勘问题》，发表在该刊 1988 年 12 月 20 日出版的第 202 期上，又谈了自己的校勘意见。今天，又看到雷运福先生的文章，甚感这么一个小问题，居然成了"公案"。这就是我所以有极大"兴趣"的原因，也是本文题为"再谈"的原因。也正是由于雷运福先生的引发，促使我再次考辨。我发现，前代人也好，尹协理、雷运福先生及笔者本人也好，我们都搞错了，我们都上了柳宗元原文、韩醇注释及今人校勘有误的当。

《道州文宣王庙碑》一文，收入今本《柳宗元集》卷五；《道州毁鼻亭神记》一文，收入该集卷二十八。两文都是应当时的道州刺史薛伯高的邀请撰写的。"记"上说："元和元年，河东薛公，由刑部郎中刺道州。"宋人韩醇于"薛公"下注曰："伯高也。"《柳宗元集》卷十二《先君石表阴先友记》中说："薛伯高，同郡人，好读书，号为长者。"柳宗元祖籍河东，薛伯高为其父友，故"记"称"河东薛公"。对"元和元年"一句，《柳宗元集》的整理校勘者在"校勘记"中却说："'元年'原作'九年'，诸本同，唯《英华》注：'九'，蜀本作'元'。何焯校本'九'改作'元'。按：本书卷五《道州文宣王庙碑》，云'薛伯高由尚书刑部郎中为道州，明年二月丁亥，公用牲币祭于先圣文宣王之庙。'韩醇据本篇作注，亦谓薛由刑部郎中刺道州在元和九年，'明年'，'即元和十年'。考元和十年二月并无丁亥，而元和二年则有丁亥（二月二十九日）。'九年'当系'元年'之误。"据此理由，校勘者就把诸本皆作"九年"迳改为"元年"。可是，在《道州文宣王庙碑》中，校勘者又把自己否定的韩醇注肯定了起来。"碑"文一开头就说："谨案某年月日，儒师河东薛公伯高，由尚书刑部郎中为道州。明年二月丁亥，公用牲币祭于先圣文宣王之庙。""某年月日"下，韩醇注："按集有《斥鼻亭神记》，云：元和九年，河东薛公由刑部郎中刺道州。此云某年，即元和九年也。""儒师河东薛公伯高"下，孙氏（按：可能指宋人孙汝听，著有《柳集全解》）注："伯高名景晦。""明年二月丁亥"下，韩醇注："即元和十年。"同是关于薛伯高刺道州的时间问题，《柳宗元集》的整理校勘者，在柳氏的两篇文章中却采取了截然不同的两种态度，时间上下相差了八九年，当然是自相矛盾、相互抵牾了。

1979 年 10 月中华书局出版的新校点本《柳宗元集》，是"文革"期间为了当时"评法批儒"的需要，由北京部分高等学校一批古籍整理研究的学者依据北京图书馆所藏原山东聊城杨氏海源阁旧藏《新刊增广百家详补注唐柳先生文集》(整理校勘者简称"百家注本")为底本、并广泛参照了其他有关大量善本而校点的，应该说是当前所流行的一个比较好的本子。可能是因为整理校点者各自分卷或分篇地分头校点，而最后通稿或定稿的人没有通盘考虑或有所疏忽，致使出现了自相矛盾、上下抵牾和失校、误校的现象。

且不管薛伯高到底是哪年刺道州的问题需要详加考查外，单从校勘的原则上说，上引"记"中那条"校勘记"也是不妥的。既然诸善本皆作"元和九年"，而仅根据《文苑英华》上的一个"蜀本作'元'"的孤证、一个"何焯校本'九'改作'元'"的孤例就"迳改"，一般说是不够审慎的，只需在"校勘记"中说明就够了。但为了说明"迳改"的理由，为了迎合"二月丁亥"的时日记述，却说"元和十年二月无丁亥，而元和二年则有丁亥(二月二十九日)"，因而"据改"，这就反而错上加错了。因为，元和二年二月虽有丁亥，但却是二月二十九日。按唐制，释奠祭孔，例用仲春(二月)、仲秋(八月)的上丁日，即每月的第一个丁日，而元和二年二月的上丁日应是丁卯(二月九日)，中丁日是丁丑(二月十九日)，丁亥已是下丁，这不符合唐代释奠祭孔的惯例。可见，这不是薛伯高元和元年刺道州有问题，就是柳宗元的干支纪日有问题。有意思的是，整理校勘者在《道州文宣王庙碑》中"明年二月丁亥，公用牲币祭于先圣文宣王之庙"一句中，却又写了这样一条"校勘记"："元和十年二月无丁亥。十年二月初五日丁未为上丁日，'丁亥'应作'丁未'。本篇正文注文的'丁亥'均应作'丁未'。"两文校勘对比，又是自相矛盾、前后抵牾。

其实，宋人韩醇在注释柳文时，很多问题就没有搞清楚。他误信了柳氏"记"中所说"元和九年，河东薛公由刑部郎中刺道州"的记述，所以在柳氏"碑"文中"谨案某年月日"句下直接注明"此云某年，即元和九年也。""明年二月丁亥"句下注为"即元和十年。"可是，在"碑"文"九年八月丁未，公祭于新庙"句下，却注为"当作'十年八月'。盖唐制，释奠，春秋皆用上丁。以长历推之，九年八月乙亥朔，是月无丁未。且新庙之作，起于十年二月丁亥既祭之后云。"这显然是没有细读"碑"的原文。柳氏"碑"文说得很清楚，薛伯高元和十年（即文中"明年"）二月丁亥祭祀先圣于文宣王庙时，看到"其堂庭库陋，椽栋毁坠"，因而找到"丰衍端夷""水环以流，有类宫之制"的"美地"，于是是日决定"树表列位，由礼考宜。然后节用以制财货，乘时以傲功役，逾年而克有成"。可见，新庙的建成，是在元和十年的第二年，即元和十一年了。怎么又在原文"九年八月丁未，公祭于新庙"之下注为"当作'十年八月'"的呢？九年八月祭新庙与前言"明年二月丁亥"即韩注元和九年二月，仅仅相隔六个月，与原文的"逾年而克有成"新庙的记述，不是矛盾吗？这一注释，完全是为了凑合元和十年八月己亥朔、八月初九丁未为上丁而忘却了年时的推移。

由此可见，柳宗元的"记"文记时有误，韩醇的注释也不能自圆其说。可惜，正是由于这两个失误，才使后代整理者和研究者一误再误。

前文所言，是尹协理先生最早发现这些问题的，所以他对新校点本《柳宗元集》提出了批评意见。虽然，他举出柳宗元由永州改任柳州刺史的诗文例证说明《道州文宣王庙碑》必定作于元和十年七月全柳州之前"，并认为"碑"文"九年八月丁未"当为"九年闰八月丁未"，但由于他对薛伯高刺道州的时间没有考查，依然相信了韩醇"元和九年薛公刺道州"之说，所以仍和柳"碑"的记述时间不相吻合。元和九年闰八月初三为上丁日丁未,这样,薛伯高刺道州、祭旧庙、祭新庙竟成为一年内发生的事情了。当时,笔者本人不同意尹先生的意见,写了上述《也谈〈道州文宣王庙碑〉的校勘问题》一文,但由于本人也没有考查出薛伯高刺道州的具体时间,而误信了柳"记"底本"元和九年河东薛公由刑部郎中刺道州"之说,所以同意《柳宗元集》"校勘记"中"明年二月丁亥"中的"丁亥"改为丁未,并进一步主张"九年八月丁未"应改为"十一年八月丁酉(八月初四)"。今天看来,也是错误的,应该自我检讨,也应该向尹协理先生道歉。

雷运福先生学术思路开阔。他不相信柳"记"中关于薛伯高刺道州时间的记述,也不相信韩醇的注释,而是另辟蹊径,从"记""碑"事件发生的时间入手,进行具体、详细的考证,这是很正确的。他认为,"记"与"碑"事件,不是发生在柳宗元谪居永州时期的最后一年,亦即"元和九年薛公刺道州",因为薛公祭旧庙为元和十年二月、祭新庙为元和十一年八月,柳宗元已不在永州,"在永期间不可能写出还未发生的事情",且与"明年二月丁亥"祭旧庙的干支纪日不相符合。这就是说,雷先生是不相信柳"记"所说"元和九年薛伯高刺道州"这一记述的。他还认为,"记"与"碑"事件也不可能发生在柳宗元谪居永州的初期,因为如按新校点本《柳宗元集》迳改"记"中的"元和九年"为"元和元年",那么祭新庙应为元和三年八月,而三年八月亦无丁未日,又与"碑"中"八月丁未"的干支纪日不符。所以,经他考证,"记"与"碑"事件应该发生在元和五年、六年和七年。因为元和五年六月,道州刺史吕温已改任衡州刺史,薛伯高正好接任,元和六年二月祭旧庙,恰恰该月有丁亥日;元和七年八月祭新庙,恰恰该月又有丁未日。其实,雷运福先生自己也考证错了。正如雷先生所注明的那样,元和六年二月丁亥,是六月二十二日,元和七年八月丁未是八月二十一日,都不是上丁吉日。雷先生说"均为上丁吉日",是对"上丁"的含义理解错了。

由于雷先生的启发，我认为要解决这个问题还是首先要考查薛伯高刺道州的时间，然后再根据柳"碑"所提供的时间和干支纪日来反复对应，才能得出正确的结论。

从现存文献中，还没找到直接记载薛伯高任道州刺史的具体起讫年月的资料，但从一些旁证材料中，还可以大体勾勒出他任道州刺史的时间轮廓。

因参加"永贞革新"，永贞元年（805年）九月己卯（十三日），柳宗元被贬为邵州刺史，未至，十一月己卯（十四日），半路上再贬为永州司马（见《旧唐书·宪宗纪上》）。《柳宗元集》卷二《惩咎赋》中说："幸皇鉴之明宥兮，累郡印而南适。惟罪大而宠厚兮，宜夫重仍乎祸谪。……际穷冬而止居兮，羁纍梦以萦缠。"前两句指初贬邵州；次两句指再贬永州。揣度最后两句的语意，他大概年底才到了永州。这就是说，"碑""记"事件，不会早于元和元年（806年）。因为"记"中说："宗元时谪永州，迩公之邦。闻其诗歌，以为古道罕用，赖公而存，斥一祠而二教兴焉。"如果元和元年薛伯高刺道州，柳宗元写"记"是可能的。或许这也是"《英华》注'九'，蜀本作'元'"以及何焯（义门）批校《增广注释音辨唐柳先生集》改"九"为"元"的依据。但是，查遍文献资料，尚无发现此时薛伯高刺道州的记载。即使是文献阙佚，按"碑"文所记述，从薛伯高刺道州，明年祭旧庙，到再次"八月丁未"祭新庙，已前后三年，而元和三年八月正如雷运福先生所说，"无'丁未'日，只有丁巳日（初八。按：应为初七）、丁卯日（十八日。按：应为十七日）、丁丑（二十八日。按：应为二十七日），与义中的'八月丁未'不相符。"所以，他认为："'记'与'碑'事件不是发生在元和元年、二年、三年。"这当然是正确的。

据《旧唐书·吕温传》记载，吕温于元和三年至元和五年为道州刺史,吕温在《道州刺史谢上表》中自己也说:"去(年)十月十七日蒙恩授使持节道州诸军事守道州刺史,奉命星驰,不敢遑息,以今月七日到州上讫。"(《吕和叔文集》卷五)再从吕温其他诗文判断,他于元和三年十月十七日"制"下后,即急忙赴任,大概年底或次年初(元和三年十二月七日或元和四年正月七日)到达道州。又据吕温《衡州刺史谢上表》所说:"伏奉五(月)十一日恩制,授臣使持节衡州诸军事守衡州刺史……谨以七月十五日到本州上讫。"(《吕和叔文集》卷五)再从吕温其他诗文及柳宗元、刘禹锡有关吕温的记述来看,吕温是元和五年五月十一日转刺衡州而在七月十五日到任的。如果薛伯高接任道州刺史的话,最早也只能在元和五年的下半年。这大概就是雷运福先生所以考证"'记'与'碑'事件发生在元和五年、六年、七年"的根据吧。但即使是薛伯高元和五年刺道州,正如本文前面所说,元和六年的二月丁亥是二十二日,不是"上丁",上丁应是二月二日丁卯,而元和七年的八月丁未,已是八月二十一日,又不是"上丁",上丁应是八月一日丁亥,都与柳"碑"的记述不符。

清光绪三年刊刻、清李镜蓉修、许清源纂的《道州志·职官》中,著录薛伯高刺道州的时间为元和六年,如以此参证柳"碑"记载,则元和七年二月的上丁应为"丁酉"(初八),元和八年的八月上丁应为"丁亥"(初七),也与柳"碑"的记载不符,所以笔者本人前面说雷先生"考证错了",对"上丁"的理解也错了。

《柳宗元集》外集卷上,柳宗元有一篇墓志文《筝郭师墓志》,其中说:筝师郭无名,生善音,能鼓十三弦,因慕浮图道,南来楚中。"吴王宙刺复州,或以告,乃延入,强之。宙号知声音,抃蹈以为神奇。会宙贬贺州,遂以来。性爱酒,不能已,因纵发为黄老术。薛道州伯高抵宙以书,必致之,至与坐起"。吴王宙,即李宙,是唐太宗李世民之子李恪的五世孙,世袭吴王。《册府元龟》卷七百载:"李宙为丹王府长史,元和七年以前任复州刺史坐赃贬为贺州司户参军。"李宙贬贺,筝郭师随去,是在元和七年。此时薛伯高为道州刺史,写信于宙,强邀筝郭师。这恐怕是薛伯高刺道州最可靠的文献记载。据柳"志"文末所署日期为"丁酉之年秋既季,月阙其圆于是始"来看,当为元和十二年九月十六日,说明这时薛伯高仍在道州。薛伯高为柳宗元"先友"、长辈,在永州时为其写"记"、作"碑",后筝郭师又于死前来柳州柳宗元处,柳氏为之葬、为之志墓,年时确凿,不会有误。另外,《柳宗元集》卷二十五,柳氏《送方及师序》中也说:"今有方及师……处其伍,介然不逾节;交于物,冲然不苟狥。遇达士述作,手辄缮录,复习而不懈。……薛道州、刘连州,文儒之择也,馆焉而备其敬,歌焉而致辞,夫岂贷而滥欤?"刘禹锡《送僧方及南谒柳员外》"序"文中说:"九江僧方及既出家,依匡山……影不出山者十年。……予为连州,居无何而方及至,出褫中诗一篇以贶予,其词甚富。留一岁……一旦以行日来告……"(《刘禹锡集》卷二九)。元和十年三月柳宗元、刘禹锡等五位"永贞革新"成员同授远州刺史,柳为柳州,刘为连州,柳、刘同路赴任(见《旧唐书·宪宗纪》)。此云"居无何而方及至",当为元和十年事;"留一岁","一旦以行日来告",当为元和十一年事。据刘诗题意看,方及此行,当为"南谒柳员外";柳文又"送",当为元和十一年或十二年事。此时,柳文"薛道州、刘连州"并提,亦是元和十一、二年薛伯高仍刺道州的佐证。

刘禹锡诗文言及薛道州者甚多,诸如《答道州薛郎中论方书书》《答道州薛郎中论书仪书》(卷十)《含辉洞述》《传信方述》(外集卷九)等,都是刘禹锡与薛伯高交往的真实记录。薛伯高由尚书刑部郎中刺道州,因此刘称"道州薛郎中";薛伯高亦通中药医方,《新唐书·艺文志三》著录有薛景晦《古今集验方》十卷,下注:"元和刑部郎中,贬道州刺史。"景晦、伯高反义相训,孰名孰字,颇难料定。《含辉洞述》中说:"河东薛公景晦以文无害为尚书刑部郎中,以讪为道州刺史。"《传信方述》中说:"予为连州四年,江华守河东薛景晦以所著《古今集验方》十通为赠。"文后署为"元和十三年六月八日。"道州,天宝元年曾改为江华郡。这说明,直至元和十三年薛伯高仍在道州刺史任上。这恐怕也是薛伯高刺道州时间下限的最可靠的文献记录。《旧唐书·穆宗纪》载:长庆元年(821年)三月乙丑,以循州刺史陈谏为道州刺史,或许薛伯高刺道州直至元和末年。

由上述可见,薛伯高为道州刺史的时间,最早不过元和六年,最晚不过元和末年。但确定任职时间,有时从"制下"算起,有时从到任算起。薛伯高刺道州,柳"记"或作元和元年,或作元和九年,现在看来都是传抄之误。那么确定薛伯高的刺道州始年和"记""碑"的写作时间,还要从"记"和"碑"所提供的年月及干支纪日来参证确定。"记"言"宗元时谪永州,迩公之邦",从文意上看,"除秽革邪,敷和于下。州之罢人,去乱即治,变呻为谣,若痿而起,若矇而瞭,腾踊相视,讙爱克顺。既底于理,公乃考民风,披地图,得是祠。骇曰……命巫去之。于是撤其屋,墟其地,沉其主于江。公又惧楚俗之尚鬼而难谕也,乃徧告于人曰……"(《柳宗元集》卷二八《道州毁鼻亭神记》)看来,毁象鼻亭神,是薛伯高到任后当年内的创举,因而它的系年要根据"碑"的叙事线索和年月干支来推定。前面已谈,如认定元和六年到任,七年、八年的春祀、秋祀的干支皆不合柳"碑"所记。如认定薛伯高于元和七年到任,则恰恰与"碑"中所记相符,只是柳"碑"中"九年八月丁未"句内丢一"闰"字,所以尹协理先生所言极是。这样,薛伯高元和七年刺道州,明年即元和八年二月丁亥(二月初三)祭旧庙,元和九年八月丁未(闰八月初三)祭新庙,于柳"碑"记述、于唐时释奠祭孔例用仲春、仲秋上丁吉日都相符合。可见,《道州文宣王庙碑》作于元和九年,而《道州毁鼻亭神记》则作于元和七年是没有大问题的。

正因为柳"记""碑"的原文有误,再加上后人错误的校勘及韩醇注释的误导，致使一些学者也发生了错误，如郁贤皓先生的《唐刺史考》卷一七〇"道州"条将薛伯高刺道州的时间定为"元和九年至元和十三年"，施子愉《柳宗元年谱》将"记"系于元和九年、"碑"系于元和十年等，皆因此失考而致误。

　　一个小小的问题，居然费了这么多笔墨，可见整理校勘古籍之难。虽然绕了这么多弯子，自己认为总算把问题说清楚了，但仍不敢自以为是，尚盼得到吴文治、尹协理、雷运福及其他专家学者的批评指正。

2003 年 7 月 25 日

（原载于《零陵学院学报》2003 年第 6 期，后收入《柳宗元研究》，南海出版公司，2006 年）

柳宗元与儒学

　　人们记忆犹新，在十年动乱期间，柳宗元曾经戴过好几年"有唐三百多年间最大的法家思想家"的桂冠。这或许已成为历史的笑话，但对柳宗元的思想体系，特别是其与儒学的关系，至今人们的认识还没有那么一致，似有重申论述的必要。

　　柳宗元出身于一个具有儒学传统的家庭，从小深受儒家思想的熏陶和教育。他的父亲柳镇，精通儒家典籍，"得《诗》之群，《书》之政，《易》之直方大，《春秋》之惩劝"，天宝末，以"经术高第"（《柳宗元集》卷十二《先侍御史府君神道表》，以后所引柳氏诗文，只注卷数及篇名），具有为人正直、疾恶如仇的高尚品格。虽然仕途坎坷，最后官阶不过六品，但由于能诗能文，所以依然名垂当时。他的母亲卢氏，亦通经史百家，有较好的文化素养，柳镇在外做官，就是她教育年幼的柳宗元读书识字、讽诵古诗文。柳宗元虽然没有进过国学、州学读书，而只就读于一般的"私塾"，但由于他天资聪敏，勤奋好学，所以童年即"有奇名于贞元初"（刘禹锡《唐故柳州刺史柳君集叙》）。可见，儒学的家庭环境已为柳宗元的儒学思想培育了坚实的基础。

　　早在年轻的时候，柳宗元就立志以儒家的思想作为自己的言行信条，希望自己将来能够"交诚明，达德行，延孔氏之光烛于后来"；"励材能，兴功力，致大康于民，垂不灭之声"（卷三四《答贡士元公瑾论仕进书》）。他所以与王叔文等人相亲善，就是"始奇其能，谓可以共立仁义，裨教化"，因而"勤勤勉励，唯以中正信义为志，以兴尧、舜、孔子之道,利安元元为务"(卷三〇《寄许京兆孟容书》)。他"好求尧、舜、孔子之志,唯恐不得,幸而遇行尧、舜、孔子之道,唯恐不慊"(卷二五《送娄图南秀才游淮南将入道序》),就是希望能够使"生人之性得以安,圣人之道得以光"(卷三二《答周君巢饵药久寿书》)。他积极参加的"永贞革新",就是他这一愿望的具体实践。

"永贞革新"失败后,他虽然一贬再贬,摈弃于永州,"身编夷人,名列囚籍"(卷三一《与吕道州温论〈非国语〉书》),却依然崇信圣人之道,坚守儒家思想。他说:"苟守先圣之道,由大中以出,虽万受摈弃,不更乎其内"(卷三二《答周君巢饵药久寿书》)、"学圣人之道,身虽穷,志求之不已"(卷三四《报崔黯秀才论为文书》)。他蒙世戾、获大僇,奔窜禁锢,与囚徒为朋,内心是极其忧愤不平的,但却认为是"仆尝学于儒,持之不得,以陷于是"(卷二五《送娄图南秀才游淮南将入道序》)。即是说,他的斥谪,是时运不好,时机不遇,并非"学儒"有什么不对。当时,他的身体很坏,早年同他一起学儒、后来又改信道教的朋友周君巢来信劝他跟从道士炼丹服药,以求健身长寿,他不仅不接受劝告,反而劝止对方不要"为方士所惑",并表示,只要奉圣人儒家之道,"虽不至耆老,其道寿矣"(卷三二《答周君巢饵药久寿书》)。以上种种,可以看出他对儒学圣人之道是无限崇信并坚决奉行的。

正因为如此,即使在他极其艰难困苦的情况下,凡是向他求教的一些青年学子,他总是谆谆教导他们:"文以行为本,在先诚其中。其外者当先读六经,次《论语》,孟轲书皆经言;《左氏》《国语》、庄周、屈原之辞,稍采取之;谷梁子、太史公甚峻洁,可以出入……其归在不出孔子……求孔子之道,不于异书。"(卷三四《报袁君陈秀才避师名书》)他特别指出,要"文以明道",而"取道之原",要"本之《书》以求其质,本之《诗》以求其恒,本之《礼》以求其宜,本之《春秋》以求其断,本之《易》以求其动"(卷三四《答韦中立论师道书》)。他明确指出:"得位而以《诗》《礼》《春秋》之道施于事，及于物……能如是，然后可以为儒。"（卷二五《送徐从事北游序》）如果"辅时及物之道，不可陈于今"，也应以文明道，使之"则宜垂于后"（卷三一《答吴武陵论〈国语〉书》）。这些，正是儒家立德、立功、立言的主张在他思想和行动上的具体体现。他在贬谪之中，高举"文以明道"的大旗，积极与韩愈"文以载道"的主张相配合，从而掀起了震动当时文坛的古文运动，并以其闪烁着灿烂光辉的创作实践显示了这个运动的巨大成就和业绩，其崇奉儒学的顽强意志和战斗精神是卓然可见的。

孔子是儒家的鼻祖，是儒家学说的创立者。儒家学说中的圣人是多元的，尧舜、禹汤、文武、周公、孔孟，屡屡为后世儒家所称道。在柳宗元心目中，孔子是一位大圣人。他虽然多次把孔子与尧舜并举，但更多的地方却表示了对孔子的特殊景仰和尊崇。他说"凡儒者之所取，大莫尚孔子。"（卷三三《与杨诲之第二书》）在很多文章中，他往往以孔子的言论为准的，论证古今，驳斥谬误。他多次提出"求孔子之道""延孔氏之光"；对其他诸子百家论著，也往往以"不与孔子异道""往往与《易》《论语》合"（卷二五《送僧浩初序》）而采取兼容并蓄的态度。独孤申叔的思想言行符合孔子的思想学说，便赞扬他能"读书推孔子之道"（卷一一《亡友故秘书省校书郎独孤君墓碣》）；饶州刺史元某写出了一篇讨论《春秋》的文章，他认为很有见地，于是十分高兴地回信赞扬说："兄书中所陈，皆孔氏大趣。"（卷三一《答元饶州论〈春秋〉书》可见他对孔子的特别尊崇和景仰。

就以上所述，完全可以看出，柳宗元是一位儒家学派的思想家和文学家。说柳宗元是什么"法家思想家"云云，简直就是无视柳宗元自己文章客观存在的闭目臆说！

但信奉儒家、儒学，并不等于迷信儒家、儒学，"唯儒皆是"。恰恰相反，对于儒家、儒学的不足或谬误，他却敢于大胆地批评和修正。他明确地指出:"圣人之言,期以明道。""道之及,及乎物而已耳。"(卷三四《报崔黯秀才论为文书》)用今天的话来说,就是说圣人的所有言论,都是为了指导社会实践,也就是他一再强调的"辅时""施事""及物"和"化人"。因此,他要求"学者务求诸道而遗其辞"(同上),即是要掌握住先圣思想中的精神实质和基本原则,不要拘泥于先圣言论的文字和句读。正因为他重视了社会的实际需要,所以也能以比较解放的思想、观点来看待儒家和儒学,即使是"诸子百家之书",也要"务先穷昔人书,有不可者而后革之"(卷三一《与刘禹锡论周易六九书》),以做到"咸伸其所长,而黜其奇衺"(卷二五《送元十八山人南游序》)。像老庄、杨墨、申商、刑名、纵横之说,以至浮图之言,他也认为有"往往与《易》《论语》合"和"不与孔子异道"的地方,"诚有其不可斥者"(卷二五《送僧浩初序》),问题在于要"悉取向之所以异者,通而同之,搜择融液",使之"与道大适""与孔子同道",而"皆有以佐世"(卷二五《送元十八山人南游序》)。这种兼容并蓄、批判继承的精神,是难能可贵的,比起韩愈尊儒、诋释、排斥异端的思想和做法,要开明得多、实际得多。这不仅表明了柳宗元具有敢于冲破儒学、革新儒学的战斗精神,而且他的这种思想和做法,在客观上也大大地充实和发展了后世儒学。

儒家和儒学是两个既有联系而又含意不同的概念。儒家是指以孔子为代表的先秦时期的一个政治思想派别和后世以继承孔孟学说为准则、宗旨的政治思想家,而儒学则是指以孔孟思想为代表的思想学说和后世学者对它的解释和阐发。事实上,由于后人的立场、需要或理解不同,先秦儒学自孔子之后就分为八派。西汉以来,经学大盛,更是门派林立。《诗》有鲁、齐、韩、毛;《书》有欧阳、大夏侯、小夏侯;《易》有施雠、孟喜、梁丘贺、京房;《礼》有大戴、小戴;《春秋》有左氏、公羊、谷梁,而且派中有派,公开对峙。这现象本身就说明儒学是允许不同意见存在的，而且各守门户家法，相互批评。所以柳宗元对儒学有所不满、批评或修改，本属于正常现象，可是有些人便以此而认为柳宗元反儒为法，实在是一种误解。

唐代虽然是儒、释、道并重，而实质上儒学仍处于正统的主导地位。这时期的儒学，正处于由汉学向宋学的过渡阶段中，五经的章句之学，基本上仍是汉代章句之学的流续。陆德明的《经典释文》，孔颖达的《五经正义》，实际不过是汉儒章句的丰富和发展。年轻时的柳宗元，对经学章句深怀不满，他说："学不能探奥义，穷章句，为腐烂之儒。"（卷三六《上大理崔大卿应举不敏启》）这显然是一种轻蔑鄙视的口气。永州十年的后期，他又说："仲尼岂易言耶？马融、郑玄者，二子独章句师耳。今世固不少章句师，仆幸非其人。"（卷三四《答严厚舆秀才论为师道书》）看来，柳宗元一生致力于儒学，目的是通经致用。因此，他所走的是一条与汉儒不同的"探奥义"的路子。

柳宗元认为，经学应当有佐世、济时和治人的指导思想和原则，但唐代社会已经发生了许多变化，如果仍然局限在"穷章句"上，用今天的话说，那必然是脱离实际的教条主义，也就必然无益于世。他从年轻的时候，就喜欢"春秋"学家陆质的《春秋微旨》《春秋集传纂例》等著作，入朝为礼部员外郎时，又进一步拜陆质为师，其根本原因就在于这些著作率先更新了经学观念，重视从"生人"出发，用信经驳传、以六经注我，积极推行变革思想，具有"会通"的精神。他认为只有这样，圣人之道才能经世致用、济世拯民。他把圣人之道，归纳为"中道""大中之道"，反复而极力地加以鼓吹和宣扬，并说："圣人之为教，立中道以示于后。""立大中，去大惑，舍是而曰圣人之道，吾未信也。"（卷三《时令论》下）他从"大中"的观点出发，运用陆质学派的原则和方法，先后写出了《蜡说》《时令论》《断刑论》《天爵论》《六逆论》等等一系列政治论文，每篇都具有强烈的现实性和战斗精神。他的这种学儒治经的观点和方法,对汉学向宋学的转变,不能不说是具有积极推动作用的。

天命论,是儒家学说的思想基础。应该说,孔子的天命思想还是比较模糊的。他一会儿认为天是可以主宰宇宙一切的,一会儿又把它看作是无意志的自然物象,有时又赋予它以哲理的意味,所谓不语"怪神",正是他认识矛盾的反映。可是,自从孟轲以后,特别是董仲舒以后,天命论(包括符命论),就已逐渐成为儒学思想中重要的观念意识了。什么"君权神授""天人感应""祥瑞休符""阴阳五行"等等,长期地主导着人们的思维和思想。对此,柳宗元进行了有力的批评和驳斥,先后写出了《贞符》《天说》《时令论》《天爵论》《非国语》等一系列的著名论著,充分表现了他战斗的唯物主义的思想光辉。他十分强调,"圣人之道,不穷异以为神,不引天以为高,利于人,备于事,如斯而已矣。"如果按照"天意"而牵强地"以合五事,配五行,而施其政令,离圣人之道,不亦远乎?"(卷三《时令论》上)他十分尖锐地指出,"力足者取乎人,力不足者取乎神"(卷四四《非国语·神降于莘》),"古之所以言天者,盖以愚蚩蚩者耳"(卷三《断刑论》下),统治者所以相信和宣传天命、符瑞,不过是一种虚弱的表现和愚弄人民的手段罢了。如果连这点道理也不懂,"不思之甚也"(同上),也就太不动脑筋了。所以,他提出:"受命不于天,于其人;休符不于祥,于其仁……未有丧仁而久者也,未有恃祥而寿者也。"(卷一《贞符》)"圣人之所以立天下,曰仁义"(卷三《四维论》)。他认为"务言天而不言人,是惑于道者也""顺时之得天,不如顺人顺道之得天也"(卷三《断刑论》下)。这种反对天命,强调从"生人之意"出发的人为,是极有理论价值和现实意义的。

在儒家的思想观念中,历史是圣人创造的,"五百年必有王者兴",其发展是循环的。他们歌颂文武周公之制,鼓吹神学目的论。柳宗元从中唐期间藩镇割据的现实出发，充分吸取了法家的历史发展观，从论证分封制与郡县制的优劣入手，第一次科学地提出了"势"的概念，不仅批判了儒家的错误认识，而且为历史的宏观研究开拓了新的局面。《封建论》就是他探讨这一问题的著名专论。他认为，历史的发展变化，有它客观情势和规律，"非圣人意也"（卷三《封建论》）。西周实行封建制，秦以后实行郡县制，都不是哪位圣人、英雄主观决定的，而是"势"使之然。他在考察历史发展变化的过程中，强调"势"的存在和"势"对圣人的作用，是历史哲学的深入和发展，也是对儒家思想观念的重大冲击和突破。

民本思想，是儒家学说中最为优秀的一部分。在柳宗元的政治思想中，既继承了它的精神实质，又大大丰富和发展了它的具体内容，从而形成了他以"仁政"和"吏治"为中心的政治思想体系。在《送宁国范明府诗序》（卷二二）中，他极其赞扬范氏"仕之为美，利乎人之谓也"和"为吏者，人役也"的言论；在《送薛存义之任序》（卷二三）中，他又进一步说明"（吏）盖民之役，非以役民而已也"。这比一面高唱"与民同乐"、一面又高喊"劳心者治人，劳力者治于人"的孟子要高尚得多、进步得多了。在《种树郭橐驼传》（卷一七）中，他以种树为喻，提出"顺天致性"的治民原则，以讽刺当时地方官吏的"好烦其令"，也比孟子"五亩之宅，树之以桑""鸡豚狗彘之畜，勿失其时"（《孟子》卷一《梁惠王章句上》）等等要深刻得多。在中唐时代，柳宗元具有这样鲜明的民主思想，实在是非常可贵的。

不过应该指出，批评儒学中陈腐和错误的观念，不能不涉及古代具体的某个圣人，特别像孔子这样的人。可是，柳宗元一直把尊圣崇经作为自己安身立命的立足点，因而在具体批评时，又不得不尽量地加以回避。明明指的是圣人，他却解脱似的说"此非圣人之意也"。孔子明明好《易》信卜，曾使"韦编三绝"，而他却说："卜者……圣人用之,吾未之敢非。然而圣人之用也,盖以驱陋民也,非恒用而征信矣。"(卷四四《非国语·卜》)他所以这样曲意地回护圣人,是因为他批判儒学的目的,并不是要打倒儒家、推翻儒学,而是要重振儒风,张扬儒学,进而显示其佐世、济时、拯民的巨大作用和威力。由此可见,柳宗元既是儒家儒学的尊崇者、信奉者,又是儒家儒学的革新者、改造者。

1991 年 10 月 5 日

(原载于《社科纵横》1994 年第 4 期)

谈《段太尉逸事状》的写作

《段太尉逸事状》,是唐代杰出的思想家、文学家柳宗元的优秀作品之一。一千多年来,它一直受到人们的称赞和传诵,至今仍能给我们以深刻的思想教育。在写作上,也有很多值得我们学习的地方。

(一)

这篇作品只有一千多字,但从收集材料,到正式写出,中间却间隔了二十年的时间。

唐德宗贞元九年(793年)二月,二十一岁的柳宗元进士及第。不料,他的父亲柳镇就在这年五月病逝了。他有一个叔父(据后人考证,名柳缜),当时在邠州(今陕西彬县)军队里做官。他葬埋了父亲之后,"移其孝于叔父"[1],就到邠州去探望他的叔父。在那里,他过了两年多的时间,直到贞元十二年(796年)正月其叔父暴疾而卒,他才持丧回到了长安。

当时的邠州,是唐王朝的边防重地。安史之乱时,这里是抗敌的中心地区。以后吐蕃入侵,也在这一带地方展开了激烈的反侵略战争,很多将领都在这里建立过显赫的战功,段太尉就主要活动在这一带。

---

[1]《柳宗元集》卷12《故叔父殿中侍御史府君墓版文》,中华书局,1979年,第318页。

段太尉(719—783),名秀实,字成公,祖籍姑臧(今甘肃武威),因其曾祖曾为陇州刺史,后世遂更为汧源(今陕西陇县)人。年轻时,"沉厚能断,慨然有济世意"①,在对敌的斗争中因屡建战功,安史之乱时,已由别将数迁至安西节度判官,兼怀州长史,知州事,兼留后。代宗广德二年(764 年),白孝德为邠州刺史,段秀实为太常卿、度支营田副使,旋又为泾州刺史。他治军有方,号令严明,佐理、主事,皆有政绩。代宗大历元年(766 年)加开府仪同三司、掌泾原节度使留后,加御史中丞、行军司马、兼都知兵马使。在抗拒吐蕃的入侵中,征战数利,贡献卓著。大历十一年(776 年)后,为四镇北庭行军泾原郑颍节度使,"三四年间,吐蕃不敢犯塞,清约率易,远近称之。非公会,不听乐饮酒,私室无妓媵,无赢财,退公之后,端居靖虑而已"②。"宾佐至,议军政,不及私"③。德宗即位后,检校礼部尚书,封存张掖郡王。唐德宗建中元年(780 年)因与宰相杨炎不合,调至长安任司农卿。建中四年(783 年)十月,泾原节度使姚令言率部奉命东征李希烈之乱,路过长安时以食劣无赏为由而哗变,并拥立原卢龙节度使、凤翔令、太尉朱泚为帝,迫使德宗出奔奉天(今陕西乾县)。朱泚以段秀实失兵权,必愤恨,且素有人望,因而派骑往迎,意欲共同议事。段太尉表面诈从,暗中却与刘海宾、何明礼、姚令言之判官岐灵岳等谋划反泚,因此与朱泚展开了面对面的斗争。对此,《新唐书》卷一五三、《旧唐书》卷一二八的《段秀实传》都有生动的描述。

《旧唐书》是这样记载的:

> 明日,泚召秀实议事,源休、姚令言、李忠臣、李子平皆

①《新唐书》卷 153《段秀实传》,中华书局,1975 年,第 4847 页。
②《旧唐书》卷 128《段秀实传》,中华书局,1975 年,第 3586 页。
③《新唐书》卷 153《段秀实传》,中华书局,1975 年,第 4851 页。

在坐。秀实戎服，与泚并膝，语至僭位，秀实勃然而起，执休腕夺其象笏，奋跃而前，唾泚面大骂曰："狂贼！吾恨不斩汝万段，我岂逐汝反耶？"遂击之。泚举臂自捍，才中其颡，流血匍匐而走。凶徒愕然，初不敢动；而海宾等不至，秀实乃曰："我不同汝反，何不杀我！"凶党群至，遂遇害焉。海宾、明礼、灵岳相次被杀。①

《新唐书》所记，语简而略有异。

第二年，即兴元元年（784年）二月，唐德宗对他的"见危致命""临义有勇""克励臣节，不惮杀身"的忠义行为、品德和精神大加褒扬，追赠为太尉，谥曰"忠烈"。

柳宗元到达邠州的时候，段秀实为了维护唐王朝的统一而以身殉国的英烈壮举才过了十年左右的时间。他一生热爱人民、热爱国土、反对侵略、维护统一、不畏强暴、敢于牺牲以及治军理政的种种功绩必然在当地军民中广为流传、颂扬和评论。这些，自然也就深深感动并吸引了年轻时就"唯以中正信义为志，以兴尧、舜、孔子之道，利安元元为务"②的柳宗元。因此，为了调查了解段秀实的英烈事迹，他深入到边境的"亭障堡戍"中向"老校退卒"访问，从中受到了深刻启发和教育。他在本"状"的"后语"中说："宗元尝出入岐、周、邠、郿间，过真定，北上马岭，历亭障堡戍，窃好问老校退卒，能言其事。"③其中所说的"岐"，指岐州，在今陕西省凤翔县南；所说的"周"，是指西周的发祥地周原，故址在今陕西省岐山县东北岐山之下；所说的"邰"，古有邰氏之国，周始祖后稷所封，汉代置邰县，在今陕西省武功县西南；

---

① 《旧唐书》卷128《段秀实传》，中华书局，1975年，第3587页。
② 《柳宗元集》卷30《寄许京兆孟容书》，中华书局，1979年，第780页。
③ 《柳宗元集》卷8《段太尉逸事状》，中华书局，1979年，第178页。

所谓"真定"，据当时柳宗元自述的行踪考察，当为"真宁"之误，因为真定为河北省恒州治所，在今河北省正定县，而真宁，即今甘肃省正宁县（一谓"安定"之误，安定为泾州治所，在今甘肃省泾川县北），当时属宁州府；所说"马岭"乃是当时县名，在今甘肃省庆阳县西北，因该地有马岭山马岭坂而得名，当时属庆州都督府。亭障，是边境要塞驻防堡垒。堡指小城；戍指边防营地。可见，柳宗元在今陕西宝鸡以北至甘肃庆阳县以南数百里的高原山区中，是下过一番调查研究的苦功夫的。从他所说"能言其事"来看，段秀实的英烈事迹在这一带也是广为流传、有口皆碑的。因此，从题材的来源来说，《段太尉逸事状》是柳宗元经过较长时间的调查、访问，并加以体验而得来的，是有它历史的真实性和广泛的群众性基础的。

（二）

柳宗元收集的材料，并未形成于文字。他从邠州回到长安以后的几年里，主要精力用在准备博学鸿词科的考试上。贞元十四年（798年），他中博学鸿词科，被授为集贤殿正字。集贤殿正字属中书省，其职务就是整理和编辑王朝的图书和史料。这虽是一个从九品上的小官，但却能接触王朝的史料档案。可以设想，有关段秀实的材料，他也是会看到的。贞元十七年（801年），他调任为蓝田县尉。蓝田属京兆府，实际他并没上任，而是留在京兆尹韦夏卿的府庭为从事。贞元十九年（803年）闰十月，他就又被调回长安，改任为监察御史里行了。当时，韩愈、刘禹锡也在这里任职。虽然这个职务仍是个正八品上的小官，但是属于"京官"，是有机会参与王朝大事的。政治上雄心勃勃的柳宗元，这时的心情是极为激奋的，文名也蜚声当时。贞元二十一年（805年）正月，唐德宗崩，太子李诵（顺宗）继位，大力任用王叔文、王伾等人进行政治改革，柳宗元、刘禹锡都是这个改革集团中极为积极、有力的重要成员。柳宗元任命为礼部员外郎，热情、积极而认真地施展他的政治抱负和主张。可惜，这场轰轰烈烈的革新运动只进行了五六个月，就在藩镇、宦官及保守贵族的联合反对下失败了。唐顺宗被迫"逊位"，太子李纯（宪宗）继位，革新集团的人物也随之备遭谪贬。这年九月，柳宗元被贬邵州（今湖南邵阳）刺史，十一月在赴任途中加贬为永州（今湖南永州）司马员外郎。

柳宗元在永州，"身编夷人，名列囚籍"①，生活是极为愁苦、凄凉和艰难的，心情也极为忧愤。但近十年的时间，他一刻也没有放弃自己的政治观点和态度。生活实践反而使他更加认识了唐王朝政治腐败、社会黑暗的罪恶现实，加强了他对现实问题的思辨能力。由于司马员外郎是个"编余"职位，实际上没有什么"公务"可做，所以他只好啸游山水，或向心经籍，以排遣忧愁、抒发愤慨和寄托情思。他有时苦心地探求经史，有时倾注于佛教，有时默察现实动向和发展，从各个不同的角度来研究解决现实问题的"大中之道"。因此永州十年反而使他写出了许多闪烁着唯物主义思想光辉的诗歌和散文，使他的思想和创作都达到了一定的高度。

唐宪宗元和八年（813年）三月，韩愈担任了比部郎中，兼任史馆撰修。大家得知后，非常高兴。有一个名叫刘轲的秀才，立即写信给他，期望他"以所宜务"，做好撰写国史的工作；诗人元稹也大加支持，并给他送来了坚持气节、不肯阿附安禄山反叛的甄济父子的事迹，请他为之立传。可是这时的韩愈，由于政治上连遭不幸，所以一反过去的意愿，而顾虑重重地不愿做这项工作了。他对刘轲说："夫为史者，不有人祸，则有天刑，岂可不畏惧而轻为之哉！"又说："且传闻不同，

①《柳宗元集》卷31《与吕道州温论〈非国语〉书》，中华书局，1979年，第822页。

善恶随人所见,甚者附党憎爱不同,巧造语言,凿空构立善恶事迹,于今何所承受取信,而可草草作传记令传万世乎?"他认为,所以任命他为史馆撰写,不过是"宰相知其无他才能,不足用,哀其老穷,龃龉无所合,不欲令四海内有戚戚者,猥言之上,苟加一职荣之耳"①。实际上,韩愈早年就想立志为"史"的,在贞元九年,也就是柳宗元去邠州游历的时候,他才二十五六岁,就写过一篇著名的《争臣论》,响亮地提出了"君子居其位,则思死其官;未得位,则思修其辞以明其道"②。而现在的观点、态度,和二十年前相比,真可谓大相径庭了。

　　韩愈是柳宗元的好友。他们之间虽然在哲学思想、政治观点和政治态度上存在着很多分歧,但他们私人之间的友情还是很深的。在倡导古文运动中,相互配合,作出了杰出的贡献。所以柳宗元得知韩愈为史官后,极为高兴,大力鼓励、支持他做好这一工作。但当得知韩愈并不愿做这一工作时,又极为气愤,并于元和九年(814年)正月二十一日专门写了一封信(即著名的《与韩愈论史官书》,见《柳宗元集》卷三十一),对他进行了坦率而严厉的批评。柳宗元针对韩愈思想观点的错误,从他自身的言行矛盾、国史的极端需要等方面,逐条进行驳斥和劝说,并明确地提出:"凡居其位,思直其道。道苟直,虽死不可回也;如回之,莫若亟去其位。"因而劝他:"退之宜更思,可为速为;果卒以为恐惧不敢,则一日可引去。……今人当为而不为,又诱馆中他人及后生者,此大惑已。不勉己而欲勉人,难矣哉!"中心意思就是要韩愈以身作则,不要素餐尸位,不然,"则唐之史述其卒无可托乎?明天

<hr />

　　①[唐]韩愈著,马其昶校注,马茂元整理:《韩昌黎文集校注》外集上卷《答刘秀才论史书》,上海古籍出版社,2014年,第744、745页。

　　②同上,《韩昌黎文集校注》卷2《争臣论》,第126页。

子贤宰相得史才如此,而又不果,甚可痛哉!""(唐史)徒信人口语,每每异辞,日以滋久,则所云'磊磊轩天地'者决必沉没,且乱杂无可考,非有志者所忍恣也。"为了保存真实的史料,阐扬是非曲直,所以"退之宜守中道,不忘其直,无以他事自恐。退之之恐,唯在不直、不得中道,刑祸非所恐也"[①]。这些批评和劝勉,真可谓言简中的、义正辞切,既尖锐又诚恳啊!

这封信发出不久,柳宗元又写了《段太尉逸事状》寄给他。同时附去了一封信(即卷三十一《与史官韩愈致段秀实太尉逸事书》),用实际行动再次鼓励、支持韩愈做好史官工作,并进一步说明自己写"状"的过程和目的,借以表明自己对"史"的认识和态度。

首先,柳宗元强调:段太尉的逸事,都是事实,是经过亲自反复访问、调查和核实了的,绝非讹传和虚构。除在"后语"中详加说明外,"信"中又说:"窃自冠好游边上,问故老卒吏,得段太尉事最详。"[②]元和九年御史中丞崔能为永州刺史,他"又具得太尉实迹"。因为崔能曾当过浑瑊的从事,浑瑊曾以副元帅的身份统领过邠、蒲一带的军队,因而能从当时的州人士卒中得知段秀实的事迹,所以柳宗元能够"参校具备""覆校无疑"地写了出来。可见,柳宗元在写作上,忠实于史实,一丝不苟,态度是极其严肃的。他在《答韦中立论师道书》中说:"吾每为文章,未尝敢以轻心掉之,惧其剽而不留也;未尝敢以怠心易之,惧其弛而不严也。"[③]这篇《逸事状》是实践了这种信实的写作精神

---

① 《柳宗元集》卷31《与韩愈论史官书》,中华书局,1979年,第808、809页。

② 《柳宗元集》卷31《与史官韩愈致段秀实太尉逸事书》,中华书局,1979年,第811、812页。

③ 《柳宗元集》卷34《答韦中立论师道书》,中华书局,1979年,第873页。

的。严守史实，坚持实录，不徇情曲改，是中国史学写作的优良传统，柳宗元正是继承和发扬了这种"信史"传统。

其次，柳宗元也是想从事国史写作的。他在这封"信"中说："昔与退之期为史，志甚壮，今孤囚废锢，连遭瘴疠羸顿，朝夕就死，无能为也。第不能竟其业。若太尉者，宜使勿坠。"① 显然，他是要以写史来抒发他的是非观念、爱憎感情、政治理想和"大中之道"的。现在"身为孤囚"，为史的雄心壮志不能实现了，因而就寄托于韩愈搞好史官工作。但是正当柳宗元需要韩愈"死其官""直其道"地挺起腰杆大干的时候，韩愈却退坡了，因而柳宗元极为气愤和痛心，既严厉地批评，又耐心地劝勉，希望他能继承司马迁的事业，说："太史迁死，退之复以史道在职，宜不苟过日时。"② 可见，他写《段太尉逸事状》本身就表明自己坚持史学观点，以实际行动撰写真实的唐史，以支持韩愈的工作。

再者，柳宗元对段秀实的为人，如上所述，是极为敬佩的。段秀实的忠烈事迹，是柳宗元政治理想的体现。段秀实维持王朝统一、反对藩镇割据；体察人民疾苦，为人民伸张正义；不畏强暴，反对贪官污吏等等，都是柳宗元所坚持的、拥护的。他为了"安社稷""利安元元"，参加了"永贞革新"。现在贬困贱辱，只能通过撰史写文来表达自己的思想和意志。这就是他为什么二十年前的素材忽而又重新写出的重要原因，韩愈为史官、崔能刺永州，不过是激起他写作的偶然因素罢了。他一再叮嘱"若太尉者，宜使勿坠"，其中的心意是极为丰富而复杂的。

---

①《柳宗元集》卷31《与史官韩愈致段秀实太尉逸事书》，中华书局，1979年，第812页。

②同上。

最后,柳宗元所以毅然地写出《段太尉逸事状》,还在于要还段太尉的本来面目,让人们更好地认识他、理解他、评价他,从而使后人正确认识历史。他认为"太尉大节,古固无有",但是当时有人却认为,段太尉不过是一个武人,一时奋不虑死,致使名扬天下,这是对段太尉的曲解。他说:"太尉自有难在军中,其处心未尝亏侧,其莅事无一不可纪,会在下名未达,以故不闻,非直以一时取笏为谅也。"①平时,"太尉为人姁姁,常低首拱手行步,言气卑弱,未尝以色待物,人视之,儒者也。遇不可,必达其志,决非偶然者"②。这说明,段太尉所以敢于以笏击泚、以身殉国,正是他一贯的思想品德的集中表现。这些话,既是柳宗元愤世嫉俗之言,也是他"夫子自道"。所以,为了使这位"磊磊轩天地"的人物不至于"沉没"而"未集太史氏",他才反复调查、反复核实又反复向韩愈叮咛,并自称此文"信且著","比画工传容貌尚差胜",其用心是良苦的。他希望韩愈在撰国史时能够选用,以使段太尉的英名载入史册,流芳百世。

由此可见,柳宗元撰写《段太尉逸事状》,是有他强烈的现实性、针对性和战斗性的。

可惜,韩愈的史馆撰修工作并没有继续下去,这篇《状》也就没有被采用。元和九年(814年)十二月,韩愈改任考功郎中、知制诰去了。五代后晋刘昫等编写《旧唐书》时也没有采用这个材料。直到北宋仁宗时,命当时的翰林学士欧阳修、端明学士宋祁等重修唐史,才在《新唐书·段秀实传》中采用了它。这总算了结了柳宗元生前的这一夙愿。

今存《旧唐书》《新唐书》皆有《段秀实传》。一般说来,《新唐书》由

---

①《柳宗元集》卷31《与史官韩愈致段秀实太尉逸事书》,中华书局,1979年,,第812页。

②《柳宗元集》卷8《段太尉逸事状》,中华书局,1979年,第178、179页。

于过分追求文字的简雅、古朴，致使一些传记反而显得时序不接、史实紊乱、语义晦涩，不如《旧唐书》具体清楚。但是，由于《旧唐书·段秀实传》只据王朝史录而写成，所以显得雍容、堆砌、平淡，相比之下，《新唐书》的传文反而显得生动、具体和集中。从这点上说，柳宗元的贡献也是不容抹杀的。

宋朝文学家王令说："吾每读柳子厚'上史馆书'及'太尉逸事'，再三欲舍而不能也。"（《广陵先生文集》卷十四）通过以上的介绍和论述，我们也可以认识到王令的心情是含有深蕴的意味的。

（三）

所谓"状"，就是行状，是为死者立言、立行、立德的。自从有唐以来，一个人死了，在没给他做"传记"或"墓志铭"之前，往往先有一篇总述此人生平事迹的材料，以供写"传"或"铭"的人使用。这种文章的形式就叫作"行状"。这篇"状"是"逸事状"，是行状的一种变体。它不详细记载死者的世系、郡望、名实、爵位、行治、寿年等等，而只是"录其逸者，其所已载不必详焉"①。柳宗元尝为集贤殿正字，必然见过王朝的史料记载，所以就其未录者，另作"逸事状"以纪之。

应该说，段秀实的"逸事"本来是很多的。但柳宗元没有一股脑儿、巨细无遗地写出来，而只挑选出三件最能反映那个时代的社会特点、最能表现段秀实思想品德和精神面貌的"逸事"加以精心的描绘、刻画和叙述，其剪裁是精当的，提炼是精湛的。他采取"据事迹实录，则善恶自见"②的原则，不虚构、不夸张、直述其事，大有司马迁《史

---

① [明]徐师曾：《文体明辨序说》，人民文学出版社，1982年，第148页。

② [唐]韩愈著，马其昶校注，马茂元整理：《韩昌黎文集校注》外集上卷《答刘秀才论史书》，上海古籍出版社，2014年，第743页。

记·廉颇蔺相如列传》的文笔风格,在当时是与韩愈的《张中丞传后叙》相齐名于世的一篇优秀的传记文学。

本"状"共由四大部分组成,而集中地写了以下三件事:

第一件是段秀实为泾州刺史时英勇除暴的事情。当时,汾阳王郭子仪任天下兵马副元帅,住在蒲州,他的儿子郭晞任尚书(《通鉴考异》云:"据《实录》:时晞官为左常侍,宗元云尚书,误也。")兼领行营节度使,住在邠州。当地的一些流氓无赖通过种种贿赂的手段,投机钻营,也混入了他的部队。他的士卒,蹂躏人民、横行不法、无恶不作,"日群行丐取于市,不嫌,辄奋击折人手足,椎釜鬲瓮盎盈道上,袒臂徐去,至撞杀孕妇人"①。当时官吏因为慑于郭家父子势权,不敢过问,连邠宁节度使白孝德也"以王故,戚不敢言"。这时段秀实是泾州刺史,本来可以不管邠州的事情,况且又是郭子仪的儿子的所作所为,但他不忍心当地人民"无寇暴死,以乱天子边事"②,因而挺身而出,亲到白孝德军府当面批评他对暴行视而不见、处之恬然的态度。同时他主动要求充当执法的军官都虞侯,以便惩治郭晞士卒的无法无天。文中柳宗元以极其生动简洁的语言,描述了他如何英勇除暴的事迹:

> 既署一月,晞军士十七人入市取酒,又以刃刺酒翁,坏酿器,酒流沟中。太尉列卒取十七人,皆断头注槊上,植市门外。③

郭晞悍卒暴横无赖的状态历历入目,段太尉不畏强暴而惩办狂徒的果敢行为,真如快刀斩乱麻一样,干脆利落。特别是"皆断头注槊上,植市门外"的做法,更是出奇制胜、大快人心!

---

①《柳宗元集》卷8《段太尉逸事状》,中华书局,1979年,第175、176页。
②同上,第176页。
③同上。

段太尉的这一果断行动，使"晞一营大噪"，立即引起了郭军的骚乱和惊恐。同时"尽甲"，全副武装、剑拔弩张，即将引起更大的搏斗。这严峻的形势，紧张的气氛，连白孝德都吓得惊恐万分了：

> 孝德震恐，召太尉曰："将奈何？"
>
> 太尉曰："无伤也，请辞于军。"
>
> 孝德使数十人从太尉，太尉尽辞去，解佩刀，选老躄者一人持马，至晞门下。甲者出，太尉笑且入曰："杀一老卒，何甲也？吾戴吾头来矣。"甲者愕。①

段太尉表现得那么从容不迫，泰然自若。白孝德派数十人护卫他，他不要，连佩刀也不带，只选一个老跛无用的人给他牵马。这种英勇无畏的行动，连全副武装的横暴士卒也感到惊愕而无所适从。相比之下，段太尉英勇果敢、机智应变和不怕牺牲的思想性格和精神面貌就栩栩如生地浮现在我们面前了。特别是"笑且入曰"诸语，简直惟妙惟肖地把段太尉的胆识、精神、神态和风韵，都淋漓尽致地刻画了出来。可惜《新唐书》在采用这段史料时，进行了一些简化和修订，一般地说使文字更为通顺流畅了，但在"吾戴吾头来矣"句中省去了第二个"吾"字，却使段太尉的神情大减而失色了。从宋人罗璧（见《罗氏识遗》卷一）到近人林纾（见《柳文研究法》卷二），都极为遗憾地指出了这一问题，真可谓一字而动全神啊！

后来，段太尉义正词严地诘问悍卒，瓦解了他们仇视、欲斗的情绪；接着郭氏出见，段太尉又从维护郭氏声威出发，说之以大义，动之以利害，致使对方无懈可击，不得不承认了错误：

> 言未毕，晞再拜曰："公幸教晞以道，恩甚大，愿奉军以

---

① 《柳宗元集》卷 8《段太尉逸事状》，中华书局，1979 年，第 176 页。

从。"顾叱左右曰:"皆解甲,散还火伍中,敢哗者死!"①

真理、正义战胜了强权,紧张对立的情势顿时松解,矛盾和问题得以解决了。这段文字似乎也该结束了,但作者陡然而起,又生一波,接着又写出段太尉新的行动来:

> 太尉曰:"吾未晡食,请假设草具。"既食,曰:"吾疾作,愿留宿门下。"命持马者去,旦日来。遂卧军中。晞不解衣,戒候卒击柝卫太尉。旦,俱至孝德所,谢不能,请改过。邠州由是无祸。②

原来他独自留下是要进一步观察郭晞是否真的承认错误、约束部下。弄得郭只好"不解衣"而"戒候卒击柝卫"之。直到郭晞真的到白府谢罪,矛盾才算真正得到解决。这一情节,使段太尉的精神面貌得到了进一步完整而充分的揭示。

这一事件,作者如实写来,简洁明快,曲折有趣,波澜横生,简直像一篇今天所说的微型小说。它既真实地反映了当时那些拥兵自重的军阀如何纵容士卒残酷地镇压人民的现实,又热情地塑造并歌颂了段秀实沉着机智、爱护人民和不畏强暴的英雄品格。

第二件是段秀实制止泾州大将焦令谌凶残地欺压、剥削农民的事情。本来此事是发生在上述事件之前的,但作者没有按史实的时间顺序来写,而是一开头用"先是"两字加以追述,而使文笔显得参差错落,曲折有趣。

泾州大将焦令谌强占民田数十顷,以"归我半"的租税出租给农民耕种。有一年,大旱,农稼无收,他不仅不豁免农民的租税,反而向恳求豁免的农民胡说什么:"我知入数而已,不知旱也。"当时段秀实正做泾

---

①《柳宗元集》卷 8《段太尉逸事状》,中华书局,1979 年,第 177 页。
②同上。

州节度使白孝德的支度营田副使,驻在泾州。当地农民在"督责益急,且饥死,无以偿"的困境下,只好上告给了段秀实。段秀实同情农民的困苦,却"判状辞甚巽,使人求谕谌",还给焦令谌留一点面子。但是:

> 谌盛怒,召农者曰:"我畏段某耶?何敢言我!"取判铺背上,以大杖击二十,垂死,舆来庭中。①

显然,这个仗势欺人、凶残盘剥的恶棍,也把矛头对准了段秀实。而段秀实呢?

> 太尉大泣曰:"乃我困汝。"即自取水洗去血,裂裳衣疮,手注善药,旦夕自哺农者,然后食。取骑马卖,市谷代偿,使勿知。②

和焦令谌的所作所为鲜明对比,不用作者说话,善恶爱憎,一目了然。他亲自营救农民,并亲自洗血、包伤、敷药、喂饭、暗自卖掉坐骑,买谷代缴租税,急农民之所急,充分表现了他热爱人民、反对暴政的伟大精神,闪烁着人道主义的光辉。在封建社会里,这样的官吏实在是难能可贵的。

应该指出,段太尉所以这样做,并不是向残暴、骄横的焦令谌让步。因为在封建社会里,地主阶级欺压剥削农民,几乎被视为合理的现象,佃户向地主交租,也似乎天经地义。历代进步的思想家,只宣传对农民的仁慈、宽惠,多不敢公开宣传剥削无理,以至推翻剥削制度。所以段太尉只能这样做,柳宗元也只能这样认识问题。他的《捕蛇者说》(卷十六)揭露横征暴敛、"苛政猛于虎"的黑暗残酷现实,可谓无比深刻、生动和具体,但最后也只能"闻而悲",其"为之说"的目的仍只能是"以俟夫观人风者得焉"。可见段太尉卖骑市谷、代行偿租的做

---

①《柳宗元集》卷 8《段太尉逸事状》,中华书局,1979 年,第 177 页。
②同上。

法,本身就具有时代的局限性。

为了增强段太尉这一行动的效果,作者没有让段太尉直接出场。即使他出场,这个僵持的局面也难以解决。因而,作者以别开生面的笔墨写了一段刚直之士、淮西寓军帅尹少荣当面痛斥焦令谌的场面。他虽然只说了一些冠冕堂皇的"仁义"道理,却反而使焦令谌"大愧流汗,不能食",自感无颜再见段公,因而"一夕自恨死"了[①]。这一事件,段太尉又取得胜利。它深刻地说明,以段太尉为代表的社会正义,是能够慑服凶残暴虐的恶势力的。

第三件是段秀实廉洁耿介、拒不接受朱泚贿赂拉拢的事情。这一事写得非常简短,因为段太尉的大节最主要的是在笏击朱泚一事上,这事人人皆知,当然国史会有记载,所以作为"逸事状",柳宗元只特意写了击泚前三年的一件"逸事"。

建中元年(780年),段太尉自泾州调回长安任司农卿。临赴任时,戒其族:"过岐,朱泚幸致货币,慎勿纳。"后来,朱泚果然送来了大绫三百匹。太尉婿韦晤"坚拒,不得命",段太尉得知后只好"以如司农治事堂,栖之梁木上"。后来笏击朱泚被害,朱泚取视贿物,"其故封识具存"[②]。

这是一件小事,但简括几句,却能表现出段太尉的先见之明和耿介、廉洁、正派的高风亮节,进一步突出了段太尉的精神面貌。

这三件事本来是互不关联的,但作者在事与事之间用"先是"、"及"衔接起来,使文章形成一个有机的整体,气韵也连贯起来。更重要的是作者爱憎分明的强烈感情把它们一气呵成,从而收到了强化主题、突出人物的艺术效果。

---

①[北宋]司马光:《资治通鉴考异》卷16:"按《段公别传》,大历八年(773年)焦令谌犹存,盖宗元得于传闻,其实令谌不死也。"

②《柳宗元集》卷8《段太尉逸事状》,中华书局,1979年,第178页。

　　文章的最后一段是"状"的"后记"或"跋语"，他进一步说明了材料的来源、调查的经过及写作目的，特别强调材料的真实可靠和段太尉击泚殉国的"决非偶然"，既驳斥了当时某些人对段太尉的误解或曲解，又表达了自己对段太尉热爱、景仰和崇敬的心情。这是司马迁《史记》的"太史公曰"笔法，起到了对人物、对主题总加深和总强调的作用。它虽然不是"逸事"的内容，但却是全文的有机部分，并不是可有可无的。

　　表面上看来这三个故事是各自孤立的，实际从描写人物、突现主题上来说，是互相依存、相互补充的。卢元昌说："首段写其刚，次段写其仁，三段写其节。"①孙琮说："此篇叙太尉三件逸事，截然是三段文字，第一段以勇服王子晞，便写得千军辟易，一军皆惊；第二段写太尉以仁愧焦令谌，便写得慈祥恺悌，不是煦煦之仁；第三段写太尉以廉服朱泚，便写得从容辞让，不是了了之义。"（[清]孙琮评《山晓阁选唐大家柳柳州集》卷四）正是这三者集于段太尉一身，才有力地说明段太尉笏击朱泚不是一时以刚勇取胜，也不是一时意气所成的道理。

（四）

　　韩愈曾说，柳宗元的文章"雄深雅健似司马子长"。这篇《逸事状》是当之无愧的。司马迁为了撰写祖国的历史，游历、调查、访问了祖国各地，最后"负罪"写作，给我们留下了一部伟大的《史记》和他光辉的精神品质、史学传统。柳宗元《逸事状》的写作，正是继承和实践了他这种精神和传统的。即使是从具体的写作上来说，他那忠于史实的写作态度，爱憎分明的思想感情，截取典型的剪裁手法，简洁、洗练而生动的语言艺术，丰富多样的塑造人物的技巧，以及严谨雄健的文章风

----

①吴文治编：《柳宗元资料汇编》，中华书局，1964年，第324页。

格,也实在是司马迁传记文学传统的继承和发扬。

在描述故事、塑造人物上,作者善于创造典型的环境,并从此入手开展矛盾,让人物在典型环境中的激烈矛盾斗争中去活动,去展示自己,并从人物自己的言行中来揭示人物的思想感情、形象性格和精神面貌。写段太尉,先从"始为泾州刺史"时写起,却写邠州的事情,让他去"毛遂自荐""多管分外之事""摸老虎屁股""捅马蜂窝";写泾州之事,却又不让他公开出场去面对面地斗争,而让焦令谌闻其言行后自愧而死;写拒贿之事,先写他的预测,再写他死后朱泚所知的真相。这些,都是经过了一番精深的艺术构思的。

运用对比、映衬的艺术手法来塑造人物的性格和形象,也是本文重要的艺术特点之一。写郭晞纵士卒肆虐,写白孝德"戚不敢言",正映衬出段太尉不顾个人安危、挺身而出以抗暴止乱的伟大精神;写焦令谌残暴的行为,写农民的悲惨困苦,正对比出段太尉关心人民疾苦、反对暴虐政治的仁者胸怀和风范。至于文笔的曲折、陡健、曲尽情事,也是受到历代好评的。林纾在《柳文研究法》中说:"太尉遗事,固自风流,然不有此等文章,亦描摹不能尽致。"[1]可说是集中概括地指出了本"状"的文学价值。

总之,柳宗元的这篇作品,无论是从其写作过程、写作态度上看,还是从它的文学成就、社会作用上看,都是值得我们学习、借鉴和深思的。

1987 年 3 月 6 日

（原载于《临沂师专学报》1988 年第 3 期,《零陵师范高等专科学校学报》1999 年第 1 期转载, 后收入《柳宗元研究》, 南海出版公司 2006 年）

---

[1]吴文治编:《柳宗元资料汇编》,中华书局,1964 年,第 587 页。

中国古籍整理学学科建设刍议

我们中华民族有数千年的优秀历史文化传统，有丰富而灿烂的文化遗产和历史典籍。整理研究我国古籍，批判地继承这些优秀的文化遗产，对于培养和提高我们的民族自尊心和自信心，加强和丰富我们的民族传统教育和爱国主义教育，继承和发扬我国优秀的民族文化传统，繁荣和发展社会主义文化、建设社会主义精神文明，都具有重大意义。

自古以来，我国就有重视古籍整理研究的优良传统。从孔夫子到今天，几乎每个历史时期都设有古籍整理研究的机构，许多著名的学者在这方面做了大量的工作，取得了一批又一批的丰硕成果，积累了丰富而宝贵的经验，在中华民族的文化发展中，发挥了巨大的作用。新中国成立以来，我们党也是一贯重视古籍整理研究工作的。毛泽东、周恩来等领导同志，对此发表过一系列的重要指示，并在他们的亲自关怀下，于1958年搞全国科学规划时就成立了国务院古籍整理规划小组，负责统筹安排古籍的整理出版工作，同时着手组织史学界专家校点"二十四史"。由于"文革"的干扰和破坏，整理研究工作被迫停顿。拨乱反正之后，随着我国经济文化的改革和发展，陈云同志又不止一次地关注古籍整理研究工作，并于1981年再次向古籍整理研究工作者语重心长地提出："古书要整理，让更多的人看得懂，把祖国文化传统继承下来。"并说："整理古籍是一项很重大的工作，工作量很大，关系到子孙后代。"为此，1981年9月17日，中共中央下达了

《关于整理我国古籍的指示》。在中共中央的号召下，国务院古籍整理出版规划小组恢复了工作，并制定了1982年至1990年的古籍整理出版规划。根据中共中央"古籍整理工作，可以依托于高等院校"的指示，原教育部于1983年3月初召开了全国高等院校古籍整理研究规划会议，批准筹建或成立了一批古籍整理研究机构，初步议定了古籍整理人才培养的方案和途径，并决定从1983年开始，每年拨出一定数量的专项经费，来资助这一事业的发展。是年9月，又成立了全国高等院校古籍整理研究工作委员会，具体筹划、安排这一工作。在中共中央和国务院的指示、重视之下，各省市也纷纷成立了相应的组织机构，各高等院校也相继调配科研力量，成立了一批古籍整理研究所（室），举办了一批古籍整理培训班、研究班或讲习班。有师资力量的高等院校还先后招收了以古籍整理为研究方向的研究生班、硕士学位研究生或博士学位研究生。除了中华书局、上海古籍出版社两大专业出版机构外，又先后成立了齐鲁、中州、岳麓、浙江、江苏、黄山、三秦等等地方的专业古籍出版社，陆续编辑出版了《古籍整理与研究》《古籍整理研究学刊》《古籍研究》等学术刊物，一批批古籍整理研究的专著、论述，也相继涌现。仅仅四五年的时间，古籍整理研究界已呈现出一片欣欣向荣的局面。古籍整理研究的队伍日益壮大，人才辈出；古籍整理研究机构遍布祖国各地，硕果累累；古籍整理研究工作受到党和政府的重视，并越来越得到学术界的支持和承认。新中国成立以来，还没有像今天这样景象喜人。

但是也应该看到，古籍整理研究工作虽然得到这么巨大的进展，可是在一般人的心目中，甚至一些领导或学者中，对它的认识和理解，还并不是那么全面的，在具体的工作实施中也并不那么真的重视。有人说：现在改革开放，搞活经济，进行"四化"建设，老整理研究那些古书有什么意思？有人认为，整理研究古籍不外是圈圈点点，注注译译或编编选选,不过在故纸堆里找学问,有多大的学术价值？算得上什么科学？有的地方虽然赶时髦式地成立了有关组织机构,但没有做什么工作,形同虚设,可有可无。有的整理研究成果,因为读者面窄,销售量不大,难以出版问世；有关文章或论述,由于不太结合现实,缺乏"议论",也不太受到一般学术刊物的欢迎而难以发表。有的单位如没有中央或地方的专项经费资助,恐怕连日子也不好过。诸多原因,致使某些专业工作人员也不安心专门从事这项工作,在某些学术团体、科研部门或高等院校里,有些人认为"整理"不如"研究",伏案埋头"整理"多年还不如"研究"出点成果容易评职升级。因此,正如吴小如先生所说,古籍整理研究反而成了"好汉子不愿干、赖汉子干不了"的行业。这些问题,有认识问题,有管理体制问题,也有古籍整理研究自身的学科研究和建设问题。特别是它的学科体系的建设问题,如不很好地及时加以解决,不仅影响上述问题不能很好地得到解决,而且将会影响今后古籍整理研究工作的进一步开展,是应该着手研究解决的时候了。

古籍整理研究在我国是一项具有光荣传统的学术活动,有着它自身产生、发展过程,也有着它自身的特点和规律,从理论基础和学科体系上来说,应该有它相对的独立性。可是,直到今天,我们对它的特点和规律还没有很好地总结和研究,即使是一些古籍整理研究的专门家,也还没有承认它相对独立的学科体系。不是吗？单就培养和造就古籍整理研究专门人才的教育部门来说,北京大学的古文献专业是设置最早的,但它却隶属于中文系。近几年,其他院校也开始培养这方面的人才,但都是在中文系的中国古代文学或汉语史专业之下、在历史系中国古代史或历史文献学专业之下,设置古籍整理研究方向,仍还不能成为独立的一门学科。国务院学位委员会批准了一批高等院校对这方面人才培养的硕士或博士授位权,但那些学科专业仍是隶属于中国语言文学的中国古典文献学和隶属于中国历史学的历史文献学。由此思彼，那么对愿意从事哲学、经济、法律、教育、军事、农业、医药、科技等方面古籍整理研究人才的培养，那就只有再相应地在有关学科或系科之下设置古代哲学文献学、古代经济文献学、古代法律文献学、古代教育文献学、古代军事文献学、古代农业文献学、古代医药文献学以及古代科技文献学等专业了。这样，古籍整理研究本身就将永远是隶属于其他学科之下的"二级学科"。

事实上，尽管各类专业古籍的整理和研究工作各有不同的对象、内容和要求，也各自具有不同的方法、手段、特点和规律，但是从古籍整理研究的整体来说，正如前所述，它们是有着共同的对象、要求、特点和规律的。正如中国语言文学、历史学、哲学、经济学、法学等那样，也有着它相对的学科独立性。因此，笔者认为，在古籍整理研究事业蓬勃发展的今天，亟待解决的重要任务之一，就是要探讨研究它的内涵、外延以及与其他学科的联系和异同，分析、归纳它的对象、要求、特点和规律，从而建设起它的学科体系来。这对总结前人的成果和经验，对今后古籍整理研究工作的实践，无疑是有极重大意义的。从实践升华到理论，是一切学科发展的必由之路。因此，这个需要研究和建设的学科，应该叫古籍整理学。从目前中国古典文献学、历史文献学所包含的内容和要求来说，是替代不了这个学科的。

古籍整理学，是社会科学。社会主义时代的古籍整理学，它的指导思想应该是马克思、列宁主义和毛泽东思想。具体说来，研究这门学科，应该以辩证唯物主义和历史唯物主义为指导，坚决贯彻批判地继承文化遗产、古为今用的原则，坚持实践与理论相结合的原则，坚持百家争鸣、百花齐放的原则，既要总结前人的成果、经验和教训，又要总结今天古籍整理研究工作的现状、成绩和问题，认真探索、分析和研究古籍整理研究的对象、范畴、目的、意义、地位、作用、类型、方法、特点、规律等方面理论问题，以便逐步建立起古籍整理学的理论基础和学科体系。就目前情况来看，应首先组织力量编写一部《古籍整理学概论》，就像文学的《文学概论》、历史学的《历史科学概论》、法律学的《法学概论》一样。目前，已有《古籍整理概论》《中国文献学》之类的论著出版问世，但前者只从古籍整理的概念、历史、现状、类型、方法着眼，后者只多就目录、版本、校勘等具体知识、方法入手，还缺乏从宏观的角度和整体的把握中去观察、考查、分析、研究和论述古籍整理研究的问题，所以还没有真正建立起古籍整理学的理论基础和学科体系，亟待我们去积极努力地探索、研究和建设。

任何学科，除了它的理论基础之外，还有它的基本知识基础。这个学科，与语言、文学、历史等其他学科相比，既有联系，又有不同，带有边缘学科、交叉学科以及综合学科的特点。它既是传统学科，又具有新兴学科的特征。这个学科最基本的要求是要能读懂古籍。如果连一般的古籍都读不懂，还谈什么整理研究！读不懂历史古籍，照样可以进行历史学中其他方面的研究；读不懂文学古籍，照样可以进行文学中其他方面的研究。可是读不懂古籍，就无法从事古籍整理学的研究。但是，能读懂古籍，是很不容易的。有些古籍，甚至连一些著名的学者也都难住了。新点校出版的"二十四史"及其他一些校注的古籍，常常出现一些这样那样的缺点、错误、甚至笑话，原因就在这里。所以，作为一个古籍整理研究者，最起码的要求是要有一定的古代汉语的阅读水平。有时候，点校一部古籍，并把它准确地注释、考辨、翻译出来，所牵涉的知识有时竟至古今中外、天文地理。没有深厚的知识基础，光靠《辞海》之类的工具书是解决不了问题的，即使需要使用各种工具书，如果对各种工具书的源流、内容、类型、特点及使用方法不有所了解，也是找不到适用的工具书的，或就是找到了也查找不出来。唐代学者李匡乂（济翁）在《资暇集》中曾引用稷下谚语说："学识如何观点书。"鲁迅先生也说:"这种小小的难事""往往害得有名的学者出丑。"(《且介亭杂文二集·题未定草(六)》)外行人总认为整理古籍是件容易事,对这项工作加以种种轻视或误解,就是不理解其中的道理和艰苦。

要读懂古籍,除了要具备古代汉语方面的文字学、音韵学、词汇学、语法学、修辞学、训诂学等学科知识,了解古人行文的体例、特点之外,还要熟悉中国古代史,特别是政治制度、经济文化、哲学思想、学术思想、文学艺术、军事、法律、教育以及天文历法、科举职官、宗教礼俗等等各方面的历史知识,甚至连古人的生活习惯、特殊用语、地理沿革、文化常识等方面的知识也极为重要。有时候,为了整理好一部古籍,对上述知识的要求还要相当的准确、全面、深入和系统。古人整理古籍,或许连上述的某些学科名词还不知道,但封建社会的教育方法倒是注重"死记硬背"的,一个人从小就读"四书""五经""前四史"《资治通鉴》《十三经注疏》等等,反复阅读吟诵,逐步积累了极为丰富的历史文化知识,潜移默化地提高了读书能力。今天,我们虽然要借鉴古人的教育方法或自学方法,但已不能也不可能那么做了。但对于从事古籍整理研究工作的人来说,还是要具备这些知识的,在培养从事这项事业的人才上,也是要设法使他们具备这些知识和能力的。这就是古籍整理学的学科知识基础。无论从加强古籍整理研究工作的实力上来说,还是从改革现行教育体制和内容上来说,都是极需要加以研究和解决的,从而丰富和完善这一学科自身的学科体系。

当然,古籍是个十分广泛的范畴。我国既有丰富的属于社会科学方面的典籍,也有众多的属于自然科学方面的文献。任何一个古籍整理研究工作者,不可能兼通各种学科。试想,不懂天文历法要整理《史记·天官书》,不懂法律要整理《唐律疏义》,不懂中医要整理《伤寒论》，百分之九十是要失败的。因此，古籍整理研究者除了要懂本学科外，还要掌握其他有关的专门学科。但这些专门学科知识，是不能由古籍整理学科来解决的，也是解决不了的。古籍整理学只能就古籍整理研究的共同问题和它自身的要求、特点和规律等方面来进行研究和建设。把古籍整理学完全看作是多科性、综合性的"杂烩"，显然是错误的。

任何学科，它的学科整体是由它的分支学科共同组成和建立起来的。而分支学科的确定和建立，是由学科整体所含有的范畴、内容、类别、任务和方法等方面的需要来决定的。今天古籍整理研究的实践，虽然是前人实践的继承和发展，但从它的内容、形式和方法上看，都比前人丰富和先进了。如果依其形式和类别来说，就有标点、校勘、注释、翻译、编选、辑佚、考辨、集录、影印、检索等不同的类型。那么，为了适应整理研究实践的需要，在总结、继承前人成果、经验的基础上，也应该相应地研究和建立起各种新的分支学科来。传统所称的"国学""经学""小学"等等，本身就是一个内容杂驳混淆的非科学的概念，长期流行的"四部分类"，也缺科学体系；有清以来的所谓"考据学""校雠学""文献学""训诂学"等等，也是需要加以改造的。笔者认为，根据实践现状和发展的需要，应该分别研究和建立古籍目录学、古籍版本学、古籍校读学、古籍注释学、古籍今译学、古籍编选学、古籍辑录学、古籍考辨学、古籍检索学、古籍印行学等等各种分支学科。此外，随着科学现代化的发展，如何利用自然科学的研究成果，如电脑信息储存等等，以改进古籍整理研究手段，也应该是学科研究建设中的重要课题之一。只有把古籍整理学的学科基础和它的分支学科研究建立起来，古籍整理学才能具有相对独立而完整丰富的学科体系。

上述种种分支学科，既不能是新瓶装旧酒，墨守前人的陈规，故步自封于已有的成果,也不能是自我标新立异,在前人的基础上翻新花样、玩新名词。它们应该是既继承、发扬了前人的科学成果,又结合了今天的整理研究实践,有所探索、有所创新、有所突破,从而归纳总结出特点和规律,研究建立出新的理论体系来,才能成为一门科学。比如古籍校读学,既要分析、研究古籍行文的种种体例、特点、习惯和规律,又要探讨和研究如何把古人既无句读、又不分章句的典籍断开点确,还要把各种不同版本的异同加以甄别判断,并指出古今校点错误的现象和原因等等,这是很不容易的。古籍注释学也应如此,它的内容应该比传统的"训诂学"更加丰富和完整一些。各种分支学科的研究和建立,无疑对今后的整理研究实践,是将会起到巨大的推动作用的。

任何一种学科的内容和体系的建立和发展都是有它的实践基础的。如前所述,古籍整理研究,在我国历史悠久,源远流长,自然有它产生、发展、衍变的过程,也给我们留下了丰富多样的成果、经验或论述。比如孔子、刘向父子的贡献和成就,是大家承认了的;有清一代大修《四库全书》,编纂了很多总集和类书,相当多的著名学者在古籍整理研究的各方面,竭尽毕生精力,取得了重大的成就,这些在古籍整理史上,也应占有光辉的一页。因此,古籍整理学就应该进行"史"的研究。当前,首先应该组织人力着手编写《中国古籍整理史》《中国古籍整理学说史》《古籍目录史》《古籍注释史》《古籍印行史》等等。其次,对于历代古籍整理研究学者、专著的研究,也应该是古籍整理学研究和建设中不可忽视的任务,如毛诗训诂研究、刘向研究、十三经注疏研究、《四库全书总目提要》研究、历代史馆编纂研究、类书研究等等。上述各种课题,虽然前人已做了一些工作,但大部分至今还是空白。古籍整理研究工作者,同样也不应该放松或忽视这方面的研究和建设。

当前,有一种错误的倾向:不少同志总把古籍的整理和研究截然分开,认为研究比整理高一个档次。大量的实践证明,整理和研究是不能分开的。我们的整理是在研究指导下的整理,我们的研究是在整理基础上的研究,两者是相互为用、相辅相成的。我们整理一部古籍,如果不对它的成书时代、作者的思想观点和该书所涉及的内容有所了解、有所研究,就不可能深入地理解它、掌握它,仅从一般文字词汇、语法特点上去确定句读、注释其意,恐怕是靠不住的。即使是校勘一部古籍,只对大量而繁杂的异文加以罗列,而不能进行深入地分析、研究,并加以准确、科学的判断,那是不可能产生精审的校勘著作的。影印古籍,外行人认为可能最为简单,实际光选择底本,就有许多学问要做。其他各类形式的整理,无不如此。所以,只有经过深入研究了的东西,才能整理好。

当然整理一般是微观的、具体的,而研究则既有微观的、具体的,也有总体的、宏观的。讨论整理或研究,既可从某书某人,也可以从某类到某问题,或纵或横、多角度、多层次地进行。我们不能说对杜甫的诗歌进行分析、探讨是研究,而对其作品进行校注、考释、系年等等就只是整理。所以,孤立地对待整理和研究,甚至认为是不同的级别和档次,是不公允的、片面的。

总之,我认为古籍整理学应该是一门内容丰富、体系完整、结构庞大、能够相对独立的学科。由于理论形态一般不如实践形态发展得迅速和充分,再加以我们主观上还没有认真地加以研究和总结而使之上升为理论体系,所以在这一学科的研究和建设上,至今还几乎是一片空白。早在1983年全国第一次古籍整理研究工作会议上,白寿彝同志就提出研究历史文献学学科的设想,1986年11月24日在全国高等院校古籍整理研究工作委员会第2届第1次会议上的工作报告中,又郑重地提出了"加强学科的理论建设"问题,号召大家进行深入的分析、研究和讨论,这是非常及时的,而又是极为必要的。笔者不揣浅陋,略述己见,以为引玉之砖。如能得到批评指正,笔者幸甚;如能引起讨论或重视,则古籍整理研究事业幸甚!

1988 年 2 月 7 日

（原载于《古籍整理研究学刊》1988 年第 2 期）

再谈中国古籍整理学科的建立和发展

在中共中央 1981 年《关于整理我国古籍的指示》的指引下，近十多年来，我国的古籍整理研究事业，得到了蓬勃的发展。据有关方面不完全的统计，从 1981 年至 1991 年仅十年多的时间，其整理、研究、出版古籍的成绩，已成倍地超出了新中国成立后 32 年成绩的总和，为了发扬成绩、总结经验，进一步调动和发挥全国各有关方面的积极性，搞好今后的古籍整理和出版工作，1992 年 5 月 25 日至 5 月 31 日，在党中央和国务院的亲切关怀下，在北京召开了第三次全国古籍整理出版规划会议，党和国家领导人江泽民、李鹏同志亲自为大会题词。会议提出了更加宏伟的"古籍整理出版十年规划（1991—2000）和'八五'（1991—1995）计划"，给全国古籍整理研究工作者提出了更加艰巨的任务，也指出了今后更加明确的努力方向，完全令人相信，今后的十年，古籍整理研究工作将会得到更深入、更广泛的发展，其成果也会是更加突出、更加鼓舞人心的。

在古籍整理的具体实践上，从孔夫子到今天，我国是具有悠久而优秀的历史传统的。一代又一代出现的许许多多重大的、甚至是划时代的整理成果，已成为我国优秀文化遗产的一部分。可是相对地说，随着整理实践的发展，及时地进行理论的分析、研究和总结，却极为不够，以致至今尚没有提高到科学理论的高度，对它进行宏观的研究而建立起学科的科学理论体系来。在整理实践发展过程中，虽然先后也出现过一些带有总结性、理论性的论述和专书，但却往往局限于整理实践中的某些方面和过程,比如有关目录学、版本学、校勘学、考辨学及辑佚学等方面的著录、条例、归纳或论述。这些当然是极为需要的,但总感到是孤立的、分散的,缺乏对整个古籍整理实践的宏观把握和系统论述,并使之升华到一定的科学理论的高度,致使学科体系的理论建设还没有很好地建设起来。

理论的研究、学科的建设和专业人才的培养,是相辅相成、不可分割的。在古代,很多王朝,都设有专门整理古籍的机构,编制有专门的职官,聚集了一些有关人员来从事古籍整理工作,相应地培养了一批又一批专业人才。历代,不少先贤学者,都以自己深厚的学业功力和广博的专业知识,从事过这一工作,并做出了卓著的成绩。其中,有些人似乎看到了学科建设和发展的意义,曾设想以"校雠"或"校雠学"来统帅古籍整理的各种实践活动。新中国成立前,有些高等学府,也曾以"国学"的学科名称,来专门培养古籍整理研究方面的专业人才,如北京大学早期的国学系、清华大学的国学研究院、江苏的无锡国学专修学校等等。这些,单从"校雠""国学"本身的名词概念上来理解,也是缺科学性的。因为,"校雠学"论述的问题,没有超出过具体整理的实践活动,尚缺乏高度、系统的理论统帅和指导;"国学"的内涵,又极为广泛,今天看来也是不科学的。虽然它们也给国家培养出了大批优秀的古籍整理研究人才,但在学科建设上却没建立起完整而科学的学科理论和体系。大量的古籍整理研究实践,使我国历代产生了一批又一批经学家、史学家、理学家、汉学家、宋学家、哲学家、思想家、文学家、选学家、文字学家、音韵学家、训诂学家、校雠学家、目录学家、版本学家、考据学家等等,其中很多就是古籍整理学的专家,可是人们从不这样称呼他们,原因之一恐怕就在于在前人的心目中,还没有把古籍整理学看作是一门科学。因此,理论研究、学科建设和人才培养三者之间,尚有待如何完全有机地结合起来、统一起来。

新中国成立以来,党和国家一贯根据马克思主义的基本原理,重视批判地继承我国优秀的历史文化传统的工作,重视古代典籍的整理和研究。对此,毛泽东主席发表过一系列的论述和指示,并在周恩来总理的亲自关怀、支持下,成立了国务院古籍整理出版规划小组,制定了古籍整理出版规划,并组织史学界专家学者校点了"二十四史"。为了适应古籍整理事业的新形势,在中央领导同志的关怀下,1959 年 6 月北京大学率先在中文系创立了古典文献专业,使古籍整理实践、理论研究和人才培养事业在马克思主义指导下,有机地结合了起来,并走向了科学的轨道。但在"十年动乱"时期,各项事业都遭到了严重的破坏,直至十一届三中全会之后,才又得到了恢复和发展。特别是 1981 年 4 月陈云同志关于《整理是继承祖国文化遗产的一项重要工作》的指示和同年 9 月中共中央《关于整理我国古籍的指示》发布后,我国的古籍整理研究事业,逐步呈现出新局面、出现了新高潮。与此同时,又先后在南京师范大学中文系、杭州大学中文系、上海师范大学古籍整理研究所增设了古典文献专业,在有关高等院校建立了一大批古籍整理(或古文献、历史文献)研究所(室),并在一些高等院校建立历史文献、中国古典文献学专业硕士研究生、博士研究生培养基地和学位授予点,以培养和造就更高层次的整理和研究的专业人才。这些,对进一步搞好古籍整理研究、建设和发展古籍整理研究学科以及更好更多地培养这方面的专业人才,无疑是奠定了坚实的基础并起着积极的推动作用的。

可是,就目前的情况看,问题仍然是很多的。除了种种的社会因素、客观原因外,到底要建立一个怎样的学科,并以这学科的指导思想和理论体系来推动人才培养和具体的整理研究实践,似乎依然是多种亟待解决的问题之一。

古籍整理研究的对象,不仅是指一般认为的所谓文、史、哲、政、法、教，而且还有大量的其他方面的丰富古籍，比如经济、教育、军事、地理、天文、历法、医药、科技等方面的典籍。古籍整理研究成果的读者对象，也不仅是指文史工作者以及大中学校的文科学生，而且也应该包括广大的知识青年和干部。一个民族的优秀文化传统的继承者，应该是以知识分子为主体的具有一定文化程度的人民大众。陈云同志一再强调"古文今译"，其目的，大概就在于要把我国传统的优秀文化广泛地普及到最广大的群众中去。一个国家的文化程度，看它是否很好地了解和继承自家传统的优秀文化，应该说是衡量的标准之一。一个干部，如果对自己的传统文化一无所知，或者所知甚少，这个干部的素质恐怕也是不理想的。我们建设有中国特色的社会主义，建设有中国特色的社会主义精神文明，这个"特色"中，应该包含着我们传统的优秀文化。因此，要使古籍整理研究更好地为社会主义物质建设和文化建设服务，我们不仅要整理研究哲学社会科学或说人文科学方面的古代典籍，而且也应该整理研究理科、工科、农科、医科或说自然科学方面的古代典籍。只有这样进行全面深入的整理和研究，才能使人们深刻地认识到我们这个"世界上四大文明古国"之一的中华民族在人类文明发展中的创造和地位。这对加强爱国主义教育，增强民族的自尊心、自信心和凝聚力，以更好地建设伟大的具有中国特色的社会主义，无疑是具有重大意义的。可是，目前的历史文献学科和中国古典文献学科，仅仅隶属于史学和文学的学科之下，而整理研究对象，又主要限于文史哲等方面的古代典籍，显然是不全面的，也是不能完全适应社会主义建设事业需要的。目前培养的硕士生和博士生，生源主要来自中文系和历史系毕业的本科生和硕士生，是有所局限的。当然，我们历来重视农学、医学等方面整理和研究，第三次全国古籍整理出版规划会议上，又把科技古籍的整理研究列入一个醒目的地位，受到了与会专家学者的一致称赞。但是，如何相应地培养这方面的专业人才,却没有得到很好的解决。

整理研究的对象不同,它们的学科内容、科学体系以及具体的整理实践也是不同的。整理、研究它,需要各自的专业人才。但从整理研究的指导理论和具体的实践方法上,又有很多的共同或相通的东西,比如目录、版本方面的知识,校勘注释的原则,考辨、辑佚的依据,以及有关古代汉语、古代历史、古代文化等方面基本要求和具体实践方面的方式、方法、手段等等,应该说是相同或基本相通的。因此,我们能否根据这些特点,建设一个新的学科,全面地、高层次地培养古籍整理的专业人才呢?

近几年来,随着古籍整理研究事业的发展,一些报刊上也陆续发表了一些有关古籍整理研究方面的评论和论述。可是,不少"目录索引"之类书刊的编辑者,把有些论文,编入文学、史学、哲学等等学科门类或某些分类之下,而有些论文,似乎无类可归,只好编入"综合类"或"图书工作"等类之中,使从事古籍整理研究工作的人一时难于检索,更难窥视出整个整理研究的现状和全貌。江苏古籍出版社出版了一本《中国古籍整理研究论文索引》,全面搜集了新中国成立以来有关古籍整理研究的论文篇目,并按一定的分支学科或专题有序地排列出来,确使不少有关论文找到了"娘家"或"婆家"。这说明,我们极需要建立起古籍整理学科和它的分支学科,才能更有效地指导今后的整理研究实践。

记得前几年,上海就有人提出要建立一个古籍整理学的学科;最近出版的《传统文化与现代化》杂志,也正式出现了"古籍整理学"的栏目。我想,大概这都是根据我国古籍整理研究实践的需要而提出的建设学科的建议。

关于如何建立古籍整理学学科的问题,笔者曾在 1988 年第 2 期《古籍整理研究学刊》上发表了一篇《中国古籍整理学学科建设刍议》。拙文从笔者所从事的古籍整理研究和培养中国古典文献学专业硕士研究生实际感受出发，比较系统而又极其浅陋地阐述了建立这一学科的必要性和重大意义，并对它的学科基础和分支学科提出了一些初步设想。没料想，拙文发表后，却收到了很多同行专家和朋友们的来信，使自己受到了极大的鼓舞和鞭策。绝大部分来信，赞同这一"刍议"，并给予了指正或补充，也有一些朋友向我提出了质疑。针对当前古籍整理研究实践的现状和发展，笔者认为应该再次申述一些浅见，以求抛砖而引玉。

有的同志认为，现在有历史文献学和中国古典文献学学科，不必另建中国古籍整理学学科。当然，我们研究和处理问题，要从客观实际出发，不能单从抽象的定义出发。但是，从客观实际出发，研究它的内容、特点和规律，并给予一定的科学义界，也要名副其实。目前的历史文献学、中国古典文献学，和中国古籍整理学所属的内涵是不一致的。文献一词，最早见于《论语·八佾》，根据朱熹的解释，文指古代典籍，献指先贤的言论，第一个用这个词语作为书名的宋末马端临的《文献通考》，就包含有这两方面的内容和资料。但对今天来说，都保存在古代遗留下来的典籍资料中，无须再加区分了。我国1985年元月公布、同年10月1日开始实施的标准定义规定："文献是记录有知识的一切载体。"那么，顾名思义，所谓文献学（无论历史文献学还是中国古典文献学）当然就是研究这种载体的科学了。这个科学，应该以研究这些载体编制、著录、发展、存佚、内容、特点、类别以及整理、使用等为它的主要内容，而中国古籍整理学却应该着重于对这个载体的如何整理上。当然，整理本身，有它的指导思想和知识基础，更有它的具体原则、类型、方法和手段。今天我们既需要文献学的基础，更需要具体整理的理论和方法，名之曰中国古籍整理学，似乎更符合今天古籍整理研究的实际。试看今天流行的一些文献学之类论著，主要讲的是目录、版本和校勘等方面的问题，这只能是古籍整理学的一部分，或一些分支学科。我们不能老着眼于对过去的叙述、归纳、分析和议论，而应该在总结过去的基础上，指导今天和未来，名之曰中国古籍整理学，似乎就更具有实践意义。

有的同志说，建立起中国古籍整理学，就等于取消了历史文献或古典文献学科，一些长期从事这些学科的同志，是不会同意的，也是会伤感情的。这完全是一种误解。各个学科，都有自己独特的研究对象和任务，中国古籍整理学科的建立，不过是针对我国全面深入整理古代典籍的具体实践和任务而提出的，也是为了今后更深入、更全面地进行理论研究和更明确、更广泛地培养专业人才而提出的，并不存在谁取消谁的问题，就如在文献学中大讲目录、版本和校勘方面的问题，而并没有取消目录学、版本学和校勘学等相对独立的学科一样。我们研究问题，应从客观实际的需要出发，而不应该从某些同志的所谓"感情"（这种"感情"可能是不存在的）出发。笔者认为，大量的古籍整理实践证明，中国古籍整理学应该是与哲学、法学、史学、文学等相并列的"一级学科"。

也有同志认为，关于中国古籍整理学学科建设的设想很好（按：指拙文《中国古籍整理学学科建设刍议》一文所述），恐怕就是实现不了，因为社会上并不重视这门科学。笔者认为，社会因素和建设学科是不能相提并论的。我们的党和国家一贯重视优秀文化传统的批判继承，一贯重视古籍整理研究事业，所有马克思主义的经典作家也一贯强调文化传统的批判继承问题，而且它本身也是我国长期封建社会中的传统学科，不能笼统地说是"社会上并不重视"。所谓"不重视"云云，似指一般人们、某些机关部门甚至某些领导阶层对它还缺乏正确的认识。比如，在当前国家财力还比较困难的情况下，某些领导部门对它的投资不够或不愿投资；某些整理研究成果难以发表、出版和发行。在某些高等学校、科研机构、甚至某些专家学者中，常把一些整理成果（比如点校、注译等）看作是"资料性"的编述，比所谓的科研论著低下一等，以致在评定职称时也不算过硬的科研成果。特别在商品经济的冲击下，一些专业人员，特别某些中青年专业人员不安心本职工作，而热心于"下海"或谋求些"急功近利"的岗位，致使这"钻故纸堆""坐冷板凳"的工作，越来越成了"好汉子不愿干，赖汉子干不了"的行业。据说，近几年文献学毕业的本科生、研究生的工作也不好分配和安排等等。诸如此类，有人们的思想认识问题，有国家的管理体制问题，也有各项事业、各种关系的调协、安排问题，客观原因是多方面的，但绝不等于国家不需要这门科学。学科的建立，首先要看国家是否需要，是否有建立它的基础和土壤，而不应该依据社会上暂时存在的种种问题而决定可否。单从经济效益或眼前的使用价值上说，它比不上某些学科，但从社会效益上说，它又是巨大的，而且是长期的、无形的，是我们建设有中国特色的社会主义伟大事业的基础工程之一，应该得到党、国家和整个社会的关心和支持。

祝愿广大古籍整理研究工作者在中国共产党的领导下，振奋精神，积极努力，调动起各种积极因素，协调好各种社会力量，排除种种困难和干扰，扎下根、安下心、吃下苦，把我们的古籍整理研究学科建设好，以取得古籍整理研究的更大的成绩！

1993 年 7 月 10 日

（原载于《社科纵横》1993 年第 4 期）

干支纪时与古籍整理研究

用干支纪年、纪月、纪日，是我国特有的一种纪时方法。所谓干支，是天干和地支的合称。天干有十，即甲、乙、丙、丁、戊、己、庚、辛、壬、癸。地支有十二，即子、丑、寅、卯、辰、巳、午、未、申、酉、戌、亥。古人把天干顺序的单数与地支顺序的单数、天干顺序的双数与地支顺序的双数，依次排列组合出六十种不同的配置形式，然后再依次循环，周而复始，以至无穷。由于甲、子分别为天干、地支之首，所以一般把一周六十个单位称为"六十甲子"。由于这种排列组合的方式是固定的，所以十天干中的每一"干"在一周中可以配置六次；十二地支中的每一"支"在一周中可以配置五次，因而出现了甲子、乙丑、丙寅、丁卯等。从天干说，有甲子、甲戌、甲申、甲午、甲辰、甲寅；从地支说，有甲子、戊子、庚子、壬子，却永远不会出现甲丑、乙寅、丙卯、丁辰等等天干单数与地支双数或天干双数与地支单数相互排列组合的配置情况。所以，六十甲子中的每个"甲子"的干支是固定的。

据大量的古代文献记载，用干支纪日起源最早。殷代的甲骨文中，已有六十甲子的全文；卜辞的"卜日"，皆用干支。殷周铜器铭文的记事、纪日也多用干支。以后的史籍，历代以来也多用这种纪日方法。至迟从《春秋》起，前后一直延续了两千多年没有间断，这在世界上都可以说是稀见的事。

我国历史有准确年代的记载，始于西周共和元年(前 841 年)。但用干支纪年，却始见于《淮南子·天文训》。大概正式使用，是王莽开始的。东汉章帝元和二年（85），还以朝廷的名义颁布使用过。自此，两千多年来连续使用，至今未曾中断。不过，今存各种年表、历表中东汉以前的干支纪年，都是按照六十甲子的顺序向上逆推出来的。

至于用干支纪月，在我国古籍中虽不乏记载，但却不常见。由于我国古代历法中有"月建"的概念，所以依然用十二地支与一年十二个月相配起来。古人认为，"气始于冬至"（《史记·律书》），因而就把冬至所在的月份配"子"。如以夏历来推算，十一月为子、十二月为丑、正月为寅、二月为卯，以至十月为亥。尽管历代王朝有"岁首"的不同，如夏代以寅月为岁首，商代以丑月为岁首，周代以子月为岁首，秦及西汉前期以亥月为岁首等等，但十二地支所在的月份是固定的，遇有闰月，则依原月份的月建。以"月建"配天干，五年则为一"六十甲子"，然后周而复始。干支纪月的规律是：甲、己年正月为丙寅；乙、庚年正月为戊寅；丙、辛年正月为庚寅；丁、壬年正月为壬寅；戊、癸年正月为甲寅。这样任何一年中的任何一月的干支，都是可以推算出来的。

在正式使用干支纪年法之前，大约在春秋战国时代，我国还使用着一种"岁星纪年法"。根据《史记·天官书》《汉书·天文志》等等有关资料的记载，所谓"岁星"，是指木星，古人认为它在天体中运行十二年一周。于是，古人把它运行轨道附近的周天，由西向东地划为十二等分，称为十二次，也称十二宫，并依次命名为：星纪、玄枵、娵訾、降娄、大梁、实沈、鹑首、鹑火、鹑尾、寿星、大火和析木。但古人还有十二辰的概念，也是依木星在天体中运行的周期来划分辰次的。不过它的划法是由东向西，和十二宫次的方向恰恰相反，然后再以十二地支分别命名。这样，两者背道而驰，从而出现了玄枵为子、星纪为丑、析木为寅、大火为卯、寿星为辰、鹑尾为巳、鹑火为午、鹑首为未、实沈为申、大梁为酉、降娄为戌、娵訾为亥的倒配现象。这虽然很别扭，但只要掌握住两者的对应关系，也就容易换算了。也是因为岁星纪年法容易使人产生混乱,使用起来很不方便,于是后人又创造了一种太岁纪年法加以调整。他们为了使岁星的十二宫次和十二辰位的方向一致,曾设想出一个与真岁星的方向背道而驰的假岁星(《淮南子·天文训》称为太阴,《史记·天官书》称岁阴,《汉书·天文志》称太岁),使它也由东往西地运行,就和十二辰的方向完全一致了。太岁每经过一个辰次,就是一年,十二年周而复始。古人还给每年各起了一个岁名,依《尔雅·释天》的说法,它们的称谓是:"太岁在寅曰摄提格,在卯曰单阏,在辰曰执徐,在巳曰大荒洛,在午曰敦牂,在未曰协洽,在申曰涒滩,在酉曰作噩,在戌曰阉茂,在亥曰大渊献,在子曰困敦,在丑曰赤奋若。"《史记·天官书》及《汉书·天文志》的名称,与此略有不同。为了与太岁纪年相配置,西汉人还给十天干逐次起了名字,叫作岁阳,依照《尔雅·释天》的说法,它们的称谓是:"太岁在甲曰阏逢,在乙曰旃蒙,在丙曰柔兆,在丁曰强圉,在戊曰著雍,在己曰屠维,在庚曰上章,在辛曰重光,在壬曰玄黓,在癸曰昭阳。"《史记·律书》与此有所不同,一般是从《尔雅》的。这样,十岁阳与十二太岁(岁阴)依次排列组合,不就成了"六十甲子"变种了吗?这种纪年方法,虽然复杂、烦琐,社会上也并不太使用,但由于历代的文人学者多是爱古崇古、炫耀知识渊博,所以偏偏常在诗文或著作中用来纪年。宋司马光的《资治通鉴》、清朱彝尊的《曝书亭集》,就都是以这种纪年方法来分卷编集的,所以反而成为古籍整理研究时经常遇到的。不过,只要掌握它们和干支纪年的对应关系,或查查有关工具书,也就迎刃而解了。

总之,用干支纪日、纪月、纪年,好处是符号简单、周而复始,周期也长。但正因为它周而复始,就不能孤立地、单独地使用,不然就根本无法推知它的准确时间。因此,在我国古籍中干支纪时的使用,往往是和传统的王位纪年法、年号纪年法相配合使用的,即使出现单独使用干支纪年时,也必须有背景材料或辅助条件才能考定出它具体的时间。如用来单独纪日，就必须知它所在月份朔日的干支或其他辅助的资料，才能知道它具体的日期。

我们阅读、整理、研究古代文献，分析、鉴赏、考查古代典籍或文学作品，考辨、选择、使用历史资料，一般需要确定其具体的历史时间，辨别其真伪，排比其次序，然后才能准确深入地加以联系、对比、分析和研究，以得出更稳妥、可靠的结论来。在此过程中，干支纪时的问题，是经常要遇到的。因此，只有对它的纪时原理、方法和规律有所了解，才能利用它从事古籍整理和研究工作。前代的学者，是深知这一问题的重要性的。他们往往进行长期的综合研究，才写出这方面的专门论著，以至成为我们常用或必备的工具书，使我们利用干支纪时的时候有了捷径。如宋刘羲叟的《长历》、司马光的《资治通鉴目录》、清汪曰桢的《历代长术辑要》、顾栋高的《春秋朔闰表》、今人董作宾的《殷历谱》、刘朝阳的《晚殷长历》、刘坦的《中国古代之星岁纪年》等等，都是这类性质的专著。但是，由于我国长期以来，特别是秦汉以前，历法很不统一，因而三代前后的朔闰考查还很不准确，所以至今还没有一本从夏商至今的年、月、日记载连续而准确的"历表"材料。今天，我们经常使用的是陈垣编著的《中西回史日历》《二十史朔闰表》和薛忠三、欧阳颐合编的《两千年中西历对照表》。《中西回史日历》和《两千年中西历对照表》的时间，都是从公元元年至公元 2000年，依照它们的编写体例和使用说明，可以查找其中任何年、月、日的干支、某年某月的闰朔以及每日的星期日期，也可以进行中西历年月日的换算，使用起来极为方便和准确。《二十史朔闰表》，起自汉高祖元年（前 206 年），至中华民国二十九年（1940 年），除时间的上限多了二百零六年外，可以说是以上两书缩简本。依照它的编写体例和使用说明，也可以查找每年的置闰和每月的朔日，并依据"六十甲子"的顺序，可以推算出每一天的干支来，进行中西历的年月日的对应和换算,只是没有月干支和星期日期的编排。不过,由于编者对汉武帝太初前的"颛顼历"的考查不深,因而汉高祖元年至汉武帝元封六年(前105年)之间的闰朔、干支及中西历的换算,六年朔闰要用陈久金、陈美东《临沂出土汉初古历初探》一文的附表《汉高祖元年至汉武帝元封表》(见《文物》1974年第四期)。

掌握了干支纪时的原理、特点、方法和规律,学会使用《年表》《历表》等有关工具书,对古籍整理研究工作,是有裨益的。笔者近年来参加《柳宗元集》的校注工作,常以此道从事有关古籍的校勘、考释工作,在考查历史史实的准确时间、编排柳氏诗文的系年等方面,是常有所得、有所体会的。下面,仅就手边的一些例证,说明干支纪时与古籍整理研究的关系。

我国古籍,特别是史籍,记述历史事件时多是年下系月、月下系日、日下纪事。日,多用干支表示;年多以王位、年号及干支相配合的方式表示,因而能使具体的史实具有具体的时间概念。编年体(如《资治通鉴》)、纪传体(如"二十五史")及纪事本末体(如《通鉴纪事本末》)的史籍更是如此。一般地说,纪传体史书中的"帝王纪",往往是将各个帝王按朝代、世系的先后逐朝、逐代、逐年、逐月、甚至逐日地把王朝大事记述下来的,所以"纪"对全书来说,就有提纲挈领的作用,然后再在有关"传"中去评述。所以,我们考查史实,考查历史人物的生平事迹和具体活动,考释作家诗文的写作时间等等,往往需要从上述历史资料及有关自述、他述的材料中加以对比、归纳、分析和论断。但是一些史籍的编著,往往根据当时王朝的档案资料,诸如王朝实录、大事记、起居注、诏令、奏议以及其他野史、传闻之类的记述加以筛选编集起来的,时间的迁移、事件的纷繁、头绪的众多以及当时的漏记、误记,难免会出现这样那样的遗缺或错误,特别在时间的记述上,错误是常常出现的。不过,利用它、研究它的学者,已做了大量的校勘工作。新中国成立后中华书局陆续出版的点校本，单就纪时来说，就利用朔闰干支的原理，校正了不少错误。但有的"正史"，点校时就忽略了这一工作。笔者由于编写柳宗元诗文系年的需要，经常翻阅《旧唐书》，结果发现单就干支纪日方面就有很多错误。与柳宗元关系较多的《德宗纪》《宪宗纪》，其错误几乎遍及到了每页的记载中。有的是明显的误记；有的是由于时日不清而造成的编写体例的混乱和史实记载的残缺；有误把几个月的史实连接在一个月内；也有的与"传"文在时间上互有抵牾或矛盾，因此在使用有关材料时，必须参照有关材料进行考辨才能准确。为了说明问题，现举例说明各类误记的一般情况：

一、明显的误记：《旧唐书》的"本纪"部分是按帝王年号逐年逐月逐日记事的，纪日皆用干支。因此，每年的置闰、每月的朔日，如果干支错误，即导致全月或几个月史实时间的错误或混乱，仅以《德宗纪》为例（页码用 1975 年中华书局精装本数字）：

三二九页，建中二年"秋七月戊子朔"，是月朔日为戊午，无戊子，《资治通鉴》即作"戊午朔"。

三六七页，贞元五年"春正月壬辰朔"，是月朔日为甲辰，无壬辰。

三六九页，贞元六年"春正月戊辰朔"，是月朔日为戊戌，无戊辰。

三八四页，贞元十二年"八月辛未朔"，是月朔日为己未，辛未为本月十三日，《资治通鉴》注中即云严作"己未朔"。

二、记事时间的残缺和混乱：按年月日记事，如有一个干支误记，就使很多日期混乱。"本纪"中很多缺月的地方，大都是这一原因造成的，从而造成了记事体例的混乱。仅以《宪宗纪》为例：

四一三页，永贞元年无十一月；

四一六页，元和元年无四月；

四二七页，元和四年无年号、时间及一至三月；

四四三页,元和七年无七月、九月;

四四五页,元和八年无三月、五月;

四五二页,元和十年无四月;

四五七页,元和十一年无十一月;

四五九页,元和十二年闰五月,《本纪》仅记"五月庚寅朔"。事实上,是年五月庚申朔,闰五月庚寅朔,如所记为五月,庚寅当为庚申之误,则漏记闰五月;如夺闰字,则漏记五月。

四六三页,元和十三年无四月;

四七六页,元和十五年闰正月,无记。

这些残缺和混乱,有些可能是原始材料有误,有些则是日干支的错误而导致的,因而其中史实的准确时间,特别是无记的上月的史实准确时间,就大成问题了。

三、非同月的事混入一个月内:由于干支的混乱或错误,就会造成月记事的混乱或错误。在《旧唐书》"本纪"中,把上月的事误入下月,把下月的事误入上月,或把几个月的事误为一个月的事情,也是比比皆是的。上述所有记事缺月的地方,几乎都产生了这种混乱或错误的现象,从而给研究工作者在使用这些史料时,带来许多麻烦,产生很多困难。

该书三六三页至三六四页"德宗纪"下记载了贞元四年正月的一些史实(原文较长,恕不抄录),全文约一千字;之后,记载了是年六月、七月等等(无十一月)的史实,正月记事,内容非常丰富,有对外关系、罪犯的赦免、边将官吏的使用、职官的设置,官俸的调整、天灾的发生、吐蕃的入侵、城防的建筑、历象的变换等等,但光记日就用了干支三十个。是不是每天都有事记载呢?如用朔日及干支顺序推演和换算,根本无法确定准确的日期。它不是一个月内的事,而是四五个月的事混入一起,只有参照其他有关史料的记载,才能加以鉴别和整理。因此，凡是遇到这种情况，就应该特别小心了。而这样的情况，不是一处两处，几乎每年都有这种混乱或错误的现象存在，可见对"本纪"加以考辨，编写出一本《两唐书本纪合校》之类的书，对治唐代文史的人，会是一个很大的方便吧！

同样，在一些作家诗文中，即使是写自己经历的事，也常有记错的现象。柳宗元的《亡妻弘农杨氏志》(《柳宗元集》卷十三)一文，是给自己的亡妻写的墓志铭，说杨氏病卒于贞元十五年"八月一日甲子"，葬于"九月五日庚午"。贞元十五年，"龙集己卯"。是年八月壬申朔，是月无甲子；九月壬寅朔，九月五日应为丙午，甲子为九月二十三日，庚午为九月二十九日。可见，作甲子、庚午皆为误记。其他，在《故永州刺史流配骧州崔君权厝志》(卷九)、《亡姊前京兆府参军裴君夫人墓志》(卷十三)、《万年县丞柳君墓志并序》(外集补遗)等等诗文中，都有这种误记的现象。

上述种种，都说明利用干支纪日往往造成失误。我们考查史实时，如果必须考查清楚它的具体时间，遇有干支纪时，就必须利用有关工具书和其他有关材料进行核实和验证，作古籍校勘时，更应审慎从事。这样才能使干支纪时为古籍整理服务。

利用干支纪时的原理和方法，不仅仅只限于对具体时间的考查，而且更重要的是在于把握住具体的历史时间后，更进一步把有关历史史实放在一定的时间、空间内去探讨它的背景、源流和具体的历史动向，去研究历史史实的情势、影响、意义和有关人物的思想、言行、意向时，使之成为"既是历史的，又是具体的"，从而才能准确地分析它、评价它。比如，"永贞革新"后，柳宗元等人初贬为远州刺史，《旧唐书·宪宗纪》记入为永贞元年九月己卯。是年九月丁卯朔，己卯为是月十三日。此事，《资治通鉴·唐纪》所记与《旧唐书》相同，而《新唐书·宪宗纪》无记。但柳宗元等在赴任途中，忽又再贬为远州司马，《旧唐书》

记曰是年"十月壬申贬韦执谊为崖州司马;己卯再贬柳宗元等七人"（大意）。而《新唐书》只记是年十一月壬申贬韦执谊事,而无记柳氏等七人再贬事,《资治通鉴》则皆记入是年十一月,干支亦同于《旧唐书》。于是,在今天许多历史论著或关于"八司马"的研究论述中,有谓再贬于十月,有谓再贬于十一月,似乎皆言之有据了。其实,是年十月丙申朔,是月无壬申和己卯;十一月丙寅朔,壬申为十一月七日,己卯为十一月十四日。所以,当以十一月为是。时间虽只相差一个月,但对进一步考查柳宗元等两个月的赴任行踪、心情、再贬的地点、到新任所的时间以及有关的诗文系年,却是不可忽视的。

利用干支纪时考查史实的真相,也是不可忽视的途径之一。吕温是"八司马"的好友,不仅是"永贞革新"的支持者,而且可以说是预谋者。贞元二十年（804年）冬,协助工部侍郎、入吐蕃使张荐入吐蕃,因而没有参加"永贞革新"的具体活动。但很多史书论述"二王八司马事件"时,大都笼统地说"是时吕温入使吐蕃,故未遭贬谪"云云。《旧唐书》卷一三七《吕温传》也说"元和元年（806）,（吕温）使还,转户部员外郎"。事实上,二王八司马遭贬时,吕温已回到国内,"旧传"记载有误。当时著名的春秋学家陆质,也是"永贞革新"的积极支持者,甚至是革新理论的鼓吹者,柳宗元、刘禹锡、吕温等以师侍之,对他极为尊重。据《旧唐书·宪宗纪》及其"本传"记载,陆质病逝于永贞元年九月辛巳。九月丁卯朔,辛巳为九月十五日。如前所述,"永贞革新"失败,柳、刘等人初贬是在九月十三日,那么,陆质的逝世,虽有病因,而其中的政治因素,陆质溘然死前的种种景象,是不难推知的。吕温为陆质的病逝写了一篇《祭陆给事文》（见《吕和叔文集》卷八）,内言:"穷荒生还,仅及公存;绵顿在床,深堂昼昏;举烛开目,握手无言。"其中,属于政治上的种种愤慨、苦衷,是不言而喻的。"祭文"又说:"自此及终,曾未浃辰,凡曰识者,孰堪酸辛? ……"浃,周匝也。天干甲至癸为十日,地支子至亥为十二辰,浃辰当指十二天而言。显然,吕温在九月初四、五日就从吐蕃回到长安了。因此,他未遭贬谪,与其说是"以使吐蕃免",不如说因为唐宪宗及"永贞革新"的反对派没有抓住他具体的言行、找到更具体的罪过或借口更为确切一些。

利用干支纪时,考辨作家诗文的写作时间,给以确切的系年,使研究者更好地"知人论世",把诗文放在具体的历史环境中加以分析和探索,也是有意义的。笔者作《柳文系年订正》(见《古籍研究》1986年第二期、1987 年第一期)时,其中有些就用这一方法确定系年、更正了宋人文安礼《柳先生年谱》及今人施子愉《柳宗元年谱》中关于诗文系年的失误。比如《道州文宣王庙碑》(卷五)一文,文《谱》系于元和九年,施《谱》系于元和十年,皆误。"碑"文云:"谨案某年月日,儒师河东薛公伯高,由刑部郎中为道州。明年二月丁亥,公用牲币祭于先圣文宣王之庙。"薛伯高为柳氏之先友,但由于史料阙佚,其由刑部郎中刺道州的具体时间不清,只有柳氏《道州毁鼻亭神记》(卷二十八)中说:"元和九年,河东薛公由刑部刺道州。"那么,"碑"文所谓"明年二月丁亥",当为元和十年二月。但是月癸卯朔,是月无丁亥,丁亥应为三月十六日。按唐制释奠祭孔惯用仲春(二月)、仲秋(八月)的上丁日。二月五日为丁未,故"丁亥"疑为"丁未"之误。"碑"文又云:"既祭而出,登墉以望,爰得美地。……是日树表列位……然后节用以制财货,乘时以徼功役,逾年而克有成。"则新庙建成当在元和十一年二月以后无疑。"碑"文说:"(元和)九年八月丁未,公祭于新庙。"显然,这里的"九"应为"十一"之误。元和十一年八月甲午朔,丁未为八月十四日,但如祭用上丁,八月四日为丁酉,故疑"丁未"又为"丁酉"之误。"碑"文还说:"今公法古之大,同于鲁;化人之难,侔于蜀。盍铭兹德,以告于史氏而刊之兹碑。"所以,此文最早也只能写于元和十一年八月以后。不过,需要说明的是,《道州毁鼻亭神记》中所说"元和九年"

云云，诸本皆作"九"，唯《文苑英华》收录此文时注曰"蜀本作'元'"。因而何焯校本、中华书局新校点本，"九"皆径改为"元"。即使如此，此文也应作于元和三年，而其中的干支亦为误记。

　　总之，干支纪时是我国特有的一种纪时方法，我们利用它的原理和方法，从事古籍整理和研究工作，也应该是一条特有的途径和方法。

1987 年 4 月 29 日

（原载于《古籍整理研究学刊》1987 年第 3 期）

丰富多彩的陇右典籍

　　陇右大地,具有悠久而优秀的文化传统,培育了一代又一代的杰出人物。这些杰出人物的活动与创造,不仅增添了我国各个历史时期文化的新内容,而且也推动了各个历史时期陇右文化的新发展。他们之中,不少人给我们遗留下了丰富多彩的创作和著述,并已成为我国文化遗产的一部分。为了使人们了解陇右典籍的基本情况,现扼要介绍一些重要的作者和典籍。

一、王符《潜夫论》

　　王符(约85—162),字节信,安定临泾(今甘肃镇原)人,是我国著名的哲学家、政论家和思想家。他出身寒微,通过刻苦好学,名闻朝野。他生活在东汉和帝至桓帝之际,正是黄巾起义前夕。虽然"当途者"多次荐引,而他却独标耿介的高节,不求仕进,专心隐居著述,讥议时政得失,最后完成了政论专著《潜夫论》10卷36篇。这些论述,大多是治国安民、指评时政的政论,也涉及了许多哲学、历史、军事、方技等方面的学术问题,充分体现了他进步的政治主张和渊博的文化知识,千百年来一直受到人们的推重。范晔在《后汉书》里把他和王充、仲长统合传;韩愈在《后汉三贤赞》中,又称颂他们是这一时代贤良的杰出代表;后人也一直把《潜夫论》和王充的《论衡》、仲长统的《昌言》看作是东汉最有影响的三部杰出的著作。《四库全书总目提要》上说:"今以三家之书相较,符书洞悉政体似《昌言》而明切过之,辨别是非似《论衡》而醇正过之。"(卷九十一《子部·潜夫论提要》)更可见它的思想价值、历史价值和学术价值。《四库全书》《四部丛刊》《四部备要》《汉魏丛书》《湖海楼丛书》及《诸子集成》等大型丛书都收录了这部著作。旧刻以清嘉庆年间萧山汪继培的笺注本最为完善,今人彭铎在汪氏笺注的基础上广取他本和类书,详加复校,纠谬正误,再加上阐发和补充,成《潜夫论笺校正》一书,由中华书局出版,后又收入《新编诸子集成》第一辑中,是迄今行世的最完善的校注本。1991年甘肃人民出版社出版的胡大浚等人译注的《王符〈潜夫论〉译注》一书,又是在彭著的基础上的一部今注今译本,更便于一般学者的学习和研究。

二、皇甫谧《针灸甲乙经》

皇甫谧(214—282),字士安,自号玄晏先生,安定朝那(今甘肃平凉)人,是我国魏晋之际著名的文学家、史学家和医学家。《晋书·皇甫谧传》记载,他因家贫无书,曾写信向晋武帝司马炎去借,晋武帝嘉其好学,干脆送给他一车书籍,因此传为佳话。他的著述甚多,据《隋书·经籍志》著录,就有《晋征士皇甫谧集》2卷、《高士传》2卷、《逸士传》2卷、《列女传》6卷、《玄晏春秋》3卷、《帝王世纪》10卷、《针灸甲乙经》12卷等,可惜大都遗失了,今天只能看到后人的征引和辑佚,而只有《针灸甲乙经》流传了下来。全书128篇,详细记述了349个穴名、649个穴位的部位、分类、治疗作用和禁忌事宜,全面叙述了古代生理、病理、诊断、治疗及预防等方面的医学知识,深刻论述了经络原理和进针方法,是我国第一部全面系统的针灸学专著,被后代国内外医家奉为经典,至今仍具有重大的实践意义和学术价值。《四库全书》收录了此书,明王肯堂辑刊的"古今医统正脉全书"本(简称"医统"本)历称完善,人民卫生出版社先后出版的影印本和山东中医学院编写的校释本,都是以此本为底本的。

三、李益《李益诗集》

李益（784—827），字君虞，陇西姑臧（今甘肃武威）人，是我国中唐时期著名的诗人。他大历四年（769年）进士及第，授郑县尉，因仕途不顺，曾弃官浪游于燕赵河朔间。建中、贞元年间，先后为幕府从事十几年。唐宪宗闻其雅名，诏为秘书少监、集贤殿学士，官终礼部尚书。由于他有长期边塞生活的实际感受，所以其诗多能真切地反映出边塞的生活和风光，既有盛唐遗韵，又有钱（起）刘（长卿）风采。他律绝皆备，尤工七绝。形象鲜明，感情热烈，音律和美，风调苍凉。《旧唐书·李益传》上说他"每作一篇，为教坊乐人以赂求取，唱为供奉歌词"（《旧唐书》卷一三七），可见其流行程度，被后人誉为"大历十大才子"之一，在唐诗发展上有承先启后的意义。惜其诗篇佚失太多，《旧唐书·经籍志》《崇文总目》《新唐书·艺文志》上都没有著录。《全唐诗》录入其诗两卷；清人张澍《二酉堂丛书》录入其诗一卷，题曰《李尚书诗集》，应该说是收录较全的一个本子。今人王亦军整理注释的《李益集注》，广罗众本，梳理校订，附录了有关文献，逐篇作了新注，1989年由甘肃人民出版社出版，是目前较为完备的一个刊本。

四、权德舆《权载之文集》

权德舆（761—818），字载之，天水略阳（今甘肃秦安东北）人，是我国中唐时期著名的政治家和文学家。因杜佑等人的推荐，唐德宗征召为太常博士，贞元十五年（799年）为中书舍人，旋迁礼部侍郎。在贞元末年三次知贡举中，秉公持正，广罗人才，受到了士人的称赞。著名的政治家、文学家王起、王涯、李宗闵、牛僧孺、杨嗣复、白居易、元稹、陈鸿等人皆先后出其门下。官终检校吏部尚书兼兴元尹、充山南西道节度使，谥曰"文"。他生于贞元、元和之际，面对藩镇割据、宦官擅权、外族不断侵扰及国势日衰、矛盾重重的局面，"奏章不绝"，对王朝的政治、经济提出了很多好的奏议；处世也刚正不阿，因此被时人誉为"缙绅羽仪"。同时，他又能诗能文，对推动贞元、元和之际的文学发展起了积极的作用。他一生笔耕不辍，学术统贯，著述甚多，诗文皆精。他的文，有重要的史料价值和借鉴意义；他的诗，善于写景抒情，众体皆备，尤以五言律绝为后人所称颂。《全唐诗》《四库全书》收录其诗 10 卷，《全唐文》收录其文 27 卷。《四部丛刊》收录的清大兴朱氏刊本《权载之文集》50 卷，是目前流行的较为完备的旧刊本。笔者以朱氏本为底本，参校众本，重新编次，分别整理为《权德舆诗集》《权德舆文集》，将由甘肃人民出版社出版①。

五、李翱《李文公文集》

李翱（774—837），字习之，陇西成纪（今甘肃秦安）人，是我国中唐著名的文学家。他贞元十四年（798 年）进士及第，任校书郎。元和初，为国子博士、史馆撰修等，后因得罪权贵，宦海时沉时浮。唐文宗时，征为刑部侍郎，又转户部侍郎，终于检校吏部尚书、襄州刺史，充山南东道节度使，谥曰"文"。他早年师事古文家梁肃，后与韩愈相友善，更深得古文三昧，并积极支持、鼓吹和参与了韩愈所倡导的古文运动，以自己卓越的实践而成为这一运动的中坚和骨干力量。在文学创作上，他坚持"文以载道"的主张，先后写了一百余篇文章，显示了他古文写作的卓越成就。他的文集《李文公文集》系后人编纂而成，历代书目皆有著录。《四库全书》收录的是浙江鲍士恭家藏汲古阁本的重抄本，《四部丛刊》收录的则是明成化时冯孜所刻、嘉靖时舒瑞重修

①编者按：《权德舆诗集》出版于 1994 年 3 月，《权德舆文集》出版于 1999 年 4 月。后又有郭广伟校点的《权德舆诗文集》，2008 年 10 月上海古籍出版社出版；蒋寅《权德舆诗文集编年校注》，2013 年 12 月辽海出版社出版。

本,皆为 18 卷。甘肃人民出版社 1992 年 10 月出版的郝润华校点整理的《李翱集》,就是以成化本为底本、广校他本而重加校理和编次、并附有关文献的一个较为完备的新刊本。

六、李梦阳《空同集》

李梦阳(约 1473—1529),字天赐,又字献吉,号空同子,庆阳(今甘肃庆阳)人,是明代著名的文学家。他弘治六年(1493 年)进士及第,先后任户部主事、户部员外郎、户部郎中等职。由于他秉公持正、刚正不阿和疾恶如仇,曾三次入狱,后多亏友人何景明等人的营救才得以释放,但由于他和谋反的宁王朱宸濠有过交往,所以就再没有能够踏入仕途,而去隐居林泉、埋头著述了。他的品格,甚受时人景仰;他的文学主张和写作,也得到很多人的响应和赞许。在文学上,他明确提出了"文必秦汉、诗必盛唐"主张,以反对当时虚浮靡漫的"台阁体"文风,并倡导了明代的文学复古运动。虽然他的主张和实践还有某些偏颇,但由于他旗帜鲜明、声势浩大,对转变当时的文学发展还是影响深远、具有重大意义的。倡导和参加这一复古运动的还有何景明、康海等人,后人誉为"前七子"。后来出现的以王世贞、李攀龙为代表的"后七子",他们的主张和实践,实际就是李梦阳思想和主张的余绪。他最早的诗文集《空同先生集》是他生前编定、后学又加整理的,共有 63 卷,今存有嘉靖九年(1530 年)刻本。《四库全书》收录的《空同集》共 66 卷。清光绪年间长沙张氏湘雨楼刻本,又比"四库"多了两卷附录,是后人又加以增补的。

七、胡缵宗《鸟鼠山人集》

胡缵宗(1480—1560),字孝思,一字世甫,号可泉,一号鸟鼠山人,巩昌府秦安县(今甘肃秦安)人,是明代著名的诗人和学者。他正德三年(1508 年)进士及第,授翰林院检讨,参加编纂了《孝宗实录》。嘉靖十五年(1531 年)为河南左布政使,旋为右副都御使,山东、河南巡抚,皆有政声。十八年(1539 年)因官署失火免职,从此闭门著述,但生活仍然多有坎坷。他的著述甚多,有诗有文,更多是学术论著。在文学主张上,他和李梦阳的思想主张相近;在文学创作上,则诗更高于文。《四库全书总目提要》上说他的诗"激昂悲壮,颇近秦声,无妩媚之态"(卷一七六《集部·鸟鼠山人集提要》);在学术研究上,博学多识,甚有阐发和独见。据初步统计,他的著作有《鸟鼠山人集》29 卷、《拟涯翁拟古乐府》2 卷、《拟汉乐府》8 卷、《安庆府志》30 卷、《愿学篇》2 卷、《鸟鼠山人后集》2 卷以及《鸟鼠山人小集》《雍音》《唐音》《汉音》《魏音》《秦汉文》《巩郡记》《仪礼集注》《春秋集注》《读子录》等等,有些《四库全书》已经收录或著录。他的著述,对我们研究明代的文学和史学,具有重要的价值,值得我们认真地整理和研究。

八、赵时春《赵浚谷集》

赵时春(1509—1566),字景仁,号浚谷,平凉(今甘肃平凉)人,是明代著名的文学家。他嘉靖五年(1526 年)进士及第,选为庶吉士,仕途坎坷,但笔耕不辍,给我们留下了大量的诗文著述。李开先在他诗文集序言里说他:"诗有秦声,文有汉骨;朴厚而近古,慷慨而尚义。"(《李中麓闲居集》卷六《赵浚谷诗文集序》)《明史》本传说他"文章豪肆,时与唐顺之、王慎中齐名"(《明史》卷二八五《赵时春传》)。他的诗文,慷慨自喜,不拘于格律,内容丰富,现实性强,"豪如太白而不淫,雄如子美而多变,疏畅跌荡如司马子长"(黄宗羲编《明文海》卷二四八胡松《浚谷赵公文集序》),可见其艺术成就也是很高的。今存顺治十六年(1659 年)叶正萃据嘉靖四十一年(1562 年)刻本补修的重刊本,内有嘉靖四十四年(1565 年)李开先、胡松及万历八年(1580 年)

徐阶的序文。全书 10 卷,皆为文,而以写作时间先后编次。《四库全书》"别集存目"中,著录《赵浚谷集》16 卷,注明诗 6 卷,文 10 卷,当是后人将其诗文合刊的新刊本。另外,《明史·艺文志》及《四库全书》还著录了一种 17 卷本,为诗 2 卷、赋文 15 卷。还有一种 15 卷本,为诗 6 卷、文 9 卷。其具体篇目、编次尚需仔细地校订和研究。除了诗文之外,《四库全书》"史部地理类存目"中还著录了他的《平凉府志》13 卷。可见,这是一位很值得我们整理和研究的文学家和学者,可惜至今尚未引起学术界的注意①。

九、邢澍《守雅堂集》

邢澍(1759—约 1830),字雨民,一字自轩,号佺山,阶州(今甘肃武都）人,是清代著名的史学家、文学家和学者。他乾隆五十五年(1790 年)进士及第,先后任浙江永康、长兴知县和江西饶州、南安知府,其中在长兴长达十年之久。他为官清正,兴利除弊,被人誉为"邢青天"。为官之暇,潜心学术,一生孜孜不倦,专意著书,并特别注意培养人才,奖掖后学,谦虚交友,喜爱藏书,与另一著名学者张澍被时人称为"陇上二澍"。晚年还归故里,以著述自娱。他深受当时"乾嘉学风"的影响,喜考据、金石、辑佚之学。据冯国瑞《邢佺山先生著述考》记载,他一生著述达十五种之多。其中《寰宇访碑录》12 卷(与邵晋涵、孙星衍合编)、《金石文字辨异》12 卷、《关中经籍考》11 卷、《南旋诗草》1 卷、《守雅堂文集》1 卷、《长兴县志》28 卷(与钱大昕、钱大昭合编)等 6 种,早已刊刻过,今存有嘉庆年间原刻本。另外,《全秦艺文志》80 卷、《两汉希姓录》6 卷、《金石札记》《十三经释天》《旧雨诗潭》

---

①编者按:今有杜志强《赵时春文集校笺》,2012 年 2 月天津古籍出版社出版;《赵时春诗词校注》,2012 年 5 月巴蜀书社出版。

以及《宋会要》《尸子》《孙子》《司马法》的辑本等9种,尚有待刊行。其学术贡献主要是在金石学及考据学方面。在诗歌方面,他不仅写出了大量的作品,而且还发表了很多精辟的见解。新中国成立前,冯国瑞将其诗文合辑为《守雅堂稿辑存》。甘肃人民出版社1992年10月出版的漆子扬、王锷校点整理的《守雅堂稿辑存》,就是在冯书的基础上再行编次和校订的,实际这只是邢氏著述的极小一部分。目前,应该组织力量整理出一部更全面、更完备的《守雅堂集》来①。

一〇、张澍《姓氏五书》《凉州府志备考》《养素堂诗文集》和《二酉堂丛书》

张澍(1776—1847),字百沦,一字寿谷、时霖,号介侯,一号鸠民、介白,凉州武威(今甘肃武威)人,是清代著名的金石学家、历史学家、经学家。嘉庆四年(1799年)进士,选为翰林院庶吉士,后为贵州玉屏知县。嘉庆九年(1804年)辞职,先后受聘于汉南书院和兰山书院,并于此间漫游过大江南北,访学结友,师事著名学者阮元,与钱仪吉、邢澍、洪亮吉等共议学术。后因生活所迫,于嘉庆十八年(1813年)后断断续续地出任四川、江西的地方官,晚年定居西安,专心于学术研究和著述,整理和刊刻自己的书稿。他一生著述甚多,据初步统计,就有《三古人苑》《姓氏五书》(即《姓韵》《辽金元三史姓氏录——附西夏姓氏录》《姓氏寻源》《姓氏辨误》及《古今姓氏书目考证》等五种三百多卷)、《续黔书》8卷、《蜀典》12卷、《大足县志》8卷、《大足金石录》《屏山县志》(主编)《泸溪县志》(主编)《五凉旧闻》40卷、《凉州府志备考》(上书的增订和改写)《养素堂文集》35卷、《养素堂诗集》26卷、

①编者按:今有漆子扬《邢澍诗文笺疏及研究》,2008年3月甘肃人民出版社出版;《邢澍诗文校释》,2011年3月甘肃文化出版社出版。

《诗小序翼》《续敦煌实录》《鹑野诗征》《文字指归》《韵学一得》《小学识别》《叠字谱》《天文管窥》《消夏录》《说文引经考》《南征记》等等。辑佚方面，除了《诸葛忠武侯文集》4卷（另附录两卷）、《诸葛故事》5卷和《帝王世纪》（辑本）外，最著名的还有《二酉堂丛书》21种27卷，大都是陇右作家学者遗留下来稀见典籍。以上许多著作，有些已经刊行，并收录到各有关丛书中，有些还尚待整理和刊行。光绪三十年（1908年）法人伯希和窃取敦煌遗书、路过西安时，也掠走了张氏遗稿84本，后来编为巴黎国家图书馆伯希和乙库1633号。他的著述，具有很高的学术价值，其中不少都是珍贵的地方文献。近年来，一些学者开始整理、研究和出版他的某些著作，比如1985年甘肃人民出版社出版的李鼎文校点的《续敦煌实录》、1992年甘肃人民出版社出版的王晶波校点整理的《二酉堂丛书史地六种》，可以说是新中国成立后整理研究张氏遗著的一个良好开端。

总之，陇右典籍是异常丰富多彩的。以上介绍，只是其中稍有代表性的一部分。有些，诸如东汉文学家张奂、辞赋家赵壹，魏晋诗人傅玄，梁陈间诗人阴铿，唐代的作家、传奇家牛僧孺、李复言、李朝威、李公佐、皇甫枚，五代诗人王仁裕，明代诗人张晋、散曲家金銮，清代诗人王权、吴镇、政治家安维峻以及近世学者李铭汉、李于锴父子、张维、冯国瑞等等，都有大量的著述遗存下来，并已有人开始整理、出版和研究，但限于篇幅，也不能一一介绍了。最近兰州古籍书店编辑影印了大型的《西北文献丛书》，西北师范大学古籍整理研究所也有计划地整理出版并将继续整理出版《陇右文献丛书》，这对继承、弘扬祖国优秀的文化遗产、发展大西北的经济和文化，无疑是具有重大现实意义的。

（原载于《中国典籍与文化》1994年第4期，后收入《陇右文化丛谈》，甘肃人民出版社，1998年）

敦煌藏经洞的发现与被盗的前前后后

驰名中外的敦煌石窟,是我国伟大的文学艺术宝库。它像一颗颗明珠,镶嵌在祁连山下的沙漠中,闪烁着奇异的光彩。

敦煌石窟,共有五百五十多个,是从南北朝时期前秦苻坚建元元年(365年)以来的一千五百多年中,各个朝代陆续开凿的。这些石窟,集中地分布在四处:敦煌城南的莫高窟(又称"千佛洞"),敦煌城西南、党河北岸的西千佛洞,安西县南的榆林窟(又称"万佛峡"),以及位于西千佛洞和榆林窟之间的水峡口小千佛洞。在这四处石窟中,保存着各式各样的彩塑佛像三千多尊,各种内容的壁画五万多平方米。其中,莫高窟的规模最大,仅此一处,就有石窟四百九十多个,彩塑二千一百多尊,壁画四千五百多平方米,集中地代表了敦煌石窟中文化艺术的伟大成就。

敦煌的彩塑和壁画,具有高度的历史价值和艺术价值。它反映了我国各个历史时期的社会发展和人民生活的情况,显示了我国历代劳动人民的才能、智慧和无比的艺术创造力,真是祖国和人民的骄傲!

然而,这座内容丰富无比的艺术宝库,千百年来却淹没在漫漫的黄沙里,并没有引起人们的足够重视。直到清代末年,发现了敦煌藏经洞,才引起了人们的重视,震动了世界。

敦煌藏经洞的被发现,就像甲骨卜辞被发现一样,是一个偶然事件。关于它被发现的经过情况,大体是这样的:清末,有个叫王元(一作"园")籙的人,原籍是湖北省麻城县,因家乡连年遭灾,于是逃荒流落到甘肃。他原在肃州(今酒泉)巡防军当兵,退伍后,贫无所依,索性出家做了道士。后来游历到敦煌,就住在莫高窟的一个寺院里。此人没有学问,也不懂佛、道教义,但却热衷于慈善功德。他看到莫高窟的佛窟被黄沙淹没,洞口被风沙堵塞、剥落,以及塑像、壁画凋敝的种种残破的景象,发愿要通过募化进行修整,于是就当了这里的当家道士。光绪二十六年(1900年)五月二十六日,他正在监督雇用的工人清除莫高窟北端七大佛殿下十六号佛窟甬道的积沙时,"忽有天炮震响""山裂(壁裂)一缝",他和工人用锄挖掘,即"出闪佛洞一所""内藏古经万卷"(见敦煌文物研究所所存《王道士催募经款草丹》)。这个记载,出于王道士的口述。他为了炫耀其事的"神奇",难免有所夸张渲染,而《王道士墓志》里却说:"以流水疏通三层沙洞,沙出,壁裂一孔,仿佛有光;破壁,则有小洞,豁然开朗。内藏经书万卷,古物多名,见者惊为奇观,闻者传为神物。光绪二十五年(1899年)五月廿五日事也。"还有一种说法:光绪二十六年四月廿七日夜半,王道士雇用的杨某在十六号佛窟甬道里伏案抄经,歇息时常用茇茇草点火吸烟,像过去一样,吸毕,就把燃剩的茇茇草插在背后壁间裂缝里。这次插草,突然感到缝深不可测,草插而不可止,以手击之,其声中空,因而甚感惊异。杨某把此事报告给王道士后,王道士立即与杨某合力破壁,壁破,发现内有一门,高不足以容一人,而用泥块封闭。他们打开门发现内有白布包无数,堆积充塞其中。开包视之,每包内有经文十卷,另有佛灯、绣像、法器、写本、织物、绢幡等等文物。这三种说法,都不一致,到底孰是孰非,尚难考定,但藏经洞最初是由王道士偶然发现,这一点却是无可怀疑的。今天,这个藏书洞的遗址还在,高约一米六、宽约二米七,是个略呈长方形的石室。

敦煌石窟里,为什么会有这么个藏经洞?又是谁把这么多经卷、文物贮存在里面的呢?这要从敦煌的历史说起。敦煌位于甘肃省河西走廊的西端,自从汉武帝元鼎六年(前 111 年)开辟、设置河西四郡(武威、酒泉、张掖、敦煌)以来,直到唐代末年,它一直是我国西部的大门,是通向西域、中亚和西欧的"咽喉要道"和"交通重镇",是著名的"丝绸之路"的枢纽。长期以来,敦煌十分繁荣,并吸引来了大批的中外商人、百工和技艺人,在这里进行着经济和文化的交流活动,使这里变成了热闹的国际都市。西汉末年,佛教传入中国之后,这里也逐渐成了佛教活动的繁华之地。外国僧侣涌向这里诵经传教,国内的善男信女,也摩肩接踵地来到这里礼忏膜拜。一些虔诚的僧徒,云游至此,凿窟造佛,修建寺院,一些王公贵族,也在这里施舍捐修,营造佛窟,造就"阴德",致使敦煌一带佛窟栉比,寺院鳞列,香烟缭绕。到了唐代,敦煌的繁荣,可以说达到了极点。唐宋以后,由于海上交通发达,我国和西方各国的交往,多改走海道,于是"丝绸之路"就逐渐失去了它重要的地位,敦煌也逐渐失去了往日的繁华。可是,长期以来,这里又是个民族杂居的地方,西汉时期的匈奴,隋唐时期的吐蕃、回鹘、吐谷浑、大月氏、突厥、羌、羯、氐等等民族,都曾散居过这里。少数民族与汉民族之间,少数民族与少数民族之间,长期相互争掠,战火不休,给敦煌带来很多侵扰和威胁,使这里长期处于改朝换代或封建割据之中。北宋景祐二年(1035 年),党项族西夏国王李元昊进袭敦煌,大肆掳掠屠杀,莫高窟寺院的僧侣为了逃避战乱,也迁徙到了他乡。走前,他们把珍藏多年的佛家之宝(经卷、写本、佛像、佛图、法器)以及书籍、契约文件等,一并放在这个为外人所不知的复室之中封存起来,并把洞门砌墙密封,涂抹整齐,饰以壁画,以更加隐蔽和安全。但是,多年之后,战事平息了,而为保护这批珍贵文物立下功劳的僧侣们,却流散到他乡,再也没有回来。后来,重新聚集来的僧侣们,对前人珍藏的秘密似乎毫无所知,致使这批稀世之宝得以在复室里一直隐蔽了将近九百年,并且完整地保存了下来。

据初步统计，藏经洞所珍藏的经卷、写本约有两万五千多卷，除了大量的佛经外，还有许多有关宗教、哲学、历史、文学、艺术以及经济、政治等各方面的重要文献。它们中有木刻本，如被斯坦因劫去的咸通九年（868年）印行的《金刚经》完美无缺，就是我国现存的最古老、最珍贵的印本书。但其中藏书，绝大部分却是写本。除了大量的汉文写本外，还有梵文、藏文、回纥、龟兹、和阗、康居等文字的写本。其内容，有佛教、道教、景教、摩尼教的经典；有经、史、子、集、诗、词、曲、赋、图经、方志、医药、历法以及通俗文学等方面的抄文；也有寺院方面的文契、账簿、户籍、信札等材料。所涉及的范围，是极为广泛的。这些抄本，有不少注明了抄写时间。其中最早的是北魏太安四年（458年）的抄本。最迟的是北宋至道元年（995年）的抄本。它们是研究当时社会生活最生动、真实的材料，也是研究我国历史、文化艺术发展史的珍贵文献。

但是，在那黑暗、腐败的旧社会，敦煌藏经洞的被发现，不仅没有给我们的祖国增添光荣和骄傲，相反，却给我们的珍贵文物带来了一次又一次的劫难。

发现敦煌藏经洞的王道士，对这批珍贵文物的价值，是一无所知的。有时，他随便拿出几卷写本送人，以显示其"神异"；有时，受人之请，送人几卷，焚化冲水，服之治病。后来，他感到有利可图，也常盗卖一些出去。为了炫耀自己的发现，他曾邀请敦煌一带的士绅们前来观赏，但这些大腹便便的人愚昧无知，也只能说：让这些佛经流落出去，是对佛的不敬，是要大造罪孽的，因而嘱他仍置于洞室之内。这使王道士大为扫兴，于是又私载写经一箱，到了酒泉，献给了当时的安肃道道台廷栋（满人），廷栋也不识货，反而认为写本的书法还不如自己。王道士甚为沮丧，只好弃之而回了。

当时，嘉峪关税务司有一个比利时的人，回国前曾来看望廷栋，廷栋曾以写经数卷相赠为礼。此人路过新疆时，曾去谒见长庚将军

（满人）及道台藩某，相互谈到了敦煌藏经洞被发现的情况，并以写经数卷赠送，但仍未引起这些官僚的重视。敦煌知县汪宗翰，对文物颇有兴趣，曾向王道士要去一些画像和写本；1902 年，甘肃学台叶昌炽，又托汪宗翰搜索走了一批珍贵文物，如北宋乾德六年（968 年）水观音像、经卷写本和梵叶本等等。当然，叶昌炽曾建议甘肃藩台衙门把这批文物集中到省城保管，但一估计光运费就需要五六千两银子，昏庸的官员们竟不予采纳，仅于光绪三十年（1904 年）三月下了一道命令，责成汪宗翰加以查点，依旧封存起来。最后，还是由王道士将洞口砌封了事。实际上，王道士仍在不断地通过各种手段向外馈赠或变卖，使这批珍贵文物仍在继续不断地散失着。

早在光绪五年（1879 年）时，匈牙利地质调查所所长洛克齐，就曾以考察地质的名义，涉足过敦煌。1902 年，在德国汉堡召开的国际东方学者会议上，他作了关于敦煌佛教艺术的报告，把这一艺术宝藏公布于世，立即引起了国际学术界的普遍重视。从此，一些帝国主义国家就不断派遣"探险队""考察团"到我国西北进行侦察和窥探，犯下了一桩又一桩盗窃、抢劫中国珍贵文物的罪行。

光绪三十三年（1907 年），英国雇员、匈牙利人斯坦因（A.Stein），当时正是英国驻印度西北边地的总视学，便在洛克齐的启示下第一个来到敦煌"探险"。来前，他就和英国大不列颠博物院达成了协议：由该院提供"探险"经费，将来劫取到的文物则属该院所有。这年的三月至五月，他先后三次来到莫高窟窥探。通过翻译蒋某，千方百计地接近、讨好王道士，他以花言巧语和金钱引诱，骗取了王道士的信任。他经过了七天紧张、忙碌的挑选，终于装满了二十四箱经卷写本、五箱绘画及其他艺术珍品，雇用了四十匹骆驼，捆载驮运而去。临走时，只给王道士四十块马蹄银作为诱饵和"功德钱"，还无耻地声称这是"公开交易"。这批文物，他得意扬扬地运回英国伦敦后，按照既成的协议,就保存在大不列颠博物院里。其中各种经卷、写本七千余卷,光完整无缺的就有三千多卷。

接踵而来的是法国的汉学家伯希和(PanlPelliat)和他的助手奴奈特(C.Nonette)。光绪三十四年(1908年)七月,他们来到了敦煌,以五十两银子一捆的代价,挑选、劫取了十大车。伯希和的劫掠活动虽然是在斯坦因之后,但是由于他对中国文化有较深的了解,所以从斯坦因的劫余中,反而挑选走了一批在考古、历史、语言、文学及艺术等方面更有价值的精华。在敦煌期间,他对敦煌石窟逐个进行了编号,并且偷偷拍摄了全部洞窟的壁画,后来陆续整理、编辑,出版了六册《敦煌图录》。由于清政府的腐败,伯希和劫取的文物不仅可以畅通无阻地运回巴黎,而且路过北京时,还公然举办了展览,并以威胁的口气向梁启超等人说:"吾载十车而止,过此亦不欲再伤廉矣。"这批文物运回后,收藏在巴黎国家图书馆,其中各种写本就有两千多卷。

外国文化特务的抢劫活动,引起了中国学者们的注意,激起了中国人民的愤慨,在全国惊呼"国宝遭劫"声浪中,清政府才迫不得已在宣统元年(1909年)由学部正式拨款收藏这批文物,责令甘肃省将敦煌石室剩余之经卷、写本运缴北京,并委任当时的新疆巡抚何彦升负责检收、督运。宣统二年(1910年)以大车运送北京。但当车辆行至北京打磨厂时,何彦升的儿子何震彝却先将车辆接至己家,伙同其岳父李盛铎以及刘廷琛、方尔谦等人,又把其中精美者悉行窃取。为了蒙蔽视听,他们还把一些长卷一折为二,借以充塞八千之数。至于几近万里、辗转运输的行途中,各种形式的劫取、盗窃,想来亦会散失不少。送交学部后,达官、贵人及其他权势者,亦有趁机窃取者,因而最后送交京师图书馆时,只有八千六百九十七卷了。稍有价值者,已被陆续窃劫殆尽,剩下的这点,无论从数量上还是从质量上说,都已是"残茶剩羹"了。

实际上，运往北京之后，遗存于敦煌的文物仍有一些。这些材料，一部分封存于三五一号佛窟的二转经筒里，一部分被王道士隐藏了。

宣统三年（1911年）十月，日本的"大谷光探险队"在吉林小一郎和橘瑞超的率领下，又来到了敦煌。经过一番活动，又搜劫走了四五百卷写经和两尊精美的彩塑。

民国三年（1914年），因劫宝而发迹的斯坦因又来到了敦煌，以五百两银子的代价，又从王道士手里劫取各种写本五百七十余卷，另有绘画、织绣等物，装了满满的五箱运回伦敦。

1914年至1915年间，"俄罗斯土耳其斯坦探险队"院士奥里登保也来到了敦煌，他又劫走了大约三千卷的文物资料，藏于列宁格勒东方学研究所。

民国初年，张广建任甘肃省长，曾以石室写经作为买官之券，民间散存的资料，似乎搜掠走了不少，但最后流落到何处，却不得而知了。到这时，不仅王道士自己隐藏的一部分已被人劫取殆尽，而且二转经筒内所藏的材料，也所存无几了。

民国十二年（1923年），美国的华尔纳（LangdonWainei）也来到了敦煌，但这时的敦煌藏经洞早已被洗劫一空，于是他就使出了更卑鄙、无耻和毒辣的手段，他用涂着化学药物的胶布贴在壁画上，然后把壁画整块整块地粘剥下来，先后粘剥走了各个佛窟内的精美壁画二十六幅，共计三万两千零六平方厘米。同时，还窃走了几尊盛唐时期最优美的彩塑，其中就有一个高达一百二十厘米的半跪观音。此事传开后，当地人民非常气愤，纷纷前去责难当时的敦煌县长陆某和王道士，致使华尔纳再次要来盗窃壁画时，只走到酒泉就不敢前进了，只好狼狈逃窜而去。

中华民族不可侮。广大爱国人民和进步的学者们，自发地起来抗击盗窃分子的抢劫行径，他们为抢救沙漠宝窟而奔走呼号。早在

1924年就有人倡议成立"敦煌经籍辑存会",编辑藏经总目,但一直未得实现。1943年3月,虽然成立了"敦煌艺术研究所",也只能在维修、整理、临摹等方面,做一些初步的工作。在这较长的时间内,一些学者可谓披荆斩棘,在极其艰苦的条件下,做了大量的整理和研究工作。有不少学者,一方面搜集、整理、研究国内的藏本,一方面远渡重洋,到英、法抄录、拍摄、整理外国所藏的我们自己的文物资料。这样,才先后出版了《敦煌劫余录》(陈垣)、《敦煌零拾》(罗振玉)、《敦煌掇琐》(刘复)、《敦煌杂录》(许国霖)、《敦煌经籍校录》(姜亮夫)、《敦煌艺术叙录》(谢稚柳)、《敦煌丛钞》(向达)、《敦煌莫高窟艺术》(潘絜兹)、《敦煌古籍叙录》(王重民)、《敦煌遗书总目索引》(王重民等)等重要著作。其他像王国维、刘师培、郑振铎、孙楷第、向达、任二北、周绍良、徐嘉瑞、蒋礼鸿等著名学者,也都先后做了许多整理和研究工作。这样,才使敦煌石室藏书和敦煌艺术逐步为人们所认识、所理解,并逐渐归还给人民了。

1949年9月敦煌解放了,敦煌莫高窟才真正回到了人民的怀抱。1951年成立了敦煌文物研究所,敦煌石窟的保护、维修、整理和研究工作,才真正在共产党和人民政府的亲切关怀、正确领导下开展起来。他们和全国专家、学者一起,保护、维修佛窟,搜集、整理资料,开展学术研究,先后出版、印刷了大量各个方面的资料、画册、专书和研究著作,取得了可喜的成绩。上述著作中,有很多就是在新中国成立后才得以编写、出版的。

现在,敦煌的名字已响彻全球,研究敦煌艺术、文物,已成为一种新兴的专门科学——"敦煌学"。有的国家,还成立了专门的研究机构,整理出版了不少研究著作。敦煌呀,敦煌,只有真正回到人民手中的敦煌,才真正成了我们伟大祖国的光荣和骄傲。

(原载于《西北师大学报》(社会科学版)1986年第2期)

两宋赋的发展与成就

　　自赵匡胤陈桥兵变、代后周自立而建立宋王朝起(960年),至元世祖忽必烈建立大元帝国,统一中国止(1279年),前后将近320年的时间,是我国历史上又一个分裂、混乱的历史时期。这时期,封建王朝交错递变,民族矛盾非常复杂,阶级矛盾也甚为激烈。除了宋王朝自身由北宋递变为南宋之外,还有北宋与西夏、辽,南宋与西夏、金的分裂与对峙,直到元蒙建国后,才出现了祖国大统一的局面。由于各个王朝都各自采取了一些稳定社会秩序、促进经济发展和加强政治统治的政治、经济和文化的交流和融合,所以这个时期虽然社会、民族、阶级方面的矛盾重重,但其经济和文化还是得到了相应的发展和繁荣。

　　文学创作是文化事业的一部分。它的发展和衍变既离不开各个历史时期政治、经济的大背景,又受到各个历史时期文化大氛围的制约,而其各种体裁、题材的发展和衍变,又有其自身的特点和规律。蜚声于中国文学发展史上的词,是这一历史时期最高艺术成就的典型代表。作为文学创作特殊样式的赋,也在这一历史时期得到了发展和繁荣。其中,既有这一文体的历史继承性,也有这一文体自身的衍变和创造。据不完全统计,两宋赋今存1200篇左右。单就清人陈元龙《历代赋汇》这一较为完备的总集来看,就收录两宋赋家164人,作品568篇。这数量,也可以称得上是洋洋大观了。

　　赋是文学创作领域中的一种特殊样式。它萌生于春秋战国,形成于两汉,中间经过魏晋南北朝与唐宋时期的继续发展和衍变,到金元时期又呈现出新的特点、新的精神面貌,因而也就取得了新的地位和成就。作为文学创作特殊样式的赋,在这一历史时期委实得到了发展和繁荣。之所以如此,其中既有这一文体的历史继承性的客观原因,也有这一文体自身衍变和创造的主观原因。

前人论赋,一般只止于汉魏六朝。明复古派文学家、前七子之首李梦阳高唱"文必秦汉"(《明史·文苑二·李梦阳传》),推崇楚辞和汉赋,并提出了"唐无赋"(《空同集》卷四十八《潜虬山人记》)的观点。到了清代,程廷祚又进一步提出了"唐以后无赋"(《青溪集》卷三《骚赋论·中》)的论调。于是,后来的一些文学评论家对唐宋以来的赋家、赋作往往采取轻视的态度。有的很少论及,有的即使论及,也极为简单和粗略,甚至包括一些专门研究辞赋的著述。实际上,这是一种偏见,是以楚辞、汉赋以及魏晋南北朝赋的标准来看待后代赋的。任何一种文学体裁,一旦以一种独立的文学样式出现在文学创作领域中,也就有它的产生、发展和衍变,每个历史时期甚至每个作家中,都会出现不同的特点和风貌,我们不能以固定不变的观点和标准来看待不断发展变化的赋家和赋作。可喜的是,20世纪80年代以来学术研究已经打破了这种偏见并越来越向纵深延伸和扩展。在宋金元赋作方面,除了马积高《赋史》与郭维森、许结《中国辞赋发展史》都列有专章或专节进行详尽而深入的分析和论述之外,一些学术刊物也不时刊载关于宋金元赋的专题论文,这为我们进一步研究奠定了坚实的基础。从现存大量的宋金元赋家和赋作来观察,它是有着自己的风貌、特点和衍变轨迹的。

下面,分别就北宋、南宋两个历史时期的赋家和赋作的不同风貌、特点及其衍变的轨迹做一简要的勾勒和评述,以就教于海内外方家和学者。

从公元 960 年赵匡胤建国,到公元 1127 年金兵攻陷汴京,宋室南迁,其间 167 年的时间,史称北宋时期。

北宋建国后,先后用了将近 20 年的时间,平定了当时割据在大江南北的封建王国南平、后蜀、南汉、南唐、吴越和北汉,基本上统一了黄河和长江流域的领土,而对占领着由东北到西北广大地区的契丹部族所建立的辽王朝和日益兴起的党项族所建立的西夏,却始终无力征战和抗争,以致最终被东北兴起的女真族所建立的金王朝所攻灭。因此,从政治形势上说,从建国起它就遭到北方民族的威胁。为了巩固和加强统治,宋太祖、宋太宗都在用兵统一的同时,着力于政治、军事和经济方面的改革、发展,制定了一系列的措施和政策。在思想文化方面,也采取了一系列重知识、重科举、奖励著述的办法,大力笼络和引诱知识分子。其中,在科举考试中,重经学、重史学、重法学、重实用之外,以诗赋为主的进士科虽然时断时续,但对知识分子的仕进和写作,影响还是很大的。

北宋初年,文人沿袭晚唐五代的传统,作赋之风盛行不衰。很多文人,以赋作受到最高统治者的青睐和时人的传诵。《宋史·梁周翰传》记载,宋太祖乾德年间,梁周翰(929—1009)为右拾遗,会修大内,上《五凤楼赋》,时人传诵不已;《宋史·夏侯嘉正传》记载,夏侯嘉正使巴陵,作《洞庭赋》,人多传诵,宋太祖闻其名而召试之,擢为右正言,直史馆;叶梦得《避暑录话》卷三中也说,宋太宗欲兴文治,广致天下之士,曾试《训练将士赋》以选材,吕蒙正以文辞"雄丽"而见赏。由此可见,北宋初年,赋文的写作是很兴盛的。但是,这时的赋,由于沿袭了晚唐五代的遗风,再加上科举考试中又以律赋为主,所以律赋的写作在当时占有着极大的优势,很多文人几乎都写律赋。这种赋体是由骈文、骈赋发展而来的,不仅讲究对偶精切、音律协谐,而且限制用韵,甚至限制字数,具有较强的形式美和音乐美,一些有才能的作家也确实写出了一些优美的作品，如田锡（940—1003）的《雁阵赋》《春色赋》《晓莺赋》，王禹偁（954—1001）的《尺蠖赋》，范仲淹（989—1052）的《金在镕赋》，欧阳修（1007—1072）的《藏珠于渊赋》等等，大都写得简洁、凝练，以工丽见长，语言生动、细致、华美，感情真挚、细腻、深厚，或写景，或抒情，都能在流丽中见性灵，在骈俪中见情致，在典雅中见讽喻，还是有一定的艺术创造和艺术技巧的，值得我们学习和鉴赏。

这里特别要提出的是吴淑（947—1002）的"事类赋"。吴淑是宋初著名的学者，曾参与过《太平御览》和《文苑英华》的编撰工作，学识广博，文笔工雅，曾以天文、岁时、地理、宝货、音乐、服用、什物、饮食、禽兽、草木、鳞甲、昆虫等部类中的名物为题材，以一字为题，连缀成赋，写出了"事类赋"百篇，甚受时人的传诵。虽然语言精美，对偶精工，史实语典也使用得比较恰切，但它毕竟不是以写景抒情为目的，因此只能标明当时的一种写作风气，而不能算作真正的文学作品，《四库全书》就把他的《事类赋》30卷放在类书之中。

从整个文学创作的形势看，律赋虽然有它清新、工丽、富于情致的一面，但总使人感到它华而不实、文格卑弱，既缺乏深刻广泛的生活内容和重大的社会意义，又缺乏刚劲豪迈的气势格调和鼓舞读者的艺术力量。因此，一些有胆识、有创造的作家，也就不满意这种文体而力图另辟蹊径，以改变这种文风。在当时，梁周翰、张咏、路振的作品出现，就表明这种文学创作的新趋势。

梁周翰（929—1009）的《五凤楼赋》，单从题目上看，是歌颂楼台殿阁的一类作品。从东汉王延寿的《鲁灵光殿赋》、三国魏何晏的《景福殿赋》起，传统的写法是极力描绘宫殿的雄伟、壮丽，到了晚唐杜牧的《阿房宫赋》、孙樵的《大明宫赋》时，又逐渐增强了抒情和议论的成分，以至根本不写宫殿本身而借以抨击社会现实。而梁周翰的《五凤楼赋》，更加另辟蹊径，先从汴京的历史、形胜和宋朝开国的声威写起，次及五凤楼的雄伟、壮丽，而最后竟用极大的篇幅，并以君臣对话的口气大发议论，响亮地提出了亡国之戒的问题。五凤楼是宋太祖在宫中修建的一座高楼，不管宋太祖在当时是否说过这类的话，梁周翰敢于这样写应该说是有胆识的，因而也是有现实意义的。其行文，完全打破了律赋的格局，虽有骈俪而富气势，语言也简练而有文采。

张咏（946—1015）的《声赋》也别具一格。全文紧紧扣住"声音之道与政通"这一主题，借"声"言政。它从"天声"写到"人声"，又由"亡国之音"写到"治世之音"，连帝王的声教号令与人民对它的反映也当作"声"来写，从而把"声"的理解提高到了一个新的高度，并进而赞美和歌颂了宋初的善政，这在同类题目的赋作中，是自有特色的。全文不用俪语而富文采，整篇一气直下而富气势，语言参差又夹叙夹议，被梁周翰誉为"百年不见之作"，预示了北宋的赋作将有新的突破和变化。张咏作为《西昆酬唱集》的作者之一，更显得难能可贵了。

路振（957—1014）的《吊战马文》更是一篇少见的、具有浓厚爱国思想的讽刺赋。它以历史事实为依据，采取叙事、描写、抒情和议论相结合的方式，讽刺了宋真宗咸平年间边将王荣的卑弱和无能。王荣面对契丹的侵犯，"不欲见敌"，所饲战马不使之冲锋陷阵，反而"掠河南而还"而使之"昼夜急驰"，结果战马"不秣而道毙者十有四五"。作者对这些不战而死的战马，发出了深沉的哀悼，表达了自己深切的悲痛和愤慨。文辞雅丽而含蓄，其现实的针对性也是令人深思的。

如果说，梁、张、路诸人还只是少量篇章，不足以总括当时赋作的总情势的话，那么，王禹偁在赋坛上的出现，则展示了北宋初年赋作的新趋势。王禹偁（947—1001）是北宋诗文革新运动的先驱者之一，能诗能文，赋的成就也很高。他既善于写律赋，又会写古赋。其《小畜集》中今存赋 22 篇，包括律赋 14 篇、古赋 5 篇及虽题为"文"而实际为赋的作品 3 篇,这在同时的作家中应该是首屈一指的。他的律赋在当时很有名,风格清新自然、平易流畅、"一往清泚"(李调元《赋话·新话五》),《尺蠖赋》可视为这一类赋作的代表,多有白居易诗风的特点。其古赋清新雅淡,叙述简明而议论有力,行文中虽常用典,但自然无痕,句式也起伏多变,错落有致,《藉田赋》《三黜赋》都是这类赋作的名篇。但最值得注意的是他的几篇以文命题的赋作,《吊税人场文》《诅掠剩文》,就更具有强烈的社会意义、政治意义和思想意义。我们完全有理由说,王禹偁是一位由晚唐五代律赋向两宋文赋转化的代表人物。

由此可见,北宋前期,是律赋逐渐衰落而行文比较自由、语言日趋散文化的文赋逐渐兴起的时期。从现存的赋作来看,两汉的逞辞大赋铺张扬厉、穷描极绘,力求摹景状物的"形似",而这时的文赋,就事议论,借题发挥,又逐渐向尚理方向衍变了。虽然晚唐赋如杜牧《阿房宫赋》、孙樵《大明宫赋》已有强烈的议论说理的色彩,但在那时这样的篇章是不多的,而到北宋梁、张、王的出现,这种好议论、重说理的作赋手法,几乎成了时人普遍的习尚。

北宋仁宗(1023—1063)之后,社会矛盾日益激化,统治阶级内部革新与反革新的斗争也逐渐进入高潮,而经济、文化以及文学创作,都相应进入了相对繁荣的时期。这时的赋作,各种体制、各种风格都已出现,律赋、骚赋、文赋可谓各领风骚。如果说仁宗前及仁宗初期如范仲淹(989—1052)、宋祁(998—1061)、叶清臣(1000—1049)等人还是以写律赋、骈赋为多的话,那么到了梅尧臣、欧阳修之后,他们虽写律骈之体,但古体赋却明显地增多了,并出现了文赋对律赋取而代之的趋势。也正是在这种赋体大转变的过程中,两宋文赋形成了自己的特点。

范仲淹是一位政治改革家,他所推行的"庆历新政"揭开了统治阶级内部改革与反改革的序幕,同时表现在文化思想上,他也主张诗文革新。他善于诗词,散文也佳,《范文正集》中今存赋36篇,说明他也是一位写赋的能手,其数量之多,当时也是少见的。他的作品,虽然大多是律体,但往往借题发挥,表达自己的政治见解,显示自己的抱负和人格,这对进一步摆脱传统律赋狭小的思想感情领域,开拓和提高赋作的思想内容、意义和品格,显然是有推进意义的。他的《金在镕赋》《明堂赋》《灵乌赋》、《稼穑为宝赋》等等,都具有这样的特点和意义。

与范仲淹同时的宋祁(998—1061),也是一位赋作的多产作家。其《宋景文集》中存赋作44篇,而且大都是律赋,《右史院蒲桃赋》就是其中有名的一篇咏物抒情的骈体赋。作者表面上是描述移自西域寒乡的宫院蒲桃的枯萎,实际是感叹自己久居史院修撰史书的寂寞、失意的生活和心情,文辞雅淡,文意婉转,语言自然,感情真实,字里行间不时跳动着精美的文采。最后的“乱曰”,更加含蓄而富寓意。这是与某些华而不实、无病呻吟的律赋不可同日而语的。

叶清臣今存骈体《松江秋泛赋》一篇,写景清丽,叙事晓畅,抒情自然,并将三者熔于一体,以范蠡、张翰、陆龟蒙的避世隐居与自己的“思勤官而裕民”的思想相对照,既表现出对前人的理解和同情,又展示出自己的心胸和抱负,其思想意境是很高的,在北宋人的游览赋作中,也是不可多得的。

梅尧臣(1002—1060)、欧阳修(1007—1072)是北宋中期诗文革新的主将,特别是欧阳修,他曾明确地提出了“文以明道”的主张,积极继承和发扬唐代韩柳平易自然、明朗流畅的文风,并凭借他的政治地位和文学声望,培养了一大批作家和文人,从而成为北宋诗文革新运动的领袖。梅尧臣可以说是他的羽翼,王安石、苏氏兄弟可以说是他的后续。他们虽然也都写律赋,但成就最高的却是散体赋。正是由于他们的努力，才使具有自己特色的宋代文赋正式形成了。欧阳修的《秋声赋》是传诵千古的名篇，是当时文赋的代表；其他各种体制的赋作，诸如《鸣蝉赋》《苍蝇赋》《藏珠于渊赋》《荷花赋》《黄杨树子赋》等等，也都写得情景交融、情理交融而有声有色。梅尧臣的《南有嘉茗赋》《灵乌赋》《针口鱼赋》《凌霄花赋》《矮石榴树子赋》《乞巧赋》等等，或托物寄意，或直抒胸臆，或讽喻现实，都具有较大的社会意义。其他如刘敞、刘攽、李觏、文同等，也都写出了一些艺术效果较好的作品。

在欧、梅等人的影响下，文人们以赋为文的风气很浓，连一些史学家、政治家、理学家和经学家如司马光（1019—1083）、王安石（1021—1086）、周敦颐（1017—1073）、张载（1020—1077）、王回（1024—1065）等人，也都写起赋来。如司马光的《交趾献奇兽赋》《灵物赋》，王安石的《龙赋》《思归赋》，周敦颐的《拙赋》，张载的骚体赋《鞠歌》以及王回的《驷不及舌赋》等，都更加增强了议论说理的成分，以宣传他们理想中的思想、道德和情操。特别是司马光的《交趾献奇兽赋》，简直就像一篇有韵的议论文。在他们的影响下，宋人好议论、说理的风气，赋作中尚理的倾向，得到了更大的煽扬和发展。

苏轼（1037—1101）在宋神宗时继欧阳修而成为文坛领袖，时为北宋中后期。他是北宋诗词文赋最有成就的集大成的作家，也是由唐赋向宋赋转变过程中影响最大、成就最高、代表性最强的人物。他学识渊博、多才多艺，性格豁达、才气纵横。其词，开创了两宋词坛的豪放词派；其文，与其父苏洵、弟苏辙在后世被归入"唐宋八大家"。但是，由于他的思想驳杂，论事立说、剖析物理和为人处世也常出入于儒、道、释诸家学说之间而与众不同，因而不仅与前后的执政者王安石、司马光的政见不同，而且也与当时的理学家程颢、程颐等人的思想相左。他本来是鼓吹整顿朝纲、改革弊政的，但当王安石全面推进新法时，他却主张维持祖宗的某些旧制；后来司马光执政，元祐党人尽去新法，他又认为新法不宜完全废除。这些出入于儒家中庸而又以我为是的政治态度，致使他在变法与反变法的斗争中遭受到了极大的政治磨难，仕途坎坷，历尽沉浮，生活道路也曲曲折折，极不稳定。频繁的贬调，使他几乎走遍了当时北宋统治的大半个中国；讽刺新法、议论朝政的诗文语句，也使他蒙受了"乌台诗案"的苦痛。好在，他不依附权贵，也不热衷于权势，自有一种与世无争、超然物外的洒脱、豁达的心胸和风貌。由于他的思想和性格与众不同，在文学创作上也具有了自己独特的观点和主张，具有了自己独特的思想和风貌。他继承了前人的传统，又力图摆脱前人的局限，从而响亮地提出了"出新意于法度之中，寓妙理于豪放之外"（《苏轼文集》卷七〇《书吴道子画后》）的口号，以"意"作为文学创作的最高境界。他的赋，今存近三十篇，有律赋、骚赋，更多的是散体赋。这些赋，思想开阔，胸襟旷达，对人情事理具有深刻的辨识，富有强烈的主观抒情言理色彩，字里行间充满着深邃的思辨和生活的睿智，行文如行云流水，体制不拘一格，语句参差错落，手法变化无穷，正如他自己所说"常行于所当行，常止于所不可不止"（《苏轼文集》卷四九《与谢民师推官书》），使读者具有无限的美感和隽永的回味。著名的《赤壁赋》，"学庄骚文法，无一句与庄骚相仿，非超然之才、绝伦之识不能为也"（谢枋得《文章轨范》卷七），可以说是通于造化而非人力的"奇妙之作"（见王文濡《评校音注〈古文辞类纂〉》卷七一引吴汝纶语）。它把情与景、主观与客观、古与今、幻想与现实融为一体，给我们创造了一个情深理邃的艺术境界。其他如《滟滪堆赋》《秋阳赋》《屈原庙赋》《黠鼠赋》《昆阳城赋》等等，或思想见解新颖独特，或艺术表现精巧奇异，都给宋代文赋的花园增添了色彩。一句话，苏轼的赋作，既继承了前人的优秀传统，又开拓了两宋文赋特有的精神风貌，从而确立了两宋文赋在中国赋史上的重要地位。

在苏轼的影响下，他的弟弟苏辙（1039—1112）、少子苏过（1072—1123）、"苏门四学士"黄庭坚（1045—1105）、秦观（1049—1100）、张耒（1054—1114）、晁补之（1053—1110）以及他的亲友文同（1019—1079）等，也都写出了一些优秀的赋作，并进一步继承发展了苏轼的赋风。本来苏轼的赋作反映重大社会问题、直接抨击现实生活的就不多，到了后继者时，由于文网日渐严密，由于新旧党争的激烈，特别是由于苏轼"乌台诗案"、蔡确（1037—1093）"车盖亭诗案"的打击，虽然当时的社会矛盾已极为激烈、尖锐了，但他们面对现实、揭露矛盾的胆识和勇气却越来越小了，只有某些作品，还能够正视现实。苏辙的赋，无论是气势还是成就都不如其兄，同题的《屈原庙赋》也不如其兄论述透辟，语言有气势，但以屈原生不见用和死后从舜、出言无忌相对比，就含有批判专制制度的意义。他的《黄楼赋》虽不如秦观的同题之作写得那么简练，但写水患的情景，写登楼所见的风光，亦甚生动，不失为写景抒情的佳作。苏过的《飓风赋》，曾误传为其父所作。它生动地描绘了台风即来、来时及过后的种种景象，意欲从大自然的景象上来寻求天人感应的轨迹，挖掘其中所包含的人生深邃的哲理，其思想、气魄，也确有乃父之风。黄庭坚是北宋"江西诗派"的祖师，诗学杜甫，强调夺胎换骨、点铁成金、字字有来处，但其赋却写得想象奇兀，颇多言外之意。他的《苦笋赋》借题发挥，言外含有讽刺；他的《毁璧》，乃为其妹的不幸婚姻而作，辞语哀婉，声情俱下，虽哀而不怒，亦感人至深。他把妹妹的不幸遭遇悲叹为"毁璧殒珠"，实际是控诉封建礼教对这位聪慧可爱的少女的迫害。秦观的赋虽然显得气势不足，但简练、精美而富情思。《黄楼赋》表彰苏轼善处苦逸的哲人风范和思想境界，风格清雅；《吊镈钟文》感叹镈钟的长期埋没，构思新颖。《郭子仪单骑见虏赋》是一篇律赋，歌颂郭子仪的忠诚与勇敢，也写得颇为整洁和秀美。张耒更是一位大力作赋的人，今存赋四十余篇，大都"汪洋冲淡，有一倡三叹之声"（《宋史·列传第二〇三·文苑六·张耒传》引苏轼语），进一步发挥了苏轼"尚意"观点，把言情与寓理结合起来，不雕琢、不隐晦，直寄其意，比之黄、秦，则另有一番风趣。著名的《雨望赋》怒恨暴风骤雨，境界开阔，笔力雄健，用语新奇而暗含政治寓意；《鸣鸡赋》从西晋刘琨、祖逖闻鸡起舞事入题，抒写了"业无高卑志当坚，男儿有求安得闲"的情怀，雄鸡的那种"意气武毅""奉职有恪""孔肃靡争"的精神状态，显然是他晚年心志的写照，表现出一种昂扬奋进的精神，给人以鼓舞。晁补之的赋多抒情言志之作，其《江头秋风辞》以晋张翰弃官归里的故事为发端，杂用杂体与散体，写出了自己不愿卷进北宋末年新旧党争的漩涡而意欲归隐田园的心情，语言简洁明快，语意曲折起伏，亦颇富风致。以上这些，虽其成就达不到苏轼的高度，但其风格，都明显地受到了苏轼的影响。他们上乘欧、梅、苏的余风，在时代及政治环境的限制下，虽没有反映出重大的社会问题，但抒情言志，抒发自己的道德情操观念，还是有其时代意义的。

北宋后期，除了上述大家外，留有赋作的还有狄遵度、米芾（1051—1107）、邢居实、程俱（1078—1144）等人。狄遵度的《凿二江赋》歌颂了李冰在四川治水的功绩，风格简古、气势雄肆；米芾的《参赋》《壮观赋》精悍豪迈，具有较强的现实针对性，在北宋赋中也应该说是少见的。邢居实英年早逝，幼童时就受到"苏门学士"的喜爱，其《南征赋》写随其父邢恕由京到川情景，颇似班彪《北征赋》、潘岳《西征赋》的构思，怀古、写景不假雕饰，语言真率而动人，大有古赋遗风，被朱熹誉为"神会天出，如不经意，而无一字作今人语"。程俱的《采石赋》直接讽刺宋徽宗为修神宗庙而大采太湖石的情景，在当时算是大胆之作了。

总之,北宋是律赋逐渐衰落、文赋逐渐兴盛的时期。在赋体和赋风转化、衍变的过程中,众多的赋家以自己的创作实践作出了贡献,而苏轼继往开来,更以自己的创作和影响奠定了北宋赋在赋史中的重要地位。北宋的主要赋作,以文为赋,以理入赋,具有自己的特点和风貌,除了具有不拘声律、不拘对偶、不拘四六而自由疏朗、气韵流动的散文化的艺术形式外,还具有以景寓意、以情喻理,或者直接说理议论的理意和理趣,充满着尚理、崇理的倾向和特色,在中国赋史上是具有它重要的地位和贡献。

从公元 1127 年"靖康之难"、徽钦二帝被金人掠去、宋康王构仓皇南逃、至临安建都起,到公元 1279 年元世祖忽必烈统一中国,是我国历史上的南宋时期。

这一时期,先是金人的不断进攻,后是元蒙军的猛力入侵,致使民族矛盾尖锐、激烈,广大人民普遍增强了民族意识和爱国情绪。南宋统治者卑弱无能,对异族的进攻和侵略,一直采取了忍让、妥协和投降的政策,使主张抗金的将领和士人,一直处于被排斥、被压抑的境地,因而统治阶级内部抗金派与投降派的斗争也异常激烈和尖锐。南宋的腐败和怯弱,更比北宋加剧,而其剥削、压迫人民的手段,比之北宋则更有过之而无不及,所以当时的阶级矛盾也是激烈尖锐的。但是,由于北方广大领土陷入金人之手,经济和文化的优势也随着宋室的南迁而转入南方。在偏安一隅的江南地区,农业经济,特别是通过疯狂掠夺而来的地主庄园经济相对地得到了发展和提高,以商业、手工业为主体的城市经济,也得到了发展和繁荣。在文化上,市民文化迅速兴起,知识分子为主体的文学创作也呈现出新的精神和面貌。

从赋的创作来说,南宋的赋家虽然是沿袭着北宋王、欧、苏、黄所逐渐开辟、确立的文赋道路来创作的,但从大量的赋作实践来观察,赋与诗的距离越来越远,散文化的倾向也越来越重。北宋中期那种平易晓畅、以文为赋的赋风得到了进一步的发展,以理入赋、说理议论的成分也越来越多。北宋赋家,大多能诗、能词、又能文,而南宋的赋家能够兼善者则相对减少了,特别是理学家涉入文坛,更使这时期的赋作逐渐减弱了文艺性。不过,由于民族矛盾的激化和阶级矛盾的加剧,一些表现民族矛盾的爱国思想的作品,一些揭露社会问题和讽刺现实生活的作品,则相对比北宋增多了起来。

李清照、李纲、晁公溯、陈与义等,都是跨越两宋之际或主要生活在南宋之初的人物。他们大都经历过"靖康之难"的苦难,具有抗金复国的爱国思想,因而他们的赋作在思想内容上就给南宋初期的赋坛带来了新的精神面貌和气息。

李清照(1084—约1155)是两宋具有重大艺术成就的女词人。由于她亲身经历了国破、家亡、南迁、夫死的苦难生活,所以词作中就更多具有了哀时叹世的凄苦和感慨。可惜,她的赋作只留下一篇《打马赋》,但就在这篇仅存的《打马赋》中,却抒发了她强烈的爱国思想和感情。打马,本是一种游艺活动,而她却以棋局写战局、以对弈喻战阵,从中寄慨言志,寄寓了沉痛的忧国之思,被后人誉为奇工的"神品"([清]王士禄《宫闺氏籍艺文考略》引《神释堂脞语》)。李纲(1085—1140)是当时著名的坚持抗金的政治家,为了挽救南宋初期腐败卑弱的政治局面,他曾提出了积极改革的"十项建议",可惜由于投降派的坚决反对,只为政七十天就被排斥了。后来,他虽然多次上疏陈述抗金大计,也没受到统治者的重视和采纳。他的《江上愁心赋》写于"靖康之难"前,却已表现出对北宋政局不祥的预感,他从江上的所见所感中,吊古伤今,因情造境,借境抒情,暗喻出对北宋王朝内忧外患的愁思和忧虑。《南征赋》写于他南宋罢相后,深切地抒发了自己去国后的苦闷心怀,表达了壮志难酬、报国无门的苦闷和悲痛。他一方面想退隐江湖、独善其身,一方面又眷恋朝廷、忧心国事,这种"失意不屈志,贬谪仍念国事"的精神,今天读之仍令人甚感真切和动人。在写法上,此赋超脱以往纪行赋的老套,而对沿途的古迹并不涉及,只在洞庭湖、九疑山等处联想到了屈原,使自己忧国伤时的思想表现得更为集中和突出,其艺术处理是别开生面的,行文虽然平易、自然而流畅,但却具有气势。晁公溯(1127—1165)的《嵩山居士集》中存赋五篇,语言多嫌浅露,但《悯孤赋》却具体描述了自己的身世及其父晁冲之被金兵南侵时杀死的情景,对我们也有认识价值。

陈与义(1090—1138)也是南宋初期的一位重要的诗赋家,绍兴年间,曾为参知政事。他也是一位具有爱国思想的人,其诗深受黄庭坚的影响,反映出一些南渡后的社会现实,寄托了自己的爱国思想和感情,是"江西诗派"一祖三宗的三宗之一。他的《简斋集》中存赋作三篇,似乎都无重大而深刻的思想内容和社会意义,但从另一角度看却丰富了南宋初期赋作的思想内容和艺术表现。其中,《觉心画山水赋》写觉心画山水的艺术构思,独具慧眼地表现出画面中那种烟云变幻、峰峦起伏、虚实相间、充满着仙灵之气的动态山水,从中寄托了他傲然挺立于世的坚强性格,可谓突兀变幻、别具风格,其语言也是极为简练而生动的。再如《玉延赋》精美的艺术表现,也超过同时的他人。他的赋,深含哲理,暗寓着对世事的不平,是宋代文赋说理议论的另一种表现形式。

理学家以理入赋,刘子翚(1101—1147)应该是较早的一位。北宋以来,理学家的赋作一般艺术水平不高,他的《㵲暑赋》也专讲阴阳二气的矛盾和斗争,简直像一篇讲述辩证法的论文,好在语言还算生动、流畅,尚无理学家板起面孔说教的迂腐气,仍不失为颇有生气的佳作。至于他的《哀马赋》借杨勔入寇、驱窃战骑之事以讽刺朝廷不善养将,以致金兵南下、国威不振,则是用具体、生动、形象的描述,来寄自己讽喻现实的主旨,那就另当别论了。文学自身的规律和特点,使这位理学家的赋作也变得情感慷慨,文字也简劲而有气势。以后,薛季宣(1125—1172)、朱熹(1130—1200)跨入赋坛,大扬其风,表明了理学家和文学家之间的沟通和融合。

南宋初期的赋家中,特别应该提出的还有王十朋(1112—1171)。他生活的时代略晚于上述几人,已到了高宗后期和孝宗前期。这时的社会矛盾更趋激化,人民的苦难也更增多。他的《会稽三赋》(《会稽风俗赋》《民事堂赋》《蓬莱阁赋》)从人民的角度展开议论,气势刚健雄肆,文笔纵横洒脱,语言质朴简明,在当时就有名于世,可看作是以理入赋、以论入赋和以文为赋的代表作。特别是《民事堂赋》,从关心民间疾苦的观点出发,描述了绍兴地区由于自然灾害和豪强势力给人民带来的苦难生活,意欲通过地方长官施行、并通过他们向朝廷进奏他的施政建议,充分表现了他关心人民生活、同情人民疾苦,积极改革政治措施的思想和感情,这在封建社会的官吏中,是非常可贵的,因而此赋的思想意义在两宋赋作中也是上乘的。

宋孝宗(1163—1189)之后,南宋的文学创作又进入了另一个高潮。当时名家辈出,作品纷呈,著名的诗人陆游、范成大、杨万里、张孝祥等,都有赋作留世。

陆游(1125—1210)是南宋杰出的爱国诗人。他生在北宋灭亡、金人南侵南宋之际,从青年时起就立下抗金复国的大志,但后来却因此多次受到贬斥,以至死前仍遗恨国土未复。他的赋作今存七篇,虽然不如诗篇那样多慷慨之气、激昂之音、悲壮之叹,但也大都简洁而有骨力。《自悯赋》抒发自己报国无门的苦闷,《虎节门观雨赋》表现了他对建立奇功伟业的仰慕。《丰城剑赋》更能摆脱前人的俗套,借用历史故事来追昔抚今、指点时事,借谈剑以议政,托古人以警今人,实际是对北宋末年大臣的谴责和对当时大臣的警告,语言简洁流畅,气韵贯注,可谓别具特色。他的《红栀子华赋》则是一篇抒情小赋,就路过青城山时瞬息所见道童手持的"莫得而强名"的异花而立论,迷离恍惚,若隐若现,说出了"求诸己"而得"道"的妙理,具有深邃的理性和理趣,赋文轻灵、飘逸,富有浪漫主义色彩和超凡脱俗的神理与韵致。在南宋诸人的赋作中,其构思是新颖奇巧的。

范成大(1126—1193)也是一位爱国者,他的《馆娃宫赋》借历史陈迹来感叹吴王夫差的骄奢亡国,其中显然有欧阳永叔的风格。他的《望海亭赋》《荔枝赋》却写得妍丽精巧、含蓄蕴藉,代表了范氏赋作的另一种风格。

在南宋诗人中,杨万里(1127—1206)更是一位别具风格的人。被后人誉称"诚斋体"的诗歌,生动、活泼、诙谐,富有生活气息。其赋也写得洒脱恣肆、别具气势。著名的《浯溪赋》是他的早年作品,它以湖南祁阳浯溪边摩崖碑所镌刻的唐代诗人元结的《大唐中兴颂》为引线,对招致安史之乱的唐玄宗和平定安史之乱、维系中唐残局的唐肃宗发表了一通中肯而又严肃的批评和议论,既对荒淫声色、弃贤用奸,致使天厌人怒、国破家亡的罪咎有所批评,又对唐肃宗寡恩薄义、急做皇帝的行动提出了讥议。借古讽今,影射巧妙,感情深沉,气韵流畅,充分体现出两宋文赋流畅自然的特色,在南宋诸赋中是不可多得的作品。他的《海鳅赋》用追叙的手法描述南宋将领虞允文于采石矶战胜金人完颜亮侵略南宋的一次胜利,也是南宋赋中正面描写反侵略战争的名篇,笔力纵横自如,描述有声有色,感情淋漓尽致,文字简洁明快,显示出了南宋赋家写作的功力。

稍后于陆、范、杨的张孝祥(1132—1170)、刘过(1154—1206)诸人,也有名赋传世。张孝祥的《攻蚊辞》《金沙堆赋》,刘过的《独醒赋》,吴儆(1125—1183)的《良干竭赋》,陈造(1133—1203)的《淮海楼赋》,王炎(1137—1218)的《石菖蒲赋》《喜雨赋》,高似孙的《水仙花赋》《秋兰赋》《幽兰赋》,梁安世的《乳床赋》等等,都各具特色,或出语直率,或描述淋漓,或简洁雅淡,或气势遒劲,给南宋赋坛增添了声色。

南宋中期,还应该特别提到的是一些理学家的赋作,朱熹、薛季宣可看作是他们的代表。朱熹(1130—1200)是宋代理学集大成的学者,他的思想观点对后世的思想文化产生过极大的影响。他注释、研究骚体赋,作《楚辞集注》《楚辞辨证》《楚辞后语》等专著,自己也作赋。他的赋今存不多,只有《白鹿洞赋》《梅花赋》《感春赋》和《空同赋》数篇,而以《白鹿洞赋》最有名。白鹿洞本是两宋著名的书院之一,创建于南唐李昇升元年间。朱氏此赋先叙书院的兴废之由,再讲兴办教育的宗旨,讲的虽是些理学家的常言,但出语温润淡雅,不像他的某些散文那样迂阔说教,还有较好的可读性。《梅花赋》《感春赋》皆学骚而变其蹊径,抒情言志,清新流畅。作者在宋孝宗时,累起累黜,后来亦常退职闲居,《感春赋》抒发他对时光流逝、青春难再的惆怅和悲叹,又表现出不忘君王的一片深情,其孤寂之苦、感伤之情,还是相当感人的。这说明,南宋的赋对他产生了深远的影响。

薛季宣(1134—1173)本是理学家程颐的再传弟子,但却不喜欢空谈心性,反而比较注意对历史和现实加以研究。他的《浪语集》存赋20篇,说明他是一位喜欢写赋的人。他的《雁荡山赋》是一篇力作,规模宏伟,笔力雄肆。其他的咏物抒情小赋,诸如《金龟赋》《鸢赋》《蛆赋》《自释赋》等,也写得简洁而有生气。特别像《蛆赋》,对具"堂堂八尺之躯",而趋炎附势、蝇营狗苟的小人,给予了辛辣的讽刺。他的《自释赋》给横征暴敛的统治者以深刻有力的抨击,也是对他的师祖程颐"作文害道"之说的一个响亮的耳光!

南宋理宗(1225—1264)以后,南宋王朝更加虚弱。前有金兵的劲逼,后有蒙古军的进攻,再加上对内残酷的剥削压榨,就更加激起人民的不断反抗和斗争,因而国势衰颓,民生凋敝,矛盾四起,社会充满着危机,文化艺术和文学创作也开始走向没落了。但是,一些有识之士和爱国的作家,还是能够以强烈的时代感来揭露现实、抨击时弊的,表现出南宋后期的凄楚和哀怨。从现存赋作来看,这一时期,揭露和批评现实的作家和作品,反而比以前增多了。刘克庄、洪咨夔等人,就是这方面的代表。

刘克庄(1187—1269)是南宋后期著名的爱国诗人,他的赋也富有强烈的时代感和讽刺性。其《后村先生大全集》收有赋作十篇,多是咏物或抒情的篇章。其赋语言清新,行文活泼,笔调轻松,多含政治性的讽刺,《诘猫赋》就是其中的代表。此赋表面上是揭露和斥责家养猫的色厉内荏、大渎捕鼠之天职,实际是抨击那些不仅不为民除害、反而伤害善类的贪官污吏和那些认敌为友、面目伪善的谏官,语言生动、形象,诙谐有趣,既有幽默的揶揄,又有辛辣的讽刺,可谓嬉笑怒骂,入木三分。《吊小鹤赋》讽刺同类相残,《蠹赋》谴责亡身败国的小虫,也都是针对社会现实而发的。这些作品,风趣而有理性,在宋赋中也是别富风采的。

洪咨夔(?—1236)生活在宁宗、理宗两朝,做人以耿直见称,其赋也是有为而发的。《悯氓赋》表现了作者对民生疾苦的关注,《烘虱赋》寓言式地借物喻世,暗示出一切损人利己、卑鄙无耻小人对社会人生的危害,表现了作者对他们深恶痛绝、势不两立和坚决彻底消灭而后快的决心。全文寓深沉严肃于冷峻辛辣之中,一气呵成,浑然一体,写得极为生动而意味深长,是不可多得的赋作。与他相类似的还有李曾伯(1198—1268?)的《避暑赋》,以炎暑之酷热,比酷吏之堪畏、权门之可炙,可谓恣肆可喜,别开生面。

由此可见,南宋赋在北宋赋的基础上,无论是体式或是内容,都有较大的发展和提高,特别在思想内容和社会意义上,显然是更为深刻而广泛,从而更加巩固了宋赋在中国赋史上的价值和地位。

　　以上，我们通过对两宋赋的发展、衍变过程和重要赋家、赋作的介绍与评述，可以清楚地看到，两宋的赋作从体式、内容到艺术表现，都有它独特的精神和风貌。众多的赋家和赋作充分展示了它在中国赋作发展史上的价值和地位，也有力地证明了"唐后无赋"的观点是错误的。

　　以往，由于传统观念的影响，我们对两宋赋的重视和研究都极为不够，甚至一些流行的文学评论和文学史之类的著作中也几乎只字不提它。可是近年来，特别是十一届三中全会以来，随着思想解放和学术研究的深入，一些专门对它进行评论、研究的论著已逐渐增多并逐步深入了，如马积高的《赋史》（上海古籍出版社 1987 年版），郭维森、许结的《中国辞赋发展史》（江苏教育出版社 1996 年版）等专著，都对两宋赋进行了系统、全面而深入的分析和论述。我们应该继续更深入地研究它，以便更好地继承这份丰富多彩的文化遗产。

1996 年 11 月 10 日

　　（原载于《社科纵横》1999 年第 5 期，原题为《两宋赋述略》，编选时改为现题）

金元赋的发展与成就

金元两朝都是异族统治中国的时期。在伟大的历史进程中,它们对中华民族的融合和形成,对祖国经济和文化的发展和衍进,都起了积极的推进作用。同样,在文学创作上,也各自取得了中国文学发展史上的地位和成就。

文学创作是祖国文化事业的一部分。虽然人们常说一代有一代文学之胜,比如一说到唐就说到唐代的诗和传奇,一说到宋就说到宋人的词和话本,那么一说到金元,自然也就说到金代的院本和元代的散曲和杂剧了。但这不过是把当时的这些文学创作与前代、后代以及当代的其他样式的文学创作相比较而言的。是此并不等于非彼。任何相对独立的文学形式,都有它产生、发展和衍化的过程、规律和特点,在每个历史阶段也都有它不同的地位和成就。也正是由于丰富多彩的不同文学样式的不断发展和衍化,才形成了我们祖国源远流长的文学长河和绚丽多姿的文学园圃。金元两代,虽然原来的文化基础比较薄弱,但随着各自王朝政治、经济和文化的发展和变化,文学创作也显示出了各自不同的特点和成就,同样为祖国的文学长河注入了流水,为祖国的文学园圃增添了枝叶,同样应该受到我们的重视和研究。

赋,是文学创作领域中的一种特殊样式。它萌生于春秋战国,形成于两汉,中间经过魏晋南北朝和唐宋时期的继续发展和衍变,到金元时期又呈现出新的特点、新的精神面貌,因而也就取得了新的地位和成就。作为文学创作特殊样式的赋,在这一历史时期确实得到了发展和繁荣。之所以如此,其中既有这一文体的历史继承性的客观原因,也有这一文体自身衍变和创造的主观原因。

前人论赋,一般只止于汉魏六朝。明复古派文学家、前七子之首的李梦阳高唱"文必秦汉"(《明史·文苑二·李梦阳传》),推崇楚辞和汉赋,并提出了"唐无赋"(《空同集》卷四十八《潜虬山人记》)的观点。到了清代,程廷祚又进一步提出了"唐以后无赋"的论调(《清溪集》卷三《骚赋论》中)。于是,后代的一些文学评论家对唐宋以来的赋家、赋作往往采取轻视的态度。有的很少论及,有的即使论及,也极为简单和粗略,甚至包括一些专门研究辞赋的著述。实际上,这是一种偏见,是以楚辞、汉赋以及魏晋南北朝赋的标准来看待后代赋的。任何一种文学体裁,一旦以一种独立的文学样式出现在文学创作领域中,也就有它的产生、发展和衍变,每个历史时期甚至每个作家中,都会出现不同的特点和风貌,我们不能以固定不变的观点和标准来看待不断发展变化的赋家和赋作。可喜的是,20世纪80年代以来学术研究已经打破了这种偏见并越来越向纵深延伸和扩展。在金元赋作方面,除了马积高《赋史》和郭维森、许结《中国辞赋发展史》都列有专章或专节进行了详尽而深入的分析和论述之外,一些学术刊物也不时刊载关于金元赋的专题论文,这为我们进一步研究奠定了坚实的基础。从现存大量的金元赋家和赋作来观察,它是有着自己的风貌、特点和衍变轨迹的。

清康熙时期,陈元龙奉敕编辑了一部《历代赋汇》,按内容分为30类,辑录了先秦到明代的赋作4000多篇,共为184卷。后来,庄仲方又进行了"续补"。陈编之中,金元赋收录了131人、338篇,当然遗漏很多。据湖南师范大学马积高、叶幼明先生粗略统计,今存金元赋作大约有250人、750多篇,黄仁生《元代科举与辞赋》一文说,光元赋就有900多篇，真是洋洋大观了。可见，金元时期也是赋作发展的一个重要时期。

现就金元时期赋作的发展、衍变和成就，作一概括的介绍和评述。

从金太祖完颜阿骨打正式建国（1115年），到金哀宗完颜守绪自杀、金末帝完颜承麟死于宋蒙乱军之中（1234年）的前后120年的时间里，我国淮河以北的大片国土是由金王朝统治着。

金王朝是由原住在黑龙江、松花江流域的女真族发展而来的。它原来接受过辽文化，编入过辽的户籍，并接受辽朝所加给的封爵官号，与辽朝交换货物，向辽朝交纳贡品。后来逐渐发展强大，并于辽天祚帝天庆四年（1114年）举兵攻辽而取得胜利，次年正月元旦便依汉制建立了大金王朝，完颜阿骨打做了开国皇帝。十年后（1125年）俘虏了辽天祚帝，灭辽，并接着进攻北宋，次年即攻陷了宋京都汴梁，俘虏了徽、钦二宗。接着又挥鞭南下，很快占领了大半个中国，与南宋长期处于对峙之中。南宋宁宗开禧二年（1206年），蒙古孛儿只斤铁木真（即元太祖成吉思汗）在漠北建立大蒙古国，五年即大举进攻金王朝，使金王朝处于背后受敌的威胁之中。南宋王朝在不断受到金兵入侵的威逼下，反而与蒙古军联合灭金。可是金灭后，只有三十多年的时间，南宋王朝也被元蒙王朝消灭了，于是元王朝也就统一了中国。

金王朝和辽王朝一样，都是以武得国的，原来的文化比较落后。但建国后，在不断进攻南宋王朝的同时，却转而大兴文治，以文治国。金太祖在世时（1115—1122），就比较礼遇和重用辽宋文人。灭宋后，更加注意网罗知识分子，致使北宋的旧臣文士也多归附。金太宗完颜晟继位（1123年）后，即立"选举之法"，坚持以文取士。第四代君主海陵王完颜亮（1149—1160）更是大张文治。他具有大统一的理想、气度和行政作风，也具有生气勃勃的雄心和壮志。他奖掖诗赋写作，自己也"绝冠当时"地吟咏不绝，并使女真族全面开始汉化。到了金世宗（1161—1189）、金章宗（1190—1224）时，更使"儒风丕变，庠序日盛"（《金史·文艺列传》），经济和文化都得到了较好的发展和繁荣。金世宗被时人誉为"小尧舜"，使唐宋文化在金王朝得到了一定的继承和发扬。海陵王天德三年（1151年）在科举上罢经义、策士两科，专以词赋取士；金世宗大定四年（1163年）科举上更采取了"文优则取，勿限人数"的政策，并由皇帝亲自过问或拟题，这就更自然地大大促进了文学创作的发展和繁荣。金代后期的人才也确是由词赋考试被发现并成长起来的。

根据金王朝政治形势的发展，一般史学家都把金王朝120年的历史划分为三个时期，即海陵王贞元元年（1153年）自会宁（今黑龙江阿城）迁都燕京（今北京）之前为金王朝前期，或称金元时期；金宣宗贞祐二年（1214年）又由燕京迁都汴京（今河南开封市）之前为金王朝中期，或称燕京时期；金末帝被杀、金王朝灭亡（1234年）之前为金王朝后期，或称汴京时期。

从文学艺术的发展来看，这样的划分也大体符合实际。但是，单从赋家赋作来看，却大多产生于燕京时期之后。可惜，由于种种原因，金赋今存不多。据初步统计不过十家、三十篇左右。金朝建国后，直到海陵王前，由于原先的文化基础薄弱，还处于主要是在吸收辽宋文化阶段，自己还没培育出成名的作家和诗人，即使有些，也是"借才异代"，并以汉人为主。这时的一些文人和作家，多是由宋入金的人物，如奉使被金扣留的宇文虚中（1079—1146）、吴激（1090—1142），随父降金的蔡松年（1107—1159），原为宋臣后又仕金的高士谈（？—1146）、马定国（生卒不详，主要活动于章宗至宣宗时期）、施宜生（？—1160）等人，可惜都没有赋作留世。海陵王之后，文学渐兴，且重视吸取唐宋文化、奖励诗赋写作，才逐渐培养出一批自己的诗人和作家，著名的就有蔡珪（蔡松年之子，主要活动于熙宗至世宗朝）、党怀英（1134—1211）、王庭筠（1152—1202）、王寂（1128？—1194？）等人。也可惜，除了王寂留有赋作外，其他人也没有留下赋作，所以只有王寂一人算是燕京时期的赋作家了。

王寂生活于海陵王、金世宗之世，其《拙轩集》中只存《岩蔓聚奇赋》一篇。但仅此一篇，却代表着金王朝燕京时期的赋风。赋文描写了一棵生长缠绕在山岩上的老藤，其节结像一个外表肿而内心空荡的瘿疣，平时不值得匠人们一顾。但好事者却顺其自然，因材施技，用它制成了一个酒杯。作者非常喜欢它，就用买酒的钱买了这只酒杯。用它饮酒，怡然自乐，并在一醉之中，使自己的精神完全摆脱了古今的纷争、身世的绊羁、功名的羁陷和尘世的烦恼，而漫游于八荒之外，获得了彻底解放。咏物抒情，超凡脱俗，独树一帜，卓识独异，其取材是新颖的，构思是奇巧的，寄意深远而不凡俗，文笔矫健而有神韵，其语言也是形象而奇崛的，体现了作者"清刻镂露""戛戛独造之风"（《四库全书总目》卷一六六《拙轩集提要》），表现了作者超然独立、不合流俗的精神风貌。从手法上说，显然是受了西汉王褒《洞箫赋》、东汉马融《长笛赋》以及北宋苏轼《赤壁赋》的影响，标志了汉唐及两宋文化在金王朝的继承和发扬。

燕京时期之后，赋家渐多，名篇迭出，可以看作是金赋最繁荣的时期。当时著名的作家就有赵秉文、王若虚、李俊民、元好问、郝经等人。

赵秉文（1159—1232）生活在金世宗至金哀宗之世（1161—1233），仕五朝、官六卿，累至礼部尚书、翰林学士，在金室南渡前，成为文坛领袖。他针对金王朝后期统治者沉湎声色、奢靡腐败的政治情势和浮艳萎靡、华而不实的文风，挺身而出，以自己的创作实践和政治影响来改变当时的不良风气，致使当时的文风也为之一变。他工诗善文,律诗清劲精绝,古诗壮丽爽放,皆近风雅;文语畅朗,笔势纵横,风格奇古。他提出,"诗文之意,当以明王朝、辅教化为主"(《闲闲老人滏水集·答李天英书》),极力恢复文学的现实主义传统。其集中存赋14篇,可视为金代赋家之首,影响甚大。其赋作,大多是通过对自然壮美的描述来抒发自己的政治抱负。其风格,既有苏轼等前辈作家的烙印,又有自己"气象甚雄"的特点。《海青赋》和《游西园赋》就是著名的篇什。前者,先描绘猛禽海青在大自然中自由生活的情景,接着是写虞人捕养的情况,最后写皇帝与群臣观赏海青之斗的壮观,前后勾连,场景多变,结构严密,意象壮美,行文纵横,气势奔放,富有浪漫主义色彩。结语以海青比忠勇之士,令人深思回味。后者,是一篇抒情小赋。赋文通过对西园景色的描绘,一方面追昔抚今,发出了"物是人非"的感叹,一方面又从感叹中解脱,使自己"心与境忘,境融神会",进入了物我两忘、万念俱寂的精神境界中,使读者自然想起唐代柳宗元的《始得西山宴游记》来。他目睹社会的混浊,身经仕途的艰辛和宦海的沉浮,这感受,自然就有它深厚的现实基础。他的《丛台赋》《华山感古赋》,通过吊古讽今的手法,警诫统治者"勿使一旦之乐,易万世之讥",并响亮地提出了"亡汉者汉也,非莽卓也;乱唐者唐也,非安史也",这一鲜明的政治观点,显然是受了晚唐杜牧《阿房宫赋》的影响而针对当时的朝政而提出的。他的《游悬泉赋》《无尽藏赋》《解朝醒赋》《栖霞赋》《拙轩赋》等等,或托意玄言,或涵泳老庄,或寓言禅理,皆思想消沉,睥睨尘世,虽其思想不可取,模拟成分太重,但从中也可以看出在金王朝统治下知识分子心态的一个侧面。赵秉文活跃于赋坛,充分体现了两宋赋风特别是苏轼赋风在金王朝的衍变和继承。

王若虚(1174—1243)也是当时著名的文学家,惜其存赋只有《揖翠轩赋》和《瑞竹赋》两篇,皆为咏物抒情之作。语言率真自然,句式基本上同于散文,是金代典型的文赋,是他"文以欧苏为正脉"(《溽南遗老集·内翰王公墓表》)的具体创作实践。

李俊民(1176—1260)是一位不大与封建统治阶级合作的人。他虽于金章宗承安五年(1200年)以经义举进士第一,并为应奉翰林文字,但因不满朝政、政见不合,便毅然辞职,教书于乡里,一时从者甚众。金室南渡后,他便隐入山林,不问世事,可谓看透了现实。后来元世祖忽必烈曾以安车召请他,他也隐居不出,"抗志遁荒,于出处之际能洁其身"(《四库全书总目》卷一六六《庄靖集提要》),最后以老寿而终。他工诗善文,诗风清新奇绝,内容充实丰富,感情真挚感人,语言畅达生动;文风冲淡雅致,内容多关切时事,抒发忧愤,在金王朝也是一位大家。其赋仅存两篇,更是精悍拔萃,为金代赋苑增彩生色。其《醉梨赋》以比拟的手法咏物,赋予醉梨以耿介愤世的性格,表面上似乎肯定"随俗俯仰,与时卷舒"(陈元龙《历代赋汇》卷一二五《花果·醉梨赋》)的处世态度,实际上他认为这是一种醉态,从而把"以醉醒醉"作为全赋的中心思想和脉络,其语意的曲折、起伏和转换,是令人发省的。其《驯鹿赋》是一篇咏物小赋,也突现了在充满祸机的社会里的恐惧和不安,典型地表现了社会现实对知识分子的桎梏和威胁以及他们的时代心态,语言简古、峻洁而凝练,意蕴丰富而深厚,给读者以启发和联想。两赋皆多有言外之意,表现出他无可奈何而隐居避世的心情。正如史秉直在其《〈庄靖集〉序》中所说,"格老而意新,辞经而旨远"也。

元好问(1190—1257)是金王朝文学创作最有成就的大作家。他亲遭亡国离乱之苦,因而在赋作中也反映出了乱离之感和故国之思。今存赋千篇,《秋望赋》就是他的代表作,也是金赋中最成熟、最有价值的一篇作品。它以望秋中的所见和所感,抒发了忧虑国势的哀愁和郁愤,表现了他关心国家安危的急切心情和希望报仇复土的强烈愿望。感情沉雄慷慨,笔力刚健苍劲,意境崇高悲壮,在金代赋坛上,从内容到手法,确是胜人一筹。他的《行斋赋》,赞扬友人张仲经安于贫贱,不计荣辱、抑身扬志而刻苦学习的坚毅精神,也是有积极意义的。

可见,金赋是宋赋的继承和发展。虽然其总的艺术成就赶不上唐宋,但却也有着自己的成就和特色。它表现的社会内容和思想感情较广,其艺术风格也是丰富多彩的。前人对金赋多不重视,实际它恰是由宋赋发展,衍化为元赋的过渡和桥梁,在中国赋史上亦应有它的价值和地位。

从元世祖忽必烈统一中国(1279 年),到朱元璋建立明王朝(1368 年),前后 90 年的时间,是元王朝统治时期。根据其政治、经济发展的状况,一般史学家多把它统一全国至元英宗末年(1323 年)的 45 年称为元前期,泰定帝之后至元朝灭亡的 45 年为元后期。

元王朝的统一,虽然结束了我国三百多年间王朝纷争和疆土割裂的政治局面,使我国的疆土扩大到了历史上最大的地步。但这个政权是用掠夺性的战争和屠杀政策取得的,是建立在阶级的和民族的双重压迫剥削基础上的,因而建国一开始,就表现出了这个王朝的残酷性和反动性。由于元蒙统治者在土地掠夺过程中,汉族世族大地主充当了他们的帮凶,因而广大人民所受的压迫剥削也就更为悲惨和深重;由于元蒙统治者所实行的是一种种族统治,因而民族矛盾也就比任何时期更加尖锐和激烈。所以,从元朝建国起,各地就不断掀起了反元斗争。特别到了元朝后期,统治阶级极为贪暴、奢侈和腐化,致使广大人民的苦难已达到了无以复加的程度,因而广大人民的反抗和起义斗争,几乎是连年发生,以致最后,这个王朝还是被消灭在人民起义的浪涛中。

元蒙统治者以武得国,建国后的政权结构依然是以武功为主,因而在思想文化政策上基本上是采取轻儒贱文的政策,使广大知识分子处于比较低下的社会地位。早在元世祖定鼎中原的时候,具有远见卓识的耶律楚材(1190—1244)、郝经(1222—1275)、刘秉忠(1216—1274)等人就曾提出过尊儒重文的建议,期望使蒙古政权纳入汉文化的传统轨道,但并未得到他们的真心支持和采用,比如长期影响士人仕途和社会地位的科举制度,虽然在没有统一中国之前的元太宗十年(1238年)就进行过"戊戌选试",但正式的全面的科学考试制度,并未决定实行。元仁宗皇庆二年(1313年)虽然颁布实行了,但到了元顺帝元统三年(1335年)却又加以停止,过了五年才又恢复起来。这种时断时续的科举考试,虽然曾列词赋为一科,但考试的主要内容仍然是律赋,而且还不断遭到人民的反对;而经义科的考试,又以程朱理学家的思想注解为准绳,显然大大削弱了人们的思想开拓和形象思维的能力。元仁宗皇庆二年"施行科举",鉴于种种不同的政见和矛盾,曾改试律赋为古赋,其目的仍然在于强调政治教化的加强和实用。这样,一些知识分子感到仕途茫然无望,自然也就产生了与统治阶级的离心力,即使一些受到统治者青睐或礼遇的儒生和文士,也多沉酣于理学、经学中,而以维系纲常来自命。所以,元代的词赋作家和文人,除了某些遗老或骨髓之士外,大多以修身养性、优游闲适为主旨,内容平淡狭窄,不敢或很少关心现实。一些生活丰裕、游离朝政的知识分子,更多在楼台亭阁,斋房池苑上做文章,抒发些个性淡情,讲些思虑哲理,思想内容也是相当狭窄的。明宋濂等人撰修的《元史》,不列文艺或文学传,而只列"儒学传",就是这种儒生和文士合一的现实反映。所以,元朝的赋家赋作虽然很多,但从整个形势看,其成就是不能和唐宋相比的。

不过,这样的现实对文学创作来说,也有它有利的一面。一是促使词赋的写作开始向抒写个性、表达感情方面发展,使宋赋的尚理、崇理、以说理议论入赋的赋风向重情、抒情、以情志入赋方面转化;一是赋作本身的发展,使律赋更失去它在文坛上的地位,由宋代的散体文赋向以骚体为主的古代赋衍变,从而形成了元赋自有的特点和规律。

从整个文学艺术的发展形势看,元代的文学艺术的繁荣和成就,主要是表现在散曲和杂剧上,这是下层知识分子创作和市民文艺相结合的结果,而且前期好于后期。元前期的文学艺术是以大都(今北京)为中心的,当时出现了很多著名而艺术高超的散曲、杂剧的作家和作品,元朝以杭州为中心的后期文学艺术,则相对的衰落多了。而赋的写作却有些相反,它的前期却大不如后期。据初步统计,元朝共有240多人留有赋作,存赋大约900多篇,仅清人陈元龙所编的《历代赋汇》,就收录元代128家的323篇作品。但仔细分析起来,元后期的作家作品却占了大多数。据《历代辞赋总汇》主编马积高教授初步统计,元前期的赋家约有35人左右,存赋200多篇,其中有赋10篇以上的只有耶律铸、郝经、王旭、王恽、戴表元、袁桷、任士林等人,袁桷的存赋最多,也仅有22篇;而后期赋家却多达200多人,作品在700篇以上,其中有赋10篇以上的就有刘诜、陈樵、马祖常、王沂、吴师道、许有壬、朱德润、杨维桢、吴莱、傅若金、汪克宽等人,杨维桢存赋竟达109篇之多。单从数量上看,已为相当的洋洋大观,充分说明了元代赋作的繁荣和昌盛。

特别应该提出的是,由于元代赋作的繁荣和昌盛,在元代还出现了赋集和赋学理论的专著,祝尧的《古赋辨体》就是典型的代表。这既是一部赋作总集,又是一部赋论。它选录先秦至两宋46位赋家117篇作品进行评述,从中表达他的赋学思想和观点,意欲因时代之高下而论其著述之不同和体制的沿革变化。他以"情"作为赋的审美标准,提出了"祖骚而宗汉"的主张,这对元后期的创作,无疑会产生重大的影响。他生活的时代,正是由律赋向文赋、再向古赋转化的时期,宋赋的尚理、以论入赋和行文的散文化,到了南宋有的甚至成了押韵的议论文,魏晋的骈赋发展到唐宋的律赋也已达到登峰造极的地步,所以祝尧重情而崇尚古体赋,对元赋的如何发展当然具有重要的指导意义。它是元代科举制度变化的产物,是元代儒生和文士相结合的产物,也是赋的发展中的自身要求。元仁宗延祐年间(1314—1320)科举以古赋命题,而不考律赋,正标明了这种衍化,自然也就为以后的赋的写作开拓了新的领域和道路。

再者就是元代赋作的结集。据钱大昕《补元史艺文志》著录,就有郝经《皇朝古赋》一卷,虞延硕《古赋准绳》一卷,元赋集《青云梯》一卷。清黄虞稷《千顷堂书目》还著录冯子振《受命宝赋》一卷,无名氏《青云梯》三卷,无名氏《古题赋》十卷。有些书现在已经佚失了,但从其书名来推测,可能是当时人们学习古赋的范本。其中,《青云梯》有两种,三卷本今尚存。清嘉庆年间黄丕烈还见过一种三册本的《青云梯》,其中皆为元人作品,而杨维桢一人的作品就收了 69 篇(见清抄本《铁崖赋稿》黄丕烈跋)。从书名来推测,当是为士子应付科举时考试古赋而汇编。至于个人的赋集,杨维桢的《丽则遗音》四卷收录了自作 32 篇,《铁崖赋稿》二卷收录自作 50 篇,另有 27 篇散见于其他文集中,杨氏一人就有赋作 109 篇之多。

以上这些,是以往历代所没有的,可见元代赋作之盛。不过从整体来看,元代这么多赋家赋作,气象不如两汉,藻采不如六朝,气势不如唐宋,但上承几代的优秀传统和体制变化的情势,以创作繁荣昌盛和独特的抒情审美视角,构造出了元赋在赋史上的价值和地位。元前期,由于当时的一些科举考试仍以律赋命题,再加以统治者重儒生而轻文士,所以赋作者多是儒生兼文人的身份。由于各人所处的环境和地位的不同,情况就比较复杂,总的倾向是作品虽多而反映社会问题的较少,表现出一种以文合儒、文儒合一的思想和文风。不过有一个非常突出的特点是,虽然科举仍以律赋取士,而有作为的作家文士却热衷于写作古赋,即使写律赋也只作为仕进的阶梯而已,著名的作家耶律铸、郝经、王恽、王旭、戴表元、刘因、赵孟頫、袁桷等人,几乎都写古赋,这也是祝尧之所以特别轻律赋而重古赋的文学理论的基础。

耶律铸(1221—1285)是耶律楚材的儿子,幼聪慧而善文,曾继父任为蒙古中书省事,关心国事,后至中书左丞相,参修国史,晚年在政治派别斗争中被贬。他的《双溪醉饮集》中存古赋 15 篇,以《天香台赋》及晚年以"独醉"命题的赋作最有名。《天香台赋》前部分以主要篇幅描述天香台牡丹的奇姿异彩。并以类比的方法把牡丹园以至整个天香台描绘成一个尊卑有序、次序井然的封建等级社会,然后以从前的残败景象为衬托,借以突出醉隐居士如何苦心经营治理所产生的巨大作用,直到最后才点出了全赋的主题:"九土,一台也;六合,一园也。百花一王,万物一君。为国之道,在布此花之政也;经国之要,实理此花之任也。"显然,此中寄托了他的从政思想和对当国之道的理解,抒发了他对开明政治的期望和渴望,并委婉地倾吐了他对朝政混乱、贤愚不分的不满情绪,以供统治者借鉴。全赋气势恢宏,言辞瑰丽,特别最后用主客问答、抑客扬主的问答体和骈偶句式,更使结构新奇而音韵和谐,表现了元初古赋写作吸收汉魏以来赋作传统的大胆尝试。

郝经(1222—1275)是理学家赵复的弟子,又是文学家元好问的学生,还是元好问的老师郝天挺的孙子,金朝灭亡时,他才 12 岁。他生于金,仕于蒙古忽必烈,实际因为充任蒙古军的使宋使而被长期扣留在南宋。他的《陵川集》中存赋 15 篇,也都是古赋,其风格有与元好问明显相似之处,可看作是金赋的殿军和元赋的开辟者。因为他抱有亡国破家之痛,童年亲受过离乱的苦难,亲眼看到过广大人民的疾苦,所以在其诗文中所反映的社会现实是广泛而深刻的。在元朝,他虽以新朝的谋士身份进行活动,但又常以金朝的忠烈者而自期,其

《铜雀台赋》《虎文龙马赋》等，都表现出了他的这种思想和情绪。《四库全书总目·陵川集提要》说他的文章"雅健雄深，无宋末肤廓之习"，其《冠军楼赋》《泰山赋》《牡丹菊赋》《幽诉赋》《秋风赋》等等，也确实雄健豪壮、骨力劲道。他的《怒雨赋》写得尤为壮采。本赋题下注明写作时间为"己酉（1249）五月十三日"，当为他出仕蒙古之前的早年之作。他把人们所熟悉的暴风雨写得有声有色，扣人心弦，并把这一自然现象与神话传说、历史典故和自己丰富的想象完美地结合起来，赋予自然现象以深刻的社会生活的内涵，并从而以赋明志，写出了自己独立不惧、履险如夷的个性和气质，暗喻了当时的社会现实和自己的处世态度。文笔刚健、雄浑、挺拔而简练，似乎比苏过的《飓风赋》更高一着，在赋物寓理的赋作中，确是不可多得的。

王恽（1227—1304）也是当时的大家，长于文学而又有史才。他多次上书主张保护科举中的词赋科目，为律赋的地位辩护，但他自己却又不作律赋，只为文士步入仕途呼喊，只把律赋作为进入文学殿堂的台阶而已。其《秋涧集》今存赋十篇，也都是古赋。著名的《茹野菊赋》《三峰晴雪赋》《吊廉将军赋》等，大都苍劲而畅朗，表现出关切时事的思想感情，亦有元好问的遗风。

王旭（生卒不详，约生活于世祖、武宗时期）一生未登仕途，故常拟屈原的遗意为赋，情思悲怆而体气却甚豪迈，《兰轩集》中存赋十篇，也都是古赋。《爱河赋》痛恨世道衰微、晚节末路；《困骥赋》以困骥自喻，展示自己倜傥不羁的品格；《离忧赋》更写春愁秋悲、凄风苦雨的情状，表现出理想和现实相忤的自悲心态，显然更具有时代意义。其《鸣鹤赋》也写得很有寓意。

戴表元（1244—1310）在南宋因兵乱而不仕，入元后亦不热心仕途。他少从王应麟游，学有渊源。鉴于宋末文气萎弱，他"慨然以振起斯文为己任"（《四库全书总目》卷一六六《剡源集提要》），其《剡源集》

中存赋 14 篇,也都是古赋,代表作有《耕宽堂赋》《可竹轩赋》《寄安斋赋》《碧桃花赋》等等,大都深沉雅洁、化腐朽为神奇。元成宗大德年间(1297—1307),名重当时,其赋的影响也是很大的。

刘因(1249—1293)是一位理学家,有《四书集义精要》传世。他为人正直、性不苟合,元王朝多次征召,皆以故不就,采取了与元蒙贵族不合作的态度,被元世祖称为"不召之臣"。其名作《苦寒赋》描写春至而寒威犹盛,致使贫苦人家"火如红金、薪如桂枝、儿号妻哭、痛尽伤悲"。全赋明写春寒,实喻政治气候,比较深入地反映了蒙古贵族统治下的社会现实。全赋有描写,有议论,笔力苍劲而气势雄健,从中透视出从宋赋向元赋过渡的痕迹,而《渡江赋》也写得恢弘大气,使人有如临其境之感,可以说是元赋不可多得的佳作。

赵孟頫(1254—1322)是宋皇室的后裔,是我国著名的书画家。他入仕事元,内心颇多矛盾,但为政尚能兴利除弊、体察民情。其《松雪斋集》今存赋五篇。由于他的特殊身份和处境,所以赋中虽多慨叹故国沦亡、身世沧桑之情,但不敢言世情、指摘或揭露元朝的黑暗,故赋风蕴藉清婉、墨淡言温,透露出一股清新秀丽、简练超俗的风韵,著名的《纨扇赋》《修竹赋》《吴兴赋》等就表现了这些艺术特色。特别是《纨扇赋》,表现"用舍有时,出处有宜"的"行藏任道"的思想,不从遇与不遇上着笔,别出新意,境界颇高,可以看出他身处当时的无可奈何而又聊以自慰的心情。《修竹赋》摹形涂色,渲染情境,语意婉转而有神韵。《吴兴赋》虽气势雄健,亦情韵流转、景色相宜,颇具恬和豫畅的艺术特色,可以说是书画家为赋的艺术体现。

袁桷(1266—1327)是元王朝前期存赋最多的作家。少为丽泽书院山长,后荐为翰林国史院检阅官,后迁侍讲学士,朝廷的制册、勋臣的碑铭多出其手,是大德、淳祐年间的著名学者。其《清容居士集》存赋 22 篇,以《导游赋》《椿堂赋》《凝云石赋》《桐柏观赋》《玄云石赋》

《息斋赋》等最有名,大都咏物抒情,真切感人。《导游赋》表孤介,《玄云石赋》抒怡情,语言清新,境界幽静,流露出退隐山林,以节操自守的淡雅心情,显示由宋赋多说理向元赋重抒情转化的倾向和趋势。

这时期前后重要的赋家还有刘埙(1240—1319)、任士林(1253—1309)、陈栎(1252—1334)、张养浩(1269—1329)等人,他们都有较多、较好的赋作传世,如任士林存赋18篇,陈栎存赋15篇,刘埙的《观雨赋》《迎春赋》,任士林的《悯己赋》《翰音赋》,陈栎的《大禹惜寸阴赋》《黄山堂赋》,张养浩的《白云楼赋》《鹦鹉赋》等等,咏物抒情,大都写得清新明畅、风韵动人,在推动元赋的发展衍化中,各自起了推动作用。

由此可见,元朝前期是元赋创作的高潮期。正是在这个时期,宋代的文赋向古体赋转化,以理入赋的赋风衍变为以情驭赋,从而形成了元赋写作的特点和风格。

在元前期赋作的基础上,元后期的赋作继续向前发展,特别是在延祐年间(1314—1320)科举考试变律赋为古赋及元初文学复古思潮的影响下,无论是思想内容还是艺术形式,都又发生了较大的变化。当时,社会矛盾特别是地主阶级和农民阶级的矛盾更加尖锐,上层统治集团的腐败也更加突出,社会混乱,政局动荡,人生坎坷,所以从思想内容上说,关心现实、暴露矛盾的作家作品比前期大大增多;从赋的体制和风格上说,抒情成分更浓,"祖骚而宗汉"的复古倾向更重,骚体赋作占了相当大的比重,从而真正完成了由宋赋向元赋转化,构成了元后期赋作更复杂的内涵。其中,既多愤激的呼号,也有平和的咏叹,其作家又多是担任过考官、学官的儒生和由科举出身的文士所组成,从而更加巩固和扩大了文儒相兼的赋学队伍。程朱理学虽然是元朝后期的官方哲学,有些赋家也不免沾染了理学家的迂腐气味,但有成就的作家们,却能在向理学家靠拢的同时,又能超脱理学家的绊羁而争取赋作的文学独立地位,其特点是又向诗骚靠拢。如果说,宋金之赋是向散文说理化衍进,而元后期的赋则又表现出向诗骚的抒情化回归。这时期赋的创作非常繁荣昌盛,赋家赋作数倍地超越前期,其中著名的就有虞集、刘诜、马祖常、许有壬、朱德润、杨维桢等人。

虞集(1272—1348)是著名理学家吴澄的弟子,元成宗大德初年曾任大都路儒学教授,后历国子助教、博士、太常博士、秘书少监、翰林直学士兼国子祭酒,是一位典型的儒家学者。他主张选用儒学之人为官,以造就封建统治人才。但他具有强烈的民族意识,极力反对元王朝所推行的民族仇杀政策。但是由于遭受蒙古贵族的嫉视,多次向朝廷提出的建议不仅没有施行,反而遭到疑毁。因此,他的作品没有理学家的迂腐气,反而时常流露出抑郁不平之感。其《道园学古录》存赋四篇,以《画枯木赋》最有名。全赋虽然短短几句,却能再现出画中枯木的精神状态,曲折地反映出作者虽缺乏生气但仍保留着一定的傲岸之气的性格,是当时处在民族歧视重压下的文人志士的心态写照。赋文简练而有情致,是一篇优美的咏物抒情赋。

刘诜(1268—1350)一生不仕,刻意学古文而又能自出机杼。他赋学欧苏,但不以模拟字句为古。其《桂隐文集》存赋 13 篇,多为古体赋。《白雉赋》《芳草赋》《兰亭赋》是他咏物抒情赋的代表作。特别是《兰亭赋》,假借晋王羲之《兰亭集序》中"一生死""齐彭殇"几句话生发,使老庄玄胜之谈蜕变为现实的哀怨苦情,抒写怀旧伤国的民族感怀。

马祖常(1279—1338)为元王朝的应奉翰林文字,拜监察御史,累官至御史中丞、枢密副使等,为政公平、廉洁奉公,体察疾苦,同情百姓,正直敢言,不畏权贵,其《石田集》中存赋五篇,大都鲜明地反映出作者仕途中的真实心情。其中,以《伤己赋》《悠然阁赋》《适忘赋》为代表。《伤己赋》表现自己不满现实、奋发自励、不与流俗合污的高贵品格和政治抱负,同时也抨击了当时政局的混乱和腐朽,在当时影响很大。后两赋表现自己问心无愧、高视尘俗、悠然独往的情怀,也是抒情述志佳作。看得出,他深受屈原的影响。

许有壬(1287—1364)是延祐年间进士,曾任中书左丞等职,其《至正集》存赋七篇,其中《云庄赋》阐明人生意趣,事理深切,简雅高古,情蕴中透露出英迈之气,是元末古赋的佳作。

朱德润(1294—1365)也是一位儒学官吏,做过国史编修,征东儒学提举,《存复斋文集》存赋四篇,以《雪猎赋》《幽怀赋》为代表作。前者为元英宗命作,文虽嫌疏浅,但敢于对皇帝抒发对腐朽政治的讽刺和谏诤,其胸襟的直爽、泼辣和大胆,还是令人敬佩的。其《幽怀赋》以简练、犀利的笔触,揭露至正年间(1341—1368)农民起义前夕的黑暗现实,文辞锋芒毕露,就具有重大的针对性和现实意义。

杨维桢(1296—1370)是元末唯一留有赋作专集的大赋家,其赋数量之多,不仅为元人赋家之冠,而且也前无古人。他六十岁时,正值朱元璋灭元。朱元璋曾以安车征召他,他却以"岂有老妇将就木而再理嫁者耶"而谢辞,看来是位狷直而有气节的人。他能诗善文,尤工乐府,是元末的诗坛领袖。诗风纵横奇诡,文风清晰流畅,人称"铁崖体"。其赋,具有鲜明的现实性和强烈的讽刺性,笔力雄健,语言简明。《承露盘赋》批判神仙迷信,《乞巧赋》揭露人情虚伪,《忧释赋》写仕途的险恶,《骂虱赋》揭露残人致命的贪官暴吏,《怀延陵赋》也委婉地反映出元朝宫廷内部的夺权与残杀,表现了统治者的反动和腐朽,都有强烈的现实针对性。其他如《罗浮凤赋》《叹疾赋》《起病鹤赋》《索居赋》《定命赋》《尚志赋》等等,或抒志意不逞的沉忧,或泄世事混浊之孤愤,都是咏物抒情的精品。《些马赋》更是他的代表作,虽为哀马,实为哀己。它从马的沉渊展开想象,推想马的前途,而归结于江险不可久居，这就自然隐喻出具有才智的知识分子的苦闷以至人民大众的疾苦，客观上反映出元末严重的社会矛盾和危机。他可以说是元赋的集大成者。

与上述诸家同时的作家吴莱（1297—1340）、陈樵（1278—1365）、王沂（生活于仁宗至顺帝时期）、黄文仲、李祁（1310—1388）、胡天游（？—1397？）、汪克宽（1304—1372）等人，他们的存赋都各有一些优秀的作品，同样丰富了元后期赋苑的赤橙红紫，如吴莱的《狙赋》就是讽刺现实极为深刻的优秀之作。可见，真正代表元赋艺术成就、思想内容最为广泛的，还是元后期的赋。

以上，我们对金元赋的发展、变化的过程和有关的重要作家作品做了大致的介绍与评述，大量的赋家和赋作的实际，有力地证明了"唐后无赋"的观点是错误的。这一历史时期的赋作艺术成就，雄辩地表明了它在中国赋史上的价值和地位，同时也能使我们深切地感受和欣赏这个时期赋苑里的奇花和硕果。

1996 年 11 月 10 日

（本篇原题为《金元赋述略》，编选时改为现题。原载于《社科纵横》2000 年第 4 期，后与《两宋赋的发展与成就》合为一篇，作为赵逵夫主编的《历代赋评注（宋金元卷）·前言》，巴蜀书社，2010 年）

也谈灵感

粉碎"四人帮"以来，党的"百花齐放、百家争鸣"的方针得到贯彻，学术研究空前活跃，出现了生气勃勃的新局面。在文艺理论领域，"灵感"问题的禁区也被打破，已经有不少同志对此进行了一些有意义的研究和探讨。本文也就这个问题谈一点肤浅的意见，请同志们指正。

一

文学家、艺术家进行文艺创作时，到底存在不存在"灵感"？这个问题，中外古今大量的有影响的文艺批评家和理论家都曾探讨过。他们在自己的著作中，充分肯定了文艺创作时"灵感"的存在。

"灵感"实际上是文学家、艺术家进行具体的文艺构思时所产生的一种特殊的思维活动和精神状态。对此，诗人称为"诗兴"，画家称为"画兴"，我国古人，或称为"应感"，或称为"感兴"。尽管名称有异，但所指都是我们常说的"灵感"。

最早论述过"灵感"的，是古希腊哲学家德谟克利特、柏拉图等人。柏拉图曾说过："凡是高明的诗人，无论在史诗或是抒情诗方面，都不是凭技艺来做成他们的优美的诗歌，而是因为他们得到灵感，有神力凭附着。"[1]又说："诗人是一种轻飘的长着羽翼的神明的东西，不

---

[1]柏拉图著，朱光潜译：《伊安篇·柏拉图文艺对话录》，人民文学出版社，1978年，第6页。

得到灵感,不失去平常理智而陷入迷狂,就没有能力创造,就不能作诗或代神说话。"①姑且不论他把"灵感"的产生看作是"神力凭附"、把诗人的写作看作是"代神说话"的客观唯心主义实质,单就他的这些话对"灵感"在创作时的有无及"灵感"对写作的重要作用的探讨来说,它们对后代文艺创作、文艺批评的发展,还是有重大意义的。

在我国,最早比较系统地论述过有关"灵感"问题的,应该算是西晋著名的文学家陆机了。他在《文赋》中说:

> 若夫应感之会,通塞之纪,来不可遏,去不可止。藏若景灭,行犹响起。方天机之骏利,夫何纷而不理。思风发于胸臆,言泉流于唇齿。纷葳蕤以馺遝,唯毫素之所拟。文徽徽以溢目,音泠泠而盈耳。②

这对文学家、艺术家进行创作时"灵感"产生的思维活动和精神状态,可以说做了极其真实、细致、生动的描述、特别可贵的是,陆机把"灵感"的产生与否,看作是创作构思畅通或阻塞的表现,这就为我们在整个创作构思过程中,进一步去探讨、研究"灵感"的产生、特点、规律和作用,提供了极其有益的启示。

南朝齐、梁时代文学批评家刘勰,在陆机论述的基础上,又对"灵感"的存在和它对文艺创作的重要作用,进一步作了阐述。他在《文心雕龙·神思》里,集中论述了创作构思过程中的"灵感"和想象,并从作者天资高低、篇制大小的不同上,提出了构思、写就的有迟、有速。那种"思缓"的,可以说是没有"灵感";那种"思速"的,可以说是"灵感"促成。他说:

---

① 柏拉图著,朱光潜译:《伊安篇·柏拉图文艺对话录》,人民文学出版社,1978年,第7页。

② [晋]陆机著,张少康集释:《文赋集释》,人民文学出版社,2002年,第241页。

淮南崇朝而赋骚，枚皋应诏而成赋，子建援牍如口诵，仲宣举笔似宿构，阮瑀据鞍而制书，祢衡当食而草奏。虽有短篇，亦思之速也。①

这些文艺家批评家、理论家对"灵感"存在的肯定和对"灵感"问题的阐述，并不是没有根据的。许多有影响的文学家、艺术家的创作实践，生动地说明了"灵感"确实是存在的。

德国著名的大诗人歌德说过：他每逢诗兴来时，便跑到书桌旁边，将就斜横着的纸，连摆正它的时间也没有，急忙从头至尾矗立着便写下去②。

郭沫若同志说过："在1919年与20年之交"，我"每当诗的灵感袭来，就像发疟疾一样时冷时热，激动得手都颤抖，有时抖得连字也写不下去。"③他收在《女神》中的《地球，我的母亲》这篇名诗，就是在"灵感"极其冲动的情况下写出来的。这种"灵感"以致使我们也感到非常惊奇：

《地球，我的母亲》是民八学校刚放好了年假的时候做的，那天上半天跑到福冈图书馆去看书，突然受到了诗兴的袭击，便出了馆，在馆后僻静的石子路上，把"下驮"（日本的木屐）脱了，赤着脚踱来踱去，时而又率性倒在路上睡着，想真切地和"地球母亲"亲昵，去感触她的皮肤，受她的拥抱。——这在现在看起来，觉得是有点发狂，然在当时却委实是感受着迫切。在那样的状态中受着诗的推荡，鼓舞，

---

① [南朝梁] 刘勰著，周振甫注：《文心雕龙注释》，人民文学出版社，1981年，第296页。

②转引自《沫若文集》第10卷，人民文学出版社，1959年，第205页。

③《郭沫若同志答青年问》，《文学知识》1959年第5期。

终于见到了她的完成，便连忙跑回寓所，把她来写在纸上，
自己觉得就好像真是新生了的一样①。

相反，创作时如果没有"灵感"，即使苦思冥想，搜肠刮肚，也创作不出优秀作品来。对这种情况，文艺批评家、理论家也有很生动的论述。陆机在论述思路不开，"灵感"未来，文情枯竭的情景时写道："及其六情底滞，志往神留；兀若枯木，豁若涸流。揽营魂以探赜，顿精爽而自求。理翳翳而愈伏，思轧轧其若抽。"②在这种情况下，什么文学家、艺术家的天才、构思、想象、形象思维等等，一切都谈不到了。

即使"灵感"来了，如果遭到意外的破坏，也创作不出什么优秀作品来。这也可以用文学家、艺术家的创作实践来说明。

宋代诗人潘大临，家贫，耳闻秋雨敲窗，想到时近重阳，不由感慨万端，遂即兴赋诗曰"满城风雨近重阳"。忽然，催租税的人进来了，于是打断了他的诗兴，使他再也写不下去了。因此，"满城风雨"一词流传至今，而全诗却始终没有完成③。

清代画家傅山，有一次给友人作画，但谢绝友人参观。那位友人很奇怪，就躲在远处偷看。只见他动笔之前，手舞足蹈，或跳或跃，简直像发了疯一样。那位友人大为惊讶，急忙跑去，从背后把他抱住。傅山感叹地大叫道："你这就败坏了我的画兴！"因此，他也就掷笔不画了④。

由以上文艺批评家、理论家的论述和文学家、艺术家的创作实践

①郭沫若：《我的作诗经过》，《沫若文集》第11卷，人民文学出版社，1959年，第143—144页。

②[晋]陆机著，张少康集释：《文赋集释》，人民文学出版社，2002年，第241页。

③[宋]释惠洪：《冷斋夜话》卷4，又见于[宋]彭乘《墨客挥犀》。

④《历代画家的故事》，人民美术出版社，1958年，第114页。

活动来看，文艺创作时，是有"灵感"的，也是需要"灵感"的。"灵感"是进行艺术构思时，思路豁然畅通的一种思维活动，是创作冲动激起的一种昂扬兴奋的心理状态，是精神生产时特有的一种"顿悟"。如果没有"灵感"，一个文学家或艺术家，即使是有了丰富的生活体验，有了明确的写作目的、要求和主题，有了纯熟的写作技巧，要写出真实、生动、感人至深的文艺作品，仍然是很困难的。

二

"灵感"是文学家、艺术家艺术构思过程中，思维活动由量变到质变时那一刹那间里所迸发出来的思想闪电和火花，是艺术构思活动的一个飞跃。创作时有"灵感"，需要"灵感"，这是艺术构思的共同规律。但是，由于文学家、艺术家个人的生活阅历、思想感情、气质性格、艺术修养等主观因素的不同，在具体进行艺术创造时，"灵感"的产生和表现，也是不相同的。每一个人的"灵感"、每一个人每一次"灵感"，都有各自的独特性。

尽管"灵感"的产生和表现千差万别，具有各自的独特性，但就表现形式来说，我认为还是可以归纳为两种：一种是"突进"的，一种是"渐进"的。在"突进"的表现形式中，主要有以下两种情况：

一、文学家、艺术家在观察、体验生活的过程中，由于受到某种客观事物的偶然启示、刺激而突然产生了创作欲望和冲动，从而开始了艺术构思，发生了创作受孕。这样产生的"灵感"，能够调动起文学家、艺术家的联想、想象的能力和唤起他们对往事的回忆，使他们重新整理自己的生活积累的丰硕仓库，从中取舍素材，提炼主题。从一般认识意义上来说，这种"灵感"给文学家、艺术家带来了一通百通、文思高度集中的飞跃状态。

由这种"灵感"而进入艺术创作，在外国著名的文学家、艺术家的创作实践中,是屡见不鲜的。屠格涅夫在莱茵河中坐船游览,偶然看到河岸上有一幢两层小楼,在第一层窗子里,有一个老妇向外张望,楼上的窗子中还有一个少女。于是,他产生了"灵感",唤起了联想和想象,从而形成了中篇小说《阿细亚》的故事①。托尔斯泰在路旁看到了一枝折断了的牛蒡花,因而引起了艺术构思,创作出了中篇小说《哈泽·穆拉特》②。司汤达尔在报纸上看到格勒诺布勒法院公报中的一个案件,使他联想到了复辟时代法国各种广阔的社会生活和当时贪得无厌的社会风气是如何渗透到人与人之间的各种关系中,从而写出了著名的小说《红与黑》③。

这些都是实际生活中,由于偶然的外界触发而引起创作冲动和艺术构思的。这整个过程,就是"灵感"爆发的过程。这种"灵感"是突进的。它的特点和作用,是唤起和深化了文学家、艺术家原有的生活体验和感受,使他们产生了创作冲动,并促使文学家、艺术家对自己积累的生活素材进行加工提炼,然后应用到艺术创作中去。

二、文学家、艺术家在艺术构思过程中,题材已具备,主题已形成,只是还没有找到各种素材之间的内在联系,没有把各种感性的生活积累联系、统一起来,因而陷入长久的苦思冥想中,以至形成了思路阻塞、止步不前的状态。突然,由于偶然的机遇,受到某种生活现象的刺激启示,使长期苦思的问题迎刃而解,一切生活积累和记忆都随之活跃起来,犹如长期封闭的房舍,忽而门窗洞开,豁然畅朗,认识也

---

① [苏]季摩菲耶夫著,查良铮译:《文学原理》,平明出版社版,1955年,第53页。

② [苏]康·巴乌斯托夫斯基著,李时译:《金蔷薇》,上海译文出版社,1980年,第39页。

③ 文立祥主编:《文学概论》,辽宁大学出版社,1988年,第118页。

产生了飞跃。这样获得的"灵感",也是突进的。它有力地促进了艺术构思的完成,使文学家、艺术家能够得心应手地进行创作。正如契诃夫所说的那样,"脑子里的发条就会忽然卡的一响,一篇小说就此准备好了"①。

这种"灵感"获得的情况,不仅在诗歌、小说的创作中例证无数,即使是在戏曲创作、戏曲表演艺术方面,也是例证很多的。如程砚秋在街上发现抬轿人的脚步,改革了青衣捂肚子上台的传统步法;著名京剧演员李少春从体育表演撑竿跳高中得到了启示,活化了孙悟空到龙宫借宝时与水族搏斗的动作。川剧旦角表演家周慕莲在偶然遇到的一次夫妻吵架中,那位吵架妇女的神情和动作,突然使周慕莲产生了"灵感",从而更为成功地塑造了《打神》(川剧《焚香记》中的一折)中冤屈难雪的焦桂英的形象,等等。这些例子都有力地说明,正是由于"灵感"的触发,从而深化了原有的构思,使原有的构思升华到了一个新的高度。

这两种突进式的"灵感",虽然具体产生的主客观条件不同,但在艺术创作上,却是有创造意义的。它或深化了主题思想,或突现了人物形象,或巧织了情节结构,或完美了艺术形式,总之在不同程度上起了使文学家、艺术家的一次艺术创作由无到有、由浅到深、由旧质到新质的升华作用。所以,它是艺术创作中不可缺少的、带有规律性的思维活动。

至于渐进式的"灵感",在文艺创作中的作用与突进式的"灵感"并无本质区别。不过,它多出现于艺术构思活动的间断或间歇之中,或作品的修改过程中。比如在长篇巨幅艺术品的创作过程中,某些人物的塑造,某些情节的提炼,某些场景的描绘,不断受到一些零散的、

①汝龙译:《契诃夫论文学》,人民文学出版社,1958年,第404页。

片断的"灵感"冲击。这种"灵感"冲击,也是一种认识的飞跃。但这种飞跃,是在不显著的、渐进的形态中完成的,因此不引人们的注意。这里就不作详细的论述了。

"灵感"的英译是"inspiration"。这个词本身就有感动、启示、鼓舞等含意。普列汉诺夫说:"艺术开始于一个人在自己心里重新唤起他周围的现实的影响下所体验过的感情和思想。"①因为文学家、艺术家的主观条件不同,诸如生活积累、思想认识、感情情操、秉性气质、兴趣爱好以及感受能力等等不同,因而"灵感"的产生和表现,就具有了它的特殊性。不仅同一样的"灵感"不能同时在两个人身上发生,而且同一样的"灵感"也不会在一个人身上发生两次。"灵感"是谁也借用不了谁的。因此,每一个"灵感",都有着它具体的内容,具有鲜明的个性特征。文艺创作,是一种最富有个性的创造性活动。模仿或照抄生活,不是艺术创造;"思想先行",再找例证,也不是艺术创造。一个文学家、艺术家没有真正的生活感受,没有自己独特的创作灵感,还谈得上什么独创性、个人风格呢?黑格尔说得好,"艺术家的独创性不仅见于他服从风格的规律,而且还要见于他在主观方面得到了灵感。"②何其芳也说:"所谓灵感,就是诗人在想象中捕捉住了动人的不落常套的构思。"③这都说明了"灵感"的具体性、特殊性对于使文艺创作具有独创性的重大意义。

正因为"灵感"具有这样的特点和作用,所以"灵感"的产生与否,往往是和文学家、艺术家的艺术天才联系在一起的,是和文学家、艺术家独有的艺术风格联系在一起的。单凭直觉的感受印象,不能发生

①《文艺论丛》1958年第4期,第77页。

②[德]黑格尔著,朱光潜译:《美学》第1卷,商务印书馆,1979年,第373页。

③何其芳:《诗歌欣赏》,作家出版社,1962年,第6页。

真正的创作灵感,形成艺术构思。"灵感"产生与否的本身,就表现着文学家、艺术家对生活的积累、体验、理解和感受的程度,表现着他们的思想感情、气质情操和艺术修养。"灵感"产生的过程,是文学家、艺术家世界观指导下的理性活动的过程。普希金说:"灵感是一种敏捷地感受印象的情绪,因而是迅速理解概念的情绪,这也有助于概念的解释。"①因此这种感受和理解,表现形式是突进的、偶然的,其实际是衍进的、必然的。这样,一些文学家、艺术家"灵感"侵袭时,往往表现为精神振奋、文思如潮、浮想联翩,甚至如痴如狂、写不胜写,就是完全可以理解的了。

一般说来,由于现实生活、客观事物的刺激、启示而产生灵感,并不是文学家、艺术家所独有的。科学家、技术家的发明、创造也有这种情况。如瓦特由于壶水沸腾,震动壶盖,从而发明了蒸汽机。但是,这种"灵感"一般是以抽象思维的形式表现出来的。而文学家、艺术家的"灵感",虽然也是感性知识和理性意念的结合,是认识和思维活动的升华、飞跃,但它始终是以形象思维的形式表现出来的,是以客观事物本来的样式表现出来的。"灵感"的获得,对于艺术创造中的主题思想的深化、情节结构的提炼和人物形象的塑造,往往起到一招突破、全局获胜的作用。因此,"灵感"产生与否,也往往是和文学家、艺术家的形象思维能力的大小密切联系着的。这些,也是一般科学家、技术家的再创造所没有的。

由此可见,"灵感"是艺术创造中特有的、具有普遍规律性的心理状态,是文学家、艺术家的想象、联想和才华的体现,是其他科学家所没有的一种特殊艺术思维活动。一个文学家或艺术家如果没有深刻

---

①[德]康·巴乌斯托夫斯基著,李时译:《金蔷薇》,上海译文出版社,1980年,第41页。

的生活感受,没有强烈的创作冲动,没有自己独有的"灵感",要创作出感人的和具有独特风格的艺术作品,是不可能的。因此,那些从公式、概念出发,或写不出而硬写的、缺乏自己独特的生活感受和思想感情的作品,不是照搬生活,就是歪曲生活,要想得到读者的欢迎,并产生强烈的艺术教育作用和感人肺腑的力量,也是不可能的。从这个意义上说,不理解"灵感"的特点、规律和作用,就不能很好地理解文艺创作的特殊规律。

三

表面看来,"灵感"的产生和表现好像很神秘,很玄妙。其实不然。"灵感"是建立在文学家、艺术家雄厚的生活积累和丰富的生活体验基础上的。但是,并不是每个具有生活积累和生活经验的人都能产生"灵感"。一个文学家或艺术家,如果没有强烈的创作欲望和频繁的构思活动,即使是每天生活在三大革命实践的海洋里,依然是产生不出艺术灵感的。只有在不断观察、体验、研究、分析生活的过程中,不断地进行艺术构思的过程中,才能在某种事物的启示下,爆发出创作的"灵感"来。这也就是说,"灵感"是外因条件通过内因的作用而获得的思想认识,是物质和精神之间作用与反作用辩证发展过程中人的认识由量变到质变的飞跃,是内在必然性和外在偶然性有机统一时闪现出的电光和火花,是文学家、艺术家在长期生活积累、生活体验中所产生的思想感情、创作欲望,由于感受了某种外因而引起的一种集中触发。周恩来同志对"灵感"产生的现象曾经概括为八个字:"长期积累,偶然得之"。所有文学家、艺术家的"灵感",无不是"长期积累,偶然得之"的结果。表面上"灵机一动,挥笔成篇",实际其中不知经过多少艰苦的生活体验和艺术构思,哪里会有什么真正的"神来之笔"?

鲁迅先生说过,他的《阿Q正传》的第一章《序》,是在《晨报》编者约稿的当天晚上,迅速写出来的。这是什么原因呢?他说:"阿Q的影像,在我的心目中似乎确已有了好几年,但我一向毫无写他出来的意思。经这一提,忽然想起来了,晚上便写了一点,这就是第一章:序。"①茅盾同志也说过,他的著名短篇小说《春蚕》,是由报纸上的一则消息引出来的。当时有一份报上报道:"浙东今年蚕茧丰收,蚕农相继破产!"他读后,产生了强烈的愤怒感情,于是根据所熟悉的浙东农民生活以及帝国主义在中国盘剥农民的历史事实,写出了这篇小说。相反,如果没有上述生活的积累和体验,再看十条这类的消息,也是写不出这篇小说来的。

黑格尔的美学思想体系是唯心主义的,但他在"灵感"的产生问题上,却发表了颇为可取的见解。他指出,"灵感"往往是应外在的机缘而创造出来的。艺术家与一种碰到的现存材料发生了关系,通过一种外缘、一个事件,或是像莎士比亚那样,通过古老的民歌、故事和史传,通过这一类事物的推动,他自觉有一种要求,要把这种材料表现出来,并且因此也表现他自己。所以创作的推动力可以完全是外来的,唯一重要的要求是:艺术家应该从外来的材料中抓到真正有艺术意义的东西,并且使对象在他心里变成有生命的东西。在这种情形之下,天才的灵感就会不招自来了。②

作家王汶石同志说得更清楚:"作家在生活阅历中,积累了大大小小数不清的人和事,经历和积累了各种感情,产生和积累了丰富的生活思想……它们像燃料似的保存在作家的记忆里和感情里,就像石油贮存在仓库里一样,直到某一天,往往由于一个偶然的机遇,忽然得到启发,它就像一支擦亮了的火柴投到油库里,一切需用的生活

---

①鲁迅:《鲁迅全集》第3卷,人民文学出版社,1981年,第378页。

②[德]黑格尔著,朱光潜译:《美学》第一卷,商务印书馆,1979年,第365页。

记忆都燃烧了起来,一切细节都忽然发亮,互不相关的事物,在一条红线上联系了起来,分散在各处的生活细节向一个焦点上集中凝结……一篇文学作品就这样形成了。"①

从上述文学家、艺术家的创作实践和论述中,我们可以清楚地看出,"灵感"绝不是什么"神力凭附""脑子里固有"或思想幻想出来的,它完全是文学家、艺术家的创作欲望在某种社会现象刺激下爆发出来的创作冲动和认识的质的飞跃。因此,一个文学家或艺术家在具体进行文艺创作时,能否产生"灵感",关键在于有无雄厚的生活积累和深刻的生活体验。生活积累雄厚、生活体验深刻的人,一触即发;生活贫乏、思想浅陋、感情淡薄的人,触而不发。李准同志说:"生活积累得越丰富,'偶然得之'的机会就越多。马列主义的理论学习得越好,感受的能力就越深刻。一桶汽油不盖盖子,碰到火星就会燃烧,一桶水,火星再多,仍然点燃不起火来。"②所以文学家、艺术家进行文艺创作时,需要"灵感",但最根本、最关键的还是需要培育能够产生"灵感"的土壤。只有这样,才能"长期积累"、触而即发,增多"偶然得之"的机遇。

在我国古代文籍中,关于文学家、艺术家通过深入、细致的观察、体验现实生活而促使产生创作"灵感"的记载是很多的。北宋文学家、书画家苏轼,不仅能文善诗,而且能书善画,特别善于画竹。他说:"故画竹,先得成竹于胸中,执笔熟视,乃见其所欲画者,急起从之,振笔直逐,乃追其所见,如兔起鹘落,少纵则逝矣。"③北宋的大画家李公

①王汶石:《答〈文学知识〉编辑部问》,《中国现代作家谈创作经验》,山东人民出版社,1980年,第917—918页。

②杨家安、杨桦:《艺术概论》,吉林美术出版社,1994年,第188页。

③[宋]苏轼撰、孔凡礼点校:《苏轼文集》卷11《文与可画筼筜谷偃竹记》,中华书局,1986年,第365页。

麟擅长画马,过太仆卿廨舍时,曾"终日纵观,至不暇与客语""积精储神,赏其神骏""久久则胸有全马矣"①。

当然,观察、体验生活,关键是要研究、分析生活,认识生活的本质的方面。毛泽东同志说:"感觉到了的东西,我们不能立刻理解它,只有理解了的东西才能更深刻地感觉它。"②如果对生活无动于衷,或者对生活不理解,不认识其内在的、本质的意义,就不可能触发起创作"灵感"。王汶石同志根据自己的创作实践,曾深有体会地说过:"常常因为没有探索出生活事件的深刻思想意义,我们虽然有了大量的素材,它们还是静静地堆积在生活仓库里动也不动,鼓不起创作冲动;有时即使想写它,也鼓不起劲头。可是,当我们一旦明白了它的内在意义,获得一个深刻而新颖的思想,找到了主题,情况立刻就不同了。思想的火花一旦燃起,所有的生活事实、细节,都被统统照亮,活动了起来,向主题思想的光点聚集,各找各的位置,各显各的面目,一个作品的轮廓就明显起来,形成起来。"③可见,认识生活的本质方面,对于促进"灵感"的产生,具有十分重要的意义。

"灵感"是艺术构思时,刹那间出现的一种特有的思维活动和心理状态,因此对于每个文学家、艺术家来说,善于捕捉"灵感"是极为重要的。一般说来,思维中的像闪光一明即逝的思路豁然开朗现象,在其他人们身上也是经常发生的, 问题在于很多人把它毫不在意地放过了。但是,文学家、艺术家却不能坐等"灵感"的到来,而只能艰苦地创造"灵感"产生的条件,及时捕捉住受现实生活所启示而产生的"灵感"。在我国古代文学家中, 唐代诗人李贺每次出门都带着"锦囊",北宋革新诗人梅尧臣每次外出都带"诗袋"的故事,一直传为文

①[宋]罗大经:《鹤林玉露·画马》,商务印书馆,1941年。
②《毛泽东选集·实践论》,人民出版社,1964年,第275页。
③王汶石:《漫谈构思》,《延河》1961年1月。

坛佳话，就是因为他们随时随地注意捕捉由生活感受而产生的创作"灵感"，给后来文学家、艺术家以极大的启发。这种劳动精神是非常可贵的。有无这种劳动精神，往往是文学家、艺术家在艺术创造上能否成功的关键。奥斯特洛夫斯基说："灵感是在劳动的时候产生的"，"因为劳动是一切迟钝感觉的最好的医生"[①]。音乐家柴可夫斯基说："灵感是一位不愿拜访懒汉的娇客。"它"全然不是漂亮地挥着手，而是如犍牛般竭尽全力工作时的心理状态"[②]。因此，艰苦地创造"灵感"产生的条件，捕捉住"灵感"进行艰苦的劳动，就是文学家、艺术家进行艺术创造的全部秘密。

综上所述，"灵感"的产生，是精神生产特有的精神状态，是艺术创作带有规律性的思维活动。一个文学家或艺术家，如果没有"灵感"，要创作出真实生动又具有独特风格的优秀作品，是不可能的。因此，没有"灵感"，就没有艺术创造；否定"灵感"，就否定了艺术创造，艺术的生命和特性，也就毁灭了。

在社会主义现代化事业建设的伟大进程中，有才能、有出息的文学家、艺术家，应该扎扎实实地深入生活，努力学习马克思主义、毛泽东思想，学习中外古今优秀文学家、艺术家的作品和成功的创作经验，不断提高自己的思想认识水平和艺术表现能力，促使更多的"灵感"产生，为繁荣社会主义文艺创作贡献力量。

（原载于《甘肃师范大学学报》1979年第3期，复旦大学中文系《文学理论资料》1980年第2期进行报道和摘录，后收入《灵感之谜》，北京师院出版社，1986年）

---

① [苏]高尔基等：《论写作》，人民文学出版社，1956年，第50页。
② [苏]康·巴乌斯托夫斯基著，李时译：《金蔷薇》，上海译文出版社，1980年，第41页。

"看"中的再创造

——文艺鉴赏中的能动作用

凡是有一定阅读能力的人,谁没看过小说、读过诗?凡是有一定条件的人,谁没看过电视、电影?看来,人们的文艺生活大部分是在"看"中度过的。我们中学生的课外阅读,除了阅读自然科学读物、政治教育读物及文化知识读物外,更多是阅读文学艺术作品。

文艺作品,如果没有人"看",它的社会效用只能潜在,甚至没有什么社会效用。只有通过读者的"看",才能感染、教育读者,使读者在得到艺术享受的同时,潜移默化地接受作者的思想和观点,以至变化为自己的言行。可见,文艺作品的社会效用,不是作者一个人创造的,而是他和读者共同创造的,甚至更多的是读者创造的。这点,对于相当多的读者来说,可能还没认识到自己的这种作用和贡献。

作者和读者之间,绝大多数是没有什么私人关系的。他们之间既无必要一定认识,也无必要一定来往。可是,有了作品媒介,他们之间又似乎很紧密地联系了起来,形成了一种极为微妙的关系。大家可能有这样的体会:我们读某一个作家的诗歌或小说,读多了,读熟了,往往能想象出作者个人的思想、感情、情调以及性格,以至成为"熟悉的陌生人"。社会上流行的"琼瑶热",大概就有这个特点。而作者也在通过各种渠道、信息,了解自己的读者,并根据广大读者的要求、趣味和意见,来不断地改进自己的文艺创作。看来,作者和读者之间的关系,既是对立的,又是统一的,他们都在为社会主义的文化教育事业和社会主义的精神文明建设服务。

作者在自己世界观和思想认识的支配下，对现实生活进行观察和体验，然后进行集中、概括、加工和提炼，并通过一定的文艺形式和表现技巧，创造出典型的环境、故事和人物，或者某种典型的意象、感情或情绪，形成了我们所看到的各种形式的文艺作品。这些作品一出现，它就既成为社会客观现实生活的艺术形态，又成为作者主观思想、认识和感情的物质表现，是一个具体的客观存在。

任何形式的文艺作品中，既反映着现实生活中某些矛盾、斗争、意向、气息和样式，也饱含着作者个人的思想、认识、感情、趣味和才华。但对整个社会现实和作者本人来说，它仍然只是个别的、部分的、具体的存在和表现，在具有丰富性的同时，又具有着它的局限性。

可是，对读者来说，它却是唯一可以"看"到的。它既决定着读者要"看"的范围和内容，又规定着读者要感受、理解的前提和条件。因为，任何读者（或观众）在"看"的时候，他只能"看"到作者某种所已经表现出来或写出来的东西，并且也只凭借这些已经表现出来或写出来的东西去认识、去感受、去理解、去分析，从而进行鉴赏和评论。如，作者所表现的是农村题材，读者"看"中就无法感受到工厂生活；作者写的是老山前线战斗英雄的打仗，读者怎么"看"，也体验不出小偷如何作案的情景；"看"《红楼梦》时，脑海里不会反射出鲁智深倒拔垂柳的情景；"看"《采茶舞》表演，怎么也体验不出侦探破案的紧张气氛来。可见，文艺作品一出现，就把读者（或观众）的"看"限制在了一定范围内和一定条件下，读者"看"中的思维制约着，作者在指挥着读者"看"中的感受和理解，读者处在了被动的地位。

可是读者一旦确定"看"哪一种文艺作品时，却又把自己摆在主动的位置上，而把文艺作品当作为一种客观存在的事物去对待。"看"时，有时激动，有时丧气，有时悲伤流泪，有时欢欣跳跃，完全被作品中的故事、人物支配了。但有时感到不平，去这样那样地批评指责其中的人物；有时又感到不足，认为作者不应该这样写，哪些情节不真实，哪些是作者胡编乱造等等。每"看"完一部小说，你可以找其他"看"过的朋友谈谈；每"看"完一部电影，你也可以在散场的人群中听听。赞扬的，批评的，各式各样的认识、理解、评论都有，人人都成了主动的鉴赏者、评论者。岂不知，这正是作者的作品在开始发挥作用和效益的时候！

人们根据什么品评？仔细想来，各人有各人的立场观点，各人有各人的思想认识，各人有各人的感情趣味，各人有各人的欣赏体验水平，各人有各人的生活阅历，各人有各人的职业角度等等。当然出现这样那样不同的意见、体会和看法，也就是极为自然的事情了。这些众多的主观条件，在"看"的时候，很自然地综合起来，形成了人人皆有的"主观水平"。这就叫鉴赏能力、阅读能力和审美能力。都不是无分析、无选择地接受作者所表现出来的全部内容，而是凭着自己的这种能力去感受、理解、分析和评论，而且其中，增入了自己许许多多的想象和联想。有时，对作品所表现的内容进行补充，有时对作品所表现的内容选择、改造，以至形成自己思想认识中的内容。这就是"看"中的再创造。任何读者从作品中得到的东西，都是这种再创造的结果。对于大多读者来说，也可能还没有意识到自己这种再创造的特点和功效。可是如果没有这种再创造，作者的写作目的是达不到的，文艺作品的社会功能也是发挥不出来的。

同一部（或篇）文艺作品，由于读者各人的"主观水平"不同、鉴赏能力不同和再创造的结果不同，故事情节在各个读者的理解和把握就不完全一致。如果让他们复述出来，就会各有各的角度，各有各的重点，各有各的意向，各有各的爱好，各有各的理解和品评。人物形象也是如此。同"看"莎士比亚的悲剧《哈姆雷特》，一千个观众，就会再创造出一千个大同小异的哈姆雷特形象；同样去"看"曹雪芹的《红楼梦》，读者各人心目中都有自己理解认识的贾宝玉和林黛玉。许多读者都有过这样的体验：当根据作者的作品，想象出作者的性格、感情、风趣以至年龄、相貌时，忽然见到作者本人，你会大失所望，或者感到意外，因为他的真实形象，并不像你所想象的那样。对于作品中的人物形象更是如此。有时"看"了小说再去"看"依它改编的电影、电视或戏剧，那个扮演主人公的演员形象，有时也使你感到不是"看"小说时所想象的那样。可见，同一部作品，由于读者再创造的结果不同，从故事情节到人物形象，和作者原来的主观描述是不同的。从这点上来说，文艺作品客观上出现的故事情节和人物形象，也是作者和读者共同创造的。

世界上任何事物，只有感受了才能理解，又在理解中去感受，其中的反复升华，其思维活动是相当复杂的。"看"也是如此。一个从来没到过工厂、接触过工人的读者，往往对反映工人生活的文艺作品不感兴趣，或不理解，或理解甚少，当然分析、评论就很难有什么深刻的见地了。同样，古代的，外国的，其他民族的，有时也甚陌生，即使是"看"了，也收获甚微。越熟悉的东西，越能理解，这是人所共知的道理。语文教师在讲解课文时，往往先介绍一下时代背景和作者情况，就是为了弥补这个缺陷，使学生更好地加深理解。至于由于生活知识狭窄、文化常识缺乏、个人思想感情偏颇等等方面的原因而造成的不同结果，就更不用详说了。先天的盲人，无法欣赏绘画，没有"看"的本能，只有凭听觉、感觉或触觉去理解文艺作品；生下就失掉听觉的人，也是无法欣赏音乐和歌唱的。

出现在社会生活中的文艺作品并不是一样的。表现形式的不同且不说，其内容有好有坏，其思想水平有高有低，其艺术成就也有大有小，广大读者在"看"时就要有所分析和评价。吸收优秀的成分，扬弃不足、缺点和错误，这是"看"时应该特别注意的事情。有些古代的、外国的作品,在当时、在那个特定的社会是好的,有积极意义,但在今天,有的就失去了教育意义,或者只有认识意义,或者某些地方可以作为借鉴。这些,都要全凭读者的"主观水平",去分析和鉴别。贾宝玉、林黛玉的出现,在当时是有社会意义的,但今天的读者如果不加分析地去羡慕和学习贾、林,甚至自己变成了贾宝玉、林黛玉,我看连共青团都是参加不上的。

近几年来,由于资产阶级自由化思想泛滥,某些作者为了迎合一些读者的好奇心理和低级趣味,确实胡编乱造了一些思想内容粗劣、艺术水平低下的作品。有相当长的时期,书肆中、银屏上,充满了武打、凶杀、淫秽、色情,有的读者深恶痛绝,有的读者却津津有味。有的读者"看"了文艺作品,学英雄、学雷锋,提高了思想认识水平和道德修养,丰富了精神文化生活;有的读者"看"了文艺作品,却去求卜、去拜佛、去上五台山出家、打群架、当"杀手",以至流氓犯罪。可见,"看"的确有个选择问题,有个立场态度问题,也有个思想认识水平问题。因此,爱"看"的读者,一定要有鉴别能力,把"看"中的再创造引导到正确的方向和道路上来。

为了加强"看"中的再创造,充分发挥自己文艺鉴赏中的主观能动作用,读者应该首先端正"看"的态度,不断提高自己的思想认识水平,以辨别香花和毒草。同时,也要不断地丰富自己的生活体验,扩大自己的生活知识和文化知识,更多地了解生活现实、了解人、了解历史,以加深自己对文艺作品的理解。了解和掌握一定的文艺知识,对于理解各种文艺形式的特点和规律,对加深对作品的理解,也是有意义的。总之,只有具备较好的"主观水平",才能实现在"看"中真正有价值的再创造。

（原载于山东《树惠》1989年第2期）

说《邶风·匏有苦叶》

匏有苦叶,济有深涉。深则厉,浅则揭。

有弥济盈,有鷕雉鸣。济盈不濡轨,雉鸣求其牡。

雝雝鸣雁,旭日始旦。士如归妻,迨冰未泮。

招招舟子,人涉卬否。人涉卬否,卬须我友。

这是一首什么诗? 作者是谁? 为何而作? 表现了什么内容? 这一系列的问题,粗读起来,是不大容易辨察出来的。因此,历代的一些解诗者,看法也就有了很大的分歧。有的认为它是"刺卫宣公"①的作品,有的认为它是"刺淫乱之诗"②,有的认为它是"贤者不遇时而作也"③,等等。今世学者多把它看作爱情诗,我认为是正确的。但诗篇的作者是谁? 它表现了怎样的爱情内容? 又是怎样表现这一内容的? 却需要我们前后贯连起来作具体的分析。

全诗四章,章四句。虽然基本上是四言句式,但第一章兼用三言,第二章兼用五言,颇为参差错落。初读起来,应该说前三章都是比较朦胧的,直到最后一章,作者才直接地说到"人涉卬否""卬须我友"。

---

① [周]卜商:《诗序》卷上:"《匏有苦叶》,刺卫宣公也。公与夫人并为淫乱。"

② [宋]朱熹:《诗集传》卷2:"此刺淫乱之诗。言匏未可用,而渡处方深,行者当量其深浅而后可渡。以比男女之际,亦当量度礼义而行也。"

③ [清]王先谦:《诗三家义集疏》卷3上:"贤者不遇时而作也。"

从这个"卬"字上才使我们知道这首诗是用第一人称写的,而且作者是一位女性。卬(áng)或作"姎",《说文》:"姎,女人自称我也。"[1]可见,作者是直接表达自己的爱情生活的。

诗的第一章,一开始就突兀地说:"匏有苦叶,济有深涉。"匏(páo),即瓠,俗称葫芦。《埤雅》:"长而瘦上曰瓠,短颈大腹曰匏。"[2]匏就是大葫芦,劈开可作舀水之瓢,整个系于腰间以浮游渡水,则可免于沉溺,故又名"腰舟"。苦,同"枯"。匏叶枯,表示业已成熟,时间当为深秋。济,古水名,又名沛水,当时当流经邶地(今河北省北部)。涉,过河的渡口。深秋来临,匏儿成熟了,济水渡口的水位也上涨了。作者看到这种情况,可谓触景生情,于是就自然地想起自己的情人来。或许他们曾在这里欢会过,共同流连山水,谈情说爱;或许他们常常在此幽会,一起山盟海誓,私订终身。每次,她的情人都是从渡口那里渡水过来的。现在,虽然河水上涨了,但是匏儿也成熟了,还是可以前来的呀!所以,她接着说:"深则厉,浅则揭。"当然,这是她自然的联想,也是她天真的设想。"深"与"浅"是承"涉"的联想,"厉"与"揭"是承"匏"的设想。《广雅·释器》:"厉,带也。"《小尔雅·广服》:"带之垂者谓之厉。"可见,"厉"就是把匏系带在腰间渡水,以免发生沉溺的危险。《说文》:"揭,高举也。"可见,"揭"就是把匏高举,直接蹚水过来。"深则厉,浅则揭",充分表现了作者对情人深切的思念和关心。本章四句,前两句写景,景写得极为突然、简括而又具体;后两句抒情,情又写得极为含蓄、委婉而又细致。可谓不俗不艳,意在言外。

如果说第一章还仅仅写的是看到"匏有苦叶"后的联想,那么第二章就具体写她真的来到河边详细地观察或等待了。"有弥济盈,有

---

[1]〔汉〕许慎:《说文解字十二下·女部》。
[2]〔宋〕陆佃:《埤雅》卷16《释草·匏》。

雝雉鸣。""有"为发语词,无实义;"弥"同"瀰",是水势浩大、一片茫茫的样子;"盈",是水势满涨的状态;"雝(yǎo)",野雉鸣叫的声音(雉,野鸡)。她来到济水之滨,一看,济水满涨,一片茫茫;一听,济水旁边,野鸡鸣叫。这时,她似乎又迷惘于一片新的景象之中了。接着,她仔细一看,"济盈不濡轨",济水虽满,但水的深度还浸湿不到一般的车轴那里(濡,浸湿;轨,车轴的两端);她仔细一听,鸣叫着的野鸡,声声都像是在寻求自己的配偶(牡,原指雄性兽)。此情此景,怎不使作者的思绪更加急切、更加惆怅呢? 仿佛使我们看到作者正在深情而又暗暗地对着济水的彼岸向自己的情人呼喊:济水虽满,但并不深,你是可以渡过来的呀! 野鸡儿声声鸣叫,都在寻找自己的配偶,难道你就不想念我、不愿意赶快来相会吗? 短短四句,又写得那么简洁、真切和含蓄啊!

第三章,作者的感情表达似乎更加急切起来。"雝雝鸣雁,旭日始旦",似乎作者是一大清早就来到济水旁边的。这时,飞翔着的雁群在"雝雝"鸣叫,鲜艳的朝阳正冉冉升起。客观的种种景象,使她由此思彼、由彼思此、思绪更加复杂起来。她望着满涨的济水,听着雉、雁的鸣叫,心里更加思念、盼望自己的情人,以至显得有些急不可耐,甚至有些埋怨了。她急切地说:"士如归妻,迨冰未泮。""士"显然是指她的未婚夫;"归妻",就是娶妻。古代女子出嫁曰"归",归妻就是迎妻以归夫家也。"迨",趁着;"泮",同"胖",封、合的意思。眼下虽已是深秋了,但济水尚未冰封,你们男人要想娶媳妇,就该趁着这个时候赶快行动啊! 诗篇写到这里,我们才知道作者是一位妙龄适婚的姑娘,她不仅是在抒发自己对情人渴念的情思,更主要的是在表达自己急切催娶的心意。她所以一大早就来到水边张望、等待,原来是想和未婚夫早早相会、具体商量他们的婚事啊!

在古代,春秋二季是男女婚嫁的季节,而更多的又是在桃花盛开、春光融融的春季,《诗经》中《周南·桃夭》就表现了桃花盛开的季节姑娘出嫁的欢乐和人们对她的祝福。秋季婚嫁,古书上也有不少记载,《诗经》中的《邶风·氓》的作者、那位后来被丈夫遗弃的妇女,想当年在"氓"一再请求结婚的情况下,她不是答应"秋以为期"吗?《荀子·大略》上不也说是"霜降逆(迎)女,冰泮杀内(止)"(卷十九)吗? 眼下已是深秋,不久就要冰封,所以直接表达出她那急切的心情,就是非常自然而使人容易理解的事了。

应该指出,作者在水边看到的景象,都是具有强烈刺激、具有象征意义并容易使人产生爱情联想的事物。在古代,有仲春之月大会男女的风俗。这时,玄鸟(燕)北至,巢人堂宇而孵乳,是男女婚娶的吉象,因而在这个时间内,男女在水边欢会、求偶、恋爱、议婚,并同时祭祀高禖(媒),以乞求爱情和幸福,当然也就是很自然的事了。据说,秦汉以后是在三月上巳(三月的第一个"巳"日)之日举行,魏晋以后才固定在三月三日。《诗经》中《郑风·溱洧》生动地反映了郑国男女在溱水、洧水之滨相互欢会的习俗,本诗的作者和她的情人不一样也可能在济水边欢会过吗? 眼下她独自徘徊在水边,耳闻目睹,抚今追昔,不自然地会引起种种情思和联想吗? 在古代,"日"往往是情人或丈夫的象征,单在《诗经》里就出现了很多很多。《卫风·伯兮》的作者思念她出征的丈夫,曾说:"其雨其雨,杲杲出日",结果反而更引起了她深切的思念;《王风·大车》的作者为了表达自己对情人的忠贞,曾说:"谓予不信,犹如皎日",就是指着明洁的太阳发誓。其他如《邶风》中的《柏舟》《日月》《雄雉》,《齐风·东方之日》以及《王风·君子于役》等诗篇中,也都有着这种意味的象征。这绝不是用喻的偶合。本诗的作者面对"旭日始旦"的景象,她那丰富、复杂、细致而委婉的思想、感情和意趣,因而也就容易理解和体会了。在古代,雁,往往是男女缔结婚姻的象征,是男女缔结婚姻过程中必须使用的珍贵礼物。据《仪礼·士昏

(婚)礼》记载,男子在婚娶过程中,"亲迎"(新郎亲自去女家迎娶新娘)以前,要有五道必办的手续:纳采(请媒人送礼,向女家求婚)、问名(女家同意议婚后,再请媒人送礼,询问女方的名字和出生日期)、纳吉(男家卜得吉兆之后,再备礼通知女家,表示愿意缔结婚姻)、纳征(女家同意后,送聘礼,表示正式订婚)、请期(择定结婚日期,备礼以告女家)。在这五道程序中,每次的礼品,都要用雁。因此,"雝雝鸣雁",能引起作者什么样的思绪,就显而易见了。

在第三章前两句短短的诗语里,作者给我们描绘出了一个含义极为丰富的意境。所以后两句,她虽然是在直接抒情,甚至是直接的呼唤,仍依然是非常吻合和贴切的。她那分外激动的心声,简直使人如闻如睹;她那恳切的情意,特别使人感动。这时的作者,爱欲如火,心急如焚,思绪如潮。强烈的爱,甚至使她有些惆怅、埋怨,以至急不可耐了。

正因为这样,所以第四章里,她就进一步更直观地表达自己继续凝视、渴望和等待的心情。"招招舟子,人涉卬否"。"舟子",是在渡口摇船摆渡的船夫(俗称艄公);"招招",是船夫摇船时身躯和腰臂伸动的状态。船夫在渡口摇摆着船只招揽旅客,很多很多人都上船渡河了,可是作者却依然徘徊、等待着,并不上船。为什么呢?诗到这里才点明:"卬须我友。"须,是等待的意思;友,当然是指她的情人亦即她的未婚夫了。写到这里,主题明朗了,但诗的情意,却仍是隽永含蓄的。简短的四句,使我们鲜明看到,这位情深意切的姑娘,面对着茫茫的济水,在朝阳的照射下,在雁、雉的鸣叫声中,惆怅满怀,如梦如痴,在凝望着,在徘徊着,在等待着!

只有这样把前后四章的内容相互连贯地分析,全诗所表现的思想内容,我们才能较为完整、全面地认识和理解,也只有这样认识和理解,我们才能领略和体会作者所表达的爱情内容。这位姑娘,在深秋的季节，由于看到"匏有苦叶"，马上联想到"济有深涉"。由"济深"和"匏枯"，又马上想到渡水的方式："深则厉，浅则揭。"一天的早上，天刚刚亮，她就来到济水渡口的旁边，观察着水势，辨析着雉鸣，冉冉出升的朝阳，群群鸣叫的飞雁，使她情思澎湃，愁绪满怀。原来她是在等待情人的到来，如饥似渴地希望未婚夫早日把她迎娶啊！

　可见，这首诗和《诗经》中其他诗篇的表现方法是大不一样的。全诗四章，章与章之间，既不是按时序、按层次，或按事物某一方面的分章描述，也不是内容复沓、情意重叠的咏唱，而是逐步深化、相互补充，由隐到显的层层揭示。题旨诗意，前两章仅仅微露端倪，后两章才逐步点明，因此使我们感到它既有蜻蜓点水、轻盈飘忽之美，又有画龙点睛、豁然神注之妙。表面看来，四章各自为义，好像互不连属，措辞也颇多谲诡、隐微而难于骤解；仔细读去，章与章之间，虽然若断若续，迷离恍惚，但蛛丝马迹，颇多耐人寻觅和玩味。最后通过我们艺术的联想和分析，才能把握住它那完整的思想、内容和意境。全诗的意旨，既在言中，又在言外，景象逼真，情意恳切，艺术境界也极为优美。这种新奇独特的构思，离奇变幻的布局，真可谓巧夺天工，在"诗三百"中是别具艺术风格的。它不仅细致、委婉而曲折地描绘出了诗人自我的心理、性格和情感，而且鲜明、生动、具体地创造出了一个优美的艺术境地，使我们如见其人，如入其境。全诗几乎皆用"赋"体，但章章又皆含"兴"意。作者所描述的，皆深情所染之景，亦皆触景所生之情，情景交融，韵味深长，简直像一幅情深意浓的图画。

1985 年 3 月 15 日

　（原载于《诗经鉴赏集》，人民文学出版社，1986 年 10 月版；后收入任自斌、和近建主编的《诗经鉴赏辞典》，河海大学出版社，1989年）

《小雅·斯干》的主旨与内容

秩秩斯干①，　　　　　涧水清清流不停，
幽幽南山②。　　　　　南山深幽多清静。
如竹苞矣③，　　　　　有那密集的竹丛，
如松茂矣。　　　　　有那茂盛的松林。
兄及弟矣，　　　　　哥哥弟弟在一起，
式相好矣④，　　　　　和睦相处情最亲，
无相犹矣⑤。　　　　　没有诈骗和欺凌。

似续妣祖⑥，　　　　　祖先事业得继承，
筑室百堵⑦，　　　　　筑下房舍上百栋，
西南其户⑧，　　　　　向西向南开大门。
爰居爰处⑨，　　　　　在此生活与相处，
爰笑爰语。　　　　　说说笑笑真兴奋。

约之阁阁⑩，　　　　　绳捆筑板声咯咯，
椓之橐橐⑪，　　　　　大夯夯土响托托。
风雨攸除⑫，　　　　　风风雨雨都挡住，
鸟鼠攸去，　　　　　野雀老鼠穿不破，
君子攸芋⑬，　　　　　真是君子好住处。

如跂斯翼⑭，　　　　　宫室如跂甚端正，

如矢斯棘⑮，　　　　　檐角如箭有方棱，

如鸟斯革⑯，　　　　　又像大鸟展双翼，

如翚斯飞⑰，　　　　　又像锦鸡正飞腾，

君子攸跻⑱。　　　　　君子踏阶可上登。

殖殖其庭⑲，　　　　　庭院宽广平又平，

有觉其楹⑳，　　　　　高大笔直有柱楹。

哙哙其正㉑，　　　　　正殿大厅宽又亮，

哕哕其冥㉒，　　　　　殿后幽室也光明，

君子攸宁。　　　　　君子住处确安宁。

下莞上簟㉓，　　　　　下铺蒲席上铺簟，

乃安斯寝㉔，　　　　　这里睡觉真安恬。

乃寝乃兴㉕，　　　　　早早睡下早早起，

乃占我梦㉖。　　　　　来将我梦细解诠。

吉梦维何？　　　　　做的好梦是什么？

维熊维罴㉗，　　　　　是熊是罴梦中见，

维虺维蛇㉘。　　　　　有虺有蛇一同现。

大人占之㉙，　　　　　卜官前来解我梦，

维熊维罴，　　　　　有熊有罴是何意，

男子之祥㉚；　　　　　预示男婴要降生；

维虺维蛇，　　　　　有虺有蛇是何意，

女子之祥。　　　　　产下女婴吉兆呈。

乃生男子③①,	如若生了个儿郎,
载寝之床③②。	就要让他睡床上。
载衣之裳③③,	给他穿上好衣裳,
载弄之璋③④。	让他玩弄白玉璋。
其泣喤喤③⑤,	他的哭声多宏亮,
朱芾斯皇③⑥,	红色蔽膝真鲜亮,
室家君王③⑦。	将来准是诸侯王。

乃生女子,	如若生了个姑娘,
载寝之地。	就要让她睡地上。
载衣之裼③⑧,	把她裹在褓褓中,
载弄之瓦③⑨。	给她玩弄纺锤棒。
无非无仪④⓪,	长大端庄又无邪,
唯酒食是议④①,	料理家务你该忙,
无父母诒罹④②。	莫使父母颜面丧。

【注】

①秩秩:涧水清清流淌的样子。斯:语助词,犹"之"。干:通"涧",山间流水。

②幽幽:深远的样子。南山:指西周镐京南边的终南山。

③如:倒举之词,犹言"有××,有××"。苞:竹木稠密丛生的样子。

④式:语助词,无实义。好:友好和睦。

⑤犹:欺诈。

⑥似:同"嗣"。嗣续,犹言"继承"。妣祖:先妣、先祖,统指祖先。

⑦堵:一面墙为一堵,一堵面积方丈。

⑧户：门。

⑨爰：于是。

⑩约：用绳索捆扎。阁阁：捆扎筑板的声音；一说将筑板捆扎牢固的样子。

⑪椓(zhuó 啄)：用杵捣土，犹今之打夯。橐(tuó 驼)橐：捣土的声音。古代筑墙为板筑法，按照土墙长度和宽度的要求，先在土墙两侧及两端设立木板，并用绳索捆扎牢固。然后再往木板空槽中填土，并用木夯夯实夯牢。筑好一层，木板如法上移，再筑第二层、第三层，至今西北农村仍在沿用。所用之土，必须是湿润而具黏性的土质。

⑫攸：乃。

⑬芋：鲁诗作"宇"，居住。

⑭跂(qǐ 起)：踮起脚跟站立。翼：端庄肃敬的样子。

⑮棘：借作"翮(hé)"，此指箭羽翎。

⑯革：翅膀。

⑰翚(huī 挥)：野鸡。

⑱跻(jī 机)：登。

⑲殖殖：平正的样子。庭：庭院。

⑳有：语助词，无实义。觉：高大而直立的样子。楹：殿堂前大厦下的柱子。

㉑哙(kuài 快)哙：同"快快"。宽敞明亮的样子。正：向阳的正厅。

㉒哕(huì 会)哕：同"煟(wèi)煟"，光明的样子。冥：指厅后幽深的地方。

㉓莞(guān 官)：蒲草，可用来编席，此指蒲席。簟(diàn 店)：竹席。

㉔寝：睡觉。

㉕兴：起床。

㉖我：指殿寝的主人，此为诗人代主人的自称。

㉗罴（pí 皮）：一种野兽，似熊而大。

㉘虺（huǐ 悔）：一种毒蛇，颈细头大，身有花纹。

㉙大人：即太卜，周代掌占卜的官员。

㉚祥：吉祥的征兆。古人认为熊罴是阳物，故为生男之兆；虺蛇为阴物，故为生女之兆。

㉛乃：如果。

㉜载：则、就。

㉝衣：穿衣。裳：下裙，此指衣服。

㉞璋：玉器。

㉟喤（huáng）喤：哭声洪亮的样子。

㊱朱芾（fú 福）：用熟治的兽皮所做的红色蔽膝，为诸侯、天子所服。

㊲室家：指周室，周家、周王朝。君王：指诸侯、天子。

㊳裼（tì 惕）：婴儿用的褓衣。

㊴瓦：陶制的纺线锤。

㊵非：错误。仪：读作"俄"，邪僻。

㊶议：谋虑、操持。古人认为女人主内，只负责办理酒食之事，即所谓"主中馈"。

㊷诒（yí 贻）：同"贻"，给予。罹（lí 离）：忧愁。

这是一首祝贺西周奴隶主贵族宫室落成的歌辞。《毛诗序》说："《斯干》，宣王考室也。"郑笺说："考，成也。……宣王于是筑宫室群寝，既成而衅之，歌《斯干》之诗以落之，此之谓之成室。"清人陈奂《诗毛氏传疏》说得更清楚。他说："厉王奔彘，周室大坏，宣王即位，复承文武之业，故云考室焉。"似乎通过歌颂宫室的落成，也歌颂了宣王的中兴。但是，宫室是否是宣王时所建，此诗是否是歌颂宣王，历来的解诗家又有不同的意见。有谓是武王营镐，有谓是成王营洛。更有不确指何时者，宋人朱熹《诗集传》就说："此筑室既成，而燕饮以落之，因歌其事。"清人方玉润《诗经原始》也批驳了武王、成王、宣王诸说，而仅说："《斯干》，公族考室也。"看来，传、笺"宣王成室"之说，史无佐证，朱、方之说还是比较客观的。

那么，此诗是"衅之"之辞？还是"落之"之歌？或"燕饮"时所唱？各家又争论不休。衅，《说文》云："血祭也。"就是郑笺所说的"宗庙成则又祭先祖"，是以牲血涂抹宫室而祭祀祖先的一种仪式；"落之"，唐人孔颖达的《毛诗正义》又作"乐之"。落是落成，乐是欢庆，看来是一首庆祝宫室落成典礼时所奏的歌曲的歌辞。当然，举行落成典礼，内有祭祖、血祀的仪轨也是可能的。因此，我们说这是一首西周奴隶主贵族在举行宫室落成典礼时所唱的歌辞，是没有多大问题的。

全诗九章，一、六、八、九四章七句，二、三、四、五、七五章五句，句式参差错落，自然活脱，没有板滞、臃肿之感，在雅颂篇章中是颇具特色的。

就诗的内容来看，全诗可分两大部分。一至五章，主要就宫室本身加以描绘和赞美；六至九章，则主要是对宫室主人的祝愿和歌颂。

第一章先写宫室之形胜和主人兄弟之间的和睦友爱。它面山临水，松竹环抱，形势幽雅，位置优越，再加兄弟们和睦友爱，更是好上加好了。其中，"如竹苞矣，如松茂矣"二句，既赞美了环境的优美，又暗喻了主人的品格高洁，语意双关，内涵深厚，可见作者的艺术用心。接着第二章说明，主人建筑宫室，是由于"似续妣祖"，亦即继承祖先的功业，因而家人居住此处，就会更加快乐无间。言下之意，他们的创举，也会造福于子孙后代。这是理解本诗旨意的关键和纲领，此后各章的诗意，也是基于这种思想意识而生发出来的。以下三章，皆就建筑宫室一事本身描述,或远写,或近写,皆极状宫室之壮美。三章"约之阁阁,椓之橐橐",既写建筑宫室时艰苦而热闹的劳动场面,又写宫室建筑得是那么坚固、严密。捆扎筑板时,绳索"阁阁"发响;夯实房基时,木杵"橐橐"作声,可谓绘形绘声,生动形象。正因为宫室建筑得坚固而紧密,所以"风雨攸除,鸟鼠攸去",主人"居""处"自然也就安乐了。四章连用四比喻,极写宫室气势的宏大和形势的壮美,可说是博喻赋形,对宫室外形进行了精雕细刻的描绘,表现了作者的丰富想象力。如果说,四章仅写宫室外形,那么第五章就具体描绘宫室本身的情状了。"殖殖其庭",室前的庭院那么平整;"有觉其楹",前厦下的楹柱又那么耸直;"哙哙其正",正厅是宽敞明亮的;"哕哕其冥",后室也是光明的。这样的宫室,主人居住其中自然十分舒适安宁。

由此可见,作者在描绘宫室本身时,是由大略至具体、由远视到近观、由室外到室内,一层深似一层、逐步推进展现的。它先写环境,再写建筑因由,再写建筑情景,再写宫室外形,再写宫室本身,犹如摄影机一样,随着观察点和镜头焦距的推移,而把客观景象有层次、有重点地摄入,使读者对这座宫室有了一个完整而具体的认识。更突出的是,每章都是由物到人,更显示出它人物互映的艺术表现力。

本诗后四章是对宫室主人的赞美和祝愿。六章先说主人入居此室之后将会寝安梦美。所梦"维熊维罴,维虺维蛇",既为本章祝祷的中心辞语,又为以下四章铺垫、张本。七章先总写"大人"所占美梦的吉兆,即预示将有贵男贤女降生。八章专说喜得贵男,九章专说幸有贤女,层次井然有序。当然,这些祝辞未免有些阿谀、有些俗气,但对宫室主人说些恭维的吉利话,也是情理中事。

从第八、九章所述来看,作者男尊女卑的思想是很严重的。生男,"载寝之床,载衣之裳,载弄之璋",而且预祝他将来为"室家君王";生女,"载寝之地,载衣之裼,载弄之瓦",而且只祝愿她将来"无非无仪,唯酒食是议，无父母诒罹"。显然，男尊女卑，对待方式不同，对他们的期望也不一样。这应该是时代风尚和时代意识的反映，对我们也有认识价值。

　　总观全诗，以描述宫室建筑为中心，把叙事、写景、抒情交织在一起，都能做到具体生动，层次分明，虽然其思想价值不大，但在雅颂诸篇中，它还是比较优秀的作品。

　　（题目为本次编选时所拟，原载于《先秦诗鉴赏辞典》，上海辞书出版社，1998年，2003年出袖珍本）

《登徒子好色赋》的结构与成就

大夫登徒子侍于楚王①，短宋玉曰②："玉为人体貌闲丽③，口多微辞④，又性好色。愿王勿与出入后宫。"

王以登徒子之言问宋玉。玉曰："体貌闲丽，所受于天也；口多微辞，所学于师也；至于好色，臣无有也。"

王曰："子不好色，亦有说乎⑤？有说则止，无说则退⑥。"

玉曰："天下之佳人，莫若楚国；楚国之丽者，莫若臣里⑦；臣里之美者，莫若臣东家之子⑧。东家之子，增之一分则太长，减之一分则太短；著粉则太白⑨，施朱则太赤⑩；眉如翠羽⑪，肌如白雪，腰如束素⑫，齿如含贝⑬；嫣然一笑⑭，惑阳城、迷下蔡⑮。然此女登墙窥臣三年⑯，至今未许也。登徒子则不然。其妻蓬头挛耳⑰，龁唇历齿⑱，旁行踽偻⑲，又疥且痔，登徒子悦之，使有五子。王孰察之⑳，谁为好色者矣？"

是时，秦章华大夫在侧㉑，因进而称曰㉒："今夫宋玉盛称邻之女㉓，以为美色。愚乱之邪臣㉔，自以为守德㉕，谓不如彼矣㉖。且夫南楚穷巷之妾㉗，焉足为大王言乎㉘？若臣之陋㉙，目所曾睹者㉚，未敢云也㉛。"

王曰："试为寡人说之。"

大大曰："唯唯㉜。臣少曾远游，周览九土㉝，足历五都㉞，出咸阳㉟，熙邯郸㊱，从容郑、卫、溱、洧之间㊲。是时向春之末，迎夏之阳㊳，鸧鹒喈喈㊴，群女出桑㊵。此郊之姝㊶，华色含光㊷，体美容冶㊸，不待饰装。臣观其丽者，因称诗曰㊹：'遵大路兮揽子祛，赠以芳花辞甚妙。'㊺于是处子悦若有望而不来，忽若有来而不见㊻。意密体疏㊼，俯仰异观㊽；含喜微笑,窃视流眄⁴⁹。复称诗曰⁵⁰:'寤春风兮发鲜荣,洁斋俟兮惠音声,赠我如此兮不如无生。'⁵¹因迁延而辞避⁵²。盖徒以微辞相感动⁵³,精神相依凭⁵⁴。目欲其颜,心顾其义⁵⁵,扬诗守礼⁵⁶,终不过差⁵⁷,故足称也⁵⁸。"

于是楚王称善,宋玉遂不退。

【注】

①登徒子:登徒为复姓,子是古代对男子的通称或敬称。这是作者虚构的人物。侍:侍从、侍奉。楚王:指楚顷襄王,公元前 298—前 263 年在位。

②短:说人的坏话。

③体貌闲丽:体态文雅,容貌美丽。

④微辞:婉转而巧妙的言辞。

⑤说:解说,理由。

⑥止:指留下继续做官;退:指罢官离开。

⑦里:乡里、家乡。

⑧东家:东邻。子:指未嫁的女子。

⑨著粉:犹言傅粉、搽粉、抹粉。

⑩施朱:犹言涂胭脂。朱:红色,指如胭脂一类的化妆品。

⑪翠羽:翡翠鸟的羽毛,呈青黑色。

⑫束素:一束白色的生帛,形容腰肢柔美纤细。

⑬贝:洁白的贝壳。齿如含贝,形容牙齿整齐洁白。

⑭嫣然:脉脉含情、自然微笑的美好情态。

⑮阳城、下蔡:楚国县名,为楚国贵族居住的封邑。此两句是说邻女的美貌足可以迷惑住阳城、下蔡的贵族公子哥儿。

⑯窥:从隐僻处偷看。

⑰蓬头挛耳:头发蓬乱,耳朵卷曲。

⑱齞(yàn)唇历齿:牙齿露在唇外而稀疏。历,稀疏。

⑲旁行踽(jǔ)偻(lóu):走路歪斜,弯腰驼背。

⑳孰察:仔细深入地考察。孰:同"熟"。

㉑秦章华大夫:一个祖籍在楚国章华而在秦国做大夫的人,此时正出使在楚国。

㉒进而称曰:犹言插嘴说话。称:言说。

㉓盛称:极力赞美。

㉔愚乱之邪臣:谓昏钝邪僻之臣。此是章华大夫自己的谦称。

㉕守德:遵守德操。

㉖谓:说,照这样说。不如彼:不如他。彼:指宋玉。

㉗且:承接上文,另起新义的连词,犹如口语中的"再说"。南楚:楚国对中原各国来说,地处南方,故可称南楚。穷巷:偏僻的小巷。妾:对女子鄙薄的称呼,此处指宋玉所说的东邻之女。

㉘焉:哪里值得。

㉙陋:知识短浅。这是章华大夫自谦的话。

㉚目所曾睹者:亲眼看见过的美女。

㉛云:言、说。

㉜唯唯:应承的话,犹如现代所说"是是""好好"。

㉝周览:到处游览。九土:犹言九州、全国。

㉞历:经过。五都:五大都会。此处泛指全国各大繁华的城市。

㉟出:出入、经过。咸阳:当时秦国的都城,在今陕西省咸阳市东北。

㊱熙:通"嬉",游玩。邯郸:当时赵国的都会,在今河北省邯郸市。

㊲从容:举止安逸、舒缓,这里有逗留、消闲的意思。郑:国名,在今河南省中部;卫:国名,在今河南省北部。郑、卫是古代出美女的地方,也是男女恋爱比较自由的地方。溱、洧是郑国境内的两条河,古代

在溱洧水边常有男女欢会的习俗。

㊳向:接近。迎:迎接。向春之末、迎夏之阳是指春夏之交的三四月之间。

㊴鸧鹒:即黄莺。嘈嘈:黄莺的叫声。

㊵出桑:出外采桑。

㊶姝(shū):美女。

㊷华色:美丽的姿色。

㊸容冶:容貌艳丽。

㊹称诗:引诗、诵诗。

㊺"遵大路兮"两句:它的大意是:"沿着大路走啊,牵着你的衣袖;赠给你一束芬芳的鲜花呀,对你说着美妙动听的话。"《诗·郑风·遵大路》有"遵大路兮,掺执子之袪兮""遵大路兮,掺执子之手兮"的诗句,这里是秦章华大夫借用《遵大路》的声调和意思向群女中的"丽者"调戏时胡诌的两句诗。

㊻处子:处女,未婚的女子。此句的意思是说:那美丽的女子,在章华大夫诗篇的感动下,神思不定,忽而像有所期望,而又不走近过来,忽而像走近过来了,而又不大大方方地相见,若即若离,欲就又止。怳,同"恍"。恍若,忽若,都是形容恍惚不定的样子。

㊼意密体疏:情意密切而形体疏远。

㊽俯仰异观:或俯或仰,神态各异。

㊾流眄:斜视的目光不停地流动。

㊿复:又。以下的诗句是美女吟诵的。

(51)这几句诗的意思是:草木在春风中苏醒了,开出了鲜艳的花朵,我穿戴整洁,诚心庄重地等待你送来的好音讯。可是你只赠送我一支《遵大路》,使我伤心得不如死去。痊:苏醒。荣:花。洁:修饰整洁;斋:清心庄重。俟:等待。惠音声:美好的音讯。

○52因：因而、于是。迁延而辞避：缓缓地告辞而避开。

○53盖：表示推测的语气助词，犹如"原来""大概""因为"等等，以引起下面的议论。徒以：只用。

○54依凭：依托、慰藉、恋念的意思。

○55义：礼义道德规范。

○56扬诗守礼：发扬《诗经》"国风"中"好色而不淫"的精神，遵守礼义规范。

○57过差：过失、差错。

○58足称：值得称赞。

从表现形式上说，这是一篇散文赋。它和《风赋》有些相似，都是采取了"问答体"，或者说是采取了对话形式。但《风赋》只是楚襄王和宋玉两人的对话，而这篇却出现了登徒子、楚襄王、宋玉和秦章华大夫四人。《高唐赋》《神女赋》虽然也采取了楚襄王和宋玉的对话，但对话部分只能算作"赋"的"序言"，后半部分才是真正的"赋文"，而这篇却是通篇使用对话而组成。所以，单从这一点上说，宋玉辞赋创作的表现形式是丰富多样的，对以后辞赋的写作，也产生过重大的影响。

全篇仅六七百字，但作者通过四人一场生动的对话、辩难和议论，却给读者编织了一则生动的故事。大夫登徒子心怀叵测，有意在楚襄王面前说了宋玉的坏话。他罗列了宋玉的三大罪状：一、"体貌闲丽"；二、"口多微辞"；三、"又性好色"。一般地说，要搞臭搞倒别人，如在男男女女上造谣生事，往往最能引起世俗人们的关注，使受辱者不易说明洗清，从而达到险恶的目的。登徒子虽然提出了三条，而实际上前面两条不过是后一条的陪衬，或者说是后一条的"先天条件"，而最根本、最重要、最狠毒的还是着眼在第三条上，所以他还意味深长地提醒或警诫楚王"勿与出入后宫"。当楚王把这一信息传达给宋玉时,聪明、机灵的宋玉马上意会到了登徒子的险恶用心。因此,对于一、二两条,他只一句轻轻带过,就可以驳斥了登徒子的诬陷,即使登徒子在场,似乎也不好再进一步申述了。"体貌闲丽,所受于天也",先天生的,父母给的,何罪之有?"口多微辞,所学于师也",老师教的,后天学的,又有何罪!但下面却紧接着使用"至于"两字加以强调、突出,提出了"好色"的问题。他斩钉截铁地说:"臣无有也。"断然予以否定和回击。这样,开门见山,简洁有力,使全文很快引入到了中心,揭开了事件的根本矛盾,突出了主要线索,展现了中心人物,迫使读者欲罢不能,非要读下去不可。

楚襄王的再追问,使故事自然地向前发展,并在具体的情节发展中产生了波澜。他以自己的权势威胁宋玉说:"有说则止,无说则退。"于是,宋玉就紧扣这个"说"字,说出了自己亲身经历过的一件富有浪漫气息的"艳遇"。应该说,宋玉是能言善辩的。他胸有成竹、从容不迫地摆事实,有条有理、情景鲜明地说情况,而不下结论、扣帽子,让听者——楚王从中"执察"道理,判断孰是孰非。他为自己辩解的同时,反守为攻,反唇相讥,即使登徒子在场,恐怕也难以再辩驳了。这表现了宋玉善于言谈、辩论的天才,也反映了作者善于驾驭语言文字而表述事件的艺术能力,在全文中是极为精彩的。

按说,宋玉讲出了事实真相,楚襄王是可以进一步"执察"而作出判断的,文章也可以完成主题了。但是,这时秦章华大夫恰恰"在侧",主动插嘴说话,表示"臣自以为守德,谓不如彼矣",使故事情节得以进一步的向前发展。在楚襄王好奇地追问下,他又讲出了自己的一桩更有趣的"艳遇"。他说,他曾"周览九土,足历五都。出咸阳,熙邯郸",特别在"有女如云""淫风大行"的"郑、卫、溱、洧之间"逗留过很久,曾和出桑群女中的"丽者"发生过一场"精神恋爱"。相互赠诗、调情,情意密切,"微辞相感动,精神相依凭",双方都有些难分难舍。但是,他虽"目欲其颜",可是由于"心顾其义",所以"扬诗守礼,终不过差"。宋玉面对美女窥墙三年而不为所动,大有"坐怀不乱"的修养功夫;秦章华大夫虽然"目欲其颜",为其所动,但终能"好色而不淫",不为美女的引诱而乱礼。这都是值得称赞的。不过,从思想修养、思想境界上说,相比之下,章华大夫坦率地认为"不如彼",是颇有些道理的。描述章华大夫的这段文字,虽然有些貂尾狗续、离题较远之嫌,但作者的目的却是用来进一步衬托、强调自己"不好色"的,因而也使整个故事情节更加波澜成趣了。应该说,这是作者行文时有意的艺术构想。

从整篇文章所记述的故事情节来看,章华大夫是比较坦率的。宋玉为了辩白自己,对自己,对登徒子,都进行了夸张和渲染,用以反击登徒子的恶意攻击和诽谤,这样做也是可以理解的。登徒子有意陷害别人,没料想"好色"的帽子反而扣在自己头上,这是他咎由自取,我们大可不必为他鸣冤叫屈。今世的某些论者,认为宋玉善于诡辩,以一面之词攻击登徒子,使登徒子蒙受了近二千年的不白之冤等等,就似乎是超出了本文所提供的事实范围了。但平心而论,宋玉反击登徒子的理由和事实,却是站不住脚的。他爱他的丑妻,并生了五个子女,这不能说是"好色",甚至还值得称赞。所以,宋玉这个反攻,虽然把对方一时打臭了,却打歪了,没打着要害,恐怕登徒子有朝一日是要翻案的。

那么,这篇赋作的中心思想是否就是辩白谁是谁非、谁好色谁不好色的问题的呢?总观全文,它虽然给我们提出了一系列值得思考的问题,但从总的思想倾向上,或从写作意图上说,是别有目的的,也就是说宋玉不仅仅是为了辩解自己。刘勰《文心雕龙·谐隐》中说:"宋玉赋《好色》,意在微讽,有足观者。"《文选》李善注说:"此赋假以为辞,讽于淫者。"明代《屈宋古音义》的作者陈第也认为它是"假辞以为谏"的。可见,宋玉写作的目的关键还在"讽谏"两字上,着重阐述"情"与"淫"的关系。从大量的历史文献记载中,我们知道,楚襄王是一个比他父亲楚怀王还要昏庸的君主。他在做太子时曾在秦国为质，因为和秦国大夫私斗而逃回楚国，因而造成了秦国多次进攻楚国的借口；后来他的父亲楚怀王又被秦国骗去，以至客死在那里，他不仅没有很好地组织力量抵御秦国的进攻，保楚国、报父仇，反而在秦国的迫胁下去做秦王的女婿。从《高唐赋》《神女赋》的记载中，我们也可以看到，巫山神女曾经和他的父亲楚怀王幽会过，而他亦然念念不忘云梦之游，意欲"神遇"巫山之女。在这篇赋作里，作者的目的就在于劝诫楚襄王不要沉溺于女色而应致力于国事。全文的中心，就在"目欲其颜，心顾其义，扬诗守礼，终不过差"这十六个字上。这是全文的根本，所以我们阅读时"是不可以枝叶而弃其灵根"（陈第语）的！这一种写法，可以说是一种"讽谏"之法，在当时是有一定的积极意义的。但这种写作方法，也为以后汉赋的写作，打开"讽一而劝百"的缺口，是产生过一定的消极影响的。

应该特别提出的是，本文的艺术成就和艺术技巧，是很高的。它编织的故事，有头有尾，情节波澜曲折，生动有趣。文章的组织结构，也能做到前后呼应，重点突出，清晰完整。它基本上是散文体、对话式，但在重要或关键的地方，连用几句韵语，使清新流畅的语言文字增加了新鲜生动的音乐美，就自然增强了它的可读性。

烘托、夸张、对比，是本文特别突出的三种表现手法。宋玉描述东家之子，先从全国说到"臣里"，再从"臣里"说到"东家之子"，像电影的镜头画面，一步一步地引导观众去看特写镜头中的特写人物，去看他的那个"美之最"中的"美之最"。秦章华大夫也是如此，他先说："周览九土，足历五都"，再说"出咸阳，熙邯郸，从容郑、卫、溱、洧之间"，在"华色含光、体美容冶"的出桑群女中，特别点出了其中的"丽者"。这些，都是使用由面到点、逐渐显示的艺术手法，使读者不知不觉地跟着作者的笔触进入到了他要重点描述的艺术境界中去。这种烘云托月式的表述,是可以收到极好的艺术效果的。

在描述人物形象时,作者在进行烘托的同时,浓墨重彩,着力予以夸张,使人物形象分外鲜明突出。写东家之女、写登徒子之妻,极力写她们的外形、体态,写采桑群女中的"丽者",则着重刻画她的心理、情态,笔法多变,铺叙参差错落,语气诙谐有趣。写东家之女时,"增之一分则太长,减之一分则太短……"是先虚写,用烘托手法显示她的体态容颜;"眉如翠羽,肌如白雪……"是实写,用比喻的手法描绘她的体形容貌;"惑阳城,迷下蔡"两句又进一步夸张了她美貌的动人魅力。这位姑娘,真是美得不能再美了。可是写登徒子之妻,几乎从头到脚、从耳到唇,里里外外,无处不让人看了厌恶、恶心以至害怕,真是丑得不能再丑了。作者所以这样夸张,表面是为了突现人物形象,而实意是为了更好地说理。那么美的美女登墙窥视诱引,宋玉长期不许,正说明自己无"寡人之疾",不色不淫;那么丑的丑妇,登徒子反而悦之,使她生有五子,正是既色又淫的表现。章华大夫面对美女的挑逗,只是"目欲其颜""精神相依凭"而做到了"淫而不乱",也不能笼统地戴上"好色"的帽子。可见,夸张是为作者的写作意图服务的。

东邻之女的美和登徒子之妻的丑,是鲜明的对比;宋玉的行为和登徒子的行为,又是鲜明的对比。秦章华大夫的行为,和宋玉、登徒子的行为既鲜明对比,又相互衬托和映衬,对深化赋作的主题思想,能起到很好的艺术效果。

由此可见,无论从思想内容上说,还是从艺术手法上说,这篇短赋都蕴含有丰富的内容,值得我们深入地思索和玩味。

(题目为本次编选时所拟,原载于《历代词赋鉴赏辞典》,安徽文艺出版社,1992年。该书商务印书馆国际有限公司于2011年8月修订重印)

穿越时空，吊古伤今

——读《吊古战场文》

浩浩乎①！平沙无垠②，敻不见人③。河水萦带④，群山纠纷⑤。黯兮惨悴⑥，风悲日曛⑦。蓬断草枯⑧，凛若霜晨⑨。鸟飞不下，兽铤亡群⑩。亭长告余曰⑪，"此古战场也。常覆三军⑫；往往鬼哭，天阴则闻。"伤心哉！秦欤？汉欤？将近代欤⑬？

吾闻夫齐魏徭戍⑭，荆韩召募⑮。万里奔走，连年暴露⑯。沙草晨牧⑰，河冰夜渡。地阔天长，不知归路。寄身锋刃⑱，腷臆谁诉⑲？秦汉而还⑳，多事四夷㉑。中州耗斁㉒，无世无之。古称戎夏㉓，不抗王师㉔。文教失宣㉕，武臣用奇。奇兵有异于仁义，王道迂阔而莫为㉖。呜呼噫嘻！

吾想夫北风振漠㉗，胡兵伺便㉘，主将骄敌，期门受战㉙。野竖旄旗，川回组练㉚。法重心骇，威尊命贱。利镞穿骨㉛，惊沙入面㉜。主客相搏㉝，山川震眩㉞，声析江河㉟，势崩雷电。至若穷阴凝闭㉞，凛冽海隅㊴；积雪没胫㊵，坚冰在须㊶，鸷鸟休巢㊷，征马踟蹰㊸；缯纩无温㊹，堕指裂肤。当此苦寒，天假强胡㊺，凭陵杀气㊻，以相剪屠㊼。径截辎重㊽，横攻士卒㊾；都尉新降㊿，将军覆没。尸填巨港之岸，血满长城之窟51。无贵无贱，同为枯骨，可胜言哉52！

鼓衰兮力尽，矢竭兮弦绝53，白刃交兮宝刀折，两军蹙兮生死决54。降矣哉？终身夷狄55！战矣哉？骨暴沙砾！鸟无声兮山寂寂，夜正长兮风浙浙56。魂魄结兮天沉沉，鬼神聚兮云幂幂57。日光寒兮草短58，月色苦兮霜白59。伤心惨目，有如是耶？

吾闻之：牧用赵卒60，大破林胡61，开地千里，遁逃匈奴62。汉倾天下⑥，财殚力痡⑥；任人而已，其在多乎？周逐猃狁⑥，北至太原，既城朔方⑥，全师而还。饮至策勋⑥，和乐且闲⑥，穆穆棣棣⑥，君臣之间。秦起长城，竟海为关⑥；荼毒生灵⑦，万里朱殷⑦。汉击匈奴，虽得阴山⑦，枕骸遍野⑦，功不补患⑦。

苍苍蒸民⑥，谁无父母？提携捧负⑦，畏其不寿⑦。谁无兄弟？如足如手；谁无夫妻？如宾如友。生也何恩？杀之何咎⑦？其存其殁，家莫闻知；人或有言，将信将疑。悁悁心目⑧，寝寐见之⑧。布奠倾觞⑧，哭望天涯。天地为愁，草木凄悲。吊祭不至，精魂何依？必有凶年⑧，人其流离。呜呼噫嘻！时耶？命耶？从古如斯⑧。为之奈何？守在四夷⑧！

【注】
①浩浩：广阔无边的样子。
②平沙：平旷的沙漠。垠（yín）：边际。
③夐（xiòng）：同"迥"，辽远。
④萦带：像带子一样弯曲缠绕。
⑤纠纷：参差交错。
⑥黯：昏暗。惨悴：凄惨。
⑦曛：昏黄。
⑧蓬：草名。
⑨凛：寒冷。
⑩铤：疾走。亡群：失群。
⑪亭长：秦汉时十里为一亭，亭设亭长，掌捕盗。
⑫覆：覆灭。
⑬近代：隋唐之际。
⑭齐、魏：战国时齐国、魏国。徭戍：征兵服徭役。
⑮荆：楚国。

⑯暴露：日晒露浸。

⑰晨牧：早上牧战马。

⑱寄身锋刃：寄身于枪林中。

⑲膈臆（bìyì）：内心忧愤郁结。

⑳秦汉而还：秦汉以来。

㉑四夷：对中原四周少数民族的蔑称。

㉒耗斁：财力乏竭。斁（dù）：败坏。

㉓戎夏：指四夷及中原地区人民。

㉔抗：对抗。

㉕文教：礼乐教化、典章制度。

㉖武臣：武将。奇：诡谲的手段。

㉗王道：仁政。

㉘振漠：吹振起沙漠。

㉙伺便：趁着方便的时机。

㉚期门：待敌军于营门之外。

㉛回：在平沙中来回奔驰。组练：两种战衣，此指军队。

㉜尊：高。

㉝镞：箭头。

㉞惊沙：狂风吹起的飞沙。入面：扑面、刺面。

㉟主客：我为主，敌为客。

㊱震眩（xuàn）：震荡昏乱。

㊲析：裂。

㊳穷阴：极阴、浓阴。凝闭：阴云密布、阴气凝聚的样子。

㊴凛冽：寒气逼人的样子。海隅：海角，指辽远地区。

㊵没胫：吞没小腿。

㊶坚冰在须：呼吸时喘出的气凝聚成硬冰挂结胡须上。

㊷鸷鸟:猛烈的大鸟。休巢:聚息在窠巢里。
㊸踟蹰:徘徊不前。
㊹缯:丝织品。纩(kuàng):棉絮。
㊺假:借,借助。
㊻凭陵:凭借。杀气:肃杀之气。
㊼剪屠:截击冲杀
㊽径截:肆意截击。
㊾横攻:肆意攻打。
㊿都尉:军官名。
(51)窟:洞穴。
(52)胜言:尽言,说完。
(53)弦:弓弦。
(54)蹙:迫近。
(55)狄:北方的少数民族。
(56)淅淅:萧瑟凄凉的风声。
(57)幂(mì)幂:阴森森的样子。
(58)草短:秋冬百草枯萎,故曰短。
(59)苦:凄凉。
(60)李牧:战国时赵将。
(61)林胡:匈奴族的一部。
(62)逃遁匈奴:使匈奴逃避败退。
(63)倾:尽。
(64)殚:尽。力:人力。痡(pù):疲病。
(65)猃狁:周代北方的少数民族。
(66)城:屯聚。朔方:北方。
(67)饮至:胜利凯旋,告祭于宗庙,宴饮庆贺。策勋:把功勋记录在史册上。

⑱闲：安逸。

⑲穆穆：天子仪态端庄和敬的样子。棣棣：臣子们仪态娴雅谦恭的样子。

⑰竟：尽。

⑪荼毒：残害。生灵：人民。

⑫朱殷：赤黑色。

⑬阴山：山名。

⑭枕骸：尸骨相枕。

⑮患：损失。

⑯苍苍：众多。蒸民：众民。

⑰捧：举抱。负：背扛。

⑱寿：长命。

⑲咎：罪过。

⑳悁悁：忧愁的样子。

㉑寝寐：做梦。

㉒布奠：摆上祭品。倾觞：泼酒致祭。倾：倒。觞：酒杯。

㉓凶年：荒年。

㉔斯：此。

㉕守在四夷：四夷为帝王保卫疆土。

李华（约715—774），字遐叔，唐赞皇（今属河北省）人。少年旷达，于唐玄宗开元二十三年第进士，官监察御史，右补阙。安禄山攻陷长安后，曾授官。安史之乱平后，被贬，后又任检校吏部员外郎。秉公执法，为权佞所嫉，去官隐居于山阳（今江苏淮安）。原有文集，后散佚，今《李遐叔文集》为后人所辑。擅古文，与萧颖士同驰名文坛，世称

"萧李"。在唐初，六朝靡丽的文风依然盛行，他二人力排众议，极力主张恢复古文，实为韩柳古文运动的前驱。《新唐书·李华传》中说他"文辞绵丽，少宏杰气。颖士健爽自肆，时谓不及颖士，而华自疑过之，因作《吊古战场文》，极思研榷。已成，污为故书，杂置焚书之庋。他日，与颖士读之，称工。华问今谁可及，颖士曰：'君加精思，便能至矣。'华愕然而服。"

从文章的内容来看，李华对当时的社会现实，特别是统治阶级的连年开边征战是有深切感受的。他是反对战争的，但不是一味地反对，而是有他的具体政治主张。他认为，对于四境少数民族，应该行王道、施仁政、宣文教，采用睦邻政策，使夷夏和平相处、融为一体，以至达到"守在四夷"的目的，以消除残酷的战争。这是一种儒家思想的政治观和战争观，虽然有其局限性和简单化的弱点，但对当时广大人民来说，免受征战带来的种种痛苦，促进社会的平静和安定，还是有一定的积极意义的。

从内容的结构上看，此赋可以分五部分。

第一自然段，先写古战场的凄凉情景，作者先不具体说明是什么处所，而是以深沉感叹的口气，用画龙点睛的表现方法。这样写，作者显然是经过严密的艺术构思和严格的安排与推敲的。作者先铺开场面，然后再浓笔描述，读者也就自然乐意接着读下文。这真可谓是惊人之笔啊！第二自然段，写战国以来人民征战戍边的苦状，揭示出所以征战不息的原因。本来，作者是可以紧接上文的描述，来直接抒发他凭吊古战场的思想感情的。可是，他不"直来直往"，而是使笔触放开，进而把读者引回到战国、秦汉那样兵荒马乱、征战频仍的年代里，用以自答上文末尾自问的三个问题。第三、四两个自然段，是本文的第三部分，作者集中、生动、具体地描绘了当年征战的激烈、残酷和悲惨。如果说，上一部分还只从纵的方面对战国以来的征战加以总追述,整个看来描述得还是比较简洁和笼统,那么,这一部分作者则是从横的方面加以生动、具体的渲染和描绘。他从"想"字上着笔,充分展开了联想和想象,把征战的激烈、残酷和悲惨的情境,逼真、深刻而精彩地描绘了出来。其中,想象、夸张、烘托、比拟等各种表现手法交互使用,字里行间充满着强烈而深厚的激情。淋漓尽致,活灵活现,使读者如闻如见,如临其境。第五自然段,作者又用"吾闻之"转托笔调和语气,再次追述战国以来边疆争战的情景。作者在具体描述时,以"汉"对比李牧,以"秦""汉"时比西周,并在对比中自然地提出自己的观点,使人一点也不感到任何突然或生硬,这也是很高明的一种表现方法。最后一段,是作者对征战士卒及其家属亲人的同情和哀悼,从而反映出征战给人民带来的悲伤和痛苦。在这一部分里,作者从人伦的角度,一连提出了五个问题,并加简要解释,提出了自己的政治主张"守在四夷",点明了全文的主旨。

这篇辞赋所以成为我国古代文学中的名篇,还在于它具有较高的艺术成就。全文紧紧围绕古战场行文,处处扣着"吊"字,叙事由隐而显,议论相间而出,抒情又融于叙事和说理之中。所以它处处动人,处处感人,使笔墨落到了实处。作者虽然反对六朝以来的靡丽文风,但却能成熟地运用六朝骈文中音律铿锵,对偶工整的特点来为自己的文体服务。我们诵读这篇赋作时,特别感到抑扬顿挫、铿锵有声,气脉流畅,跌宕起伏,节奏分明,韵味隽永,富有一种音乐美的享受。在具体的描述抒写中,时而夸张、想象,时而设喻、铺彩,时而设问、反诘,时而对仗、排比,各种艺术手段间错使用,分外增强了文章的生动性和感染力,从而博得了读者的喜爱和传诵。该文气势浑厚、雄健,但又隐寓着慷慨悲凉的情调;语言鲜明、生动、有力,但又凝聚着深沉、哀伤和质重的色彩。整个行文,畅如大江东去,通顺流丽,但又不时出现了波折和起伏。系列的排比,工整的对偶和基本四言诗体的句式,加强了它的感情色彩、文章气势和表达效果，但在关节之处加上设问、反诘、感叹、提语以及四六对偶句式，又使行文特别错落多致，具有阴阳抑昂的韵味。层次、部分之间是用"吾闻夫""吾想夫"串联起来的，最后自问自答地点出主旨，更有一笔千钧的气势，多么像贾谊《过秦论》结语方式。就是以上这些手法和特点，形成了本文的气势、音乐美和感染力。以后杜牧的《阿房宫赋》在很多地方就学习了李华的这种表现艺术。

（题目为本次编选时所拟，原载于《历代词赋鉴赏辞典》，安徽文艺出版社，1992 年 8 月。该书商务印书馆国际有限公司于 2011 年 8 月修订重印）

谈《柳毅传》的写作艺术

《柳毅传》是唐传奇中优秀的小说之一。它的作者李朝威，是唐朝陇西郡（今甘肃陇西县）人。

小说写的是一个书生和龙女结婚的神异故事。龙女是洞庭龙君的女儿，嫁给泾河龙君的次子以后，丈夫"乐逸，为婢仆所惑"而厌弃她，公婆因袒护儿子而虐待她，致使她"风鬟雨鬓"、牧羊于荒郊。书生柳毅应试落榜，路遇于泾阳，非常同情她的遭遇，因而答应给她送信。洞庭君之弟钱塘君，暴烈刚勇，得知消息后，立即飞到泾河，吃掉了"无情郎"，救回了龙女。钱塘君非常感激柳毅，也敬佩他的高洁行为，但却在宴会上倨傲逼婚，因而遭到了柳毅的严词拒绝。柳毅回家后，先后娶妻张氏、韩氏，皆亡。后来娶的卢氏女，是龙女追随到人间变化的，因而夫妻间更加恩爱，生活非常幸福。最后，柳毅不仅富贵、长寿，而且成仙而去。故事曲折成趣，想象优美神奇，字里行间充满了浪漫主义色调。

作者表面上写的是龙宫水府，实质上反映的是社会现实。它暴露了封建婚姻制度给妇女造成的痛苦，也反映了广大人民群众反对封建制度、渴望婚姻自由和幸福生活的思想、感情。

在小说中，作者通过各种艺术手法，成功地塑造出了生动的人物形象。这些形象富有深厚的典型意义和现实意义，体现了作者对现实生活的爱憎感情和具体的评价。

柳毅是小说的主角，也是作者充分肯定的人物。作者抓住他在每一个场面里的言语和行动,着重展现他的思想感情和心理状态。他是个应试落第的书生,但不以功名为念。在还乡的路上,看到龙女"蛾脸不舒""牧羊道畔",就主动过来询问;当他知道龙女的不幸遭遇、听到龙女的恳切要求后,不仅极其同情,而且见义勇为,慷慨地答应给她送信,甚至自己也急得"气血俱动,恨无毛羽,不能奋飞"。他之所以这样做,当时并没有其他什么意念,只是因为看到了龙女的"枉抑憔悴",所以"诚有不平之气",因而急于"达君之冤"而"余无所及也"。送信龙宫,他受到所有人的热情礼遇和真诚感激,一再宴请他,馈赠他,他不是"撝退辞谢、俯仰唯唯""踧踖而受爵",就是"笑语四顾,愧揖不暇",毫无伐功之色。可见,他认为传书之举,是理所应当的。钱塘君的暴烈、刚勇,他是知道的。但当钱塘君在宴会上逼婚,并出言不恭时,他却"以操真为志尚",毫不畏惧。他认为,钱塘君"唯理有不可直",如若"杀其婿而娶其妻",就违背自己仗义救人的心愿。因此,他当面直斥钱塘君"屡困如是",义正词严地拒了婚。但是,在离别的宴会上,他看到了龙女的"依然之容",自己也产生了爱慕的"叹恨之心",但"终以人事扼束",还是还乡另娶了。卢氏和他结婚后,他看卢氏就像龙女,因而有意识地与她"话昔",慢慢试探。直到龙女向他倾吐了真情后,他才笃诚、多情而炽热地表示:"从此以往,永奉欢好,心无纤虑",夫妻间更加恩爱起来。就这样,在故事发展的过程中,作者抓住了他的言语、行动和思想,细致入微地刻画他的心理活动,逐步地揭示他的精神世界,使他那真切、完美的形象,生动地呈现在读者面前。

柳毅这个形象,是封建社会正直书生的典型。他同情弱者,具有人道主义精神。他见义勇为,遵守信操,甚至不为自己打算,不顾自己的安危。他坚持真理,不为威武所屈。即使是死,也不伏心于强暴,表现了大丈夫的英雄气概。他忠厚、多情,也赤诚地爱着龙女。在这个有血肉、有感情的人物身上,作者寄托了自己的道德观念。作者让他最后得到富贵、长寿和幸福,显然是告诉人们:好人终得好报,仕途功名无须追求。柳毅虽然"应举下第"了,但他所得到的,却是王侯以至帝王所不及的。从这点上来说,也是作者对封建科举制度的否定和讽刺!

龙女的遭遇、行动和理想,也是封建社会广大妇女的遭遇、意愿和要求。作者在塑造这一形象时,除了用龙女自己的言语和行动表现她的思想、感情和性格外,还特别抓住她的情态变化和表现,进行描绘和烘托,用以表现她的心理和感情。有时甚至是略点几笔,也使人感到生动和逼真。她虽是龙宫贵主,但仍由父母之命,嫁到了泾川,并没有婚姻自由。丈夫厌薄她,公婆冷遇她,使她精神上受尽了折磨与摧残。她善良、多情,渴望自由和幸福,但"闺窗孺弱",孤苦伶仃,一时无力挣脱掉封建婚姻制和封建家长制给她的束缚,致使她悲愁交极、牧羊荒郊。这时,作者简洁地描写她"蛾脸不舒、巾袖无光、凝听翔立、若有所伺"的情态,就逼真地表现了她忍受着无限精神痛苦而期望得以解脱的心情。当她被解救回宫时,作者不仅描写她"自然蛾眉,明珰满身",而且描绘她"若喜若悲,零泪如丝"。这不仅形象地显示了她龙宫贵主的身份,而且细致地表现了她痛定思痛、乍回欣欢的复杂心情。柳毅在荒郊答应给她送信,她万分感激,重重嘱托,悲愁交极,苦不自胜;柳毅拒婚回乡,她"当面拜毅以致谢",面有"依然之容"。这些都又细致地展现了她对柳毅既产生了爱慕之情而又欲吐不得的复杂心情。为了报答柳毅的恩德,为了追求理想的爱情生活,她拒绝了父母让她再嫁濯锦小儿的命令,一直追随到人间,化为卢氏,经过长期的等待和曲折的道路,最后才与柳毅结成夫妇。婚后,她虽然表面上"逸艳丰厚",但内心里一直是愁惧煎炽。她怕柳毅并不真心爱她,也怕因为自己是属于"他类"而引起柳毅的怀疑,因此一直隐瞒在心,不说自己的真象。柳毅虽然发现了她类似龙女，并用"话昔"的方式试探她，她还用"人世岂有如是之理乎？然君与余有一子"之类的话来瞒闪过去。直到她生了孩子，才敢说出自己的真象。这时，作者不仅描写了她"呜咽，涕泣交下"的情态，而且让她细致地表白了自己思想、感情的发展过程，悲痛地提出了"因君爱子，以托相生"的希望。在柳毅说出"永奉欢好，心无纤虑"的诺言后，作者又重新描绘了她"深感娇泣，良久不已"的表情。通过这样一系列的心理刻画和细节描绘，就把一个善良、多情、柔顺的龙女形象，表现得真切无比了。

龙女的形象，是封建社会广大妇女的缩影。在她身上，体现了妇女们的命运，也表现了她们的思想、愿望和品德。作者通过这一艺术形象，既表现了他对男女爱情生活的热切憧憬，也反映了他对封建婚姻制度的否定。

钱塘君的形象，更为鲜明和突出。在塑造这一形象时，作者运用了漫画式的夸张手法，创造了典型而紧张的场面，用以更好地突现人物性格。钱塘君还没出场，作者就先通过洞庭君的嘴作了侧面的描述："须臾，宫中皆恸哭。君惊谓左右曰：'疾告宫中，无使有声，恐钱塘所知。'毅曰：'钱塘，何人也？'曰：'寡人之爱弟。……'毅曰：'何故不使知？'曰：'以其勇过人耳。昔尧遭洪水九年者，乃此子一怒也！近与天将失意，塞其五山……'"（《太平广记》卷四一九）这就突现了钱塘君的性格特点：暴烈刚勇。当他听到侄女受辱的消息后，更是翻江倒海（"语未毕，而大声忽发，天坼地裂，宫殿摆簸，云烟沸涌……"）寥寥几笔，有夸张，有描述，有衬托，就把钱塘君"刚肠激发"、性烈如火、咤惊天地、暴戾可畏的性格、姿态和行为，有形、有色、有音响地表现出来了。同时，作者还描绘了钱塘君性格的另一面：直朴、坦率和豪爽。表面上看来，他的性格非常矛盾。但作者正是通过这种既矛盾又统一的性格刻画，显示出他鲜明、突出的个性特征，使读者产生了深刻的印象。他有不少缺点，但就作者笔触点染之处来看，却始终使人感到可爱！他象征着暴力，没有这种暴力，就不可能砸碎套在青年男女身上的封建枷锁！

通过对话，体现人物的不同性格特点，以便更好地刻画人物的形象，也是本篇的成功之处。作品写钱塘君破阵回来后，洞庭君和他的一段对话，简短、急促，惟妙惟肖地表现他们不同的语气、心情和性格：钱塘君的暴烈、刚强而又粗直，洞庭君的和蔼、慈祥而又持重。柳毅和龙女婚后的一段对话，也写得非常生动、活泼、细致。夫妻间娓娓而谈，话情叙别，深切微妙地各自倾吐自己的思想发展过程和心理活动情况，使我们如闻其声，如知其情，如见其人！龙女一往情深的细腻心理，随着柳毅一言一行而萦绕、转动的思想状态，写得更加真切感人。

作家通过形象鲜明、性格突出的人物言行和相互的关系，组成了生动的故事情节，描绘出了一幅现实生活的生动画面，反映出了蕴藏在现实生活中的美和丑，表现出了作家自己爱憎分明的思想感情。但是，作者在塑造这些人物形象时，并没有超脱时代和现实的特点，相反，都把他们深置于现实生活的土壤里，赋予他们时代气息和生活血肉，使他们成为真实的人物。钱塘君在宴请柳毅时所唱的"此不当妇兮，彼不当夫"两句，已指出龙女受辱是由于封建婚姻制度的"不当"。但洞庭君一方面悲痛女儿受苦，一方面仍用命令的方式让她改嫁；钱塘君一方面义愤填膺地把龙女救回，一方面又强迫柳毅娶她。即使是渴望婚姻自由的龙女也不例外。她爱慕柳毅，追随到人间，以至化为卢氏女和柳毅结合了，还是提心吊胆。直到有了孩子，还说出"妇人匪薄，不足以确厚永心""勿以他类，遂为无心"的话来，并希望借着孩子来维系和巩固自己和丈夫的爱情。这些，固然显示出封建制度、封建思想在人们头脑里根深蒂固，影响深远，以至连作者也受其局限；另一方面,也只有这样,才能使读者感到他们不是空想中的"神灵",而是现实生活中有血、有肉、有时代气息的人。因此,这篇小说虽然写的是神异故事,但处处却饱含着深刻的社会意义和现实意义,富有浓厚的现实主义精神。

在故事情节的提炼、处理上,由于作者运用了精巧的构思,组织、剪裁更富有特色。小说安排了两个主要矛盾,一个是龙女与泾川次子婚姻关系的矛盾,一个是柳毅和龙女婚姻关系的矛盾。两个主要矛盾中,反抗不合理的婚姻制度、渴求自由的婚姻生活,就像一条红线一样,贯穿始终,驾驭着矛盾的发展。作者在描写这一故事时,没有正面叙写作品所否定的人物,没有让泾川龙君与其次子和读者直接见面。龙女和他们的矛盾,都是通过龙女的叙述而侧面表现出来的。柳毅和龙女的偶然相遇,是故事的开端。接着作者就让故事跟着柳毅的行动而发展。洞庭送信,钱塘救女,第一个矛盾似乎解决了,但作者却又巧妙地安排了宴会逼婚的情节,把故事自然地引入了第二个矛盾,并继续推向高潮。柳毅的严词拒婚,似乎第二个矛盾又发展到了顶点,甚至使人感到不能再向前发展了。但作者又巧妙地安排了龙女化为卢氏,终与柳毅结成夫妇的情节,并使人物开始了新的生活,从而才解决了第二个矛盾(最后一段,虽不属于故事情节之内,但它以"跋"文的形式,却进一步加深了主题的思想意义,仍是小说的有机组成部分)。因此,第一个矛盾,是第二个矛盾发展的基础;第二个矛盾,是第一个矛盾发展的结果。钱塘君是第一个矛盾的解决者,又是第二个矛盾的制造者;柳毅把第一个矛盾推向高潮,又把第二个矛盾推向高潮,最后龙女又把第二个矛盾推向解决。在描述第一个矛盾时,作者有意地让柳毅说出"他日归洞庭,幸勿相避"的话,为以后描述第二个矛盾埋下了伏线;在描述柳毅拒婚回乡时,作者又有意地说他"殊有叹恨之心",又为以后继续发展故事情节埋下了伏线。故事情节曲折起伏,矛盾冲突环环相扣,不仅合情合理,而且意趣横生。可见,作者不经过一番劳神默思、苦心经营的功夫,是达不到这么高的艺术成就的。

正因《柳毅传》在思想上有深刻的社会意义,在写作上有较高的艺术成就,所以千多年来一直广为流传,并直接影响着后代的文学创作。元代尚仲贤的杂剧《柳毅传书》、李好古的《张生煮海》,明代许自昌的《橘浦记》传奇、黄说仲的《龙箫记》传奇,清代李渔的《蜃中楼》、蒲松龄《聊斋志异》中的《西湖主》以及近人改编的评剧《张羽煮海》等等,都直接利用或演化了这个故事。今天,我们发展和繁荣社会主义的文学艺术,它仍有很多值得我们借鉴的地方。

当然,由于时代和阶级的局限,在这篇小说中,作者过多地宣扬了报恩思想,过多地宣扬了财富,并把幸福生活寄托于长寿和成仙上,致使主人公最后离开了现实斗争等等,都属于落后性一面的,需要我们加以分析和批判。

(原载于《甘肃文艺》1979 年 9 月)

引人入胜，发人深思

——读《胭脂》

　　《胭脂》[1] 这篇小说，在蒲松龄的《聊斋志异》中是大家比较熟悉的篇章之一。它虽然只有短短的三千多字，但它那鲜明的形象、细致的描写和曲折精巧、引人入胜的故事情节，却赢得了读者的喜爱。它那深厚的思想内容，也启发着读者的深思。

　　这篇小说，叙写了一个封建官吏判案的著名故事。作者在叙写这个故事时，对于情节的提炼和安排，是费了一番艺术匠心的。整篇小说的故事情节，可分为前后两大部分。前半部，主要叙述这件案情发生的来龙去脉、前因后果；后半部，主要叙写县府官吏判案的具体情况、过程和结果。整个故事情节的发展，曲折迭起，精巧奇异，而且真实自然、合情合理。

　　案情的发生与发展，都是建立在偶然性基础上的。但故事情节发展的每一个过程，都具有它内在的必然性。卞胭脂在一个偶然的机遇里看到鄂秋隼，见他"丰姿甚都"，自己又"及笄未字"，因而产生爱慕的情思，是自然的，是合乎人之常情的。王氏"佻脱善谑"，看到这种情景，有意进行挑逗，并主动提出与之"寄语"、撮合，也是自然的，合情合理的。王氏的话，本来是一种戏逗之言，但对于情窦初开、纯真无邪的年轻姑娘来说，却信以为真，因而"数日无耗"，就"渐废饮食、寝疾

---

　　① [清] 蒲松龄著，张友鹤辑校：《〈聊斋志异〉会校会注会评本》卷10，中华书局，1962年，第1367页。

愦顿"。王氏与宿介"稚齿交合",本来是以"述女言为戏",但宿介"放纵无行",听了以后,却另生邪念,因而假托鄂生,逾垣叩窗,找胭脂狂暴求欢,也完全是他思想、情感、品德和性格的必然表现。当他遭到胭脂的婉言谢绝时,他"苦求一握纤腕为信";当胭脂"不忍过拒,力疾启扉"时,他却"遽入,即抱求欢";当胭脂意识到"必非鄂郎"时,他"恐假迹败露",却"捉足解绣履而出"。简洁几笔,波澜横生,活画出了宿介这个流氓无赖的形象,又描写得极其真实、自然和生动。宿介再"投宿王所"时,不意将绣鞋丢失。"尝挑王氏不得",想要"掩执"威胁王氏的浪荡子毛大,却偶然拾到了绣鞋。当他"闻宿自述甚悉"以后,"抽身而出",也假冒鄂生,妄图去诱奸胭脂。但由于"门户不悉",结果"误诣翁舍",于是发生了一场"人命关天"的诉讼案件。这样写来,案情由一个偶然事件引起,一步一步、一层一层地逐渐向纵深方面真实自然、合情合理地发展,以至把故事情节曲折迂回地推向高潮,使矛盾上升到了非常错综、复杂和尖锐的程度,紧紧地扣住了读者随之步步跳动的心弦,具有强烈的感染力和吸引力。

案情的审判和解决,作者仍不是采取单刀直入,快刀斩麻的表现方法,而是采取了迂回曲折,逐步解决的手段,继续把故事情节向前推进,使矛盾继续向错综复杂的方面发展,以致使案件的判决两次出现冤外有冤、假中有假的精巧、曲折的情节,紧紧地吸引着读者。邑宰判案,仅仅根据女方的申诉,"拘鄂"后"横加梏械",加上鄂生"谨讷""羞涩""战栗""上堂不知置词",更使邑宰"益信其情真"。这时的胭脂,因为不知内情,当然"相遭""诟詈";这时的鄂生,简直是"祸自天来",再加"不堪痛楚",当然也只有"结舌不能自伸"地"诬服"了。表面上看来,一场人命关天的案件,"往来复讯,经数官无异词",似乎已经解决了。但作者有意隐下王氏这一线索,使判案产生冤假。济南知府吴南岱"复案"时,发现此案的冤假,在"使人从容私问之"的过程中,

"益知鄂生"的冤枉，因而从鄂生口中引出王氏，在王氏的口供中又引出宿介。宿介在"严械"逼供下，"不任凌藉"，于是加以"自承"。这样，一场人命关天的案件又似乎解决了，比起邑宰的判决来，当然也使鄂生之冤得解了。所以，"招成报上，无不称吴公之神。铁案如山，宿遂延颈以待秋决矣"！但是在事实上，这样判决依然假中有假、冤外有冤，因此作者又写出施愚山的判案来。施愚山接到宿介的申诉后，"反复凝思"，发现了宿介的冤屈，因而从王氏的身上，继续扩大线索，找出了"屡挑"王氏的某甲、某乙等等，并把他们集中起来，利用人们的迷信、愚昧的思想和心理，巧妙地把嫌疑犯们放置在"悉障殿窗"的城隍庙里，使他们"括发""袒背""面壁勿动"，假托"神"的威力，寻找真正的犯人。事先，施愚山使人"以灰涂壁"；受审前，又暗暗地让犯人们以"烟煤濯其手"，真正的杀人犯心里恐惧，"恐神来书"，于是"匿背于壁""以手护背"，结果自己暴露了自己，使施愚山得以查出了真正的罪犯毛大。施愚山这种"出奇制胜"的做法，使矛盾全然冰释，故事戛然而止，在当时的情况下，是机智的、巧妙的，也是合情合理的，不能不使读者拍手称赞作者艺术构思的精巧！最后的判决，是非分明，赏罚得当，也是大快人心的。宿介"放纵无行"，冒名骗奸，实为"有玷儒冠"，理应革去秀才身份，"开彼自新之路"；毛大"刁滑无籍"，意欲骗奸，误入翁舍，结果杀人逃脱，理应斩首偿命；至于胭脂、鄂生，相互已"眷恋""爱慕"，判决"邑宰为之委禽"，使他们结为夫妇，也是成全了一件美事。这样，本来是三个互不关联的判案情节，却在整个判案故事的发展过程中，内在地、有机地纽组联起来，一个比一个深入，一层比一层奇异，使作者毫无仓促收笔之感！

由此看来，作者在提炼、安排和叙写这一公案故事时，是能抓住故事情节的内在联系和读者的心理要求的。前半部，故事情节一步扣紧一步，步步巧妙地发展，至杀死卜翁已达高潮；后半部，三个故事情节,一步紧跟一步,步步巧妙地发展,至施愚山判案,又进入另一个高潮。最后,用神判案,全局为之了结,可谓"神思之笔"。整个故事情节的发展,真如连峰叠嶂、波浪推移,不平板,不呆滞,处处引人入胜。

故事情节的曲折、精巧、奇异,是这篇小说的艺术特点。作者在构思、提炼和安排整个故事情节时,充分把握住了有关人物的思想、感情和性格,尽量用人物的语言、行动,去编织故事,突现情节。因此,在整个故事情节的发展过程中,作者没有过多地进行人物形貌的描绘和思想性格的刻画,而人物形象却一个一个栩栩如生地展现在读者面前,从而更加丰富了故事情节的深厚内容,增添了故事情节的生活血肉。从这一点来说,这篇小说的艺术创造也是成功的。

在这篇小说里,作者通过上述曲折迭起、波澜成趣的故事情节,反映了封建社会不良的社会风气,揭露了封建社会中各级官吏的昏聩、腐败、无能和凶残。这些官吏在审理案件时,不审情度理,不调查研究,不掌握可靠的人证物证,而只凭主观推测、想象,一味逼供信,搞屈打成招。这样,当然会使真正狡猾的凶手有可能逍遥法外,而使一些嫌疑犯、犯罪未遂犯,以至无辜者含冤莫白,甚至造成一种冤外有冤、假中有假的离奇错误。当然,这个案件,最后的结局是申冤雪屈,审出了真情的。但在那个时代,这只是极个别、极偶然的现象。所以作者在结语中说:"世之居民上者,棋局消日,绸被放衙,下情民艰,更不肯一劳方寸。至鼓动衙开,巍然高坐,彼哓哓者,直以桎梏静之,何怪覆盆之下多沉冤哉!"并恳切地指出,在审理案件时,如不调查研究,"审思研察",也会出现冤外之冤、假中之假的。因而作者几乎是大声疾呼地说:"甚哉!听讼之不可不慎也!"

作者所描述的判案事件,所表明的写作思想,给予我们很多有益的启示,发人深思。邑宰所以错判了鄂生,就是因为轻信了女方的申诉,不去认真地调查分析,他认为鄂生"谨讷""羞涩""骇绝""战栗"和

"不知置词"是"畏罪"的表现，因而相信了由于"横加桎梏"而产生的"诬服"。致使鄂生虽"冤气填塞"，在"不堪痛楚"的状况下而"结舌不能自伸"。真是"一念之忽差毫厘，毫厘之差谬千里"（谢觉哉题辞中语），致使好人受刑，坏人逍遥法外了。吴南岱"复案"，虽然平了鄂生的冤狱，也是凭自己的主观意念判断。他"一见鄂生，疑不类杀人者"，似乎杀人犯脸上都有标志。他虽然通过审问、对证，查出了宿介的犯罪行为，但仍采取屈打成招的一贯手段，迫使宿介在"不任凌藉"的情况下"遂以自承"，把嫌疑犯当成了真正的杀人犯，甚至差点冤枉了一条人命！即使是能够公断真假是非的施愚山，也不是通过"审思研察"判案的。他在复杂、错综、曲折的案情面前，也只能靠一种迷信的心理和"神"的力量来解决矛盾。今天我们读了这篇小说，不仅更具体、深切地感受到了作者的写作意图和作品的思想意义，而且也给了我们以"启智纠偏"的教育作用。

应该指出，这篇小说也有它一些不足之处。作者在叙写这一故事时，由于集中力量在情节的提炼和安排上，相对地忽视了对人物作更深入、更细致、更具体的刻画和描写。前半部的几个主要情节，完全出于偶然巧合；后半部的几个主要情节，也互不连接，这在某种程度上，都限制了更深入、更广阔地反映社会现实。最后一段冗长的判词，采用了一种"四六"文体，几乎通篇对偶，句句用典，当然不无卖弄渊博知识，玩弄华美文辞之嫌，反而减弱了作品的感染力和教育作用。特别在字里行间，流露出品花评柳、嬉笑胭脂的情调，正是封建知识分子局限性的表现。这都要我们阅读时加以分析鉴别的！

借用《胭脂》的故事情节和主题思想，改编成为戏曲搬上舞台的剧目是不少的。浙江越剧团改编的越剧《胭脂》，保持了原小说中的优秀成分，弥补了小说的不足之处，进一步深化了小说原有的主题思想，早在十七八年前，就博得了观众的好评；最近重新演出，更取得了较好的成果。它在艺术创造上，为我们提供了"古为今用""推陈出新"等方面的有益启示，值得我们进一步地学习和研究！

（原载于《甘肃文艺》1979 年 10 月）

回忆高亨先生对我的指导

高亨先生逝世两年多了,我十分怀念他。每当回忆起先生对我的教诲和帮助,我的心情就特别激动,种种往事就自然地浮现在眼前了。

1952年9月,我考入山东大学中文系学习。第二年3月我开始担任我们班的班长。一天,系主任高兰教授告诉我们说:"最近我们系从东北请来了一位教授,高晋生高亨先生,是专门研究先秦文史的,是一位老庄专家,下学期可能先给你们班上《中国文学史》。"我回来给同学们讲了。东北籍的关克伦同学马上插嘴说:"我知道,是高亨教授,在东北可有名气哩!他的学生都说他的学问大着哩!"大家听说,当然十分高兴,自然就殷切地盼望先生能早日给我们上课。学生,哪一个不希望名教授给自己上课呢?

是年暑假后,我们进入了二年级,先生果然来给我们上课了。那天他走进教室,态度非常严肃,又使人感到十分慈祥。整个教室里非常安静,先生几乎没有一句闲话,既不"自我介绍",又没"前言序语",一开讲就马上进入了"正题"。他语音稳重,声调爽朗,语句简洁,条理清楚,深入浅出,不快不慢,几乎字字句句都能送入我们耳朵里。遇有生僻的词语或艰深的引文时,他立即写在黑板上,或逐字逐句地解释,或设喻取譬地论述,化艰深为平易,使我们如同云开冰释,因而很快地就把我们吸引着了,课堂效果极好,他的每节课都好像一会儿就过去了。因此,先生的课都愿意听,都愿意记,几乎从没有人迟到或缺课。至今 30 多年了,他当时课堂上的音容笑貌,甚至一些词语、语调,很多同学依然还记得清清楚楚,如在昨日。

整个大学阶段,先生除了讲授《中国文学史》中的先秦文学和秦汉文学的主要章节外,还给我们开设了专题课《诗经研究》,在选修性质的"专题讲座"中讲授了《〈老子〉的作者问题》。先生的教学,始终是严肃认真、精神饱满的。他当时已 50 多岁了。家住在校外,子女多,负担重,生活和身体都不怎么好,可是他从来没有迟到过,也没有因事因病请过假,课程计划规定多少课时,他都完完整整地上完多少课时。课后辅导,或找他请教问题,他极为耐心细致,或讲解,或解答,始终都是循循善诱,多方论述,直到你明白为止,像父母对待子女一样和善,从不责怪同学,或有意反诘同学使同学尴尬为难。平时留给同学们的复习题或布置的作业,只要交给他审阅,他都一一仔细地进行批改,从字词、论述到标点都不放过,多数还根据作业存在的主要优缺点在最后写上批语。至今,他给我批改过的作业我还有存留,每次拿出来展读,就是一次生动的教育和有力的鞭策。先生认真负责的教学态度对我们是深刻的教育,也经常鞭策着我去如何教好自己的学生。正因为先生这样认真负责、始终如一地诲人不倦,所以他的教学,从教材到讲授,始终都受到同学们的欢迎和好评。当时他是同学们爱戴和崇敬的教授之一,也是当时山东大学以至全国著名的教授之一。

可惜的是,我大学期间的学习兴趣主要在现代文学方面,特别喜爱现代诗歌和现代小说,课余爱好写作,因此课外时间很少单独向先生请教先秦文学、哲学及文字音韵方面的问题。说真的,他当时的名著《老子正诂》《周易古经今注》我也没有认真读过。现在回想起来,实在有些后悔莫及,使自己没能更多地学到先生的知识和学问。

1956 年暑假,我大学毕业,领导上分配我留校攻读中国文学史专业的研究生。大概因为我大学期间的学年论文和毕业论文分别写的是《韩非子寓言》和《古代神话研究》，所以还具体规划了我的攻读方向就是跟高亨教授学习先秦文学。我当时思想很矛盾，一方面知道先生学识渊博、一贯认真负责，是我敬爱的师长之一，跟他定能得到很大的教益；一方面又感到自己大学期间对古代文学下功夫不够，学习先秦文学的知识基础单薄，怕学习不好辜负了组织和领导上的培养和期望。这情况不知怎么被先生知道了。有一天，他把我叫到家中，这是我第一次到他家，他慈祥、耐心而又细致地询问我的情况，然后认真而又亲切地向我说："你的情况我向组织上和其他先生们了解过，你有条件学习好先秦文学。"接着讲了很多劝勉、鼓励的话，并从各个方面分析了学习先秦文学对研究整个中国古代文学、整理中国古代典籍的重大意义，一方面表示一定认真教导我，一方面教导我要高兴地服从组织分配。大半个下午，句句语语充满了关心、爱护、鼓励和劝勉，使我极受感动，于是也就安心、决心跟先生学习这一专业了。正是先生的这一次"专业思想教育"，才使我走上了一生要以中国古代文学的教学和研究去为人民服务的道路。

当时，和我一起跟先生学习的，有副博士研究生颜学孔、刚留系任助教的董治安、郑州大学进修教师曾炽海以及系秘书孟广来诸同志。我们五人，在系的领导下，根据培养目标的要求，首先由先生制订培养计划，然后，根据培养计划的要求各自写出自己的学习计划。我们的专业课程，由先生讲授和指导，他要求我们每周一次或两次到他家中面授，或讲解，或答疑，或师生共同讨论。先生的面授和指导，完全是按计划进行的，每次到他家之前，他都认真做了准备，写好了重点，所以一到他家，桌凳早已摆好，所需要的参考书也早已整齐地放在书桌上，还给我们准备了茶水。每次面授，既严肃，又亲切，师生之间、同学之间的关系也极为融洽、亲密。有时他讲述、我们记，也有时让我们提问、他解答，遇到有什么疑难问题，就翻工具书、参考书，共同讨论,边说边议,形式非常灵活。先生查材料,翻工具书,又快又准,经常见他查一条材料,找某一个字词的解释,往往是一本厚书一翻就是,或只差三两页,那熟练的程度,使我们不禁暗自惊讶和敬佩。他案边常放的工具书是《经籍籑诂》和《说文通训定声》,还有一部陆德明的《经典释文》。为了使我们会用工具书,他叫我们掌握诗韵106韵,但"定声"是按古韵十八部排列的,我们一时掌握不住,他就具体指导我们编写了《说文通训定声检字索引》。因此,先生每次的面授,使我们感到既是知识的传授,又是学术的训练,在他的培育下,就是一种陶冶性的享受。

先生对我们的培养、指导,一贯特别重视基础知识的教育和基本功能的训练,反复强调要我们阅读原书和原著,决不让我们满足于近现代人的选编、新注和分析论述上。学习先秦文学,要有较好的古汉语基础,他除了亲自讲授《文字形义学》外,还请历史系的先生给我讲授了《甲骨文和金文》,让我专跟殷孟伦教授学习《音韵学》和《训诂学》,旁听殷先生的《尔雅研究》课。在先秦古籍方面,他列出计划,指导我们一部一部逐部阅读,并逐部给我们做了"解题",指出它们在编写、体制、思想以及研究等方面的主要问题,并摘出其中重要篇章进行示范性的讲授。这样,使我们先后学习了《论语》《孟子》《老子》《庄子》《墨子》《荀子》《韩非子》《周易》《尚书》《左传》《诗经》《楚辞》等等,使我们对先秦经学、史学、哲学、文学都有一个基本概括的了解和掌握。并在讲授的基础上,我们通读全书,做出了一些学习笔记或札记。为了训练我们的基本功,他还要我们在自学的基础上,广泛地参阅前人的有关注释、解说、论述和研究成果,自作新注和论述,从中间下己意,写出书面材料,向他汇报,或请他审阅,以培养我们独立阅读、分析和研究的能力。比如《诗经》,除了他重点讲授的以外,还把当时他的《诗经选注》(五十年代出版社)、余冠英的《诗经选》指作参考,列出十几部古人注述作为必读书目，让我们逐字逐句逐章逐篇地注释、分析了 60 篇；在集中辅导时各自发言讲解。或相互讨论，再由先生定夺、品评和复述。《楚辞》中的屈原作品，也几乎这样过了一遍。《庄子》33 篇，先生先后选讲了各种类型的文章 12 篇，另外 21 篇全由我们分头重新注出，并写出了题解和分析。说真的，当时这样一本书一本书地"过"，有时感到单调和枯燥，年轻人喜欢理论，总觉得有些不过瘾。事后我们才逐渐明白，不这样做，坚实的基础是永远打不牢固的。

先生教学，极端重视字词句的解释和理解，一再要求我们要一字一词、一事一典下功夫，反对我们作品还未读懂就空发议论。他对前人的注释和论述，始终是是者从之，非者弃之，有异说者辨而定之，多有抛弃前人旧说、另辟蹊径的新说和创见，表现了在继承中前进的严谨的治学精神。因此，他要求我们也是如此，他常说："光学李善注《文选》不行，要学王国维先生治古代文史"；"清代朴学家的成就是大的，但我们今天要学、赶、超"。当我们有了一定的基础之后，他又进一步引导我们向纵深方面发展，一再向我们讲述治学中"博"与"约"的关系。他说："博而不约，驳杂；约而不博，空泛。只有在博的基础上的约，约才有广泛坚实的基础；只有用约驾驭博，约才能更深厚、更系统、从而上升到规律和理论的高度。"他反对我们过早地偏于某一个方面，甚至专门研究一些偏、怪、难的问题，为写文章而写文章；有时又指导我们就一两部分，或一两个大问题进行深入的开掘和研究，让我们"一经通、百经备"。平时，还经常教导我们如何发现问题，发现了问题如何思考，如何查阅资料，如何解决，如何对待前人成果，如何使用工具书，等等，使我们不仅学到了知识，扩大了视野，端正了治学态度，而且也学到了很多有益的治学方法。

先生的治学，既继承了清代朴学的优良传统，又接受了新民主主义革命以来新理论、新方法,因而能对所谓国学有所发展和开拓。他精通文字、音韵、训诂和考据之学,很多艰深纷乱而难懂的先秦典籍,诸如《周易》《老子》《墨经》《商君书》《周易大传》等等,经过先生的训释和整理,就使我们感到简明易晓,理顺条贯。同时,先生精于先秦诸子哲学思想的研究,经过他一定理论高度的分析和探讨,也使我们很快地掌握住他们的思想实质,大有纲举目张之效。新中国成立以来,先生努力学习马克思列宁主义,并认真地运用于自己的教学和研究中去。他特别强调社会时代的分析,并运用阶级分析的方法来研究作家和作品,虽然诸如《诗经》中《陈风·月出》《王风·君子于役》等诗篇的分析遭到一些学者的异论,但他坚持运用马列主义进行研究的进取精神,还是可贵的。虽然今天的社会科学的研究,从理论到方法都有了飞跃的发展,先生的研究还没能达到从宏观的高度和总体把握中去进行多层次、多角度的理论阐述,但他在先秦文史研究上的贡献,仍然是巨大的,至今对我们仍具有指导意义,我们整理和研究中国古籍的人,应该学习和继承先生的成就和方法,并在此基础上进一步发展。

先生是国内著名的教授和专家,教学严肃认真,治学一丝不苟,而对人又特别能严以律己、宽以待人,对后辈更善于引导,做到了诲人不倦。我们五个学生,平时视他为家里人一样,极为亲切、和善,我们有什么缺点和不足,总是多鼓励、多劝勉、多引导,很少批评和斥责。但我们在讨论问题时,如果谁发表了不太切合实际的见解,或者无根据地空发了议论,他却从不放过,不是说:"有什么根据?"就是说:"你拿出证据来!"因此,有时我们很怕先生提出这样的问题,为了找出个"证据",常害得我们得翻几天资料。有时面授时间长了,先生还给我们每人倒杯茶,或叫我们自斟自饮,我和治安年纪小,还有些拘束,只有大师兄颜学孔大声喧笑,喝个不停,也说个不停,甚至把唾沫星子都喷到先生面前,先生也只笑笑而已。有时面授时间晚了,回校赶不上吃饭,先生就叫我们在他家"便餐",我记得一次是馒头蘸白糖,一次是一个大菜,每人一碗汤,桌上放了一大筐馒头。先生当时是七八口之家,只靠他一人的经济收入维持生活,可看出家中生活是十分艰苦的。有时晚上面授,结束时间晚了,宿舍周围没有路灯,先生就让师母或孩子们打着灯笼或手电送我们到大路上。跟先生学习,使我们倍感亲切和温暖,彼情彼景,至今犹在我的眼前。

在跟先生学习的过程中,我们深深感到先生特别善于处理教学和科研的关系问题,他也告诉过我们:"教学、科研相互为用,既提高了教学质量,又出了科研成果。"我多次看到,先生除了备课、写讲义、讲课之外,总是认真读书,伏案写作,刻苦努力,孜孜不倦,甚至是不分冬暑、夜以继日地勤奋著述,即将由齐鲁书社出版的150多万字的大型工具书《古字通假汇典》,三十多年前就是先生、甚至动员上师母、孩子们一页页抄录、一条条核对,经过一二十年艰苦拼搏而编写出来的。当时和后来出版的《诗经选注》《楚辞选》(合作)《文字形义学概论》《墨经校诠》《周易古经今注》《周易大传今注》《诗经今注》《老子正诂》《老子注译》《文史述林》等等,都是在一边进行繁重的教学、一边进行刻苦的写作或修订而产生出来的,有时原来就是我们的教材或讲义。先生就是这样刻苦努力地给我们传授了知识,并留下了总计600多万字的精神财富。

根据当时的研究培养计划,我除了跟先生攻读先秦文史典籍外,还要参加本科生基础课《中国文学史(一)》、选修课《楚辞研究》的听课。当时,这两课程的主讲教师是高亨先生和黄孝纾(公渚)教授,用以加强我对先秦文学的再认识、再理解,以达到对它更进一步的全面了解和掌握。除此之外,还要参加一定的教学实践活动,具体担任《中国文学史(一)》课外辅导、答疑和批改作业,组织该课的课堂讨论,同时我和助教董治安同志还分别担任了学生的班主任，辅导十名越南留学生的中国古代文学。这些工作，除了按照系里的统一领导，布置进行外，具体的业务工作都是在高先生的指导下进行的。先生对这样的事情也非常认真负责，对我指导极为耐心细致，始终把它看作是培养研究生和助教的重要内容之一。有一次，先生让我组织一次《古代神话》的课堂讨论，事先出了讨论题，并一再叮咛我说："要引导同学们独立思考；要启发他们从历史学和文学理论的角度加以分析和探讨；要让他们各抒己见，百家争鸣，即使说错了也比死记硬背老师的讲稿好；要多多予同学们以鼓励。"事实确实这样，先生几次都说："做教师不能以自己的讲授为标准来衡量学习成绩的好坏。"又有一次，先生让我在辅导时间里给学生试讲一篇《诗经·大雅·生民》，要我及早准备，并说要把我准备的情况事先查看一下。说真的，我当时很紧张，没教过书，心中无数，所以大概用了四五天的时间认真准备着，几乎参阅了所有前人的有关注释和论述，并翻阅了有关原始社会意识形态、古代神话传说等方面的著作和研究文章，然后写出了讲授要点和讲稿，去向先生汇报。先生听得很认真，从字词、篇章到分析，都一一让我详细向他讲述，并问了问哪些是重点要讲的，哪些是难点必须着重分析清楚的。汇报结束后，他笑了笑，也不说行，也不说不行，只说："我看用一个课时讲完它，另一课时再把《公刘》《緜》《皇矣》《大明》等说一说，使同学们对这组'周部族史诗'有所了解，引导他们继续钻研。"并说："准备好了，再给我说一下吧！"当时，真不知先生葫芦里装了什么药，不仅对《生民》未加可否，反而一下子又增加了四倍的任务，回到自己宿舍，只好开夜车准备了。哪知我再次到先生那里汇报时，先生只粗略地翻了一下我准备的材料，就说："就这样吧！把你'难'了一阵子。所以这样，一是要看一下你能不能独立钻研、独立工作；一是要看你治学能否虚心、有无耐心。你想，讲《生民》光准备这一篇不行,到时候学生提到这一组史诗时怎么办?给学生一杯水,你可得有一桶水。"听后,我恍然大悟,先生是在培育我、考查我,既教我如何治学,又教我如何教书,真是一次最生动、最深刻的"教学实习"和"教学训练"啊!

当时的文科教学,大部分是没有统一教材的,全靠教师自编讲义和讲稿,学生上课记笔记,课后参考有关资料进行复习、领会或深化,师生双方都是负担不轻的。先生多次讲授先秦文史方面的基础课和专题课,对各种典籍是极其熟悉的,很多篇章几乎都能出口成诵。但先生每次上课,总是认真备课,哪怕是第三次、第四次重复讲授同一课程,他还是不断地对讲稿进行修订或重写,因而每讲一次,就有一次新的充实和提高,教材内容也更加丰富和完整。他不止一次地说:"作为教师,教好学生是最大的职责,也是最大的安慰。要教好学生,就首先要自己学好,把要讲的东西研究透彻,囫囵吞枣,自己还不明白的东西,怎么能教好学生。因为学术不断发展,教学也应该不断地反映新成果,有人一本讲稿用多少年、用一辈子,怎么能行!我每次讲课,都感到有一次提高。我这么大年纪了,仍把教学看作是督促我学习的外力。在教中学呀!"又说:"教学要前进,科学要发展,学生应该超过老师。"这些,先生简直是向我们进行职业道德的教育了。他是这样说的,也是这样做的,从我所保存的他1953年的讲课笔记和1956年的讲课笔记对比来看,后者显然是前者的修订或重写,无论从章节安排上看,还是从教材内容上看,后者比前者都更加充实、更加完整、更具有科学性了。

先生学识渊博,学术论著众多,是海内学子崇敬的专家,可是对同学从不"摆架子"、使人"敬而畏之",处处显示出他谦虚和善的长者风范。他常让我们对他的教学和论著提出不同的意见,提倡教学相长、商讨有益。他说:"吾爱吾师,吾爱真理。在学术上,要视真理之所在为师。对老师提出批评、建议或商榷，正是爱师尊师的表现。"他极尊敬和怀念他在清华研究院时的导师王国维、梁启超先生，但并不一切拘守师说、偏护师门，而是在导师的基础上有发展、有创造，以推进和繁荣学术的发展为己任，而对导师的政治思想和学术观点是有所分析来看待的，有一次他勉励我们几位同学说："在学术上，你们不要一切以我为是，也要'批判地继承'。现在你们的条件比我年轻时好得多，又有党的培养和教育，只要认真、刻苦、努力，我看过上二三十年，就会赶上我，大大超过我。"说真的，当时听到这话，我们几位也在下面嘀咕过：先生说要我们二三十年才能赶上他，先生的学问到底有多大啊！甚至在1958年"火烧教学"时还写出大字报质问："什么是真正的学问？我们需要怎样的专家？"可是三十年过去了，先生的这些话语仍在我们耳边萦绕，谁又敢说我们赶上或超过了先生？恐怕连先生的十几部著作有些我们还不能完全读通和掌握呢。我记得，先生每出版一部著作，就送给我们一本，在扉页还题上"××同志研正"。有一次他送我们《墨经校诠》时笑着说："先研究研究再指正吆。"后来，我离开了母校，他有著述问世，仍寄赠给我，改题为"指正"。有一次我写信告知先生："再不要这样对我们谦虚了。"他回信说："你们毕业多年了，学业都有了很大的长进，能独立进行科学研究了，当然也应该可以给我提出批评了。"可见，先生对我们既谦逊，又不矫揉作态，并时时在鼓励、鞭策我们前进。

1957年4至5月间，有一天先生给我们面授后把我和董治安同志留下，拿出一大沓文稿，说："最近上海《学术月刊》给我寄来了四篇文章，让我审阅。我最近忙些，你们先看看吧。认真读几遍，查查有关资料，反复思考一下，写出个具体的审稿意见，然后我再给他们回信。"我们接过一看，都是当时一些知名学者撰写的，两篇论韩愈，两篇论《诗经》，最长的1.7万多字，最短的也8000字，这对我们刚毕业不久的大学生来说,是难以胜任的。但是先生既已嘱托,我们也只好硬着头皮接受了。我们确实认真翻阅了有关资料,参看了当时可看到的论述,反复阅读了来稿,写出了具体的"审查"意见,交给了先生。先生只说:"我看看再说吧!"可是过了一些时候,《学术月刊》寄来了"审稿费通知单",先生对我说:"领出来,你和治安去买几本书读吧!"我和治安提出了异议,先生严肃地说:"我倒不完全是忙,也不是对人家不负责,我倒是想看看你们认识和分析问题的能力,读了书或文章,能否提出自己的见解来。你们的审查意见大都是正确的,所以我只作了部分修改,抄写寄给了他们。这是你们的劳动呹。"啊,先生竟通过这样办法来了解、考查、培养和关心我们。当时我们非常感动,时至今日,我拿出仍然保存着的四张"审稿费通知单",心中仍然充满了一种说不出的激动而引我深思……

1958 年暑假,我们研究生毕业了。按照当时高教部的指示,我们毕业研究生大部分支援了边远地区。我被分配到兰州工作。临走时,我向先生辞行,先生有些黯然神伤的表情,但却一再勉励、鼓舞我去开发、建设边疆,并一再叮嘱我到那里以后的注意事项,比如服从领导、团结同志、虚心学习、努力工作等等。虽然这属于一般性的临别赠言,但他说的时候特别让我感到语重心长,绝非一般应酬之语。走时,他让师母拿出了三十元给我,说:"拿去吧,新地方人生地疏,以备不时之需。"语句非常简洁干脆,又使我无可谢绝的余地。至今,已将近三十年了,先生从精神到物质支持我走向新生活时的情景,依然历历在目。

在远离数千里的新的工作岗位上,先生一如既往,依然不断地对我进行指导和教诲。我分在高等学校担任《中国古代文学》的教学工作,不断地写信向他汇报情况,提出问题,他每信必复,一再进行勉励和支持,并对我的疑难和问题,一一详为解答,有时还给我开出参考书目,指出解决的途径和办法。有时时间长了不见我的信件,他还主动来信询问。开始三四年,他一再告诫我一定备好课、教好书、热爱学生,在教学中不断提高业务水平。1960年4月我被学校评为先进工作者、参加了"群英会",先生得知后,马上回信祝贺,说:"我也感到光荣。"并嘱我切要戒骄戒躁,再求精益求精、好上加好。后来我晋升为讲师,先生又嘱我在搞教学的基础上,认真读几本书,向纵深开拓。有一次信中说:"由于当时政治运动多,你们忙,学习先秦历史著作时比较仓忙,现在还要补补课。"并明确指出要我抽出两三年的时间集中读读《左传》《国语》《战国策》"前四史"和《资治通鉴》。即使在"文革"当中,先生还嘱我"尽管抽时间读书,特别要多读'毛选'和马列主义原著,史书亦不应该放松。"1971年起,先生的身体已经不太好,先后患了青光眼、高血压、心脏病和皮肤炎,有时躺在病床上不能工作,但一有好转,依然刻苦钻研学问、勤奋著述。我曾写信不要给我回信,但先生不忘对我的教导和关心,几次看到他那用颤抖的手而写出的又大、又草、有的几乎不成字体的信,竟不禁地边阅读边流泪。1973年8月21日,他写信让我整理《左传》或《战国策》,叫我先搞译注,再进行综合研究,使我从中摸索一下治专书或专家的学术路子。可是当时的政治形势,这、那,没完没了,没条件也没那种能静下来的心情来研究学问,所以我没听先生的指导去着手进行译注和研究工作,一天天在"上管改"中应付教学、开展批林批孔、评法批儒、批水浒等等政治任务,哪知到了1978年1月11日又来信批评我,"你毕业多年了,没做出重大的科研成绩,实是憾事","《左传》《战国策》进行得如何了?"说真的,这事我几乎忘记了,先生不仅还记着,而且仍在检查、督促,我感到十分对不起先生,辜负了先生的期望。至今,又十年过去了,我虽然按照先生的生前指导,着手了《战国策》的选译、选注工作和研究,但仍没有很好地向先生交卷,更没法请先生亲自批改了……

1958 年 10 月离开先生到 1978 年 10 月，整整二十年我没有见到先生。中间，1962 年暑假我曾从兰州专程来济南看望先生，适值先生去外地疗养，没有得见。此事先生竟引为憾事，后来多次信中嘱我"有机会来叙别后"。"文革"中先生移居北京，种种原因使我未得如愿。1978 年 10 月，我因公到北京出差，如愿以偿了。11 日上午我去和平里看望先生，先生极为高兴。他当时已躺卧在病床上，一方面让我告诉他我的生活、工作、教学和科研的情况，一方面又自我介绍他自己的生活、身体和著述，并让师母拿出了一大堆文稿给我看，心情极为兴奋，并向我说了很多他拟研究和写作的设想。当时我就想，先生已七十九岁高龄了，还那么勤奋，那么立意为人民多作贡献，而自己才四十多岁，比起先生，真是又敬佩又自愧，甚至又受到了先生一次深刻的不言而喻的"身教"教育。但是，一谈到他的病情，先生马上有些伤感，说："打倒了'四人帮'，国家政治形势要有个根本的变化，党中央抓纲治国，前景光明无量，可真是知识分子报国立志、大显身手的时候了，知识分子的地位，科学研究的环境、条件，都会有极大的改变。可惜我老了，病魔缠身、心有余、力不足，你们要好好干啊！"谈了大半个上午，先生还是有些言未尽意，饭后仍叫我到他床前，大颂大好形势，言谈中不时流露出对我的亲切鼓励和关心。我怕影响先生休息，有意早早告辞，先生竟靠坐起来，挥着颤抖的手，不假思索地写了一首诗给我："青岛分襟二十年，东西千里隔云烟。今朝重见皆欢喜，老病谈衷亦自怜。——俚诗一首赠旭东同志即席指正，七十九岁叟高亨一九七八年十月十一日北京。"这确是当时先生心情的自我写照。直到我走出他住室时，先生还说："但愿我的健康能够好转，但愿你有机会再来相叙。"

时隔四年，即 1982 年 10 月 7 日，我又有机会去北京看望先生。当时先生的身体已极为瘦弱，一目失明，双手颤抖，皮肤病也很严重，每次的饮食已极少极少，已基本上卧床，不能独自活动和写作了。但先生仍不忘著述，床边、桌上、坐凳上，摆满书稿，还不时地指导着他的小女儿高云如何阅读，如何查对，如何抄写等等。这时，先生的精神已甚不济，谈话也不能持续太久，但仍不忘询问我的生活和工作，并劝我如果西北同意，从科研条件上说调回母校工作最好，并说："你快五十岁了。既要教好书，又要好好出点成果了。"临走时，他主动拿出他的《老子注译》赠我，并依然如故地在扉页上题字："旭东同志评正，高亨赠，一九八二年十月七日于北京。"共计二十一个字，先生手颤不能捉笔，足足写了半个多小时。同时，他还坚持送我一张近照，并不无悲伤地说："你下次再来，怕不一定能再见到我了。"当时我说了"先生千万保重"，离开床前时，我又不自觉地流下泪来。那书是先生最后亲自赠送的一本书；那字是先生最后留给我的亲笔字；那照片，也是先生最后亲手送给我的一张肖像……

1984 年 8 月初，我又一次到北京看望先生，先生仍躺卧在床，身体更为枯瘦，双腿肌肉萎缩，不能活动，看来已经难以久于人世了。这次，他除了知道是我来了，只一般地说了三五句话外，基本上已不甚清醒。我临走时向他告辞，他却问我："你什么时候来的？现在到哪里去工作了？"当时，师母向我介绍了先生的病情，心里很难过，最后似有抱怨地说："我跟你先生一辈子，就只见他一年到头地忙呀写呀的，也不知锻炼身体。一辈子受尽了苦，却没享什么福。多少年了，没同我一块上过公园、看过电影。前几天忽然向我道歉，咳，晚了！……"我安慰师母说："先生一生刚正认真，刻苦勤奋，给我们，也给国家留下了丰富的精神财富。"这是我最后一次见到先生。

先生于 1986 年 2 月 2 日病逝于北京，亲友学生闻之，无不前往哀悼。听说直到先生谢世之前，仍在念念不忘党的文化教育事业，关心自己著述的出版，可以说他把一生的精力都奉献给了祖国的文化和科学。3月13日下午在济南英雄山烈士陵园悼念厅举行的盛大的追悼会上,校长潘承洞在悼词中给先生以极高的评价。灵堂上有两副挽联,可以说是先生学业、品格的写照:

善学善教,为范为则,珠露玉雨,芬流芳泽,试看桃李满

天下;

不亢不卑,无骄无谄,苍松翠竹,高风亮节,永留青白在

人间。

中年执教,晚年注经,撒手而归,剩有文章惊海内;

宽以待人,严以律己,守身为重,长留典范在山东。

先生,全国著名教授,博大精深的先秦文史专家,中国古代哲学思想史家,他不仅给我们遗留下了大量的写在书面上的精神财富,而且留下了更多的没有写在书面上的精神财富。我们永远敬仰、怀念先生,先生的事业和精神永存!

1988 年 3 月 21 日

(原载于《悠悠岁月桃李情》,中国文史出版社,1991 年,原题为《回忆高亨先生》,编选时改为现题。又收入《百年山大,群星璀璨》,山东大学出版社,2001 年,缩写并改题为《忆文史专家高亨教授》)

殷孟伦教授与古代汉语研究

殷孟伦先生,是我国知名的语言学家。

先生号石臞,1908年4月出生于四川省郫县城内一个平民家里。郫县,处于成都平原西部,经济比较发达,文化教育在当时却比较落后。一般人家,读书风气不好,子弟们能上个高小毕业,也就算"光耀门楣"了。他的父亲,是个小知识分子,教过几年私塾,但后来却靠经营商贩维持生活。

孟伦先生自幼对识字读书的兴趣很浓,三年就发蒙了。后来上私塾,读"四书"《诗经》《尚书》,十二岁时(1920年),才进入郫县模范小学三年级。由于学习成绩优异,他只上了一年半就毕业了。接着,考入了成都高师附小高小部。同样,也是因为学习成绩优异,提前毕业,并留在该校图书室工作。当时,他只有十四岁,由于环境条件好,所以就初步能翻阅古今中外的名著了。

1924年,孟伦先生考入了成都联合中学。在这里学习只有两年半,却是他一生展示学术境界的初程。当时的校长,是一位曾经留日的学生,对于办理文化教育事业,颇有雄心壮志。他延请了一批当地很有名望的教师,强调对学生进行坚实的基础传授和训练。在国学方面,选讲了诸子、《汉书》《史记》和词赋等等,同时又讲授了《说文解字》和《经传释词》。孟伦先生的求知欲很强,不仅以优异的成绩完成了课业,而且又在课外请宋元熙老师①讲授了《礼记》《文选》,请赵少咸老师讲授了江永的《音学辨微》和《四声切韵表》等等。中学阶段虽然时间很短,但由于学校藏书极富,所以孟伦先生在这里培养起了对中国古典文学和古代汉语的爱好,为以后进一步学习和研究,打下了坚实基础。

1926年7月,孟伦先生考入了成都高等师范国文系学习。一年预科,三年本科,四年毕业。这个学校,当时算是川中的最高学府,学术空气很浓,名诗家林思进(山腴)、经学家龚道耕(向农)、史学家祝同曾(屺怀)、语言文字学家赵世忠(少咸),以及向先侨、庞石帚等先生,都曾在这里执教。教《文学概论》《经学通论》等课程的龚向农先生,是王树枏、俞陛云(俞曲园之孙)两先生的门下;教《史记》《史通》等课程的林山腴先生,是清朝同、光年间驰名海内的诗人,孟伦先生懂得作诗,就是从他那里学来的;教《文字学》的向先侨先生,是当年川东书院山长赵尧生的学生,能文能诗,蜚声蜀中;教《文选》的庞石帚先生,学识渊雅,也曾问学于赵尧生先生,所以能传荣州一派诗学。特别是祝屺怀、赵少咸两先生,对孟伦先生的影响最大。两位先生都曾受教于屺怀先生的父亲祝彦和先生,彦和先生又曾受教于贵州学者黎纯斋,可谓渊源流长。孟伦先生既从屺怀先生学习《汉书》和古文义法,又从赵少咸先生研治清人古韵之学,遍读了清代小学家论述古韵的专著。同时,从其他先生还攻读了很多其他课程。在四年的学习时间里,孟伦先生在上述诸位先生的指导下,泛览了大量前人的学术著作。诸如文字学、音韵学、训诂学、古韵研究、经学通读、文学概论等等方面的专书,大大地扩展了学术视野。从那时起,孟伦先生养成了爱进书肆、爱买书刊的习惯,几十年如一日,至今"积习"不改。后来,

———

①字吉臣,黄湾先生之子;黄湾先生也是缪荃荪先生之受业师。

　　无论是在国内的南北都市，还是在日本的通都大邑，他第一件感兴趣的事情就是买书。他认为：坐拥书城，其乐无穷。从那时到现在，他选购、搜求的书籍已不下五六万册。朋友们说他"黄金散尽为搜书"，确是一点不假。可惜，在十年浩劫中，他苦心搜求的书籍，放在成都老家的部分全被抄走，丧失殆尽；手头经常翻阅的一小部分存放在工作地点，还幸而保存下一两万册。孟伦先生说："爱进书肆好买书，固然和我个人的爱好有关，更重要的是受了当时老师的影响。看来，这个癖好是到老也改不了了。"

　　成都高师毕业后，孟伦先生为了进一步深造，1930年7月又考入设在南京的国立中央大学中国文学系读书。当时的南京可谓时贤群集，使他不仅进一步扩大了眼界，而且产生了与之并驾齐驱的想法。他除了酷爱中国语言文学的课程以外，对哲学、历史、外文等等也甚感兴趣。他从王伯沆先生学习古文，学习杜诗，研究骈散之分；从汪旭初先生学词，进一步弄明了倚声之学；从汪辟疆先生治目录学、诗歌史、唐人小说，也常学习写诗。他说："在汪先生的鼓励之下，我胆子放大了些，一年之内就写了一百多首。"同时，汪先生还鼓励他选注谢灵运的诗，注释《汉魏六朝百三家集题辞》，后来都公开发表了。在文学方面，孟伦先生还跟陈仲子、胡小石、吴瞿安、王晓湘诸先生学习过楚辞、陶谢诗、《诗品》、唐诗、梦窗词、草窗词、南北词简谱、稼轩词、词曲史、文学史等等。哲学方面，从汤用彤先生学西洋哲学史、汉魏隋唐佛教史；从宗白华先生学艺术哲学、士勃兰格（Spranger）文化哲学。史学方面，听过陈伯弢先生的中国史及其他先生的埃及史、希腊史、罗马史等等。外文方面，也听过梅光迪、楼光来、韩香梅诸先生的课程。

　　在当时的名师之中，蜚声全国的当首推黄侃（季刚）先生。黄先生对孟伦先生的刻苦好学、见闻广博等方面甚为赏识，对他要求也很严格。黄先生教导他一切学问要从头做起，踏踏实实地下狠功夫；教他圈点《十三经》，让他读《史记》《汉书》；要求他在三十岁前读完唐以前的书，不在报刊上发表不成熟的文章。更可贵的是黄季刚先生不仅对他进行学术传授，而且关心他的成长，使他能在旧社会里独立不倚，发挥所长。他受教六年，直到黄先生 1935 年 9 月归道山为止，所得的教益可说是终生无穷的。至今孟伦先生仍时刻念念不忘黄先生的教诲，先后写了《忆量守师》①《谈黄侃先生的治学态度和方法》②《黄侃先生在古汉语研究上的贡献》③ 等文章，以平实笔调、深厚感情，怀念黄先生对自己的教诲，详述黄先生的学术成就，探讨黄先生的治学方法。

　　1931 年年底，爆发了上海淞沪抗战，危及南京，黄季刚先生避难到了北京，他也随从拥送。当时孟伦先生在中大还没毕业，因而又在北京大学中文系借读，半年后回校毕业，授予文学学士学位，留任助教。当时，他感到语言学界已有了门户之见，不同学派的人，彼此之间很难互通声气。为了了解西方人研究的语言科学，他于 1935 年底东渡日本，考入东京帝国大学做大学院生（研究生），指导教师是盐谷温博士。盐谷先生字节山，是日本的汉学世家，曾留学我国和德国，对我国的国学和汉语史有精深的研究和造诣，著作至多，从学者甚众，以研究中国小说及元曲为鲁迅先生所称。孟伦先生在那里跟他学习了两年。

　　1937 年"七七事变"前，孟伦先生由日本回到祖国，到国立中央大学中国文学系任教，先后主讲《经学史》《汉书》《史记》等课程。1939

---

①《训诂研究》（第一辑），北京师范大学出版社，1981 年，第 23 页。
②《文史哲》1982 年第 1 期，第 76 页。
③《文教资料》1981 年第 10 期，又载《山东大学文科论文集刊》1981 年第 1 期，改题为《黄侃先生汉语论著在汉语研究史上的地位》，第 153 页。

年 10 月，到四川大学中文系任教，先后任讲师、副教授、教授兼系主任、文科研究所指导教师和研究所召集人之一（1945 年起，又兼任了抗战时期迁移重庆之中央大学中文系副教授）。他在四川大学，前后任教十四年，主讲了《文字学》《音韵学》《训诂学》《楚辞》等课程，并同当时同在一起任教的向先侨、周癸叔、李哲生、曾君一、杜仲陵诸先生联合作诗，定名"午社"，印了诗刊。

从 1953 年 10 月起，孟伦先生由高教部调到青岛山东大学中文系任教授，1958 年 10 月随校迁到济南。近三十年来，孟伦先生一直担任古代汉语方面的教学工作，多次主讲《中国语言学》《古代汉语》《音韵学》《训诂学》《修辞学》《汉语史》《中国语言学论文选》《中国语言科学简述》以及《尔雅研究》等专题课程，培养过很多研究生，辅导了很多助教和进修教师，先后担任了古汉语教研室主任、语言研究室主任、山东大学学术委员会和《文史哲》编委会委员等等。打倒"四人帮"以来，我国学术界空前活跃，各种学会纷纷成立，孟伦先生又被推选为山东语言学会理事长、中国语言学会理事、汉语音韵研究会顾问、训诂研究会第一副会长、修辞学会华东分会顾问、山东社联副主席、山东省教育厅评审委员会委员、山东省社会科学院评审委员会委员、山东大学评审委员会委员等等。

总观殷孟伦先生近六十年来对我国古典文学和传统语言文字之学所进行的研究，其学习进程，是有他的师承和渊源的。特别是问学于黄季刚先生以后，又进一步接受了章炳麟（太炎）先生的启发和指导，因而在治学方面从章黄门下继承了清代以来严谨的学风和传统小学的治学方法。黄季刚先生系统、具体、细致的指导，使孟伦先生在音韵、文字、训诂等学问方面，有了精深的研究。后来留学日本，又接触了西方语言理论和研究方法，广泛阅读过英、美、德、法诸名家的语言专著，并曾翻译过 L.R.palmc 的《现代语言学导论》（An Introduction to Modern Linguistics）一书；新中国成立后,他又钻研了苏联人在这方面的著作和斯大林的语言著作。所以,在治学和研究工作中,他能够注意到借鉴外国的语言理论和治学方法,比师承的方法有所扩充、发展或突破。不过,孟伦先生一直认为,汉语有着不同于西方语言的独特之处,并且在绵长的历史发展中形成了一系列独特的理论和研究方法,今天从事汉语研究的人,必须特别注意这些特点。因此,对于外国汉学家就汉语提出的结论性意见,务必要结合汉语的特点和历史发展进行严格的检验,明辨其是非得失,而不能生搬硬套,人云亦云。基于这种认识,孟伦先生在自己几十年的研究工作中,对于外国语言理论和外国学者的汉语研究成果,都是采取了既不一律排斥,也不盲目信从的态度,具有自己独特的理论体系和方法。

殷孟伦先生治学的兴趣是多方面的。三十年以前,他侧重于诗歌文辞之学,特别嗜读《文选》及八代诗歌,对杜诗和宋词,也有他自己的见解。有一个时期跟汪东(旭初)、吴梅(瞿安)两先生治宋词,研究的范围,几乎涉及了两宋的所有作家,还曾笺注过《淮海长短句》。20世纪40年代初,因为教学的需要,开始致力于语言文字之学。所以,以后近四十年中所发表的研究论文,就以语言文字方面的为多。概括言之,孟伦先生所发表的论著,有的是解释和评价前人的语言学专著,有的是研究汉语词汇语义的演变历史,有的是剖析前人伪造的著作,有的是总结前人的语言学理论,有的是研究文学名著的语言技巧,有的是对历代语言教育的概述。总纳起来,大多数都可以纳入汉语文学语言和汉语研究史的范围。孟伦先生即将出版的论文集《子云乡人类稿》[①],大体上反映了他三四十年来研究工作的面貌。

孟伦先生在报刊上公开发表的学术著作,在语言文字方面,最早

①齐鲁书社,1985年。

的要算是 1943 年的《程瑶田〈果裸转语记〉疏证》①。程瑶田是清代的语言学大师。他的《果裸转语记》，不是专释"果裸"一词，而是借这个词来阐述音义通转的道理和事物命名的规律。程氏举出了二百多个名称，指出这些词语关联无非都是一声之转，从而论定："双声叠韵之不可为典要，而唯变所适也。声随形命，字依声立，屡变其物而不易其名，屡易其文而弗离其声。物不相类也，而名或不得不类；形不相似，而天下之人皆得以是声形之，亦遂靡或弗似也。"王念孙曾为此书作跋，称它"实为训诂家未尝有之书，亦不可无之书也"。但此书不易得。程氏《通艺录》目录里有录无书，今《安徽丛书》中所收的乃是尹石公在北京访得的稿本，因而不为人注意，也没有人为之作过解释，颇为难懂。孟伦先生在赵少咸先生启发下，花很多工夫为之"疏证"，以便人们利用。他对程氏所举的转语例证，一一稽求典实，探求其本，并在《叙说》中，应用中外语言理论，依据戴震的学说，深入分析了程氏命题、立论的由来，从而对音义相关之理也作了初步的探讨。他指出：程氏此文，在训诂学上提出了一个重要的问题，给训诂开辟了一条新路子。以前的学者对于"转语"的阐述，都没有像程氏那样说出了问题的根本所在。本来，戴震（东原）依据扬雄的《方言》，已经提出了这个问题，可惜没有专书留下。他的学生段玉裁和王念孙，虽对《说文解字》《广雅》下了很大功夫，为其作注和疏证，却没有集中力量解决这一问题。因此，程氏的贡献是难能可贵的。多年来，程氏此文除王念孙外，并不为人所知，遗文几乎失传；即有见到此文者，也不从训诂学的价值上去推重，只是惊叹为"古艳斑驳"，而没有探明其用心之所指。所以尽管成文一百多年，却无人加以重视，不可不谓语言学界的一大遗

①《四川大学文学集刊》1943 年第 1 集，其《叙说》部分又发表于 1949 年《学原》2 卷 9 期。

憾。孟伦先生从汉语的特点出发,深入分析程氏命题、立论的根本道理,说明汉语言的变易孳乳,上自经典,下至谣俗,随物名之,随事用之,六通四辟,无所不在。如果泥乎其形,则崎岖不安;如果通乎其声,则明辨以晰。这是我国训诂学上探索本原的根本所在。通过翔实的疏证、解说,读者看后,就会愈益明白。这个工作,虽然不能说有什么大的发明、大的突破,但可以看到孟伦先生在治学上的严谨态度和务实精神。

1957 年,孟伦先生发表了《四声五音九弄反纽图简释》①《说文形声条例补》②等论文,更表现了他在科学研究上严谨、务实的态度。神珙的《四声五音九弄反纽图》原载《大广益会玉篇》,前人把它看成一个谜,不知其中有误与否。孟伦先生详细分析了此图的构成,并说明古人在语言教育上所作出的贡献和成绩,认为此图作为历史遗物,还是有它的价值的,不能置之不理。《说文》的形声条例,是研究汉语历史发展的重要一环,孟伦先生收集了大量资料,从中归纳出规律,详加说明,是有其重大意义的。

从 20 世纪 60 年代初开始,孟伦先生注意到了对前人语言学专著的评价和研究工作,就《尔雅》《方言》《说文解字》《释名》等四部书写了一系列文章,先后发表了《〈尔雅〉〈方言〉简析》③《〈说文解字〉〈释名〉简析》④《段玉裁和他的〈说文解字注〉》⑤《从〈尔雅〉看古汉语词

①原载《山东大学学报》(语言文学版)1957 年第 1 期,又载于《汉语论丛(第四辑)》(1958 年),收入《子云乡人类稿》,齐鲁书社,1985 年。

②《山东大学学报》(语言文学版)1957 年第 2 期。

③《山东大学学报》1961 年第 2 期。

④《山东大学学报》1961 年第 3 期。

⑤《中国语文》1961 年第 8 期,第 43 页。

汇研究》①《〈尔雅〉简说》②《读〈广雅疏证〉札记》③等等。在教学中开设过《〈尔雅〉研究》专题课;目前正在撰写一部约五十万字的《尔雅纂疏》。在这些论著中,他抱着不薄古不非今的实事求是的态度,认真地分析和评价了这些语言专著在语言学史上的价值和地位,特别全面地论述了清代语言大师段玉裁和王念孙、王引之父子的学术成就。他指出,《说文解字注》和《广雅疏证》的问世,标志着中国语言学的研究已进入了近代语言学的新阶段,是一个里程碑。他说,《说文解字》有了段注,才真正算作从语言学角度来加以研究阐发,这部书对汉语和汉字的作用,也才真正为人们所了解。孟伦先生认为,《广雅疏证》是中国古代语言学者长期研究成果的总体现,是研究汉语历史词汇和语义发展不可或少的典籍,从中可以窥见王氏父子的学术体系,又可以看到他们在汉语研究史上的重要地位。王氏解释汉语语义词汇所以比前人有了更进一步的成绩,就是因为他能够"以精义古音贯串证发",充分运用了"训诂之旨,本乎声音""名之与实,各有义类"这一正确的理论武器。这部著作在研究掌握汉语词汇、语义的复杂变化的内部规律方面,给予后人以很大的启发,直到今天还值得借鉴。他说:王念孙著《广雅疏证》的目的是"假《广雅》以证其所得",那么今天我们研究这部《疏证》,也就不应该局限于《广雅》所收之词,而应当对王氏考求词义的理论和方法,进行深入的分析发明,用于广泛的词义研究。他借用郝懿行所用的"同、近、通、转"四字,来说明汉语词汇的四

---

①《山东大学学报》1963 年第 4 期,第 68 页。

②上,《山东大学文科论文集刊》1979 年第 1 期,第 69 页;中,该刊第二期;下,该刊 1981 年第 2 期,第 38 页。

③新疆大学 1980 年《语言学论文集》,又节取为《王念孙父子〈广雅疏证〉在汉语研究史上的地位》一文,《东岳论丛》1980 年第 2 期,第 108 页。

种声音转变规律,指出王氏所说的"一声之转"①亦即双声之转,这种同一声类的转化,既包括发声部位的相同,也包括发声方法的相同。在转化过程中,韵部保持相同的,属于同部之转,即"同";韵部邻近的,属于相通之转,即"近";阴阳声类的对转,属于较远的通转,即"通";韵部相去较远而声类不变的则只谓之"转"。转有远近,关系也就比较复杂,孟伦先生以六个联绵词为例,列表表示出了这些关系。这些看法,总结了自清代戴震以来逐渐形成和完善起来的转语理论,为研究汉语词义循声音转化的现象明确地提出了条例和规律。此外,他还总结了"从上下的制约来作理解,贯以类比之法,通其词言之情"的词义训诂方法,提出了"制约关系、承接关系、上下文对比、互文见义、递相为训、连文成义"等等条例,在学术研究上,也是极有意义的。

孟伦先生的研究工作,有相当多的文章是关于汉语词汇及词汇史方面的。1958年,他发表了《关于汉语复音词构词形式二三例的试解》②。20世纪60年代以来,他又先后写了《"闻"的词义问题》③《从〈尔雅〉看古汉语词汇研究》④《〈补记袁滋〉之续》⑤《有关古汉语词义辨析的问题》《采寮说》⑥。其中,《"闻"的词义问题》一文,是在60年代初,语言学界进行词义发展问题的讨论时,针对张永言同志的《再谈"闻"的词义问题》一文而写的。他指出:语词意义的"共时交替"现象,

①这一术语,原出于元初戴侗《六书故》卷9:吾、卬、我、台、予,人所以自谓也;尔、女、而、若,所以谓人也,皆一声之转。

②《文史哲》1958年第4期。

③《中国语文》1962年11月。

④《山东大学学报》(语言文学版)1963年第4期,第68—84页。

⑤《历史论丛》第三辑。

⑥皆收入《中华文史论丛》增刊《语言文字研究专辑》,上海古籍出版社,1982年。

只是历史演变的结果。他根据文献,举出实例,证明"闻"的本来意义是指听觉的,西周以前的"闻"字并不用于嗅觉之义,由于使用者的生活和思想随着时代的进展发生变化,影响到词义,于是派生出了"知道""传到""达到"等意义。至于再转而用为嗅觉的意思,那更是较为后起的事了。最近,他对汉语词汇史的研究,又提出了从断代入手的新看法,发表了《谈谈汉语词汇研究中的断代问题》①一文。他认为,中国历史悠久,可供作语文资料的文献太多,如果只是笼统地叙述和解释词汇,动辄上下数千年,势必治丝愈棼,令人不得要领。如果采取断代的方式,既不割断整个发展历史,又集中解决了各个时期的问题;既有"横"的方面的发现和积累,又加深了"纵"的方面的研究和整理,就会使人不至感到茫然。进行断代研究,既能做到溯本探源,由源及流,源流并重,又可以为词汇学者和词典编者提供确实可靠的依据。词汇断代研究,当对代表各时代词汇面貌的专书做细致准确的统计和分析,既注意词义的演化,也注意构词形态的演化。由专书词汇研究而到各代词汇研究,再在各代词汇研究的基础上,考察整个汉语词汇史,这是切实可行而又可以避免主观片面的方法。

孟伦先生对前人的论著,也做过一些考辨工作。刘师培的《中国中古文学史讲义》,在早年中国文学史的研究著作中,是一本价值很高的著作,曾受到鲁迅先生的推崇。但遗憾的是通行本错字太多,又颇有跳行之误,虽几经校印,却仍未改正,因此对读者十分不便。孟伦先生以典型朴学家的方法,一一指出了该书中的错字和跳行之误,并探其用语出处,明其致误之所由,写了《校读偶记——刘师培〈中国中古文学史〉里的错字》②一文,使读是书者受益很大。1962年,中华书

---

①《文史哲》1981年第2期。

②《文学遗产》编辑部编:《文学遗产》增刊第10辑,1962年,第149页。

局印行了莫友芝的《韵学源流》，他感到，此书自康心辅传播以来，三四十年间，很得黄季刚、吴检斋、罗常培诸先生的赞赏，孟伦先生先前也同意他们的看法，认为它以极少的两万字竟写出了中国韵学源流的梗概。可是在研读过程中，他却发现这是一部抄录《四库全书提要》而拼凑起来的伪书。他对照《提要》一条一条地比附，发现竟有七十余条都是这样，而分析加入的文章，反而感到多是文理不通，可见绝非出于一个有大名气的目录学家莫友芝之手，因此写了《莫友芝与〈韵学源流〉的关系质疑》①一文，使用清代注疏家阎若璩《古文尚书疏证》的方法，根据本书的材料来源，一一进行详细核对，对于原编者关合的语言，也一一加以辨析，并进一步就原编者所有的音韵知识和莫友芝本人的学识详加比较，最后以坚确不疑的证据，断然判定此书确为伪作。这就不但纠正了过去学者对此书的认识，而且为读者拨开云雾，还此书以本来面貌。1971年人民文学出版社出版了郭沫若的《李白与杜甫》一书。书中郭老发前人所未发地提出了李白出生于碎叶的新论点。但是郭老认为碎叶有二：一在今苏联境内阿拉木图的托克托；一在今新疆南部的焉耆。孟伦先生对此持怀疑态度。为了说明问题，他开始重读新、旧《唐书》的有关传记，又读了《大唐西域记》和中外文献中有关西北地理、新疆地方志等五十多种资料，甚至连《册府元龟》等类书及有关的敦煌文献也看了。就其所能见到的，抄录其必要的段落，按类排比，考明其孰是孰非，弄清了安西四镇的始末、唐代兵力和突厥的关系、突厥本身的兴盛衰微以及元代进兵中亚的记载等等，从而考定出唐代碎叶的地理位置只有今苏联境内一处，绝不可能在焉耆另有一个碎叶。为此，他写了《试论碎叶城在唐代的地理位

---

① 《山东大学学报》（语言文学版）1963年第1期，第49—61页。

置》①一文。此文从《新唐书·地理志》的断句问题谈起,博稽史籍,以丰富的材料、有力的史实,说明了自己的观点,指出了《通鉴注》和《读史方舆纪要》等书所记的错误,解决了千余年来众说纷纭、一直未得正确解决的问题。此文发表前,曾请有关专家、有关部门鉴定、审阅。发表后,受到了一些研究边疆史学者的好评。

孟伦先生长期担任训诂学的教学工作,曾为使训诂学成为一门现代的语言科学下过很大的功夫。西方语言科学的分类研究,大体分为语音、语法和词汇几部分,这和中国的传统看法有所不同。训诂学是中国传统语言学的一个重要部门,二千多年来,中国学者都把它作为研究学术必须掌握的工具和“入德之门”。前人在这方面的论著很多,但是缺少全面的科学的总结,致使大家对这门科学的对象和任务不够明确,在教学上也存在不少问题。为此,他写了《略谈〈训诂学〉这门科学的对象和任务》②一文,提出了自己的观点和主张。他指出,训诂学是以分析语言、解释语言(无论是口头语言还是书面语言)作为对象的。所谓分析语言、解释语言,是结合两方面进行的:一是语言事实本身诸问题和关联;一是语言对其所依存的社会生活、社会状况的关系。1981 年 5 月中国训诂学研究会成立时,他又写了《训诂学的回顾和前瞻》③一文,更阐述了他对建立现代训诂学的意见。他认为,训诂学不是西方的文献学,也不是西方的语义学,而是中国语言学中特有的一种综合性科学。他探讨了传统训诂学在各个历史阶段的发展情况,指出它如何形成为独立科学的训诂学,认为应归功于章(太炎)、黄(季刚)两先生,并从而展望了今后训诂学研究的前景。目前,他正在撰

---

① 《文史哲》1974 年第 4 期。

② 《文史哲》1957 年第 6 期,第 20—27 页。

③ 《文史哲》1982 年第 3 期,第 50—63 页。

写《训诂学十论》一书,他对训诂学的见解,将在这部书中说明。

殷孟伦先生对于中国古典文学也是有深刻的研究和精辟的见解的,特别对于文学和语言的关系,在长期治学过程中,更一直比较重视。他由于较好地继承了章、黄的学术系统和治学方法,因而在对中国古典文学的整理、校注和研究上,同样也具有严谨朴实、博大贯通的特点。他反对人云亦云、空发议论,主张考辨精详、言必有据,并且在自己的研究实践中体现了这一思想。早在 20 世纪 30 年代,他在老师的指导、启发下,写出了《谢灵运诗》[①]《鲍明远诗摭谈》[②]《汉魏六朝百三家集题辞注》[③]。《题辞注》一书,列入了郭绍虞、罗根泽两先生主编的中国古典文学理论批评专著选辑,受到了读者的注意,因此发行量甚大。注文翔实,可当一本汉魏六朝文学批评史看待,是孟伦先生早年一部用功之作。他在日本还翻译了铃木虎雄的《赋史大要》[④],校勘了空海的《文镜秘府论》(稿本),对于《文心雕龙》《史通》《经典释文》等,也用力颇深。20 世纪 40 年代后期,他又出版了《中国语文学概说》[⑤]。这都说明,他在文学方面也有着很好的修养和造诣。

50 年代中期,孟伦先生集中研究了《红楼梦》和《史记》的文学语言问题,先后发表了《略谈红楼梦作者曹雪芹对语言艺术的认识》[⑥]《略谈红楼梦的人物语言——以王熙凤语言作例》[⑦]《略谈司马迁现

①商务印书馆,1935 年。

②1936 年东京帝国大学学年作业,《志学月刊》1944 年第 15 期,第 13—18 页。

③撰成于 1935 年,1960 年 1 月由人民文学出版社出版。

④正中书局 1942 年。

⑤成都普益书局,1949 年。

⑥《文史哲》1955 年第 2 期,第 41—43 页。

⑦《文史哲》1955 年第 4 期,第 45—52 页。

实主义的写作态度》①《试论司马迁〈史记〉中的语言》②《通过〈魏其武安侯列传〉来看司马迁〈史记〉的语言艺术》③ 等论文。他认为,曹雪芹对语言艺术的认识,是有他真与美的理想追求的。他通过《红楼梦》第四十二回贾母叫惜春画大观园的谈话和第四十八回中林黛玉和香菱论诗等例证,深刻地说明了曹雪芹的这种认识。人物语言是表现人物性格和内心世界的重要手法之一,《红楼梦》的人物,都依附着自身所具有的特征,使用着个性化了的语言。关于《史记》的语言,孟伦先生指出:司马迁是按照"以今译古"的原则处理古代语言的,它所依据的语言材料,是《尚书》之类,和汉代语言相去很远,但他却把比较简朴的古代语言译为当时通晓明白的语言。司马迁采用的语言,是当时的口语和通行的书面语,并常常引用歌谣、谚语、俗语等穿插在叙述和论赞里,以此来丰富他的文学语言。他详细分析了《史记》中人物语言(包括独白和对话)和叙述语言,从而指出司马迁是一个"于学无所不窥"又"善指事类情"的文学大师和语言巨匠。

60 年代以后,孟伦先生曾一度对我国中古时期的文学进行了研究,校读了刘师培的《中国中古文学史》(见前),写出了《如何理解〈文选〉编选的标准》④ 等论文。到了 70 年代,孟伦先生为人民出版社校勘《柳河东集》,写出了《柳集校勘记》(稿本),参加了集体编写的《商君书选注》⑤《商君书新注》⑥《商君书集注》⑦《杜甫诗选

---

① 《文史哲》1955 年第 12 期,第 10—18 页。
② 《文史哲》1956 年第 2 期,第 24—32 页。
③ 《文史哲》1956 年第 6 期,第 52—59 页。
④ 《文史哲》1963 年第 1 期,第 75—82 页。
⑤ 山东大学《商君书》注释组,山东人民出版社,1974 年。
⑥ 山东大学《商君书》注释组,山东人民出版社,1976 年。
⑦ 山东省《商君书集注》编写组,1976 年。

注》①等,与人合写了《古汉语简论》②《中国古典文学名著题解》③等等。在《中国古典文学名著题解》中,孟伦先生承担了先秦、两汉、魏晋六朝的诗、赋、文及神话小说部分的评介工作。他一方面深研原书,一方面广采旧时经学家、史学家、文学家等不同角度研究的成果以及当代学者的看法,并经过自己的提炼,形成自己的观点,特别着重对其中的文学表现手法和艺术特点,全面细致地进行了分析,并把它明白晓畅地介绍给了读者。没有因为这部书是普及读物而降低其学术水平。

孟伦先生对古典诗词也有自己的见解。他认为,诗既然是言志的,那就应该直撼胸臆,要率直,要放胆,不要拘泥,不为时讳,另一方面又要具有识见,不背于规矩义法,这样才能质而不野,真而能雅。他本人也以此而勖。年轻时,曾以《游瘦西湖》一诗见赏于汪辟疆先生。尔后日有所作,备受诗友们推奖,以为自来治朴学而兼工文翰者绝少,而他却独能兼擅,惜于十年浩劫中皆付之一炬。自从粉碎"四人帮"以来,他精神焕发,心情舒畅,每有感触,辄形诸笔墨,写了很多歌颂党、歌颂社会主义祖国、歌颂大好形势的诗篇,有不少已发表于各报纸杂志上。

孟伦先生对于中等学校、高等学校的语言文学方面的教育工作也是非常关心的。他不仅写了一些关于文言文教学、关于课程设置等方面的意见、建议,而且亲自分析作品,撰写基础知识方面的文章,为中学、高等学校文科教师提供教学参考资料。他的家中,常常接待来自各地的教师。近年来,为了繁荣和发展学术研究,为了培养年轻一

---

①人民文学出版社,1979 年。

②人民文学出版社,1978 年。

③中国青年出版社,1980 年。

代学术后备军,他还撰写了很多介绍治学经验的文章,如《我是怎样研治语言学的?》①《我的治学经验》②等等,都一再从治学态度、治学方法等方面谈体会、谈经验,谈自己所走过的道路,给读者以很大的启发,受到了普遍的欢迎。

现在,殷孟伦先生虽已年逾古稀,但老当益壮,一直坚持在教学战线上,讲授古代汉语方面的课程,培养音韵、训诂等专业的研究生。在科研上,他主编的《中国历代语言学论文选》已经脱稿,由齐鲁出版社出版;他所主持的《柳宗元集》校注也在开始进行;《尔雅纂疏》《训诂学十论》等专著,也在加紧撰写着。他表示:"我一定充分利用我的有生之年,为祖国四个现代化建设作出更多的贡献!"

殷孟伦主要著述目录

(一)专著:

《谢灵运诗》　　　1935 年商务印书馆

《程瑶田〈果裸转语记〉疏证》　　　1943 年《四川大学文学集刊》

《中国语文学概说》　　　1949 年成都普益书局

《汉魏六朝百三家集题辞注》　　　1960 年人民文学出版社

《商君书选注》(集体)　　　1974 年山东人民出版社

《商君书新注》(集体)　　　1976 年山东人民出版社

《古汉语简论》(与人合写)　　　1978 年山东人民出版社

《中国古典文学名著解题》　　　1980 年中国青年出版社

《杜甫诗选注》(集体)　　　1979 年人民文学出版社

《蒲松龄诗选注》(与人合写)　　　1981 年起山东《淄流》连载

---

① 《群众论丛》1981 年第 6 期,第 113—119 页。

② 《江苏社会科学》1981 年第 11 期,第 20—23 页。

《中国历代语言学论文选》(主编)　　1982 年齐鲁书社

《子云乡人类稿》(论文集)　　1985 年齐鲁书社

(二)论文:

《经籍旧音辨证笺识题辞》　　1939 年《学林月刊》(重庆)第 1 期

《论治中国语言文字学之要籍》　　1941 年《斯文》第 1 卷第 11—第 12 期

《评魏建功拟〈文字学教材纲要〉》　　1943 年《斯文》第 3 卷第 12 期

《论古音定读》　　1947 年《文化先锋》第 6 卷第 16 期

《〈果裸转语记〉疏证叙说》　　1949 年《学原》第 2 卷第 9 期

《略谈〈红楼梦〉作者曹雪芹对语言艺术的认识》　　1955 年《文史哲》第 2 期

《略谈〈红楼梦〉的人物语言》　　1955 年《文史哲》第 4 期

《略谈司马迁现实主义的写作态度》　　1955 年《文史哲》第 12 期

《试论司马迁〈史记〉中的语言》　　1956 年《文史哲》第 2 期

《通过〈魏其武安侯列传〉看司马迁〈史记〉的语言艺术》　　1956 年《文史哲》第 6 期

《四声五音九弄反纽图简释》　　1957 年《山东大学学报》第 1 期

《略谈〈训诂学〉这门科学的对象和任务》　　1957 年《文史哲》第 6 期

《关于汉语复音词构词形式二三例的试解》　　1958 年《文史哲》第 4 期

《〈尔雅〉〈方言〉简析》　　1961 年《山东大学学报》第 2 期

《〈说文解字〉〈释名〉简析》　　1961 年《山东大学学报》第 3 期

《段玉裁和他的〈说文解字注〉》　　1961 年《中国语文》第 8 期

《"闻"的词义问题》　　1962 年《中国语文》第 11 期

《校读偶记——刘师培〈中国中古文学史〉里的错字》 1962年《文学遗产》增刊第 10 辑

《如何理解〈文选〉编选的标准》 1963 年《文史哲》第 1 期

《莫友芝与〈韵学源流〉的关系质疑》 1963 年《山东大学学报》第 1 期

《从〈尔雅〉看古汉语词汇研究》 1963 年《山东大学学报》第 4 期

《试论碎叶城在唐代的地理位置》 1974 年《文史哲》第 4 期

《〈尔雅〉简说》(上) 1979 年《山东大学文科论文集》第 1 期

《〈尔雅〉简说》(中) 1979 年《山东大学文科论文集》第 2 期

《〈尔雅〉简说》(下) 1981 年《山东大学文科论文集》第 2 期

《王念孙父子〈广雅疏证〉在汉语研究史上的地位》 1980 年《东岳论丛》第 2 期

《从〈论语〉看孔子的语言教育论》 1980 年《文史哲》第 3 期

《读〈广雅疏证〉札记》 1980 年新疆大学《语言学论文集》

《谈谈汉语词汇研究的断代问题》 1981 年《文史哲》第 2 期

《黄侃先生汉语论著在汉语研究史上的地位》 1981 年《山东大学文科论文集刊》第 1 期

《黄侃先生在古汉语研究上的贡献》 1981 年《文教资料》第 10 期

《谈黄侃先生的治学态度和方法》 1982 年《文史哲》第 1 期

（原载于《中国现代社会科学家传略》（第六辑），山西人民出版社，1985 年，原题为《殷孟伦传略》，署名何泽村）

教育家李蒸

　　李蒸,字云亭,河北省滦县人,生于 1895 年 6 月 1 日。他的父亲李振棠,是前清秀才,家境败落。李蒸 9 岁丧母,后由外祖家抚养成人。15 岁,滦县城公立小学堂毕业,考入天津河北省立高等工业学校附属中学。以刻苦自励、勤奋读书著称于校,并以优异成绩毕业而考入天津河北省立高等工业学校,但因家庭贫困,无力供给学费,故只好辍学而去当小学老师。直到次年才考入享有公费待遇的北京高等师范学校英语部,时为 1915 年,20 岁。由于他奋发努力,学习成绩名列第一。毕业时,他以品学兼优留校,从事体育科的英语教学工作,兼任美国教师的翻译及校长办公室的英文文牍,很快由助教升为讲师。在此期间, 他曾翻译了多篇美国教育家撰写的关于儿童教育与普通教育的文章刊登在北平的刊物上。

　　1923 年,他深感自己的学识不足,不能适应祖国教育事业发展的需要,所以以渴求知识、积极深造的心情报考了河北省官费留美生而被录取, 就读于美国纽约的哥伦比亚大学师范学院,主修乡村教育。又由于他的奋发苦读,4 年时间就获得了该校的教育硕士和哲学博士学位。学习期间,他曾到美国中南部的 11 个州去参观、考察当地的乡村学校,他的博士论文《美国单师制学校组织之研究》就是他攻读和考察的科研成果,当时就得到导师和主考教授们的高度赞许。这篇 10 余万字的论文,1928 年回国后由中华书局刊印成书,对当时我国的教育发展具有重要的参考价值。

李蒸回国后，先后在北京大学、北平大学、北平师范大学及南京中央大学等高校任教。在此期间，他还担任过北平大学区普通教育处处长和河北省教育厅科长。到南京之后，又担任过江苏无锡民众教育学院教授暨实验部主任，以极大的热情和开拓精神，开始了他的民众教育实践和研究工作。他本着"普及民众教育，促进地方自治，发展乡村经济，改善民众生活"的工作宗旨，积极努力，认真实验，以实现他"教育救国"的理想。他以当时的无锡黄巷民众教育实验区为基点，写计划、编教材，不断深入调查研究民众教育的实际问题，及时总结经验和教训，不断扩大实验区，成立各地方民众教育馆、组织各地方的自治实验区，以至全国性的实验区，以推动我国民众普及教育及基础教育的发展，并在当时的《教育与民众》《中华教育界》等刊物上，发表了多篇有关民众教育的理论文章。胸怀壮志，雄心勃勃，受到当时民众及教育界人士的好评。

正当民众教育蓬勃开展实验的时候，1929 年 6 月，原民国政府教育部却宣布停止大学区的试行，而通令恢复原来的北京大学、北平大学的第一师范学院合并恢复为北平师范大学。因校长缺任，校务混乱，教师相继辞职，学生也不安心上课。1930 年初，虽然任命了校长，但始终没有到职，李蒸只好以代理校长的身份就任。由于他是返回母校，对学校的情况了解，因而一就任就提出了"普及教育、阐扬文化"和"为学校谋发展，为同学谋求学便利"的治校目标。积极建立学校各级组织，为在校师生提出了各项具体的目标和要求，努力巩固和发展当时全国唯一的一所高等师范院校。

当时，学校经费极其困难，致使教师的薪水也不能按时发给。在此艰难的情况下，李蒸毫不畏缩，依然为办好师范大学出主意、想办法，动员师生同舟共济、渡过难关。他明确指出，我们是唯一的一所师范大学，是与其他大学性质不同的一所大学，为了发展中国的教育事业,我们要为国家培养出优良的师资,特别是中等学校师资;我们要研究高深的学术,特别是教育学术及其他学术之教育方面。他的努力,得到了广大师生的信赖和赞誉,从而使学校得以维持和巩固下来。

1930年底,国民政府教育部又任命他为教育部社会教育司司长,主管全国的社会教育工作。此时,恰遇国联教育考察团受国际知识合作委员会的委托来我国考察,李蒸以极大的热情,圆满地完成了陪同考察任务,既充分地展示了我国教育发展现状和成果,又丰富了自己发展教育事业的实际认识和教育思想。

1931年7月教育部又任命李蒸为国立北平师范大学校长。李蒸上任后,立即拜访著名的专家学者如李顺卿、李建勋、黎锦熙、刘拓、钱玄同等人,邀请他们复职视事,接着又成立了校务整理委员会,成立了《师大月刊》编辑委员会,开展教育学术研究,出版师生们的学术著作,促进师生思想交流、沟通教学与研究的信息,介绍学校各方面的情况和成果,发扬民主办学的精神,宣传师范大学特有的风貌,为我国的高等师范教育奠定了坚实的基础。

正当北平师范大学即将百废俱兴、蒸蒸日上之际,传来了教育部以整顿为借口、责令师大"停止招生"的消息,据说,有人已正式向国民党的三届大会提出过"停办师大"的提案,致使学校一时呈现出无政府状态,学生罢课,教务长、各院院长辞职。面对这种严峻的形势,李蒸竭尽全力、奔走呼吁,极大宣传师范大学与普通大学的不同和师范教育的重大意义,并向教育部另具呈文,申述种种理由,说明取消师范大学的弊端和发展师范教育的重大意义,并亲自多次上京面陈。由于他艰苦努力,"取消师范大学"的提案没有通过。虽然耽误了一年的招生,但北平师范大学总算是保存下来了。就是他,为我国师范教育的继续发展作出了贡献。

李蒸在主持北平师范大学全面工作的同时，仍然没有忘记开展民众教育工作。他结合师大的特点，制订了开展民众教育的计划。1933年8月，在他领导下，北平师大在宛平、昌平、温泉等地区，组织了乡村教育实验区，既而创办了三年制的师范班，以培养儿童及成人教育的师资。师范班的学生毕业后，大多从事民众教育工作。与此同时，实验区还开展了各种形式的民众教育活动，如创办农民俱乐部、农民读报室、男女农民补习学校等，获得了社会的好评，并产生了深远的影响，为我国的社会教育和民众教育，作出了重要的贡献。他提出办实验区的目标是：激发民众爱乡土、爱国家的观念，提高各项活动的技能和兴趣，传授农业知识，提高文化水平。通过这种形式，来实现他"社会教育化、教育社会化"的理想。

1937年"七七卢沟桥事变"，北平沦陷。敌伪政权为维护社会局面，曾邀请各界名流出面，李蒸亦在邀请之中。具有强烈爱国思想的李蒸，没有俯首听命于敌伪，于是在8月7日脱险出逃于天津。9月，国民政府教育部通令北平大学、北平师范大学及天津北洋工学院迁往西安组成西北临时大学，李蒸又经青岛、济南、南京而赶到西安，原三校师生也历经艰辛，由北京到了西安，由三校校长为常委的筹建委员会，把学生分散在各处，于是年11月勉强复课。由于晋南战事吃紧，敌机不断轰炸西安，1938年3月，教育部又同意他们徒步迁至陕西汉中城固一带，更名为西北联合大学，原北平师范大学变为该校的一个师范学院，李蒸任师范学院院长。在国难当头，学校一再变迁的境遇中，李蒸为了我国的师范教育事业付出了很多心血和艰辛。

1939年8月，师范学院独立，易名为西北师范学院，李蒸成为西北师范学院第一任院长。他以培养中学师资为己任，以发扬北平师范大学精神为目标，全身心地投入到学校的各项工作中，依然没有因为时局和环境的变化而忘怀民众教育事业。他在城固附近的邯留乡成立了乡村社会教育实教区,开展他执着追求的民众教育和社会教育。尽管条件极其简陋,经费极为困难,他还是组织和指导同学进行了多种形式的社会教育,如宣传卫生知识,为民众治病,帮助农民夏收,开展各项社会服务;宣传兵役法,号召抗日救国;传授农业知识,宣传科学种田;揭露敌占区敌人的罪恶,进行文艺宣传等。他认为通过施教区总结经验,也可以改进师范学院的教学及社会活动。他坚持和同学同甘共苦,同升旗,同早操,时时关注着学生思想品德的修养和学生的进步,在师生中具有很高的威信,得到了大家的尊敬。

不到一年,即1940年4月,教育部决定将西北师范学院迁往兰州,在城固的学生,留在原地继续完成学业,直至毕业;以后则在兰州新校招生,计划4年搬迁完毕。在兰州,可谓一无所有,处处需要白手起家。为了搬迁,首要任务是到兰州选择校址、勘察地形、确立方案、建构房舍。1940年和1941年他两次专门由城固来到兰州,当时交通落后,连交通车都没有,只好由汉中、褒城抵石门入山区,经庙台子、凤凰岭、双石铺、徽县而进入丘陵地带,然后抵天水,折平凉。过华家岭进入定西而至兰州,一路上乘坐卡车,风吹雨打,又饥又渴,经历了无数的艰难和辛苦。

为了学校的发展,他提出了四个条件:一、不能在城内;二、不能离城太远;三、靠近河流;四、交通方便。经过详细考察和多方磋商,最后决定在十里店建立学校。当时的十里店,村庄和人口较少,到处都是沙砾、树林和荒坡,李蒸就领导大家披荆斩棘,白手起家建校。

同时,李蒸对学校的建构还作了详细的规划,除了加紧建筑急用的教学用房、宿舍和办公室之外,还规划建筑和设置了研究院、劳作室、小学教育通讯研究处、史地理化科、附属中学和师范部、乡村社会教育实验区、农场等等,充分表现了他的远见和卓识。

当时的西北师院,兰州为本院,城固为分院,分隔两处,交通困难,李蒸奔波两地,领导开展两处的各项工作,其艰辛是可想而知的。仅就搬迁而说,有些教师、家属及他自己的妻儿都遭受过路途翻车、丢物摔伤之苦,更何况大批的人员呢。

在李蒸的正确领导和艰苦努力下,新建的兰州西北师范学院如期招生。转入正轨之后,他又领导在校师生,边学习,边建校,规模日益扩大,系科日益健全,人才日益集中,教育质量日益提高。前后经过4年的努力,城固分院完全搬迁过来,逐步发展为今天的西北师范大学。

西北师院迁兰之后,尽管条件艰苦,工作繁忙,李蒸依然继续开展社会教育的实验区工作。他以十里店附近的孔家崖为依托,充分利用学校有限的人力和物力,开展各种社会教育和民众教育活动,他动员学生下乡了解民情,研究乡村问题,带动附近的中学也兼办社会教育活动,一时搞得热火朝天,至今当地的老年人还对当时的情景记忆犹新。他说:"只偏重学校教育而忽视社会教育,只偏重城市教育而忽视乡村教育,是当前教育的缺憾。教育工作者,应该努力唤起民众,提高文化水平;应该普及教育,服务人群。"

李蒸在兰州前后艰苦奋斗了4年,为甘肃的教育事业,为西北师范学院的发展壮大,作出了卓越的贡献。1945年初,张治中先生极力邀请他去重庆主持三青团的工作,他经过多次的辞谢和激烈的思想斗争,才恋恋不舍地离开了同甘苦、共患难的西北师范学院,离开了兰州十里店,离开了教育界。为了纪念他的功德,曾将十里店的一条街更名为李蒸路,今天的西北师范大学为了追思他在西北师大发展上的贡献,也在校园内、图书馆门前竖立起他的塑像和纪念碑!教育家李蒸至今依然活在西北师大师生的心里。

李蒸离开兰州,先到重庆,担任三青团中央副书记长;抗战胜利后去南京,任三青团中央常委干事;1947年起,任国民党中央常委、立法委员。新中国成立前夕，他作为国民党南京政府和平商谈代表团成员，在张治中先生率领下于 4 月 1 日抵达北平。和谈失败后，他留在北京，参加了中国人民政治协商会议，参加了国民党革命委员会，为民革中央委员和团结委员会委员。后任中央人民政府政务院参事室参事及文教组召集人，参加过皖北土改。1954 年任全国政协第二届委员，政协文教组副组长。1955 年后，连续参加政协考察团赴江苏、上海、浙江、陕西、河北、四川等地考察，后连任政协第二届、第四届委员。1975 年病逝于北京，终年 80 岁。

1996 年 4 月，中国社会科学出版社出版了他女儿李溪桥主编的《李蒸纪念文集》，收录了李溪桥撰写的长篇纪念文章、李蒸论著选及亲友学生的怀念文字，《河北近代现代历史人物辞典》《甘肃省教育志》及《西北师大逸事》也列有李蒸的条目，都是了解和研究李蒸很好的文献材料。

2003 年 8 月 18 日

（原载于《陇原志士》，中国文联出版社，2004 年）

谈山东大学堂的筹建和成立

山东大学的前身是山东大学堂。她创建于清光绪二十七年（1901年），恰与 20 世纪相同龄。九十年来，她与历史同步伐，与时代共呼吸，经历了各个历史时期的社会矛盾和政治斗争的风风雨雨，也经历了自身多次的分、合和迁、并，以至发展成为今天这样一所中外驰名的委属综合性大学，这本身就是一部生动具体而富有教育意义的"小历史"。

关于这部"小历史"的具体发展和衍变的过程，山东大学出版社 1986 年 4 月出版的《山东大学校史》一书，已作了较为详尽的介绍和论述。可惜，由于年代的久远和史料的不足，关于山东大学堂的筹建和成立的情况，就似乎显得有些"语焉不详"了，需要进行一些补充和修订。

山东大学堂是在清王朝末年帝国主义列强不断加紧侵略我国、国内外的社会矛盾和政治斗争极其复杂尖锐、"废科举、改书院、兴学堂"的社会思潮非常高涨的社会背景中筹建和成立的。

1840 年鸦片战争失败后，帝国主义列强打开了中国长期闭关自守的大门，鱼贯而入，步步入侵，使中国逐步变成了一个半封建、半殖民地的社会。第一次鸦片战争失败后，清政府被迫先后与英、美、法列强签订了以"五口通商"为中心内容的"南京条约""望厦条约"和"黄埔条约"，引狼入室，使我国丧失了许多主权；第二次鸦片战争（亦称"英法联军之役"）失败后，清政府又被迫与英、法、美、俄列强签订了进一步使中国半殖民地化的"瑷珲条约""天津条约"和"北京条约";中法战争和中日甲午战争失败后,清政府更加反动腐朽,先后与法、日列强签订了更加卖国投降的"中法新约"和"马关条约"。在这期间,我国广大人民群众,虽然先后进行了无数次前仆后继的反抗外国侵略、反抗清政府腐败统治的英勇斗争和起义,但在清政府"攘外必先安内"即对外妥协投降,对内残酷镇压,甚至借用洋枪洋炮来维护他们的反动统治的反动政策下,大都失败了。这样一次、一次又一次的历史事件,使我国日益处于被侵略、被侮辱、被殖民地化的地位而丧权辱国,民族更加危机,充分暴露出清政府封建统治的虚弱、反动和腐朽。血的历史事实,也逐渐振醒了朝野的仁人志士,使他们更加关心祖国的命运和前途。因此,如何变法图治、御辱强国,便一时成为上下共议的大课题。或学外国,搞洋务;或谈维新,行变法。众说纷纭,莫衷一是。著名的"戊戌变法"这一资产阶级改良主义的维新运动,就是在这种历史条件下产生的。反映在文化教育领域内,改科举,以至废科举;改书院,以至兴学堂,以便更好地培育人才,适应时代和国家的需要,以期达到图治强国的目的,也就成为一股不可遏抑的社会思潮了。

　　早在同治初年,为了培养外交、翻译人才,清政府先后创办了京师同文馆(1862年)和上海广方言馆(1863年),可以说是学堂的萌芽。接着为了造就船械制造和驾驭的技术人才,同治五年(1866年)左宗棠又在福建奏设了福建船厂,并附设了随厂学堂,除学习英法语言外,还专门学习外国的船械制造和驾驭技术,标志了学堂这一新兴教育形式的正式诞生。以后,清政府还不断派遣留学生或幼童到美国学习各种"西学",于是一种"中学为体,西学为用"的教育思潮便日益高涨起来,以学习各种专业科学技术的"学堂",也就在全国各地陆续兴办起来了。

废科举、改书院、兴学堂,从政治上说都带有强烈的资产阶级改良主义的倾向和色彩,一般说来,清政府特别是光绪皇帝还是比较支持的。如光绪二年(1876年)批准了南洋大臣沈葆桢奏设的福建马尾船政学堂;光绪八年(1882年)批准了北洋大臣李鸿章奏设的天津水师学堂;光绪十一年(1885年)批准了李鸿章奏设的天津武备学堂;光绪十三年(1887年)批准了张之洞奏设的广东水陆师学堂;光绪二十一年(1895年)又批准了张之洞奏设的湖北武备学堂,等等。这些学堂,为我国培养了大批的海陆军建设人才,在图治强国方面发挥了积极作用,在全国产生了重大的影响。与此同时,其他各类专业技术的学堂诸如自强学堂、储才学堂、电报学堂、工艺学堂、农艺学堂、蚕桑学堂、医务学堂等等,也可以说是风起云涌、遍及全国各地了。这些学堂的创办和设立,从教育制度本身上看,是对当时的书院和科举制度的重大改革和突破,但实质上还是属于一种实用性的职业培训式的短暂行为。所以《清史稿·选举志·学校》上说它是中国近代教育史上的"无系统教育"时期。

光绪二十一年,直隶总督、北洋大臣王文韶在天津创办了头二等两学堂。二等为中学堂性质,头等为大学堂性质的专门学校,设有工程、电学、矿务、机械及律例等五种专门学科,学制各为四年,但因师资缺乏,学生难选,收效甚小。光绪二十三年(1897年),盛宣怀又在上海创办了南泽公学(今上海交通大学前身)。它吸取了以前种种学堂、特别是天津头二等两学堂的经验和教训,开始了"系统教育"的大试点,相对说来要比以前的各种学堂先进和科学得多了。南泽公学共分四院:师范院、外院、中院和上院。外院犹如附属小学,中院犹如附属中学,上院才接近于我们今天的高等专科学校。其中,师范院的设置,反映出办学者对新兴学堂师资培养、输送的高度重视。外院、中院、上院的设立,已寓有了小学堂、中学堂、大学堂的完整系统和体制。它规定，上院的毕业生，还要择优送出国外留学深造，认为国内大学猝难设置而以外国大学为最高学府，这在当时来说，也是符合中国实际的。所以，从教育体制上说，南洋公学虽然仍显得庞杂和紊乱，但却充分体现了系统教育和分科肄业的特色，为以后的新兴系统教育进行了有益的尝试，并打下了良好的基础。

光绪二十四年正月二十五日（1898 年 2 月 15 日），光绪皇帝根据御史王鹏运的奏请，批准创办了京师大学堂（今北京大学前身），作为全国的最高学府。接着五月二十二日（7 月 10 日）又下"谕"说："开办京师大学堂，入学肄业者由小学、中学以次而升，必有成效可睹。惟各省中学小学尚未一律开办……着各该督抚饬地方官，各将所属书院坐落处所、经费数目，限两个月查清具奏。各省府厅州县现有之大小书院一律改为兼习中西学之学校。其阶级：以省会之书院为高等学，郡城之书院为中学，州县之书院为小学。颁给京师大学堂章程，令仿照办理。……各书院经费尽数提作学堂经费。"同时，鼓励绅民捐建学堂；奖赏富人捐捐巨款；令民间祠庙不在祀典者一律改为学堂。可见，京师大学堂的创建，绝不仅是这一所大学如何开办的问题，而是全国整个教育体制如何改革、如何设置的问题。

可是，正当全国上下蓬勃开办大中小学堂的时候，光绪二十四年八月六日（1898 年 9 月 21 日）"戊戌政变"发生了。光绪皇帝被禁闭，谭嗣同等六人被杀害，康有为、梁启超逃往日本，以慈禧太后为首的一批保守势力掌握了政权，一场轰轰烈烈的改良主义运动遭到了失败，风起云涌的兴学堂热潮也暂时停顿了下来。由于清政府的腐败无能，对帝国主义列强的入侵一直采取退让、妥协甚至投降的政策，致使光绪二十六年七月二十日（1900 年 8 月 14 日）八国联军进了北京，次日慈禧太后挟迫光绪皇帝仓皇地逃出北京而奔向西安，从而酿成了中国近代史上有名的"庚子之祸"，清政权也更加陷入岌岌可危的形势之中了。直到次年七月二十五日(1901年9月7日),全权大臣奕劻、李鸿章与十一国公使签订了可耻的"辛丑条约",才使政局暂时稳定下来。这一丧权辱国的历史事实,又一次使朝野的志士仁人猛醒过来,他们片面地认为,只有"兴学堂,育人才",才能富国强兵、振兴国势。于是一个废科举、改书院、兴学堂的热潮又复兴了起来。

光绪二十七年七月二十九日(1901年9月11日),亦即"辛丑条约"签订后的第四天,清政府就下了"各省建武备学堂"的"圣谕"。第七天,即八月二日(1901年9月14日),慈禧、光绪还在西安,又急忙下了"着各省兴办学堂"的"上谕":"除京师已设大学堂应行切实整顿外,着各省将所有书院于省城均改设大学堂,各府及直隶州均改设中学堂,各州县均改设小学堂,并多设蒙养学堂。"①可见,为了图治强国,改书院、兴学堂,已成为当时的燃眉之务了。

在这次废科举、改书院、兴学堂的热潮中,山东巡抚袁世凯的态度和行为都是很积极的。袁世凯是光绪二十五年十一月初四日(1899年12月6日)接替毓贤而署理山东巡抚的,次年二月十四日(1900年3月14日)正式任命。又次年九月二十九日(1901年11月8日)直隶总督、北洋大臣李鸿章卒,清廷以袁世凯署理直隶总督,调张人骏为山东巡抚。所以袁世凯巡抚山东不到两年的时间里,正是"庚子之祸"的时期。光绪二十七年春天,他就在山东奏请"广建学堂",并"访订教习,筹商规制",只是因为五月一日(1901年6月16日)后"丁忧,赏假百日"而"暂以中辍"下来。他假日将满时,适逢清廷八月二日"谕旨"下达,于是他立即"通饬各属一律举办",并积极"筹资择地,先于省城改设大学堂,以为之倡。"他一面根据全国以往所办各类学堂的经验、教训以及"上谕"的精神,结合山东的具体情况,组织人力,撰写《山东

---

①朱有瓛:《中国近代学制史料》,华东师范大学出版社,1986年,第776页。

试办大学堂暂行章程折稿》而上奏,以祈待清政府的正式批示;一面调来山东蓬莱知县李于锴充任山东大学堂监督,具体负责山东大学堂的筹建工作。

李于锴(1863—1923),字叔坚,甘肃武威人,光绪二十一年(1895年)进士。是年三月二十三日(1895年4月17日),清政府全权代表李鸿章与日本首相伊藤博文在日本马关签订了丧权辱国的"马关条约",引起了全国上下的震动和反对。这时,李于锴正在北京准备会试,闻讯后,立即参加了康有为发动的"公车上书运动",并发动其他在京的甘肃举人六十一名在康有为起草的废除"马关条约"请愿书上签字,拒绝中日条约,主张迁都抗战和变法图强。同时,又联合甘肃举人七十六人,并领衔起草了《甘肃举人呈请政府废除马关条约文》。这些爱国行动,在当时的全国士人中产生了重大的影响,因而也一时名扬于京师。进士及第后,选为翰林院庶吉士,散馆后,任山东蓬莱知县,并代理过武城、泰安知县。为政期间,谨慎清廉,誉声流闻。他担任山东大学堂的监督时间很短,大概不到两个月,但却是山东大学堂的第一任校长,第一位具体的筹建负责人。之后,他又任蓬莱知县,升沂州知府。辛亥革命后返里,民国政府多次征辟而不就,最后卒于武威家中。

李于锴出身于甘陇学术世家。其父李铭汉,字云章,是甘陇地区一位著名的学者,著有《续通鉴纪事本末》一百一十卷,《尔雅声类》四卷,以及《说文谐声表》《宿问录》等等。其中,《续通鉴纪事本末》一书,就是经过李于锴的续辑于光绪三十二年(1906年)在山东首先刊行的。李于锴本人亦精通文史,著有《檗味斋文集》《古历亭笔记》《读汉书笔记》《写经楼诗草》等,皆由其子整理而先后出版。1931年兰州印行过《檗味斋遗稿》,1987年兰州大学出版社又出版了《李于锴遗稿辑存》。他有子二人,长子李鼎超,解放前曾执教于兰州中山大学,著有《陇右方言》(兰州大学出版社1988年出版);次子李鼎文,现为西北师范大学中文系教授，亦著述甚丰。关于李于锴的详细生平、仕历、政绩及学术渊源和成就，详见刘尔炘《山东沂州知府前翰林院庶吉士武威李叔坚传》、汪辟疆《记与马生骤程谈李云章父子学术》及《李云章父子学术》等文中。

李于锴在筹建山东大学堂的过程中，得到了袁世凯的极大信赖和重用。刘尔炘《李叔坚传》中说："袁多叔坚才，优其学行，调省，办大学堂，充监督，遇大事，两司(指承宣布政使司山东布政使和提刑按察使司山东按察使——笔者)或不知，而惟叔坚之言是听。"①估计袁世凯所上奏的《山东试办大学堂暂行章程折稿》就可能出于李于锴之手，或至少由他过目与润修过。可惜，他筹办不到两个月，大概在9月的中下旬就辞职回家了。他为什么辞职?《李叔坚传》中说："叔坚察士习嚣甚，难与谈根柢学，辞归，袁手书敦勉，以不获留为憾。"②从中可以透露出他对当时国事动乱下的社会风气和士子学风的不满，也许是由于他坚持传统国学而对学堂所肄之业不满或闻讯袁世凯不久即将调离山东的缘故。关于他筹建和辞离山东大学堂的情况，1988年末我曾专函向其次子李鼎文教授询问过，是年12月24日李先生复信所提供的情况与我上文所述的过程完全一致，只是补充说："当时国内形势不好……青年学生无法安心读书，先君看到这种情况不想干下去，再加上武威家中有困难，三年前先继母舒氏病故，子女三人都年幼，在亲戚家寄居，迫切需要回武威去处理家务，因此在9月间辞去职务并请假回武威。……筹办大学堂事，由袁氏另委周学熙担任。"周学熙《自叙年谱》中也说："光绪二十七年，辛丑，三十

①李于锴著，李鼎文校点:《李于锴遗稿辑存》之《山东沂州知府前翰林院庶吉士武威李叔坚传》，兰州大学出版社，1987年，第120页。
②同上。

七岁……九月到济南。时山东巡抚为项城袁宫保世凯,札委总办大学堂。"① 看来,周学熙是接替李于锴的第二任山东大学校长,是第二位具体筹建山东大学堂的负责人。

按照袁世凯《折稿》中所说的规划安排,山东大学堂的组织领导设有总办、总教习及监督各一人。从其规定的职责范围来看,略似于今天的校长、副校长。李于锴调来筹建山东大学堂时,是监督,看来同时并没有委任总办。周学熙接替李于锴筹建山东大学堂,才正式是以总办的身份而上任的。《山东大学校史》依据《山东高等学校建制沿革纪略》中的记载和《民国人物传·唐绍仪传》所述,认为当时"校长称管理总办,1904 年又改称监督,直到民国元年才改称校长。"(页七)这不仅与据《纪略》而排列的《山东大学堂历任校长名单》(页八)中的称谓、时间不符,而且直接认为"唐绍仪为首任校长(当时称管理总办)"(页九),也需要再进一步考查史料而证实。依据"历任校长名单"的排列,光绪二十七年就有"总办"三人:唐绍仪、周学熙、方燕平。从接"谕"筹办到年底,总计四五个月的时间而总办三易其人,恐怕也与事实有出入。黄炎培《清季各省兴学史》中说:"山东最早创办的学校为山东大学堂,后改名高等学堂,光绪二十七年开学。其时主持兴学的(为)山东巡抚袁世凯,第一任总办为周学熙,第二任为方燕平,方则为巡抚周馥所委也。"(见《山东大学校史资料》第二期,1982 年 3 月印行)据《光绪东华录》记载,光绪二十八年四月二十一日(1902 年 5 月 28 日),调张人骏为河南巡抚,以周馥为山东巡抚。那么,方燕平既为周馥所委任,其任山东大学堂总办的时间至少也应在周馥上任之后。所以,说光绪二十七年山东大学堂就有三位校长(总办)是不符合历史实际的。

---

① 虞和平、夏良才:《周学熙集》,华中师范大学出版社,1999 年,第 686 页。

光绪二十七年九月二十七日（1901 年 11 月 8 日）清政府任命袁世凯署理直隶总督、调漕运总督张人骏为山东巡抚后不久，袁世凯就离开济南到天津上任去了。山东大学堂的筹建事宜虽改由新任巡抚张人骏及山东布政使、山东按察使来管理，但周学熙的具体筹建工作仍是按照袁世凯、李于锴原来的布置进行的。"辛丑条约"签订后，是年八月二十四日（1901 年 10 月 6 日），慈禧太后及光绪皇帝从西安"回銮"，直到十一月二十八日（1902 年 1 月 7 日）才回到北京。大概是在他们回京中途驻跸开封的时候，读到了政务处礼部上呈的袁世凯"折稿"，于是就在十月十五日（11 月 25 日）正式批准了山东大学堂的成立，并下"谕"说："将袁世凯原奏暨单列章程通行各省，仿照举办。"①"谕"文下达后，由于山东早有准备，所以不久就正式开学了。这样，山东近代史上第一所"大学堂"也就正式诞生了。

袁世凯所上奏的《山东试办大学堂暂行章程折稿》，原刊载于光绪二十七年十月十九日、十一月八日至十日的《北京新闻汇报》上，我校 1988 年 3 月印行的《山东大学校史资料》第五期也曾予以转载。在中国近代教育史上，这是一份重要的历史文献。它除了阐述创办了山东大学堂的重大意义、办学原则、肄业内容等以作为全文的"前言"外，其"暂行章程"共有四部分组成，即"学堂办法"二十八节，"学堂条规"三十三节，"学堂课程"十七节（并附中西学分年课程表）及"学堂经费"十八节。应该说，它把宗旨、体制、规模、组织领导、行政机构、肄业年限、经费管理以及诸项行政管理方法都包揽无遗了。它充分吸取了南洋公学、京师大学堂以及当时有关兴办学堂所有议论的有效成分，提出了比较系统、比较完整、比较适宜于当时现状和特点的教育

---

①山东大学档案馆：《山东大学大事记（1901—1990）》，山东大学出版社，1991 年，第 1 页。

方案。其中,虽然夹杂有不少封建主义的思想、观点和内容,但从整体上看,它强调了由书院过渡到学堂时期的办学特点,分析了当时的学生状况和来源,并由此提出了比较切实可行的构想和规划,大体勾画出了逐步完善学堂新体制的章程和办法,都是具有时代特征和时代意义的。特别它注意到了学堂师资队伍培养和建设,以及如何与当时尚且实行的科举制度的衔接与配合等等,对于进一步推动和完善新兴的系统教育制度,对于加速废科举、改书院、兴学堂的进程,也都具有推进和示范作用。它的办学指导思想贯彻了"中学为体,西学为用"的原则;它的许多体制构思和管理方法,已与我们今天的新教育体制和办法很接近。这些,对推翻封建主义的教育体系,更好地吸收新的科学技术成果,以培养更加全面、更加实用的建设人才,也具有极大的积极作用和现实意义,值得我们学习、借鉴和参考。比如,它提出:"公家设立学堂,是为天下储人才,非为学生谋进取;诸生来堂肄业,是为国家图富强,非为一己利家身。"这种指导思想,还是站得较高、看得较远的,值得我们学习和借鉴。从袁世凯整个一生说,他是一个封建军阀,窃国大盗,以至成为复辟封建阶级统治的"洪宪皇帝",但在当时废科举、改书院、兴学堂的社会新思潮影响下,为近代教育事业的发展,还是付出了一定的努力、作出了一定贡献的。

山东大学堂的成立,不仅使山东近代教育事业展现了新的一页,而且在全国来说也是为数不多的新兴学堂之一。它虽然比天津头二等两学堂、上海南洋公学、京师大学堂等校成立得晚,但比起地方创办的天津头二等两学堂、上海南洋公学来说,无论是从体制上说还是从管理上说,都更加系统、完整和科学了。从这点上说,山东大学堂的成立,对推进、普及全国学堂的成立,起了倡导和示范作用。所以,清政府把袁世凯的"折稿""通行各省、仿照举办"。《清史稿·选举志·学校》上说:"逮(光绪)二十七年,学校渐有复兴之议,其首倡者,则山东巡抚袁世凯也。"①可见,山东大学堂的成立,在中国近代教育史上是产生了巨大的影响、具有重大意义的。

不过应该指出,袁世凯奏设的"大学堂",还不是我们今天这样的大学。他把学堂分为备斋、正斋和专斋三等,分斋督课,依次择优递升,相当于以后由小学到中学、由中学到大学的整个教育体制和过程。但鉴于当时教育现状及学生来源特点,山东大学堂本身"虽有大学堂之名,暂不立专斋之课,而先从备斋、正斋入学入手,俟正斋诸生毕业有期,再续订专斋课程,以资精进。"②(《折稿》)备斋只相当于州县的小学堂,正斋相当于府厅及直隶州的中学堂,专斋才是省城的大学堂,犹如今天的高等专科学校。按照当时清廷的计议,小中大学堂肄业期满后,以次择优递升,然后再送到京师大学堂深造,并分别赐予秀才、贡生、举人和进士的出身资历。这些办法正是由书院过渡到学堂体制、并结合当时仍在施行的科举制度的时代特点的具体反映,是新兴的近代系统教育体制的初期形态。它虽然还不是今天的大学,但却是山东近代教育史上的最高学府,在全国也是名列前茅的,以后的山东新教育以至于全国的新教育体制,也就是在这样的基础上发展起来的。

1990 年 6 月 25 日

(原载于《山东大学报》1990 年 7 月,《山东大学学报》(哲学社会科学版)1991 年第 4 期转载)

---

①赵尔巽:《清史稿·选举志·学校》,中华书局,1977 年。
②璩鑫圭、唐良炎:《学制演变》,上海教育出版社,1991 年,第 43 页。

附录

霍旭东先生主要著述目录

1.《论"谚语"》,《山东大学学生科学论文集》1956 年第 1 期。

2.《〈诗经·王风·黍离〉"之"字解》,署名艾灵,西安《人文杂志》1958 年第 3 期。

3.《"潘虎"读后》,署名苏丰,《语言文学》1960 年第 1 期。

4.《我们是怎样开设〈文选及习作〉课的?》,以教研组名义署名,《中国语文》1960 年第 2 期。

5.《批判林彪反党的理论纲领——天才论》,《甘肃师大学报》1974 年第 1 期。

6.《历代封建帝王是怎样尊孔祀圣的?》(资料),《甘肃师大学报》1974 年第 3 期。

7.《为奴隶主服务的奴隶主道德——批判孔老二的"仁"》,《甘肃师大学报》1975 年第 1 期。

8.《由姜齐到田齐——谈齐国的社会变革》(与缪文远合作),《甘肃师大学报》1975 年第 1 期。

9.《〈商君书〉选注》,收入《法家著作选编》(上),甘肃人民出版社,1975 年。本人选注的作品有:《更法》《农战》《开塞》《靳令》《赏刑》《画策》。

10.《鲁国的社会变革及其夭折的历史教训》(与缪文远合作),《甘肃师大学报》1976 年第 1 期。

11.《论子产在郑国的历史作用》(与武世珍合作),《甘肃师大学报》1977年第1期。

12.《〈孙悟空三打白骨精〉讲析》,《甘肃师大学报》1978年第3期;后收入福建师大编《古代文选参考资料》,福建师大自印。

13.《〈论世之事,因为之备〉教学参考资料》,《甘肃师大学报》丛刊《全日制高中第三册语文教学参考资料》,1978年。

14.《也谈灵感》,《甘肃师大学报》1979年第3期;复旦大学中文系《文学理论资料》1980年第2期进行报道和摘录;1986年北京师院出版社《灵感之谜》收录。

15.《〈柳毅传书〉的写作艺术》,《甘肃文艺》1979年9月。

16.《引人入胜,发人深思——读〈胭脂〉》,《甘肃文艺》1979年10月。

17.《韩愈和他的〈师说〉》,《破与立》1979年第6期。

18. 参与《中国古代文学作品选》(高校用书)先秦两汉部分的编写,陕西人民出版社,1979—1980年。

19.《谈韩愈的〈师说〉》,《甘肃师大学报》丛刊《全日制高中一、三册语文教学参考资料》,1980年。

20.《谈〈六国论〉的思想意义和写作手法》,《甘肃师大学报》丛刊《全日制高中一、三册语文教学参考资料》,1980年。

21.《赵壹〈刺世疾邪赋〉注释》,《中国古代文学作品选》(二),陕西人民出版社,1980年。

22.《〈三打白骨精〉教学参考资料》,收入《初中语文第三册教学参考资料》,甘肃人民出版社,1980年。

23.《中学文言文评析译注》,甘肃人民出版社,1980年。本人评注的初中部分作品有:《李愬雪夜入蔡州》《陈涉起义》《公输》;高中部分作品有:《赤壁之战》《鸿门宴》《六国论》《邹忌讽齐王纳谏》《五人墓碑记》。

24.《壮阔的景象,雄伟的气魄——读杜甫的〈望岳〉》,署名苏丰,兰州《少年文史报》(试刊1号)1981年6月。

25.《〈六国论〉讲析》,署名苏丰,《中学语文讲析》(高三册),甘肃人民出版社,1981年。

26.《〈师说〉讲析》,署名苏丰,《中学语文讲析》(高一册),甘肃人民出版社,1981年。

27.《〈察今〉讲析》,署名苏丰,《中学语文讲析》(高一册),甘肃人民出版社,1981年。

28.《天真活泼的儿童形象——介绍杨万里的两首儿童诗》,署名孟浪,《少年文史报》1982年第24期。

29.《平易的诗篇,生动的景象——读白居易的〈钱塘湖春行〉》,署名苏丰,《少年文史报》1982年第25期。

30.《情真景真,意趣盎然——读〈诗经·周南·芣苢〉》,《少年文史报》1983年第100期。

31.《诗经·魏风·十亩之间》,《少年文史报》1983年第108期。

32.《曲折的故事情节,生动的人物形象——〈冯谖客孟尝君〉赏析》,《山东电大》(文)1984年第2期。

33.《殷孟伦教授与古代汉语研究》,署名何泽村,收入《中国现代社会科学家传略》(第六辑),山西人民出版社,1985年。又载于《文史哲》1985年第3期。

34.《敦煌藏经洞发现的前前后后》,《西北师院学报》1986年第2期。

35.《中学文言文评析注译》,甘肃人民出版社,高中部分:1986年,初中部分:1986年。本人评注的作品有:《登泰山记》《项脊轩志》《过小孤山大孤山》《原毁》《窦娥冤》《陈州粜米》。

36.《说〈邶风·匏有苦叶〉》,收入《诗经鉴赏集》,人民文学出版社,1986年;后收入任自斌、和近建主编的《诗经鉴赏辞典》,河海大学出版社,1989年。

37.《〈春秋〉〈左传〉记事的迄止年代》,《古籍整理研究学刊》1986年第4期。

38.《柳文系年订证》,《古籍研究》1986年第2期。

39.《柳文系年订证(续)》,《古籍研究》1987年第1期。

40.《干支纪时与古籍整理研究》,《古籍整理研究学刊》1987年第3期。

41.《〈战国策〉简论》(与任重合作),《临沂师专学报》(社科版)1987年第4期。

42.《〈送元十八山人南游序〉考辨》,《古籍研究》1988年第1期。

43.《〈小石城山记〉系年考辨》,《泰安师专学报》1988年第2期。

44.《中国古籍整理学学科建设刍议》,《古籍整理研究学刊》1988年第2期。

45.《谈〈段太尉逸事状〉的写作》,《临沂师专学报》1988年第3期。

46.《柳文系年补正》,《山东大学学报》(哲社版)1988年第3期。

47.《也谈〈道州文宣王庙碑〉的校勘问题》,《古籍整理出版情况简报》1988年第202期。

48.《〈战国策〉的思想价值和艺术成就》(与任重合作),《文史哲》1989年第1期。

49.《宋元时期整理〈战国策〉的巨大成就——兼对鲍彪整理〈战国策〉再评价》,《烟台大学学报》(哲社版)1989年第2期。

50.《〈战国策〉的成书及其史料的再整理》,《济宁师专学报》1989年第4期。

51.《"看"中的再创造——文艺鉴赏中的能动作用》,山东《树惠》1989 年第 2 期。

52.《关于〈历史上的六个北京〉的通信》,《山东大学报》1990 年
第 937 期。

53.《柳文系年拾零》,《广西民族学院学报》(哲社版)1990 年第
4 期。

54.《先秦两汉魏晋南北朝诗歌鉴赏辞典》, 三秦出版社,1990
年,商务印书馆国际有限公司 2011 年修订重印,收录撰稿 13 篇。

55.《〈窦娥冤〉讲述》,收入《中学语文教参书》(四),高教出版
社,1990 年。

56.《谈山东大学堂的筹建与成立》,《山东大学报》1990 年 7 月,
《山东大学学报》(哲社版)1991 年第 4 期。

57.《回忆高亨先生》,收入《悠悠岁月桃李情》,中国文史出版社
1991 年。后缩写改编为《忆文史专家高亨教授》,收入《百年山大,群
星璀璨》,山东大学出版社,2001 年。

58. 参与田兆民主编《历代辞赋精选》的撰稿,与林开甲、朱正义
合作撰写唐宋金元明七家,黑龙江人民出版社,1991 年。

59.《吕温诗文系年简述》(与赵荣蔚合作),收入《古籍整理研究
论丛》,山东大学出版社,1991 年。

60.《言真意切的桃李情——读〈峥嵘岁月〉》,《山东大学报》1991
年第 1008 期。

61. 参与门岿主编《二十六史精粹今译》,任编委及隋唐五代主
编,人民日报出版社,1991 年,1992 年出版续编,1996 年重印,后台
湾出版繁体字本。

62. 参与《古诗海》金诗部分编写,共八人十五篇,上海古籍出版
社,1992 年。

63. 主编《历代辞赋鉴赏辞典》,安徽文艺出版社,1992 年。2011

年商务印书馆国际有限公司修订重印。

64. 参与萧涤非等主编《中国文学名篇鉴赏辞典》,编写柳宗元部分三篇,山东大学出版社,1992年。

65.《再谈中国古籍整理学科的建设和发展》,《社科纵横》1993年第4期。

66.《柳宗元柳州诗文谱》(1993年柳宗元国际学术讨论会论文),收入《国际柳宗元研究撷英》,广西人民出版社,1994年。

67. 参与向叙典主编《初中文言文赏析辞典》编写,任编委并撰稿,甘肃人民出版社,1993年。

68.《无悔的抉择》(甘肃小麦育种专家曹尔昌评传),署名苏丰,收入《神农的使者》,科学普及出版社,1993年。

69.《权德舆和他的诗歌》,《社科纵横》1994年第2期。

70. 校点《权德舆诗集》,甘肃人民出版社,1994年。

71.《丰富多彩的陇右典籍》,《中国典籍与文化》1994年第4期,后收入《陇右文化丛谈》,甘肃人民出版社,1998年。

72.《柳宗元与儒学》,《社科纵横》1994年第4期。

73.《中华文学鉴赏宝库》收录《国语》中两篇:《邵公谏弭谤》《句践灭吴》,陕西人民教育出版社,1995年。

74.《〈鲁灵光殿赋〉译注》(与朱正义合作),收入《历代名赋译注》,黑龙江人民出版社,1995年。

75.《黄亚平〈古籍注释学基础〉序》,《古籍注释学基础》,甘肃教育出版社1995年。

76. 参与向叙典主编《高中文言文赏析辞典》编写,任编委并撰稿,兰州大学出版社,1996年。

77. 参与张新科、尚永亮主编《先秦两汉文观止》编写,撰写《战国策》部分三篇,陕西人民出版社,1998年。

78.《〈诗经〉注释鉴赏》九篇:《斯干》《雨无正》《小旻》《时迈》《小宛》《小弁》《大明》《皇矣》《清庙》。收入《先秦诗鉴赏辞典》,上海辞书出版社,1998 年。2003 年上海辞书出版社出袖珍本,选入五篇。

79. 校点《权德舆文集》,甘肃人民出版社,1999 年。

80.《两宋赋述略》,《社科纵横》1999 年第 5 期。

81.《金元赋述略》,《社科纵横》2000 年第 4 期。

82.《李润强〈牛僧孺研究〉序》,甘肃人民出版社,2002 年。

83.《赵荣蔚〈吕温年谱〉序》,三秦出版社,2003 年。

84.《再谈〈道州文宣王庙碑〉的写作年代》,《零陵学院学报》2003 年第 6 期。

85. 参与编写吴文治、谢汉强主编《柳宗元大辞典》并任编委,撰写《非国语》部分的词语(丁宏武助撰);撰写《柳宗元年谱》(谢汉强删减),黄山书社,2004 年。

86.《教育家李蒸》《体育教育家袁敦礼》,收入《陇原志士》,中国文联出版社,2004 年。

87.《谦诚的学长,严谨的专家》,收入《吴文治教授八十华诞纪念集》,2005 年吴先生家属自印。

88. 汉赋注评六篇,收入赵逵夫主编《历代赋评注》(两汉卷),巴蜀书社,2010 年。

89. 宋金元赋注评九篇,收入赵逵夫主编《历代赋评注》(宋金元卷,与李占鹏共同主编),巴蜀书社,2010 年。

90.《也谈国学及其相关的学科建设问题》,《国学茶座》总第十六期,山东人民出版社,2017 年。

《陇上学人文存》已出版书目

第四辑

《刘天怡卷》赵　伟编选　　《韩学本卷》孔　敏编选
《吴小美卷》魏韶华编选　　《初世宾卷》李勇锋编选
《张鸿勋卷》伏俊琏编选　　《陈　涌卷》郭国昌编选
《柯　杨卷》马步升编选　　《赵荫棠卷》周玉秀编选
《多识·洛桑图丹琼排卷》杨士宏编选
《才旦夏茸卷》杨士宏编选

第五辑

《丁汉儒卷》虎有泽编选　　《王步贵卷》孔　敏编选
《杨子明卷》史玉成编选　　《尤炳圻卷》李晓卫编选
《张文熊卷》李敬国编选　　《李　恭卷》莫　超编选
《郑汝中卷》马　德编选　　《陶景侃卷》颜华东　闫晓勇编选
《张学军卷》李朝东编选　　《刘光华卷》郝树声　侯宗辉编选

第六辑

《胡大浚卷》王志鹏编选　　《李国香卷》艾买提编选
《孙克恒卷》孙　强编选　　《范汉森卷》李君才　刘银军编选
《唐　祈卷》郭国昌编选　　《林家英卷》杨许波　庆振轩编选
《霍旭东卷》丁宏武编选　　《张孟伦卷》汪受宽　赵梅春编选
《李定仁卷》李瑾瑜编选　　《赛仓·罗桑华丹卷》丹　曲编选